第六届全国文献编目
工作研讨会论文集

2019 年 10 月　福州市

《第六届全国文献编目工作研讨会论文集》编委会　编

国家图书馆出版社

图书在版编目（CIP）数据

第六届全国文献编目工作研讨会论文集 /《第六届
全国文献编目工作研讨会论文集》编委会编 . — 北京：
国家图书馆出版社，2020.7

ISBN 978-7-5013-6895-2

Ⅰ . ①第…　Ⅱ . ①第…　Ⅲ . ①文献编目—中国—
学术—会议—文集　Ⅳ . ① G254.3-53

中国版本图书馆 CIP 数据核字（2019）第 256888 号

书　　　名	第六届全国文献编目工作研讨会论文集
著　　　者	《第六届全国文献编目工作研讨会论文集》编委会　编
责任编辑	王炳乾　高　爽　唐　澈
封面设计	耕者设计工作室

出版发行　国家图书馆出版社（北京市西城区文津街 7 号　100034）
　　　　　（原书目文献出版社　北京图书馆出版社）
　　　　　010-66114536　63802249　nlcpress@nlc.cn（邮购）
网　　址　http://www.nlcpress.com
排　　版　九章文化
印　　装　北京鲁汇荣彩印刷有限公司
版次印次　2020 年 7 月第 1 版　2020 年 7 月第 1 次印刷

开　　本　710×1000（毫米）　1/16
印　　张　21.75
字　　数　420 千字
书　　号　ISBN 978-7-5013-6895-2
定　　价　120.00 元

主办

中国图书馆学会学术研究委员会

承办

福建省图书馆

总协调人

王　洋

论文评审

（按姓名汉语拼音排序）：

贺　燕　司　莉　孙一钢　杨　慧　郑智明

论文编辑

协调人：郝嘉树　黄　晴

编　辑：柏　林　李仕超　徐闻卓　赵　楠　朱雨曦

会务

郭万里　袁乐乐

目　录

优秀论文

交流论文

基于《汉语主题词表》的自动标引测试与分析

常　春（中国科学技术信息研究所）

标引工作是传统图书馆业务的重要环节之一。伴随着计算机在图书馆领域应用的展开和深入，图书馆从传统图书馆、复合图书馆到数字图书馆的转型，图书馆馆藏资源的数字化，图书馆对数字资源的组织、调度、收藏与服务以及大数据环境下图书馆在数字资源知识组织中扮演重要角色等，标引工作发生着同步进展和巨大的变化。从人工标引、计算机辅助标引[1]到自动标引[2]，从概括标引、深度标引到语义标引[3-4]，标引的深度和广度都发生着重大的变化[5]。为了具体了解标引工具的使用性能，选取2019年新开发的《汉语主题词表》服务系统[6]，使用其自动标引功能，进行分析测试，通过具体测试评价分析自动标引的效果。

1　测试工具与试验材料处理方法

1.1　自动标引工具介绍

试验工具为网络在线的《汉语主题词表》服务系统。中国科学技术信息研究所牵头，以项目合作方式，组织国内十几家图书馆和专业领域机构，于2014年修订、重编和出版了《汉语主题词表（工程技术卷）》[7]，2018年出版了《汉语主题词表（自然科学卷）》[8]。为了《汉语主题词表》的修订，中国科学技术信息研究所收集、开发和维护了相应的基础词库，收集、整理和融合了上百部相关的叙词表、术语表、同义词表、网络百科、国家标准术语等术语和关系信息，总体去重后术语数量达400万以上[9]。2019年，利用以上术语资源，开发了网络在线的《汉语主题词表》服务系统，其功能之一就是可以对单篇文献进行自动标引，每篇文献限定15000个字符；项目方也提供批量文献自动标引服务。用户可以根据标引深度和广度的要求，对分类和主题标引结果进行调整，例如，本试验选定的是前3个分类号，主题词本试验选定的是前10个主题词。

1.2 试验材料处理方法

2019年4月，科学技术文献出版社出版了《信息组织》一书[10]，是中国科学技术信息研究所研究生系列教材，该书分7章，总计16万字。为了对每章内容进行全面标引，也考虑到各章字数不同，所以每章字数如果不足15000字，就按一篇文献处理，如果超过15000字，则分为2篇或2篇以上文献处理。第一章为概论，概括介绍信息组织的主要内容，约4600字，按一篇文献处理；第二章为信息组织的原理与方法，包括语言学原理、系统论原理、知识分类原理、概念逻辑原理等，约12800字，按一篇文献处理；第三章为分类法，分类是信息组织的重要手段，约26400字，按2篇文献处理；第四章为主题法，主要介绍叙词表编制与应用的相关内容，约54000字，按4篇文献处理；第五章为本体构建与转化，主要介绍本体的构建、转化和概念关系的建立方法，约21600字，按2篇文献处理；第六章为信息描述，主要介绍信息描述、信息识别等元数据相关内容，约18400字，按2篇文献处理；第七章为知识组织生态系统，主要介绍知识组织生态系统的研究成果和进展，约24500字，按2篇文献处理。每个章节主题知识体系相对集中，便于按章节进行主题标引。

2 自动标引功能结果与分析

2.1 分类信息自动标引

按照试验设计，将《信息组织》一书的7个章节，分作14篇文献，分别进行自动分类标引，结果见表1。每篇文献取其前3个分类结果，可以看到，总共有42个类。将相同类进行归并，标明其频次，按频次进行排序，则可以看到：TP391计算机信息处理总共出现9次，表明本书的信息组织核心方法是通过计算机信息处理完成的；G25图书馆事业、信息事业总共出现5次，表明信息组织是图书馆事业的核心工作。这两个类号是《信息组织》的首要分类号。其他8个类号的频次分别为2次，其中的各类信息资源工作、人工智能理论、技术标准研究等，是信息组织的重要内容，面对的是信息资源，使用的是人工智能理论，同时需要遵循相关的技术标准，这都符合相应章节的分类主题；生物地理学、环境生态系统等显然是第七章知识组织生态系统的自动标引结果，是对生态学原理在信息组织中的应用，可根据标引需要进行标引；O177泛函分析的上位类是数学分析，书中确有一些数学统计、线性代数等数学分析方法，但不算重要类目，如果是全面标引，也可以选择标引。

表1中频次是1的类目中的G254.29其他知识组织系统、N960*控制论、TN911通信理论与《信息组织》一书相关章节主题内容相关，但其他类目与《信息组织》总体书目主题无关，根据标引深度的控制，这些类目是可以去掉的。例如TS210.2原粮类目上位类目是食品加工概论，是因为在第五章本体构建与转化中，有大量的食品加工相关的具体例证，从《信息组织》一书总体主题内容看，不应该有这样的标注；O435.1光的反射、光的折射，也是由于第五章中概念因果关系中的举例有"入射光"与"反射光"和"折射光"，只是举例，而非文献主题类号，这些类号也不需要进行标引；P343.3湖泊、水库，TV1水利工程基础科学等，也多为举例，而非主题分类内容；再例如TS941.7服装，是在第三章分类法中，举例介绍网购服装的例子，出现大量男装、女装、上衣、裤子、裙子等服装加工的名词，所以机器给出了服装工业相关类号。

表1 《信息组织》按章节分类自动标引结果

整体标引类名 类号及频次	总7章	字符数（个）	分章节类号和类名
TP391 计算机信息处理 9 G25 图书馆事业、信息事业 5 [P935] 生物地理学 2 G255 各类信息资源工作 2 G307 技术标准研究 2 O177 泛函分析 2 P962 自然资源调查、自然资源分析 2 TP18 人工智能理论 2 X171.1 环境生态系统、生态环境 2	第一章概论，概括介绍信息组织的主要内容，约4600字	4600	TP391 计算机信息处理 G25 图书馆事业、信息事业 P962 自然资源调查、自然资源分析
	第二章信息组织的原理与方法，约12800字	12800	TP391 计算机信息处理 TN911 通信理论 G25 图书馆事业、信息事业
	第三章分类法，分类是信息组织的重要手段，约26400字，按2篇文献处理	13200	TS941.7 服装 G25 图书馆事业、信息事业 TP391.3 计算机检索系统
		13200	TP18 人工智能理论 G255 各类信息资源工作 TP391 计算机信息处理
	第四章主题法，主要介绍叙词表编制与应用的相关内容，约54000字，按4篇文献处理	13800	O177 泛函分析 TP391.3 计算机检索系统 P962 自然资源调查、自然资源分析
		13600	ZT99* 其他通用概念 P343.3 湖泊、水库 ZT4* 属性、性能

续表

整体标引类名 类号及频次	总7章	字符数 （个）	分章节类号和类名
ZT74* 空间、位置、方位2 G254.29 其他知识组织系统1 N960* 控制论1 O435.1 光的反射、光的折射1 P343.3 湖泊、水库1 TN911 通信理论1 TS941.7 服装1 TS210.2 原粮1 TV1 水利工程基础科学1 ZT4* 属性、性能1 ZT6* 体系、结构、组成1 ZT99* 其他通用概念1		13400	TP391 计算机信息处理 TP391.1 文字信息处理、文字信息处理系统 G307 技术标准研究
		13200	G307 技术标准研究 G255 各类信息资源工作 TV1 水利工程基础科学
	第五章本体构建与转化，主要介绍本体的构建、转化和概念关系的建立方法，约21600字，按2篇文献处理	10800	TP18 人工智能理论 G254.29 其他知识组织系统 TP391 计算机信息处理
		10800	O177 泛函分析 O435.1 光的反射、光的折射 TS210.2 原粮
	第六章信息描述，主要介绍信息描述、信息识别等元数据相关内容，约18400字，按2篇文献处理	8000	G25 图书馆事业、信息事业 ZT74* 空间、位置、方位 ZT6* 体系、结构、组成
		10400	G25 图书馆事业、信息事业 ZT74* 空间、位置、方位 N960* 控制论
	第七章知识组织生态系统，主要介绍知识组织生态系统的研究成果和进展，约24500字，按2篇文献处理	11700	TP391 计算机信息处理 [P935] 生物地理学 X171.1 环境生态系统、生态环境
		12800	TP391 计算机信息处理 [P935] 生物地理学 X171.1 环境生态系统、生态环境

对于《信息组织》一书，从自动给定类号的前两个最重要类号看，分别是TP391计算机信息处理和G25图书馆事业、信息事业。如果是人工标引的话，最恰当的类号应该是G254信息组织，再细一些的类号应该是G254.1分类法、G254.2主题法、G254.3信息描述等。之所以没有出现这些类号，一个原因是这些类名本应该放到标题处，得到更大的加权值，方能得到这样的结果。可见目前的自动类号标引非常适合全面标引，而聚焦和有针对性的标引仍然需要人工干预才能有比较好的效果。

2.2 主题信息自动标引

同样对7个章节分成的14篇文献分别进行自动主题标引，每篇取自动标引的前10个主题词，得到140个自动标引的主题词，将相同主题词的权值进行归并，归并后存留74个主题词，每个主题词也标注了在14篇文献中出现的频次，根据主题词频次大小进行列表，前20个主题词及其属性见表2。

表2 《信息组织》一书前20个主题词列表

主题词	文中词汇	14篇文献词频	权重总和
文献	文献	8	3.87
用户	用户、使用者	8	3.73
信息	信息、消息、情报	7	3.84
术语	术语	6	3.13
图书	图书、书	6	3.17
应用	实际应用	6	3.29
自然语言处理	词频	5	2.72
计算机	计算机	4	1.66
示例	实例	4	2.13
本体	本体、本体论	3	0.74
马铃薯	土豆、马铃薯	3	1.43
搜索	信息检索	3	1.36
相关关系	相关关系、相关	3	2.02
查询语言	检索语言	2	0.65
环境	环境实体、环境	2	1.11
机构	机构	2	0.8
群体组合	群体、种群	2	1.21
生态系统	生态系统、生态系统研究	2	1.25
数	数字	2	0.65
特性	特征、特点	2	0.61

对于主题标引，根据标引深度的需求，可以以频次从高到低逐个选取。例如，如果对《信息组织》一书选5个主题词，则前5个分别为文献、用户、信息、术语、图书，这5个主题词是合适的；如果再加5个，则依次为应用、自然语言处理、计算机、示例、本体，这里有两个主题词需要根据情况进行调整。"应用"为通用词，在一些情况下可以不标引。"示例"在《汉语主题词表》中与"实例"为用代关系，通过词频统计，"示例"在全书中仅出现3次，但"实例"在全书中出现111次。其实，《信息组织》中的"实例"是指"实体"的含义，与"概念"相对应，对应英语是"instance"，而"示例"对应英文为"example"，所以建议《汉语主题词表》修订时将

"实例"作为同形异义词，收录到《汉语主题词表》中，作为主题词，代表"实体"的含义，而在本书中不标注"示例"。如果需要再增加5个主题词，依次为马铃薯、搜索、相关关系、查询语言、环境，这5个词中，"马铃薯"需要去掉，显然，《信息组织》一书主题与马铃薯无关，只是书中经常举例说明"马铃薯"与"土豆"是等同关系，或用代关系，是一个常用例证，而非马铃薯主题，这个结果应该是自动标引中考虑了词频因素而造成的。"环境"一词也不建议使用，书中第七章将生物与环境的关系，应用到文献与图书馆物理环境中，所以"环境"词频也比较高，结果就出现在主题标引结果中。再依次向下的5个词机构、群体组合、生态系统、数、特性，3个是通用词，可以不标，两个与第七章中知识组织生态系统相关，是生态系统原理和方法在信息组织中的应用，但本书主题不是生态系统。

《汉语主题词表》服务系统对文献推荐的主题词都给出重要性权重，在划分出的14篇文献中，对同一主题词的权重进行了求和汇总，可以发现，表2中篇频次越高，权重也相应比较大，总体上是对应的，当然也有例外，例如"本体"的权重为0.74，明显低一些，但考虑到《汉语主题词表》中将"本体""领域本体""本体构建"等区分为不同的概念了，作为一本书的标引，这3个概念都可以用一个概念"本体"代替，这样的话其权值也可以增加不少。

2.3　人工标引与自动标引的对比

为了概述和突出《信息组织》的主要内容，作者编制了该书重要核心概念的云图。云图包含40多个概念，同时统计了在书中的词频，取前20个核心概念结果见表3，为了与自动标引结果对比，同时列出了自动标引的前20个主题词和相应的文献频次。发现只有"本体"和"信息"两个词在两个结果中同时存在，其他术语均不同，人工词云中的一些词是《汉语主题词表》的词，也有很多不属于《汉语主题词表》。

表3　自动标引与人工标引核心概念对比

主题词	14篇文献词频	书核心概念	书中词频
文献	8	概念	1531
用户	8	关系	1347
信息	7	优选词	1043
术语	6	分类	845
图书	6	信息	728

主题词	14篇文献词频	书核心概念	书中词频
应用	6	叙词表	633
自然语言处理	5	检索	523
计算机	4	主题	455
示例	4	知识	393
本体	3	系统	362
马铃薯	3	数据	360
搜索	3	分类法	358
相关关系	3	组织	348
查询语言	2	图书馆	332
环境	2	科学	285
机构	2	语言	269
群体组合	2	本体	260
生态系统	2	生态	255
数	2	技术	224
特性	2	结构	209

云图的术语是人工提取和通过词频统计的，基本可以认定这些词是非常重要的，并且是人工确认的重要核心概念术语。通过查阅《汉语主题词表》术语服务功能，发现制作词云的许多词汇，虽然词频较大，但本身不是《汉语主题词表》收录的主题词，多数来自基础词库。例如概念、优选词、主题、知识、分类法、图书馆等，这些术语可以推荐给《汉语主题词表》的修订部门，以便在维护时及时将这些概念进行添加。

通过对《信息组织》一书的自动标引测试和分析，确认《汉语主题词表》服务系统自动给出的分类信息、主题信息，多数是符合文献的主题内容的，而且可以根据标引的深度，确定不同数量等级主题分类信息，实现对文献的全面标引。测试中我们发现一些举例内容，目的是举例说明概念关系、原理应用等。例如"马铃薯"与"土豆"为用代关系，因为多次出现，系统对词频的认定权重比较大，出现了"马铃薯"也推荐为主题词的情况，这些问题需要人工辅助消除。鉴于分类是通过主题词确定的，所以分类也存在同样的现象，例如系统推荐了TS210.2原粮这样的类号，也是因为文中有食物安全相关的示例。

下一步计划开展的工作是如何消除因为举例而误给定相应的标引信息,可以从词表的知识结构化体系出发,判断一篇文献的多数概念术语属于哪一个领域,一旦出现相去甚远的类目推荐,90%的术语属于一个领域,单单出现一个或个别概念属于另一领域,这时需要系统进行提示,由人工确定是否进行相应的标引。

参考文献:

[1]薛春香,何琳,侯汉清.基于《中图法》知识库的自动分类相关问题探析[J].图书馆建设,2015(6):16-20,26.

[2]陈白雪,宋培彦.基于用户自然标注的TF-IDF辅助标引算法及实证研究[J].图书情报工作,2018,62(1):132-139.

[3]马慧,赵捧未,王洪俊,等.民航不安全事件语义词典构建及应用研究[J].数字图书馆论坛,2015(9):27-34.

[4]唐晓波,翟夏普.基于本体和Word2Vec的文本知识片段语义标引[J].情报科学,2019,37(4):97-102.

[5]张群,陈瑞红.议如何把握文献主题标引的深度[J].科技创新导报,2012(5):233-234.

[6]中国科学技术信息研究所.《汉语主题词表》服务系统[EB/OL].[2019-08-14].https://ct.istic.ac.cn/site/organize/index.

[7]中国科学技术信息研究所.汉语主题词表(工程技术卷)[M].北京:科学技术文献出版社,2014.

[8]中国科学技术信息研究所.汉语主题词表(自然科学卷)[M].北京:科学技术文献出版社,2018.

[9]常春.网络环境下叙词表的编制与发展[M].北京:科学技术文献出版社,2015.

[10]常春.信息组织[M].北京:科学技术文献出版社,2019.

关于中文名称规范工作的几点思考
——以金庸相关书目为例

戴建武　王彦侨（国家图书馆）

金庸是武侠小说家、社会活动家、学者，曾任香港特别行政区基本法起草委员会委员、北京大学名誉教授、牛津大学名誉院士等。祖籍浙江海宁，生于浙江杭州。1955年首次以"金庸"为笔名撰写武侠小说《书剑恩仇录》。2018年10月30日，金庸先生与世长辞。本文旨在分析金庸相关文献数据，提出对名称规范工作的几点思考。

1 金庸相关文献分析

全国图书馆联合编目中心依托于国家图书馆和各成员馆，积累的书目数据总量多达1300余万条[1]。以"金庸"为关键词在全国图书馆联合编目中心中文文献库进行检索，最终得到书目1583条。经过分析，无关书目462条，相关书目1121条。根据责任者是否为金庸，分为金庸的作品和研究金庸的文献两类，两者约各占一半。

1.1 金庸的作品

金庸的作品一共有572条书目记录，文献类型包括图书、音像电子资源、期刊、盲文文献等。其中图书占90%以上，音像制品约占9%，盲文书1种（《寻他千百度》），期刊1种（《东南亚周刊》，金庸曾任总编辑，《素心剑》（后改名《连城诀》）就在该刊上连载发表）。从馆藏来看，排名前三位的是国家图书馆、北京市公共图书馆联合目录和江西省图书馆。

1.1.1 金庸武侠作品统计

众所周知，金庸先生一共撰写了15部武侠小说，可以总结成一副对联：飞雪连天射白鹿，笑书神侠倚碧鸳，外加横批越女剑。其中很多小说被多次改编成电视剧，为人所津津乐道。在金庸作品的流传过程中，一部小说可能被改编成多个影视剧、漫画、小说等。例如《东邪西毒》《荒村野店》取自《射雕英雄传》，《龙潭虎穴》取自《飞狐外传》等。有些文献还是金庸作品集的形式。为统计方便，本文仅以题名含有相关词为统计的方法。在金庸先生的作品中，这15部小说占90%以上，数量最多的是《射雕英雄传》，详见下表。

表1　金庸武侠作品数据统计

题　　名	记录条数
射雕英雄传	105
天龙八部	89
神雕侠侣	60
侠客行	44
笑傲江湖	40
倚天屠龙记	35
书剑恩仇录	30
飞狐外传	29
碧血剑	25
雪山飞狐	22
鹿鼎记	20
连城诀	18
白马啸西风	3
鸳鸯刀	2
越女剑	2

1.1.2　金庸作品出版情况统计

金庸先生的作品曾被70多家出版社出版，出版量排在前三的是：广州出版社、远流出版事业股份有限公司和生活·读书·新知三联书店有限公司。出版数量较多的城市包括广州、北京、台北、杭州、香港、沈阳、通辽、合肥和长春等。出版时间主要集中在20世纪末至21世纪初。图书最早为1975年在香港出版，最晚为2017年在广州出版。

1.1.3　金庸作品所涉及学科

金庸先生的作品主要集中在I类（文学），其他学科也有少量分布。其中，J2类（绘画）主要是由金庸作品改编而成的漫画和连环画；J9类（电影、电视艺术）主要是由金庸作品改编而成的电影和电视剧；《金庸：中国历史大势》收录了金庸在岳麓书院发表的演讲及互动问答；《旧梦——表弟眼中的徐志摩》介绍了诗人徐志摩的生平事迹；《探求一个灿烂的世纪》为金庸与池田大作的对话，堪称中国文化与日本文化两位优秀代表的世纪性对话；《新经济条件下的生存环境与中华文化》是金庸在浙江大学任职期间组织的国际研讨会的论文集。

1.2 研究金庸先生的文献

据统计，研究金庸先生的文献有549种，涉及多种文献类型。其中图书约占80%，学位论文（含博士后报告）约占15%，其余为音像电子出版物。这些文献主要对金庸先生本人及他的作品进行研究。在标引时对此类文献会给出主题词或关键词"金庸"，方便读者的检索和信息组织。这些文献中，最多的是文学研究和文学评论。还有金庸武侠在恋爱、职场、企业管理、教育等领域的应用，金庸与报业，金庸小说中的成语，金庸的生平事迹，游戏"金庸群侠传"等。特别是有人专门研究"金学"。其中，倪匡的著作包括《技艺金庸》《情爱金庸》《文学金庸》《人论金庸》《政教金庸》以及"五看金庸小说系列"等；陈墨的著作包括《金庸小说与中国文化》《金庸小说情爱论》《金庸小说之武学》《金庸笔下人物》《金庸想的和你大不同》等；查良居士则采用武侠小说的形式研究金庸，作品包括"金庸著名武侠人物之大魔头系列""金庸著名人物传记系列"等。

2 相关思考

2.1 责任者检索点选取

责任者是"对文献的知识内容或艺术内容负责或做出贡献的个人或机关团体"，对文献来说很重要[2]。根据《图书馆·情报与文献学名词》（第一版）编目规则，对文献具有检索意义的责任者需要做检索点。其信息来源依次是文献的主要信息源、文献的其他信息源、书目著录所提供的信息、权威工具书和其他参考资料。在编目实践中，责任者的选取主要依据文献本身，并结合编目员的判断[3]。下面以"金庸"作品为例，说明不同情况责任者的选取。

例：2001#\$a 射雕英雄传 \$b 专著 \$f 金庸著

701#0\$a 金庸 \$4 著

（题名页上出现著者，著录于200字段和701字段。）

例：2001#\$a 书剑恩仇录 \$b 专著

2252#\$a 口袋本金庸作品集 \$v1-2

701#0\$a 金庸 \$4 著

（题名页和文献上其他信息源未出现著者，编目员根据丛编判断著者，著录于701字段。）

例：2001#\$a 雪山飞狐 \$b 电子资源 \$f 金庸原著 \$g 王晶总导演 \$g 聂远等主演

701#0\$a 金庸 \$4 原著

702#0\$a 王晶 \$4 总导演

702#0\$a 聂远 \$4 主演

（小说改编为电视连续剧。规定信息源出现原著者，"金庸"作为主要责任者，著录于701字段。）

例：2001#\$a 侠客行 \$b 录像制品 \$f 梁朝伟，邓萃雯，刘淑华主演

701#0\$a 梁朝伟 \$4 主演

701#0\$a 邓萃雯 \$4 主演

701#0\$a 刘淑华 \$4 主演

（小说改编为电视连续剧。题名页和文献上其他信息源未有原著者，"金庸"不选取为责任者检索点。）

例：2001#\$a 天龙八部漫画 \$b 专著 \$f 金庸原著 \$g 黄玉郎编绘

701#0\$a 金庸 \$4 原著

702#0\$a 黄玉郎 \$4 编绘

（题名页上出现原著者，著录于200字段和701字段。）

从以上例子可以看出，是否选取原著者为检索点取决于文献出版的情况。名著经常被改编为其他形式和体裁的作品，改编作品中主要责任者的选取是具有一定难度和争议的。原则上，是否著录原著者取决于对原作品的修改程度，判断是否改编了原著的内容、体裁或性质，有所改变可不著录原著者[4]。但是，中文文献的责任方式比较复杂，若信息源上出现了"原著者"，一般会选为主要责任者做检索点，否则则不著录（这种做法业界比较认可）[5]。换言之，信息源上是否出现原著者，某种程度上决

定了编目员对责任者的选取方式。由于上述情况，笔者在梳理金庸相关作品书目的过程中可能存在漏检情况。影响因素可能是改编的作品未著录原著者，同时题名又未以15部武侠小说命名。例如程小东导演的电影《东方不败录》、王家卫导演的《东邪西毒》等金庸原著的电影作品存在未包含在检索结果中的可能性，从而影响统计结果的准确性。鉴于名著的特殊性，可以考虑对所有相关书目数据著录原著者，为后期多角度、立体化地展示某部作品提供良好的数据基础。而对于名著的判定，可以参考题名规范记录的建立情况。

2.2　题名规范缺失以及中外文分散

1939年，年仅15岁的金庸与人合编了《献给投考初中者》，署名查良镛，由南光书店印行。在全国图书馆联合编目中心的网站上未检索到该书。

金庸先生的武侠小说被翻译为日文、英文、法文、意大利文等语种，在海外流传。全国图书馆联合编目中心的外文文献书目主要是国家图书馆的收藏，日文书包括15部武侠小说中的13部，分别为《鹿鼎記》《射雕英雄伝》《飛狐外伝》《倚天屠龍記》《連城訣》《秘曲笑傲江湖》《神鵰剣侠》《侠客行》《天龍八部》《越女剣》《碧血剣》《書剣恩仇録》《雪山飛狐》，还有《金庸は語る：中国武侠小説の魅力》。英文书包括 *Legends of the condor heroes*（《射雕英雄传》）、*The deer and the cauldron*（《鹿鼎记》）、*Fox Volant of the Snowy Mountain*（《雪山飞狐》）。法文书包括 *La legende du heros chasseur d'aigles*（《射雕英雄传》）。与金庸有关的报纸，如《大公报》《新晚报》《明报》等也都有收藏信息。

2.3　名称规范共建与共享

2.3.1　名称规范建设

目前，中文名称规范数据的建设存在数据库规模有待拓展、规范数据中参照不足等问题。笔者在梳理书目的过程中，发现金庸笔名不止一个。金庸本名查良镛，曾以笔名"姚馥兰""林欢"在报纸上撰写文章。还有信息显示，他的名字还有"司马岚""司马翎""欧阳生""翟迅""荆翁""古龙""绿文""镛公"等。他的亲戚中有很多名人，表兄是徐志摩，同宗是穆旦（查良铮），姑父是蒋百里，表姐是蒋英（钱学森的夫人），表外甥女是琼瑶。而这些信息，在名称规范数据中尚未得到体现。

2.3.2 多卷书集中著录与分散著录

中山大学出版社2015年出版的《射雕英雄传》（金庸著）8册书做1条记录，广州出版社2013年出版的《射雕英雄传》（金庸著）4册书做1条记录，而广州出版社2012年出版的连环画《射雕英雄传》（金庸原著，李志清编绘）19册书做了19条记录。同时出现了集中著录与分散著录，没有把相同出版情况的多卷书实行统一的著录方式。虽然这些书各分册ISBN相同，但每卷具有单独的分卷册名，因此可以采取分散著录的方式。另外，有些多卷书虽然没有分卷册名，但有独立的ISBN号，也可分散著录。例如台北远流出版事业股份有限公司2005年出版的《射雕英雄传》共4册，虽然没有分卷册名，但每册有单独的ISBN号，因此做4条书目数据。音像制品也有同样的问题。

2.3.3 数据关联与检索

从责任者的途径来说，因为全国图书馆联合编目中心的书目数据并未全部实现规范控制，即未全部实现书目数据与规范数据的关联挂接，给数据挑选增加了难度。例如，与金庸名字相同的人，包括宝文堂书店出版的《三全其美》（"婚姻故事集"），台北学儒数位科技出版有限公司出版的武侠小说《太虚神僧》《卧龙记》《情女豪侠》等。

图书馆传统的信息资源组织方法和规范控制的缺失，给梳理工作造成一定困难。例如，《卧龙记》的作者署名"金庸"，原名是"钟梦然"。《古墓诛魔记——鹿鼎记前传》《剑雨情雪》《太虚神僧》《魔女浪子》《浪子发威》等武侠小说的作者也署名"金庸"，均出版于20世纪90年代，而撰写了15部武侠小说的金庸已于1972年宣布封笔，该作者是"钟梦然"或另有他人有待考证。综上，通过对相关书目的梳理，我们既为金庸先生广泛的影响力而感叹，也为图书馆丰富的馆藏而自豪。这些书目数据、规范数据和馆藏数据凝结了采编人员辛勤的劳动和汗水，是图书馆服务和后续资源整合的基础。也许，日复一日、年复一年地书目编制工作是辛苦的、枯燥的和默默无闻的，但在整理金庸老先生相关著述的过程中，我们对自己所从事工作的价值有了更深的认识。在网络时代，信息资源描述与检索对图书馆的信息组织提出了更高的要求，我们需要不断与时俱进，才能更好地为用户服务。

参考文献：

[1]薛秋红,贾君枝,刘会洲. 中文名称规范数据与Wikidata语义关联实现（网络首发）[J]. 情报理论与实践,2019（6）:146-150.

[2]王彦侨,王广平.中文名称规范数据的维护与整合[J].图书馆杂志,2017,36(2):56-59.

[3]赵捷,贾君枝.数据网络中中文名称规范档的建设与发展[J].图书情报工作,2017,61(22):134-139.

[4]胡小菁,高红.CNMARC书目记录的关联数据转换:作品层分析[J].图书馆杂志,2019,38(1):74-82.

[5]刘哲.题名与责任说明附注字段用法分析[J].图书馆理论与实践,2018(11):56-58.

美国《编目和元数据专业馆员核心能力》述评与思考

丁建勤　孙丽娟（上海图书馆）

"强化编目工作历来是图书馆各项工作基础的认识，提升编目从业人员社会价值认同"是第四届全国文献编目工作研讨会讨论共识[1]，编目职业能力的界定是其中必不可少的重要一环。

2017年1月，美国图书馆协会（American Library Association, ALA）、图书馆馆藏与技术服务协会（Association for Library Collections and Technical Services, ALCTS）理事会发布了《编目和元数据专业馆员核心能力》（*Core Competencies for Cataloging and Metadata Professional Librarians*）[2-3]。借鉴ALA这一成果，有助于促进国内编目职业能力规范性文件的制定，进而提高国内编目从业人员素质、核心能力和专业化程度，提升编目价值认同。

1　背景与缘起

所谓能力，是指"作为掌握和运用知识技能的条件并决定活动效率的一种个性心理特征"，"一个人具有某种能力就意味着他有掌握和运用某方面知识技能的可能"[4]。

随着时代的发展，包括编目理念（如FRBR和LRM）、编目原则（如ICP）、编目和元数据标准（如RDA、DC和BIBFRAME）以及技术环境（如关联数据和语义网）在内的图书馆编目环境正发生着巨大的变化。这些变化对编目人员的素质能力提出了新的挑战，因此重新评估和完善编目馆员核心能力的需求变得越来越迫切。

2015年，在美国图书馆协会冬至会议上，美国图书馆协会图书馆馆藏与技术服务协会编目与元数据管理部（Association for Library Collections and Technical Services Cataloging and Metadata Management Section, ALCTS CaMMS）编目职业能力兴趣小

组（Competencies for a Career in Cataloging Interest Group）要求成立工作小组[5]，工作小组的任务是梳理编目工作所必需的知识和技能，方便编目和教育从业人员参考使用。工作小组调研发现，美国图书馆协会2009年发布的《图书馆员核心能力》（ALA's Core Competences of Librarianship）[6]涉及编目的内容过于笼统（其第三部分"知识和信息的组织"仅提出了原则、技巧和标准体系等三项原则性规定，没有进一步细化的说明），已经很难适应编目环境的变化，因此制定专门针对编目馆员的能力标准已显得尤为重要，从而也成为工作小组亟待完成的任务。

在2016年美国图书馆协会冬至会议上，工作小组提交了《编目核心能力（草案）》（Draft Core Competence of Cataloging，下称草案）[7-8]。2017年1月，在美国亚特兰大举行的美国图书馆协会冬至会议上，美国图书馆协会图书馆馆藏与技术服务协会理事会通过并发布了《编目和元数据专业馆员核心能力》（*Core Competencies for Cataloging and Metadata Professional Librarians*，下称2017版）。从任务发起、起草、征求意见到文件发布历经两年。

2 《编目和元数据专业馆员核心能力》述评

2.1 从等级指标到能力类型指标，进一步强化通用性和中立性

"草案"归纳界定了知识存取与信息组织、信息资源描述标准、标准提升与最佳实践、当前技术与新兴技术、软技能、领导与监督能力、合作、灵活性与创新能力、语言能力、系统经验等10个领域，每个领域再细分初级、中级、高级等3个级别（软技能、灵活性与创新能力除外，系统经验仅设置初级和高级指标），同时编列相关指标。

"2017版"从知识能力（Knowledge Competencies）、技能（Skill & Ability Competencies）、行为能力（Behavioral Competencies）等三方面重新概括界定了图书馆编目和元数据专业馆员的核心能力，并进一步细分相关指标（知识点和技能点等）。鉴于是对ALA《图书馆馆员核心能力》的补充，因此"2017版"不再罗列图书馆员其他一般能力。当然，知识能力也可以视为ALA《图书馆馆员核心能力》第三部分"知识和信息组织"的延伸。详见表1。

表1 "2017版"一级指标一览表

能力类型	要求（一级指标）
知识能力	编目和元数据原理的基础知识
	系统和技术知识
	编目和元数据专业趋势知识
技能	概念框架、标准和原则在书目系统中的运用
	通用标准的本地化应用
	在书目系统中整合、映射和转换元数据
行为能力	人际沟通能力
	公共服务能力
	创新和适应能力
	对专业的好奇心
	解决问题的能力

"2017版"试图概括各类型图书馆以及多样化编目和元数据工作的职业能力，强化编目和元数据馆员核心能力的通用性，对特定的产品、服务、标准和技术采用范例和附加说明方式[①]进行描述（即文中提及的产品或服务仅用于演示说明，便于条文理解，并非代表指定或认可）。如"编目和元数据原理的基础知识"部分中的"理解图书馆数据概念模型"，对FRBR、RDF等特定的概念模型即采用范例方式予以说明。

编目和元数据原理的基础知识

• 理解图书馆数据概念模型

■ 例如：FRBR, RDF

说明："2017版"范例示例

而"草案"则不采用类似的范例形式，一般采用明示法，如"现行描述标准（RDA）"（Current descriptive standards, RDA）、"书目数据编目工具与来源（OCLC）"（Cataloging tools and sources of bibliographic records, OCLC）。

应指出的是，以范例方式说明特定的产品、服务、标准或技术，有助于保持中立性（即仅用于帮助理解条文，避免推荐或认可产品、服务），也有利于其他各国和地区本土知识、标准规范、产品和服务的补充说明。

---

① 正文"核心能力"标题下编有附加说明："请注意下述产品或服务范例仅用作举例说明，而非官方规定或认可的完整产品服务清单。附录部分是英文缩写及其含义。"

鉴于编目级别设定的人为性、差异性以及级别界限的模糊性，"2017版"不再设置初、中、高3个等级。

2.2 强化编目、元数据一体化以及技术能力要求

随着语义网和图书馆技术环境的变化，DC、书目框架（BIBFRAME）、关联数据（Linked Data）等对编目工作影响巨大。如果说"草案"名称（*Draft Core Competencies for Cataloging*，编目核心能力草案）仅含"编目"这个术语的话，"2017版"（*Core Competencies for Cataloging and Metadata Professional Librarians*）则将"编目"和"元数据"并列，不再区分，进而要求编目和元数据专业馆员应了解编目和元数据相关知识以及发展趋势。如"编目和元数据原理的基础知识"中的"理解数据标准化"部分参考业界成果[9]，融合各种编目和元数据标准，统一编列。

- 理解数据标准化
    - 内容标准
        - ✓ 例如，RDA指引，AACR2，DCRM，DACS，CCO
    - 结构标准
        - ✓ 例如：DC代码，MODS，MARC，RDA element sets，BIBFRAME，EAD，VRA CORE
    - 数据编码、格式和交换标准
        - ✓ 例如：MARC，XML，TURTLE
    - 取值标准
        - ✓ 例如：LCSH，LCGFT，LCMPT，LCC，DDC，RDA Value，Vocabularies

与此相适应，"2017版"要求编目和元数据馆员具备相关技术知识和技能。这点在知识能力和技能部分均有所体现。

"2017版"知识能力主要包括原则、系统和技术、趋势等3个方面的内容。"系统和技术"包括书目数据的管理方式，要求理解索引和数据库结构（如理解用于建立索引的规范文本串和特殊标识符的应用程序和相关功能），理解图书馆服务平台、图书馆管理系统和（或）机构知识库、数字图书馆管理系统（如Sierra、Alma、Symphony等），理解元数据创建、编辑、分析和转换的方法和处理（如运用诸如OCLC connexion、MARCEdit等工具）。"编目和元数据专业趋势"部分要求了解编目

业务的发展趋势和专业机构（如关联数据、PCC、LC-PCC政策说明、RDA指导委员会）；还包括理解编目工作如何适应图书馆和文化传承的大环境（"大局"知识，如利用元数据提供咨询、进行联系和流通工作，分析质量上佳、数据缺乏、质量不佳的元数据对资源检索的影响）。

"2017版"技能部分要求在书目系统中整合、映射和转换元数据，包括将一种元数据标准下的数据记录或文档转换成另一种标准（如从MARC到XML），对标标准实现元数据规范化，记录输入和映射决定。

2.3 强调原则、标准规范的运用和本地化运用

"2017版"知识能力部分要求具备编目和元数据原理的基础知识，包括理解身份管理和名称规范控制，理解控制词表背后的原则，理解各种分类结构，理解数据标准化（如内容标准、结构标准、数据编码、格式和交换标准、取值标准），理解图书馆数据概念模型（如FRBR、RDF）。技能部分要求掌握"概念框架、标准和原则在书目系统中的运用"，确保数据一致性，消除创建者、贡献者、题名/丛编名的歧义等。

应该说，原则、标准规范的运用一直是编目馆员重要的核心能力。"2017版"在强调"概念框架、标准和原则在书目系统中的运用"的同时，单独列出"通用标准的本地化应用"，即强化本地环境运用。要求：

（1）对图书馆数据本地使用者提出的需求进行评估或努力理解；

（2）制订元数据操作方案（或对操作方案提出建议），包括选择符合实际情况的元数据标准；

（3）因地制宜制订方案并进行实践；

（4）设计和修改编目和元数据工作流程。

2.4 突出强调行为能力，注重终身学习

"能力一般分为认知能力和操作能力。认知能力指学习、研究、理解、概括、分析等能力，基本上在头脑内进行；操作能力指操纵、制作、运动等能力，它们除脑内活动外，还具有一定的行为表现"[4]。"2017版"将行为能力与知识能力、技能并列，凸显行为能力的极端重要性。"2017版"指出"一定的知识和技能构成了编目能力的基础。但是，仅仅了解这些主要概念和掌握某些技能并不一定能顺利完成编目实践，还需要行为能力。行为能力不仅包括业务能力日臻完善所应具备的个人特质，还包括

可以通过职业培训和工作经验培养起来的思维方式"。行为能力有助于帮助编目和元数据馆员全方位地评估、塑造和发展自我，适应新的编目和元数据环境和发展需要，积极应对挑战。

"2017版"注重终身学习，要求编目和元数据馆员具备"终身学习的能力"（"创新和适应能力"部分）和"对专业文献和研究保持持续关注""向专业机构寻求解决方案"的能力（"对专业的好奇心"部分）。

3 思考

3.1 积极探索国内编目馆员核心能力规范性文件制定的可能路径

编目和元数据馆员是编目工作的主体，鉴于国内业界实践，建议相关组织和机构借鉴和参考ALA等组织的相关标准规范，积极探索国内编目馆员核心能力规范性文件制定的可能路径。

2006年11月，中国图书馆学会标引与编目专业委员会召开工作会议，积极回应当年在武汉召开的"第一届全国文献编目工作研讨会"代表的呼声，制定《中国图书馆编目工作原则声明（草案）》，努力消除编目差异[10-11]。2015年在重庆召开的第四届全国文献编目工作研讨会，编目同人深入讨论后达成8项共识[1]。建议中国图书馆学会学术研究委员会信息组织专业委员会借鉴上述成功实践，利用包括全国文献编目工作研讨会、工作会议在内的各种平台深入讨论，积极推进国内编目馆员核心能力规范性文件的拟定和出台。

3.2 注重通用性与岗位工作任务的融合协调

"2017版"试图界定各类型图书馆各种编目和元数据工作所需的通用能力，因此特定编目和元数据馆员职业能力的特殊要求可以自行扩展。

目前国内联合编目中心一般都会开展上传资格认证（如目前全国图书馆联合编目中心正致力于考试平台及其配套的上传资格考试大纲和题库建设），图书馆也会制定编目和元数据岗位职责、工作任务及其要求。建议联合编目中心、图书馆联盟和图书馆在开展上述认证和制定岗位职责、工作任务及其要求时，在借鉴和参考ALA等组织相关标准规范的基础上，积极对标国内标准规范（如即将推出的"公共图书馆业务规范"

系列文化行业标准[12-13]），科学合理地编写上传资格考试大纲及其培训教材、编目和元数据岗位职责及其工作任务，进一步细化和完善上传资格认证或岗位能力要求，补充和完善联合编目和本地规范，强化原则、标准规范的联合编目和本地化运用及其要求，努力应对编目工作范畴的日益扩展。应注意的是，行为能力的罗列有助于编目和元数据岗位招聘时开展职业测评，同时也为员工职业生涯规划和发展提供参考。

应指出的是，"2017版"仅涉及编目和元数据专业馆员，今后ALA可能会出台辅助人员能力要求文件[14]。目前国内中文编目外包已成为标配，因此在拟定编目馆员能力要求规范性文件的同时，应统筹考虑编目辅助人员和编目外包人员能力要求。当然，更应考虑编目馆员的"执业"范围，即"编目馆员""执业"范围是否必须限制在图书馆以及如何构建编目和元数据职业共同体。

3.3 努力构建"加快新型编目人员培养"的培训内容和课程体系

"在当前信息技术环境不断变化的背景下，元数据在图书馆中发挥的作用越来越大，编目工作范畴日益扩展，为了积极应对挑战，提高编目工作核心竞争力"，"加快新型编目人员培养"是编目从业人员应对编目环境变化的共同愿望[1]。

编目和元数据馆员角色应定位为"分类编目者，索引者，主题分析者，权威控制者，编目成果品质控制者，编目政策、标准与程序制定者，维护资料库与自动化系统者，数位资源/数位图书馆/数位典藏的整理与组织者，知识组织者，资料、馆藏与书目诠释者"[15]。目前，国内编目员工对于新技术的了解尚存在不足，如编目员表示"了解关联数据及其在图书馆的一些应用的"占38%，表示不了解的占62%[16]。因此编目和元数据专业馆员核心能力要求"与其说是一种要求，不如说只能作为图书馆界应该要共同追求的'目标'"[17]。而这也更加凸显"加快新型编目人员培养"的重要性，ALA等组织的相关标准规范为包括目前在岗编目人员在内的"加快新型编目人员"培训内容和课程体系的构建提供了重要参考。

参考文献：

[1]第四届全国文献编目工作研讨会讨论共识[J].国家图书馆学刊,2015（6）:15.

[2]Cataloging Competencies Task Force. Core Competencies for Cataloging and Metadata Professional Librarians [EB/OL]. [2019-08-13]. https://alair.ala.org/handle/11213/7853.

[3]ALCTS Board of Directors. Core Competencies for Cataloging and Metadata Professional Librarians

[EB/OL]. [2019−08−13]. https://alair.ala.org/bitstream/handle/11213/7853/Core%20Competencies%20 Cataloging%20Metadata%20Professional.pdf?sequence=1&isAllowed=y.

[4]能力. 中国大百科全书（第二版）[EB/OL]. [2018−10−24]. http://10.1.31.139：1168/indexengine/entry_ browse.cbs?no=32677&db=dbk2&indexval=%C4%DC%C1%A6.

[5]Cataloging Competencies Task Force[EB/OL]. （2015−11−18）[2019−08−13]. https://connect.ala.org/ communities/community-home/librarydocuments/viewdocument?DocumentKey=F0285FE2-763E- 4603-B16B-452DA58A3A16.

[6]ALA Executive Board, ALA Council. ALA's Core Competences of Librarianship（Final version）[EB/ OL]. [2019−08−12]. http://www.ala.org/educationcareers/sites/ala.org.educationcareers/files/content/ careers/corecomp/corecompetences/finalcorecompstat09.pdf.

[7]Core Competencies for Professional Catalogers. A Report of the Competencies and Education for a Career in Cataloging Interest Group Meeting. American Library Association Annual Conference. Orlando, June 2016[EB/OL]. [2019−08−13]. https://www.tandfonline.com/doi/full/10.1080/07317131.2 017.1238207?scroll=top&needAccess=true.

[8]Draft_Cataloging_Competencies_Blueprint[EB/OL]. [2017−12−01]. http://catweb.ncl.edu.tw/portal_ b1_page.php?button_num=b1&cnt_id=515&order_field=&order_type=&search_field=&search_ word=&search_field2=&search_word2=&search_field3=&search_word3=&bool1=&bool2=&search_ type=1&up_page=1.

[9]MILLER S J. Metadata Resources [EB/OL]. （2011−06−01）[2015−03−18]. https://pantherfile.uwm.edu/ mll/www/resource.html.

[10]中图学会标引与编目专业委员会工作会议召开[EB/OL]. [2019−08−12]. http://www.nlc.cn/newgtcb/ gtcbgz/xxfb/201011/t20101130_20679.htm.

[11]消除编目实践差异　探求编目工作原则:中国图书馆学会标引与编目专业委员会工作会议纪要 [EB/OL]. [2019−08−12]. http://olcc.nlc.cn/page/document.html.

[12]图标委成立以来立项标准一览表[EB/OL]. [2019−08−12]. http://www.nlc.cn/tbw/bzwyh_bzhxd_1.htm.

[13]汪东波,等. 公共图书馆业务规范访谈稿（网络首发）[J/OL]. 图书馆建设,2019（6）. [2019−08−15]. http://kns.cnki.net/KCMS/detail/23.1331.G2.20190603.1115.004.html?uid=WEEvREcwSlJHSldRa1Fh dXNXaEdzT2ZuQ0xMVkJPOThOdU0vd2hOTVhNWT0=$9A4hF_YAuvQ5obgVAqNKPCYcEjKens W4IQMovwHtwkF4VYPoHbKxJw!!&v=MjQ5OTA1N1QzZmxxxV00wQ0xMN1I3cWVidVpuRnkzbF VyekJJRmc9TVQ3TVpMMRzRIOWpNcVk5R1pPc09ZdzlNem1SbjZq.

[14]EVANS B J, et al. Competencies through Community Engagement: Developing the Core Competencies for Cataloging and Metadata Professional Librarians[J/OL]. Library Resources & Technical Services，2018，62（4）:188-197.［2019-08-15］. http://search.ebscohost.com/login.aspx?direct=true&db=a9h&AN=132129155&lang=zh-cn&site=ehost-live.

[15]王梅玲. 网路时代资讯组织人员专业能力之研究[J/OL]. 图书资讯学研究，2007，1（2）:91-116.［2019-08-12］. http://lac3.glis.ntnu.edu.tw/index.php?id=227.

[16]陈琦，等. 转变与突破:国内公共图书馆编目工作调查分析报告[J]. 图书馆论坛，2013（6）:107-113.

[17]陈慧华. 专业编目员、资讯组织分析师之养成[EB/OL].［2017-12-01］. http://catweb.ncl.edu.tw/portal_b1_page.php?button_num=b1&cnt_id=515&order_field=&order_type=&search_field=&search_word=&search_field2=&search_word2=&search_field3=&search_word3=&bool1=&bool2=&search_type=1&up_page=1.

中文分类索书号辅助生成
——以上海图书馆ALEPH-UCS为例

丁建勤　徐玉花（上海图书馆）

1　分类索书号机器生成

中文分类索书号通常由分类号、书次号、辅助区分号等三部分构成。"一般认为，就实际应用情况而言，图书馆中使用最多的书次号是种次号和著者号"[1]299。

1.1　种次号机器生成

所谓种次号是指"根据图书分编时的先后次序，对同类书按种依次给予不同顺序号确定的号码"[1]299。

汇文编目系统可以实现"自然数顺序种次号自动生成"[2]。也有人利用Visual FoxPro 6.0的PADL函数并结合组合框（Combo）等控件实现。具体地说首先采用Visual FoxPro 6.0的组合框（Combo）确定图书类别，然后利用Visual FoxPro 6.0提供的统计命令CALCULATE实现从数据库中按类别取出相应种类图书的最大编号，再利用Visual FoxPro 6.0提供的PADL函数及其他相关函数实现将取出的最大编号加1作为新记录的编号[3]。

1.2　著者号机器生成

所谓著者号是指"根据图书责任者的姓名的拼音或汉字的特点获取的号码"[1]300。著者号取号方法可细分为查号法（如《通用汉语著者号码表》）和拼号法两种。

GCAT系统具备《通用汉语著者号码表》自动取号功能。该系统以WebService接口方式实现其功能，提供了一个Windows Form取号前端和一个Web取号页面。

dp2图书馆集成系统中的编目子系统，内嵌了GCAT系统，由C#二次开发脚本调用WebService功能[4]。

2 上海图书馆中文文献索书号机器生成开发的必要性

2.1 上海图书馆中文文献索书号构成复杂

上海图书馆中文文献按文献类型分别采用分类索书号、文献类型区分号+分类索书号、文献类型区分号+年份+流水号等多种编制方式。

中文图书以分类排架为主，其他方法为辅。如基藏书库、外借室、阅览室采用分类索书号，保存本书库（外围书库）等由典藏部门自行制作流水号。中文图书分类索书号由分类号、著者号、辅助区分号三部分构成。

中文盲文图书采用文献类型区分号+分类索书号，即由MW（"盲文"汉语拼音首字母）、分类号、著者号、辅助区分号四部分构成。分类号、著者号、辅助区分号编制沿用中文图书规则。

2000年12月上海图书馆正式启动以"一卡通"服务体系为重要内容的中心图书馆建设项目，规定中文图书索书号统一执行上海图书馆编制规则，实行统一索书号制度。

2001年上海图书馆馆藏视听资料编目职责调整划归采编中心。中文视听资料、电子资源索书号继续沿用原先的编制规则，即由文献类型区分号、编目年（后两位）、流水号三部分构成。

2013年底，上海市中心图书馆音像资料"一卡通"调研建议，中文视听资料、电子资源直接采用上海图书馆音像资料索取号编制方法。

此外，电子阅读器按惯例无须编制索取号。

表1　中文各类型文献索书号构成一览表

文献类型	索书号构成	备　注
图书	分类号/责任者号+附加区分号	无文献类型区分号
盲文图书	MW/分类号/责任者号+附加区分号	MW前无"#"
（录音制品）盒式录音带	#DAT/年份后两位+流水号	
（录音制品）CD唱片	#CD/年份后两位+流水号	
（录音制品）MP3唱片	#MP3/年份后两位+流水号	
（录像制品）VCD视盘	#VCD/年份后两位+流水号	
（录像制品）DVD视盘	#DVD/年份后两位+流水号	
（录像制品）蓝光光盘	#BD/年份后两位+流水号	曾用"#LDVD/年份后两位+流水号"

文献类型	索书号构成	备　注
（电子资源）CD-ROM 光盘	#CDR/年份后两位+流水号	
（电子资源）DVD-ROM 光盘	#DVDR/年份后两位+流水号	
（实物制品）电子阅读器	无	无须编制索书号

2.2　索书号中的分类号选取规则复杂

上海图书馆索书号中的分类号，规定取自书目记录690$a "《中国图书馆分类法》类号"子字段。有多个690字段时，一般取第一个690字段。

此外，相当一部分《中国图书馆分类法》类号，规定不能用作索书号中的分类号。主要有：

（1）交替类目、第二分类体系类目；

（2）"a"（推荐符号）、"（　）"（国家地区区分号）、"＝"（时代区分号）、""""（民族种族区分号）、"〈 〉"（通用时间地点和环境人员区分号）；

（3）Z88、Z89除外的 "："（组配符号）；

（4）总论复分号 "-43教材、课本"；

（5）总论复分号 "-67参考资料"；

（6）总论复分号 "-79非书资料、视听资料"；

（7）某些过细的细（复）分号（如字母标号法等）。

2.3　四角号码拼号法取号存在一定的难度

上海图书馆著者号采用四角号码拼号法。具体取号规则较为复杂，如当个人责任者名称为3个汉字时，按名称第一个字四角号码的一、三角和姓名的第二个字的第一角和第三个字的第一角取号；姓名为一个汉字的取其的一、二、三、四角；姓名为两个汉字的各取其一、三角；姓名汉字在3个以上的，也以前三汉字一三一一角取之。

例1：李清照　　　取4436

例2：丛珊　　　　取8111

例3：欧阳正明　　取7771

为避免同一汉字四角号码取号差异，规定以《新华字典》（1971年修订重排本）所附 "四角号码检字表" 为准，见表2。

表2　易混淆的汉字四角号码示例表

示例汉字	选用的四角号码	不予选用的四角号码
勃	4442	4440
戈	5300	4341
蒙	4423	4490
耶	1742	1712
阎	3777	3722
毅	0724	0794
考	4402	4420

（说明：上海图书馆严建华副研究馆员提供）

新进员工普遍不熟悉四角号码，《新华字典》（1971年修订重排本）业务用书配置严重不足，进一步加大了四角号码拼号法取号统一的难度。

2.4　辅助区分号取号规则复杂

辅助区分号包括著作区分号、卷册区分号、年代区分号等。

因此，索书号机器生成开发有助于提高索书号编制的统一化、规范化程度，降低编目难度，提高编目效率。

3　中文索书号辅助生成功能需求与开发思路

3.1　基本原则

上海图书馆和上海市中心图书馆"一卡通"中文文献遵循统一的索书号结构及其编制规则，运行至今已积累了海量馆藏记录，据统计，截至2017年底，上海市中心图书馆公共图书馆成员馆为238家[5]12，上海市中心图书馆"一卡通"文献藏量2888.17万册[5]48，其中大部分为中文文献。为避免巨大的转换成本和转换风险，不宜"另起炉灶"，另行创设新的或者更能体现科学性、先进性的索书号。鉴于上述考虑，上海图书馆中文索书号系统应在维持现行索书号结构，基本不改变现行编制规则的基础上进行开发，提高自动化程度。

3.2 基本功能需求

具体而言，应实现：

（1）支持自动辨识文献类型，并自动转换成文献类型区分号

文献类型自动辨识一直是项目的难点，若依据CNMARC标准的相关字段进行判断，将导致算法复杂，可能存在较多的不确定性，很难满足项目要求。如CD唱片需要组合200$b录音制品（完全一致）、215$a（任意一致，且不是CD-ROM和VCD等）进行辨识。

上海图书馆ALEPH-UCS项目贯彻"统筹规划、分步实施"引进工作策略，TYP字段设置充分考虑了与索书号中的文献类型区分号的关系，便于程序自动辨识文献类型和转换文献类型区分号。

（2）支持自动提取类号和著者，一键生成

系统应支持从CNMARC书目记录中，自动提取类号（690字段），当存在多个690字段时自动提取第一个。

系统应支持从CNMARC书目记录中，自动提取著者（701或711字段），当存在多个701或711字段时自动提取第一个。若701或711字段均不存在，自动提取题名。

提取的类号和著者，自动生成书次号。即装载汉字四角号码电子表，系统按取号规则自动生成书次号。

系统应支持一键生成，即点击运行程序，自动辨识转换文献类型区分号、自动提取类号和著者、自动添加同类短横"–"后最大数加"1"，完成索书号生成。

（3）应支持提取的类号和著者，自动筛选、映射转换或提示人工干预

表3　前方一致团体责任者取号映射转换表（节选）

首个711$$ab起始字	取号部分
北京市	北京
天津市	天津
河北省	河北
……	……

（4）支持特殊书次号取号、多卷书取号提示和索书号重号报错

《中图法》对某些类的书次号取号方法做了专门规定，如马克思、恩格斯、列宁、斯大林、毛泽东、邓小平的单行本著作，可按写作年代排[9]。

例：《共产党宣言》（1848年1月），索书号为A122/4801

为保持统一，上海图书馆对某些类继续沿用旧版《中图法》书次号特殊取号规定。如中国高等学校、师范学校、中等教育学校、初等教育学校均按学校名称取号。

例1：复旦大学　索书号为G649.285.1/8649

例2：大同中学　索书号为G639.285.1/4759

同时开发索书号重号检查程序，支持重号报错。

3.3　开发思路

ALEPH-UCS支持定制开发索书号字段自动生成，支持著者号、种次号等取号方法。鉴于上海图书馆中文索书号存在诸多个性化特点，因此定制开发是较为可行的技术选择。

（1）在书目记录中生成索书号字段

索书号字段既可著录于书目记录中，也可录入馆藏记录。考虑到上海图书馆采编中心负责编制统一索书号，以及长期以来Horizon书目记录著录索书号字段的传统，项目组决定继续沿用这一做法，在ALEPH-UCS中文书目记录中，定制开发索书号字段自动生成程序。

为此，项目组重新定义了905字段，增列了诸多子字段，以支持定制开发，方便实际运行。同时规定905字段为上海图书馆、上海市中心图书馆专用字段。

（2）索书号整理例程

上海图书馆中文索书号编制流程主要由确认文献类型区分号、选定分类号、选取书次号、确定辅助区分号等步骤组成。从工序角度而言，可由编目、审校分工完成，也可一人同时完成。

对应上述流程，ALEPH-UCS中文索书号定制开发了3个主体整理例程。

①生成分类著者号：图书为分类著者号，盲文为文献类型区分号和分类著者号，视听资料、电子资源为文献类型区分号。

②生成辅助区分号：图书和盲文图书为辅助区分号，视听资料、电子资源为编目年（后两位）和流水号。辅助区分号整理例程单列，一方面解决了视听资料、电子资源流水号生成环节与图书、盲文图书协调问题，另一方面也有助于减轻ALEPH-UCS索引负荷。

③合成索书号：支持多卷书等索书号特殊编制要求。

ALEPH-UCS支持整理例程组合运行，因此上述3个主体整理例程可以根据不同业务需求灵活组合。

（3）创设和维护知识库，满足可扩展需求

"参数表驱动"（Table-driven）是ALEPH-UCS的重要特点。利用参数表可以创设和维护映射表、提示信息表、多卷书实例取号表等各类索书号知识库，满足业务需求。当然，四角号码电子表同样支持图书馆系统管理员自行维护。

4 中文索书号辅助生成整理例程开发关键问题

4.1 《索书号编制规则》开发可行性评估

《索书号编制规则》是索书号辅助生成开发的主要依据。因此，《索书号编制规则》开发可行性评估是项目关键点。

除文献类型辨别（可通过TYP字段，解决文献类型区分号选取问题）外，《索书号编制规则》还包含了相当一部分名称规范控制内容。当然，这部分个人名称、团体名称或许可以通过创建名录（ALEPH-UCS参数表）予以解决。但这种"名录"实质上是一种规范控制。鉴于上述考虑，项目组决定将责任者名称规范控制内容与《索书号编制规则》分离，并建议同步修订《索书号编制规则》。

4.2 中文索书号辅助生成流程图编制

绘制索书号生成流程图，明确处理步骤和要求，直接关系着能否投入实际开发。流程图编制应在《索书号编制规则》开发可行性评估基础上，提炼归纳逻辑步骤，匹配项目需求。

5 中文索书号辅助生成程序功效

2017年1月1日，ALEPH-UCS中文索书号辅助生成整理例程正式运行，取得了较好的功效，实现了项目预设目标。

5.1 支持编目、审校分级或独立编制索书号，优化工作流程

三个索书号主体整理例程及其六种组合，涵盖上海图书馆采编中心现有中文馆藏全部类型，较好地满足了多项业务的不同需求，既支持编目、审校分级合作编制索书号，又支持编目、审校独立完成索书号编制。

5.2 有助于实现类号提取的统一性

类号（索书号中的分类号）参数表（tab_905_sf_d_len）的设置和维护，有助于提高类号提取的统一性。如《中国图书馆分类法》改版后，允许外国小说类分时，使用I24题材复分表进行复分，从而造成外国近现代小说名著索书号不尽一致。维护tab_905_sf_d_len参数表，可以实现对索书号中的某些常用分类号予以提级，力求相当一部分名著索书号统一，满足服务部门需求。

从某种意义上说，tab_905_sf_d_len参数表可以支持索书号"粗"分类，实现某些过长类号（如P618.510.625.2）的缩减。

5.3 有助于提高著者号和辅助区分号生成的规范化程度

四角号码表装载及其系统提取生成，能够确保四角号码取号的一致性，避免人为因素干扰。

辅助区分号（不含卷册号、年代号）系统比对添加（短横"-"后最大数加"1"），以及视听资料、电子资源索书号中的"编目年"（以系统日期为准）和"流水号"（最大数加"1"）的系统添加，能够确保依序添加，减少重号。

特殊类号书次号生成提示信息，能够保证《中国图书馆分类法》书次号特殊取号方法统一。

5.4 支持多卷书取号统一、索书号重号提示

实例取号参数表（tab_tit_select）支持按540$a、506$a、507$a、200$a进行题名比对，题名匹配完全一致的，则生成提示语。

ALEPH-UCS系统支持索书号重号提示，提示可以根据图书馆要求，设置为禁止性错误（不允许存盘）或非禁止性错误（允许存盘）。

6 可能的负面效应

6.1 索书号参数表维护工作量人

索书号参数表需要人工持续维护，如目前上海图书馆实例取号参数表（tab_tit_

select）仅配置一部分年鉴、特殊多卷书题名及其提示信息，今后若增加新的内容，尚需进行人工维护。

6.2　提高了《中国图书馆分类法》改版启用门槛

《中国图书馆分类法》改版可能会涉及扩大字母标号法使用（上海图书馆中文索书号中的类号一般不使用字母标号法）、书次号特殊取号方法调整等，这些修订或多或少会影响现有索书号参数表维护，因此应纳入《中国图书馆分类法》改版启用工作，统筹兼顾，这无疑在一定程度上提高了《中国图书馆分类法》改版启用门槛。

6.3　可能会增加ALEPH-UCS升级难度

目前，ALEPH-UCS依然存在升级问题，即通过升级实现功能优化。定制开发及其相关参数表由于不属于标准程序及其配置，升级时需要特殊处理，这无疑增大了升级难度。因此汇总编制定制开发及其相关参数表清单，有助于提高升级工作效率，避免可能的遗漏。

参考文献：

[1]国家图书馆《中国图书馆分类法》编辑委员会.《中国图书馆分类法》第五版使用手册[M].北京:国家图书馆出版社,2012.

[2]陆玉泉,冯耀,李建坤.外文图书索书号自动给号系统的设计与实现[J].现代计算机,2013(2上):68-72.

[3]倪宝童.图书管理系统中图书编号的自动生成[J].企业技术开发,2006,25(2):27-30.

[4]通用汉语著者号码表——GCAT V3[CP/OL].[2019-08-15].http://dp2003.com/dp2opac/gcat.aspx.

[5]上海图书馆.上海市公共图书馆行业发展报告(2017)[M].上海:上海科学技术文献出版社,2018.

民国时期图书题名著录常见问题探析

高凌云（国家图书馆）

民国时期的图书作为知识和信息的重要载体之一，从政治、经济、军事、科教文卫等多方面记载了中国近代史上这段波澜壮阔的岁月，呈现了这一特殊时代的历史与社会发展轨迹，具有重要的史料价值、学术价值和艺术价值。国家图书馆联合国内文献存藏单位，于2012年正式启动"民国时期文献保护计划"，开启了民国图书普查工作，开发了"民国时期文献联合目录"系统，为成员馆在各自工作终端进行书目数据的制作提供支持[1]。然而，由于诸多因素影响，数据库中出现了部分数据重复和著录不规范的现象，直接影响了数据库的整体质量及读者的检索效率。本文结合民国图书的特点及长期著录的具体实践工作，针对数据库中题名著录的常见问题进行探讨，以期提高民国图书的著录质量和检索效率。

1 题名信息准确著录的重要性

题名是直接表达或象征、隐喻文献内容的主题及其特征，并使之个别化的名称[2]，是对文献内容的高度浓缩，反映了文献的主题内容和著作者的观点与写作意图，具有较大的情报信息含量[3]。题名的著录是编目工作中最重要的一个步骤，其标准化和规范化对编目员和读者均有重要意义。对编目员而言，准确著录题名信息是书目数据制作的重要环节，直接影响着整个编目流程的采访和查重工作，进而关乎书目数据库的整体质量和资源的共建共享。对读者而言，题名是读者检索文献的重要途径，更是读者识别和确认文献的主要依据[4]，题名信息的准确著录直接影响着读者的检索效率及对文献的利用率。

截至2017年底，"民国时期文献联合目录"系统已收录民国书目数据30余万条，馆藏60余万条[1]。随着民国图书普查工作的深入开展，书目数据数量还将不断增长，海量的数据记录给编目员的高质量数据制作和读者的有效检索利用带来了更多挑战，题名信息著录的准确化和规范化变得尤为重要。

2　题名信息著录的主要参考工具

《中国文献编目规则（第二版）》2.0.1适用范围规定，民国图书的编目遵循现代普通图书的编目规则[5]。因此，编制普通图书CNMARC书目数据时必不可少的《中国文献编目规则（第二版）》《新版中国机读目录格式使用手册》和《中文书目数据制作》也是对民国图书进行CNMARC格式编目的重要参考工具。同时，配合"民国时期文献保护计划"的开展，为加强各成员馆民国图书书目数据的质量管理，确保各成员馆上传数据的规范化和标准化，国家图书馆联合编目中心还制定了《民国图书联合目录数据暂行标准》与《民国图书联合目录数据制作阶段性要求》，编制了民国时期文献著录、标引与馆藏编制等具体工作的培训教材。

3　题名信息著录的常见问题及分析

由于民国时期造纸术和印刷术水平有限、相关文献贮存条件要求较高、人为利用及保护不当等因素影响，许多民国图书出现了纸张酸化、老化甚至损毁残缺的情况，加之这一时期出版的图书与现代图书在印刷制作、装帧设计、出版发行方式等方面存在许多差异[6]，从而给编目人员的著录工作带来诸多考验。此外，在实际工作中，不同的编目员有时对著录信息的主观判断存在差别，对著录标准的理解也有所不同，直接导致题名信息的著录出现了一些问题。现以CNMARC书目数据实例的形式，就题名著录的常见问题进行分析。

3.1　题名著录文字规范问题

民国时期的图书字体简、繁、异共存，题名也多用繁（异）体字[7]，个别图书文字印刷不够清晰、字体繁杂混乱[8]，部分文字表达和句法结构与现今社会习惯有所不同，给早已习惯使用现代汉语和简化字的编目员带来了一定的识别障碍，使得数据库中部分数据的题名出现了一些用字及标点等方面的问题。

3.1.1　题名多字、漏字、错字

例1：唯物辩证法基本知识/李衡之著（上海：社会科学研究社，1949）

错误著录：200 1#$a唯物辩证法的基本知识

应著录为：200 1#$a唯物辩证法基本知识

例2：法西斯主义之组织理论/（日）河野密著（上海：华通书局，1933）

错误著录：200 1#$a法西斯主义组织理论

应著录为：200 1#$a法西斯主义之组织理论

例3：东西洋花卉盆载法/胡朝阳编（上海：新学会社，1921）

错误著录：200 1#$a东西洋花卉盆载法

应著录为：200 1#$a东西洋花卉盆栽法

分析：例1中"的"字多余，例2中漏著"之"字，例3中"载"字录错，应为"栽"字。这些多字、漏字和错字现象极易导致书目数据的重复建设，也影响读者的检索，编目员应加强业务素质，避免此类现象发生。

3.1.2 题名繁简体字转换错误

例4：两淮水利盐垦实录/胡焕庸编订（南京：国立中央大学地理学系，1934）

错误著录：200 1#$a两淮水利鉴垦实录

应著录为：200 1#$a两淮水利盐垦实录

分析：本书题名原为繁体字形式，编目员误将"盐"的繁体字"鹽"辨识为"鉴"，导致了题名的错误著录。编目员应重视对民国图书中常用繁体字词的积累，善于利用网络和工具书，避免人为转换错误。

3.1.3 题名用字被人为"现代化"

例5：伊里奇底辩证法/（苏）德波林著；任白戈译（上海：辛垦书店，1930）

错误著录：200 1#$a伊里奇的辩证法

应著录为：200 1#$a伊里奇底辩证法

例6：整顿三风文件廿二种（华北新华书店，1942）

错误著录：200 1#$a整顿三风文件二十二种

应著录为：200 1#$a整顿三风文件廿二种

分析：虽然原书所用"底"字和"廿"字分别对应现代汉语中"的"和"二十"的概念，但是人为将之改成看似现代化的文字表达，违背了客观著录的原则。编目员应尊重民国时期的语言文字与表达习惯，客观如实著录题名，避免不必要的人为"现代化"。

3.1.4 题名标点符号著录错误

例7：苏联、我们的"友邦"？/王宗仁著（南京：叱咤出版社，1947）

错误著录：200 1#$a苏联、我们的"友邦"

应著录为：200 1#$a苏联、我们的"友邦"？

分析：标点符号具有独特的语法功能和修辞功能，本例中标点"？"的有无直接关系著者写作意图的表达，随意舍弃更改标点容易产生歧义。编目时，应客观著录题名中包含的数字、标点、符号、汉语拼音以及起语法标点作用的空格[9]。

3.2 题名著录信息源选取问题

根据《中国文献编目规则》的规定，200字段的规定信息源为题名页或代题名页[5]。当在编图书没有题名页时，代题名页的选取顺序依次为：版权页→封面→书籍→序言→后记[10]。选择代题名页为规定信息源著录时，应在3--附注块注明出处。出现在图书其他不同位置与正题名有关的题名信息著录在5-- 相关题名块。由于民国图书囿于时代限制，缺乏统一的出版标准，在版式、装帧等方面多有差异，乃至于同一出版发行机构的不同版本的同种图书都有多处不同，部分图书还因破损经历了重新装订等补救工作，诸多因素给编目员在信息源选取方面增加了一定难度，进而出现了部分题名著录问题。

3.2.1 题名信息源选取错误

例8：孙文主义之唯物的哲学基础/高承元著（北平：平民书局，1930）

错误著录：200 1#$a孙文主义之惟物的哲学基础

应著录为：200 1#$a孙文主义之唯物的哲学基础

分析：信息源是正确识别题名的关键，如果信息源出错，那么题名著录也不可避免地会出错。本例中，原书有题名页，而"孙文主义之惟物的哲学基础"是出现在题字页的信息，不应作为题名著录的信息源。

3.2.2 题名信息源选取次序有误

例9：西洋近五十年史/陈此生编（上海：北新书局，1931）

错误著录：200 1#$a 西洋最近五十年史

应著录为：200 1#$a 西洋近五十年史

512 1#$a 西洋最近五十年史

分析：本书题名错误著录的原因是没有首选题名页，而是选取了封面作为信息源。为避免重复数据出现，编目员应严格执行编目规则，按规定依次选取题名的信息源。

3.2.3 题名信息源选取不全

例10：平三角术习题详解/（美）温德华士著；郑辅维译（上海：文明书局，1912）

错误著录：200 1#$a平三角术习题详解

应著录为：200 1#$a平三角术习题详解

312 ##$a版权页题名：温德华士平三角术习题详解

517 1#$a温德华士平三角术习题详解

分析：本书版权页题名与题名页题名有明显不同，若只著录题名页题名，很容易造成数据的漏检和重复建设。为确保数据能被多途径、多角度检索到，编目员应该首选题名页作为200字段题名著录的信息源，视具体情况使用3--附注块及5--相关题名块对封面、版权页及其他各处出现的明显不同于200字段中正题名的相关题名进行说明与著录。

3.3 题名著录逻辑判断问题

民国时期的图书题名常依著作内容而定，大多以单一书名的形式出现，由一简明的词语或词组构成，如"春""土地法""家庭实用验方""外汇问题与贸易问题"等。对于此类题名，编目员只要严格遵循编目规则，合理选取信息源，避免文字输入错误，一般不会出现著录问题。而对于另一部分题名相对较为复杂的图书，如果对题名信息的逻辑分析判断不够准确，无法清晰揭示各层次之间的关系，则很容易出现题名著录信息冗余、逻辑混乱等问题。

3.3.1 冗余著录题名信息

例11：民法继承编论/吴之屏编（上海：上海法政学社，1933）

错误著录：200 1#$a依照最新法制编纂民法继承编论

应著录为：200 1#$a民法继承编论

例12：测量学讲义/莫宝瑚编（蚌埠：蚌埠工兵学校，1948）

错误著录：200 1#$a测量学讲义$e工兵学校初级班第一期教材

应著录为：200 1#$a测量学讲义

300 ##$a工兵学校初级班第　期教材

分析：用于说明写作缘由、目的、意义、用途、读者对象、著作性质、编辑方式及宣传性的文字，不能被视作题名的组成部分。例11中的"依照最新法制编纂"和例

12中的"工兵学校初级班第一期教材"分属广告宣传和写作用途类信息，与图书内容及形式无关，不应著录在题名部分。

3.3.2 题名逻辑关系解读出错

例13：世界名剧：作家及作品/贺孟斧编译（重庆：五十年代出版社，1942）

错误著录：200 1#$a世界名剧作家及作品

应著录为：200 1#$a世界名剧$e作家及作品

例14：中国国际法溯源/陈顾远著（长沙：商务印书馆，1939）

错误著录：200 1#$a中国国际法溯源$e简编

应著录为：200 1#$a中国国际法溯源

分析：例13中，该书以时间为序，以名剧为纲，以作家和作品的形式展开具体内容，介绍不同时期的世界著名戏剧，"作家及作品"应视作正题名"世界名剧"的补充说明信息。若把"作家及作品"视作正题名的组成部分，则全书的重点变成了介绍世界上著名的剧作家及其作品，明显与原书用意不符。例14中，"简编"取自图书所属丛书"万有文库第一二集简编"，实为对万有文库第一集和第二集的精选系列[11]，而非对单册图书的简写重编，不应作为其他题名信息著录在200字段。编目员在著录时应仔细判读题名相关信息，准确识别文字逻辑关系，正确揭示题名含义，避免题名逻辑关系出错。

3.3.3 题名层级结构解析有误

例15：奥本海国际法—战争与中立/L. Oppenheim著（长沙：商务印书馆，1939）

错误著录：200 1#$a奥本海国际法$e战争与中立

应著录为：200 1#$a奥本海国际法$i战争与中立

分析：其他题名信息用于解释、限定或补充正题名的内容；分卷册题名是用于记录有共同题名的分辑、分卷、分册的题名，通常为从属题名[9]。编目员在遇到复杂结构的题名时，应仔细分析题名的层级结构，正确区分其他题名信息和分卷册题名。本例中，"战争与中立"是"奥本海国际法"的一个分册，另外还有一个"平时"分册，所以"战争与中立"应作为分卷册题名著录在$i子字段，这样才能与总题名结合在一起，正确表达题名意义。

3.4 题名著录格式规范问题

题名MARC格式的规范与统一是图书编目的基础工作，编目员必须严格遵循统一标准，才能实现在编图书的规范著录，避免书目数据的重复建设，真正实现数据的共建共享。尽管《中国文献编目规则（第二版）》和《新版中国机读目录格式使用手册》为编目确立了共性的著录规则和方法，但是在民国图书题名的著录实践中，依然存在部分著录格式不统一的问题，这在数据库中主要表现为交替题名和合订题名著录的不规范。

3.4.1 交替题名著录问题

（1）交替题名著录格式误用

例16：救亡的基本认识/柳湜著（上海：读书生活出版社，1936）

错误著录：200 0#$a救亡的基本认识，又名，论民族联合战线

应著录为：200 1#$a救亡的基本认识

   312 ##$a本书又名：论民族联合战线

   517 1#$a论民族联合战线

分析：当规定信息源上的正题名由两个或两个以上的部分组成时，位于"或""一名""又名""原名"等相应连接词之后的题名被称为交替题名。换言之，交替题名和第一部分题名必须同时出现在规定信息源上。本例中在编图书题名页仅有"救亡的基本认识"这一个题名，"又名，论民族联合战线"是在目录页上出现的信息，不符合交替题名的概念，不应采用交替题名著录格式。

（2）交替题名著录格式不规范

例17：现代印度论，原名，印度问题的前途/胡树藩著（成都：新西出版社，1944）

错误著录：200 1#$a现代印度论

   300 ##$a本书原名：印度问题的前途

   517 1#$a印度问题的前途

应著录为：200 0#$a现代印度论，原名，印度问题的前途

   517 1#$a现代印度论

   517 1#$a印度问题的前途

例18：保卫和平，又名，一家人/马健翎著（新华书店，1946）

错误著录：200 0#$a保卫和平 $a又名，一家人

应著录为：200 0#$a保卫和平，又名，一家人

   517 1#$a保卫和平

   517 1#$a一家人

分析：交替题名是正题名的一部分，应按在规定信息源上出现的顺序依次著录在正题名第一部分之后，中间的连接词如实著录，前后用全角逗号标识。著录时200字段不做检索点，分别在517字段提供题名信息检索点[10]。例17中，交替题名本应是正题名的一部分，却被人为割裂、错误地著录在附注项；例18中，交替题名被错误地以合订题名的形式著录在了另一个$a子字段。

3.4.2　合订题名著录问题

（1）合订题名著录格式误用

例19：庶斋老学丛谈及其他二种（长沙：商务印书馆，1939）

错误著录：200 0#$a庶斋老学丛谈$f（元）盛如梓撰

　　　　　　$a日闻录$f（元）李翀撰

　　　　　　$a霏雪录$f（元）镏绩撰

应著录为：200 1#$a庶斋老学丛谈及其他二种

　　　　　327 1#$a庶斋老学丛谈/（元）盛如梓撰

　　　　　　$a日闻录/（元）李翀撰

　　　　　　$a霏雪录/（元）镏绩撰

分析：合订题名主要涉及无总题名图书的著录。具体指在编图书由两部或两部以上的完整著作组成，其规定信息源上却没有一个概括性的总题名，而是依次列出各单独著作的题名。而当在编图书由两部或两部以上著作组成，并有一个总题名时，应选择总题名为正题名，各单独著作的题名著录于附注项327字段。本例中原书无题名页，版权页有总题名"庶斋老学丛谈及其他二种"，不符合合订题名的概念，不应选用合订题名著录格式。

（2）合订题名著录格式不规范

例20：云南弥勒甸溪滚水坝模型试验报告书·陕西涝惠渠工程计划之研究·贵州涟江拦河坝模型试验初步报告书·陕西淯惠渠拦河坝模型试验报告书·湖北金水流域泄洪堰模型试验报告书（南京：中央水利实验处水工报告编辑委员会，1948）

错误著录：200 0#$a云南弥勒甸溪滚水坝模型试验报告书、陕西涝惠渠工程计划之研究、贵州涟江拦河坝模型试验初步报告书、陕西淯惠渠拦河坝模型试验报告书、湖北金水流域泄洪堰模型试验报告书

错误著录：200 0#$a云南弥勒甸溪滚水坝模型试验报告书

　　　　　304 ##$a合订著作还有：陕西涝惠渠工程计划之研究、贵州涟江拦河

坝模型试验初步报告书、陕西渭惠渠拦河坝模型试验报告书、
湖北金水流域泄洪堰模型试验报告书

应著录为：200 1#$a云南弥勒甸溪滚水坝模型试验报告书

$a陕西涝惠渠工程计划之研究

$a贵州涟江拦河坝模型试验初步报告书

304 ##$a合订著作还有：陕西渭惠渠拦河坝模型试验报告书、湖北金
水流域泄洪堰模型试验报告书

分析：合订题名的著录应按照规定信息源所题顺序依次著录。对于同一责任者的
合订图书，每一部著作的题名记入重复的 $a子字段；对于不同责任者的合订图书，将
另一责任者著作题名记入 $c子字段。当题名超过三个时只著录前三个，未予著录的其
他题名和责任者在附注项说明[10]。本例中该书为合订著作，应将前三部著作的题名记
入重复的 $a子字段，并使用304字段对未予著录的其他题名和责任者进行说明。

题名是民国图书著录的关键部分，也是检索的重要途径。随着民国时期文献保护
计划的深入推进，必将会有更多的机构参与到"民国时期文献联合目录"的建设中，
也注定会有更多的民国图书等待编目整理。这也对担负着文献资源建设基础工作重任
的编目员提出了更高的要求。为了更好地满足读者查询相关图书的需求，也为了切实
实现书目数据的共建共享，编目员必须深入学习民国图书编目的相关规则和要求，提
高遵守统一编目标准的自觉性，正确运用著录字段对文献题名进行客观描述；同时，
要明晰民国图书固有的时代特征及其著录的复杂性与多样性，始终秉持严苛的工作态
度，认真对待每个字词，避免人为原因导致的题名著录错误。

参考文献：

[1]民国时期文献普查工作概况[EB/OL].[2019-08-10].http://mgwxbh.nlc.cn/wxpc/pcgk/.

[2]徐文.关于文献题名几个概念的辨析[J].图书馆学研究,1995(6):71-73.

[3]张琪玉.文献题名初步研究[J].江西图书馆学刊,2006(3):4-5.

[4]邓福泉.关于正题名选取及著录中的一些问题[J].新世纪图书馆,2016(10):45-47.

[5]国家图书馆《中国文献编目规则》修订组.中国文献编目规则[M].2版.北京:北京图书馆出版社,
    2005.

[6]李丽芳,宋晶晶.民国图书出版发行信息的CNMARC格式著录[J].国家图书馆学刊,2013,22(5):
    74-77,113.

[7]张培美,杨亦青.清末和民国图书的特点及其著录方法的探索[J].江西图书馆学刊,2005(3):44-46.

[8]谢英.民国图书著录方法探讨[J].图书馆研究,2018,48(2):1-5.

[9]王彬.CNMARC中题名与责任说明项的著录[J].图书馆学刊,2012,34(7):78-80.

[10]全国图书馆联合编目中心,国家图书馆中文采编部.中文书目数据制作[M].北京:国家图书馆出版社,2013.

基于下一代图书馆服务平台Alma的编目工作实践

韩晓荣　　刘　佳（北京师范大学图书馆）

近年来随着文献资源建设经费的增长、图书馆所购文献量激增、专业的人员配备不齐等原因导致编目工作承受巨大的压力。在人员紧缺的情况，解决编目工作的压力就只能依赖信息技术手段的完善。虽然图书馆自动化水平在不断地进步，机读编目帮助编目员从繁重的手工工作中解放出来，联机编目减少了编目员大量的重复劳动，但长时间繁重的工作量以及难以避免的计算机重复操作还是让编目员不堪重负，使其无法将精力集中在编目员具有核心竞争力的分类、标引等专业领域。在大数据时代，利用基于云计算技术的下一代图书馆服务平台Alma，可以将纸本资源管理、电子资源管理、数字资源管理融为一体，成为一个更加包容的平台。与此同时，其使用模板功能、管理结果集功能、运行作业功能及使用规范化规则等功能可以批量处理记录和数据，简化了图书馆的编目操作业务，能够解决文献资源编目过程中重复操作的问题，还能依靠基于大数据的统计分析功能提取重要的信息拓展质控工作。

作为下一代图书馆服务平台的主流产品，Alma自2012年发布以来，主导了学术和研究型图书馆对新系统的选择，其用户几乎涵盖了美国所有的大型图书馆、多校区学术图书馆及图书馆联盟[1]。北京师范大学图书馆于2016年11月签约购买Alma，并于2017年9月正式实施上线，成为国内首批引进下一代图书馆服务平台的大学图书馆之一。文章通过两年多利用Alma进行文献资源编目的实践经验，结合Alma资源编目的功能，总结其服务编目工作的优势，阐述下一代图书馆服务平台带给编目工作的机遇与挑战。

1　Alma资源编目的功能

通过检索外部资源、检索机构记录和元数据编辑器等基本功能，Alma实现了编目的基本需求，利用外部数据在本机构中使用编辑器工作套录编目；通过使用记录模板、使用规范化规则、管理结果集运行作业等功能拓展了编目批量处理记录或数据的功能，提高了编目工作的效率。

1.1 基本功能：完成编目工作的基本需求

检索记录：Alma支持多种编目格式，包括CNMARC、MARC21（带有RDA扩展名）和DC等格式[2]，所有格式的数据均存在于一个平台，没有按格式分库的区别，无论是哪种编目格式，检索记录的方式都是一样的。Alma检索分简单检索和高级检索，简单检索使用单个检索字段，无论何时每个页面顶部都有检索框可以查找记录，还可以随时保存检索查询并重新使用它们。检索条件选择为关键词时，可以检索ISBN、题名、书目ID、条形码等多种书目的关键信息，功能强大，使用起来非常便利。高级检索支持更强大、更精细的检索，包括其他资源类型的多字段检索。例如，当检索纸本资源时，可以在特定的馆藏位置检索书目题名。

检索外部资源和导入：Alma通过配置外部数据库，直接从平台上即可利用外部数据支持套录编目。利用外部的数据资源可以有两种方式，单个导入数据和批量导入数据。通过检索外部数据库中的记录，可以单个导入、合并或覆盖记录到元数据编辑器中支持套录编目。外部数据库以及导入、合并或覆盖的规则需要机构配置，目前机构中配置有国内的CALIS中、西、日、俄数据库、国图的中、西文数据库以及国外的LC、Oxford、Yale、Ohio Link等数据库供套录编目使用；批量导入数据通过主菜单的导入功能，需要预先设置导入配置文件，例如导入中文CNMARC格式的数据，需要设置导入协议为Upload File/s、来源文件格式为Binary、编码格式为UTF-8、来源数据格式为CNMARC Bibliographic、目标格式为CNMARC Bibliographic即可导入，导入过程中，如有不符合条件的数据，会有导入作业报告显示未导入的记录计数及未导入原因。

元数据编辑器：元数据编辑器可以浏览和编辑书目数据、馆藏数据和规范数据，是编目工作的主要操作界面，主窗格是显示记录信息的主要工作区域，包括文件、编辑和工具三个菜单。文件菜单主要有保存、删除、释放记录、提交书目等功能；编辑菜单主要是对记录的编辑，包括添加、删除字段和子字段、完善记录、扩展模板等功能；工具菜单有检索外部资源、查看版本等功能。主窗格的下方还为编辑记录提供了额外的帮助，包括信息和提示选项卡，例如正在编辑一条CNMARC的数据时，下方会显示CNMARC注册表中字段、子字段、指示符和固定字段内容的提示以及字段报错警告。

1.2　拓展编目功能：批量处理记录或数据，提高效率

使用记录模板：编目员可以通过使用预定义的模板更有效地提高工作效率，系统允许使用现有记录或现有模板创建新模板，模板可以在编目员之间共享或仅供专用，预定义字段的模板可以包括所有字段和子字段中的数据，并包含可控和非控制字段。

使用规范化规则：规范化规则为完善记录提供了基础，通过遵循特定的编程语法和使用元数据编辑器中规则选项卡提供的编辑窗口创建，可以对元数据编辑器中的单个记录或一组记录进行完善。处理单个记录的完善，使用完善记录选项到单个记录；处理一组记录的完善，需要使用规范化的进程运行作业。

管理结果集并运行作业：为结果集运行作业可用于移动一组记录或批量运行任务。结果集有两种形式，单列式和逻辑式，单列式结果集为单个单册的结果集，由编目员从检索结果中选择或上传；逻辑式结果集为保存的检索查询，每次关联结果集时运行，逻辑结果集的单册是动态的，可以揭示机构中实时信息。运行作业可以完成批量导入书目数据、批量删除书目记录、批量导出书目记录、批量为结果集中的每条书目记录添加提醒等作业。

2　利用 Alma 服务编目工作的优势

传统的图书馆集成系统是建立在标准化的业务流程之上，而图书馆的业务流程从采访、编目、流通到 OPAC 检索等都是围绕着标准的书目数据而展开，但业务模块相对独立，难以进行有效的互操作[3]。而作为下一代图书馆服务平台主要代表的 Alma 不仅实现了全媒体资源管理，还实现了资源的全流程管理，在开放共享、批量处理数据、严格的工作流程管理方面都表现出极大的优势，同时在最大限度上促进了编目提高工作效率。

2.1　开放共享的平台

支持多种编目格式：传统的图书馆集成系统虽然支持多种格式的编目，但会根据编目格式将资源分为不同的库，例如中文库、西文库。如果出现所编目图书需要换格式编目的情况，操作流程会非常烦琐。Alma 支持多种编目格式，包括 CNMARC、MARC 21（带有 RDA 扩展名）和 DC 元数据，所有数据均在一个平台中，没有中外文

库的区别，编目员检索不同文献时不需要跨库检索，也避免了换库编目的烦琐操作。

促进交流分享：传统的图书馆集成系统依赖客户端，各业务模块之间相对独立，这使工作人员之间的交流相对困难。Alma开放的网页工作形式，实现了全流程的共享，促进了沟通交流，例如编目员创建的模板、结果集、规范化规则等不光可以共享给编目员，还可以共享给采访人员和其他工作人员。

便于利用数据：传统的图书馆集成系统需要借助于其他客户端检索外部可用数据，经常忙碌于数据的导进导出。Alma通过配置外部数据库，直接从平台上利用外部数据，节省了编目员检索外部数据的操作。

2.2 批量处理数据

Alma为批量处理编目数据提供可能，在最大限度上节省了编目员的时间。Alma成熟的批量作业管理系统，可进行各种批量操作，例如批量导入书目数据、批量删除书目记录、批量导出书目记录、批量为结果集中的每条书目记录添加提醒等。另外依靠批量保存检索结果或创建结果集，可以实现部分质控功能。例如检索某一馆藏地下最近一个月所有新建的书目记录，将检索结果保存为EXCEL表格导出，通过EXCEL表格的筛选功能批量检查数据的数据，问题数据将一目了然，还可将问题数据批量设置提醒功能反馈给编目员。

2.3 严格的工作流程管理

全资源管理和全流程管理都需要严格的用户管理来实现，Alma从设置用户开始便执行了严格的流程控制。每位用户都被分配了不同的角色，编目工作分配编目管理员、编目经理和编目员三种角色，编目管理员负责管理编目工作，参与编目各种参数的配置；编目经理负责管理机构的编目记录，参与书目与馆藏的管理；编目员则是具体编目活动的执行者。权限的特征会在用户编辑记录时出现在元数据编辑器中，再加上书目记录也有编目级别，如果用户的编目员权限级别低于书目记录的编目级别，则用户只能查看记录。所有可以使用的具体功能也都限定了角色的级别，避免跨级别的误操作。

3 机遇与挑战

下一代图书馆服务平台在带给编目工作机遇的同时也带来了挑战。编目员与国外同行站在了同一条起跑线上，使用世界顶级的平台和相同的开放共享理念共享世界资源并为全球读者服务，在提高编目水平的同时，也促进了国际的交流，促进了编目工作与国际接轨。在此同时，编目员的语言能力、跨文化沟通能力、协作能力面临挑战。编目员应该用更开放的方式思考和工作，提高外语能力以第一时间学习开放共享的知识内容，理解不同文化背景下先进的工作方式，促进部门及编目员间的协作，为今后的编目工作的国际共享打下扎实的基础。

下一代图书馆服务平台开放共享、批量处理数据等优势节省了编目工作的时间，需要编目员专注于更多的业务拓展。编目员应该意识到编目工作本质上是一种数据服务，应把注意力从重复机械的编目流程转移到编目界及图书馆界的整体发展上并进行深入的思考[4]。树立先进的编目观念，不仅要具备扎实的编目知识和技巧以完成常规编目工作，还需要了解计算机知识、互联网、各类软件、平台的使用，并能应用一些新技术拓展业务，专注于更多知识组织、统计分析方面的工作，为今后的编目工作提供一个更加广阔的发展空间。

参考文献：

[1]Marshall Breeding. Library Systems Report 2019[EB/OL]. [2019-08-05]. https://americanlibrariesmagazine. org/2019/05/01/library-systems-report-2019/.

[2]ExLibris Knowledge Center[EB/OL]. [2019-08-05]. https://knowledge.exlibrisgroup.com/Alma.

[3]周义刚,聂华. 新一代图书馆服务平台调研及思考——基于北京大学图书馆的需求[J]. 图书馆杂志,2019,38（2）:69-78.

[4]李恬. 大数据环境下图书馆编目员数据素养研究[J]. 大学图书情报学刊,2019,37（2）:29-33.

语义网环境下连续性资源编目的优化

李仕超（国家图书馆）

语义网的概念自1998年由蒂姆·伯纳斯－李（Tim Berners-Lee）提出后，受到了各界的瞩目，原因在于它是一种能够根据语义进行判断的智能网络，旨在实现人与电脑之间的无障碍沟通。语义网的基本思想是在扩展标记语言XML（EXtensible Markup Language，简称XML）、资源描述框架RDF（Resource Describing Framework，简称RDF）以及本体（Ontology）技术的基础上，提供计算机可处理的数据语义[1]，最终实现智能网络。从用户层面看，语义网可以通过在语义层面实现信息的关联与共享，消除信息孤岛，进而最大限度地满足用户的信息需求。

连续性资源编目是图书馆编目工作的重要组成部分，随着网络的发展，印刷型期刊、报纸等传统出版行业不断受到冲击，各种电子杂志、网络数据库以及有声读物等数字出版物逐渐成为主角；与此同时，读者也开始追求更加高效、优质和个性化的信息服务，这些都给连续性资源的编目工作带来了新的挑战。以国家图书馆ISSN（International Serial System Number，简称ISSN）中心为例，连续性资源编目需包括CNMARC和MRRC21两种书目格式，并由ISSN国际中心审核后在全世界范围内发布。因此，连续性资源编目工作不可避免地受到国际编目规则的影响，为了适应新的信息需求，探索语义网环境下的完善与优化。

1 语义网环境下连续性资源编目存在的问题

目前，连续性资源编目是在ISSN国际中心相关规则的指导下、遵循AACR2，采用MARC格式（包括CNMARC和MARC 21），以文献类型为依据，对不同的资源类型分别设立描述规则，并按照固定著录项的顺序构建著录框架。随着图书馆资源数量的增长和资源类型的丰富，传统的连续性资源编目规则在语义网环境下已经难以对这些新兴资源进行详尽、深入的描述。

1.1 难以对连续性资源进行详尽描述

现有连续性资源的著录规则仍然侧重于传统的资源类型，在用于描述一些新兴资源以及复杂资源时，往往会受现行编目规则的限制。另外，由于连续性资源的不可预见性，在实际出版过程中，关键信息也经常会发生变化，但是现有的编目规则下，很难详尽地如实著录这些重要信息。例如，有的连续性资源的出版过程中会存在题名刊印错误，或私自更改题名的现象，但在现行的编目规则下，连续性资源在著录时并不会将此类信息视为检索点进行详尽描述，往往不予以著录或仅在附注中提及，导致根据该信息源进行检索的用户很难查找和识别到正确的信息。

1.2 难以描述连续性资源的内容类型

在现有的编目规则和著录框架下的连续出版物的数据记录是非常简单、粗糙的，只能通过固定的字段对资源进行描述。连续性资源的内容类型则是通过一般资料标识（General Material Designations，简称GMD）进行描述，但是它是以连续性资源整体为单位进行描述而非单册，更无法深入到内容中，且内容表达常常是与作品及载体等信息混合在一起，如007字段，既有描述介质的信息（载体表现属性），也有资料类型（内容表达属性）。随着连续性资源的出版类型越来越复杂多样，连续性资源在出版周期内的内容表达也会出现变化，因此，对连续出版物的描述不仅需要依据已有的出版信息，还要考虑到未来有可能发生的种种情况。GMD难以描述电子期刊等具有多重特征的连续性资源，逐渐无法满足语义网环境下的著录需求。

1.3 无法有效揭示连续性资源的关联关系

关联关系的揭示是连续性资源编目的重要环节，连续性资源的关联关系不仅包括不同连续性资源的关联，也包含某一连续性资源内部的关联，如连续性资源中各个单册的关联、连续性资源与团体机构的关联等。目前，连续性资源数据依然是以记录的形式存在，虽然这种记录可以简单描述同一层级不同连续性资源之间的承接关系，却无法揭示连续性资源、单册、内容之间以及连续性资源之间的语义关系。例如，某连续性资源的某一期的一篇文章与这个连续性资源中其他文章的关联很难被揭示出来，因此，如何使连续性资源从目前的线性关系发展为网状关联，也是现阶段亟须解决的问题。

2 结合语义网技术的编目理念

2.1 适用于语义网的概念模型

2017年，国际图联（IFLA）推出了IFLA图书馆参考模型（IFLA Library Reference Model，简称IFLA LRM）。IFLA LRM整合了FR家族三大概念模型（FRBR、FRAD、FRSAD），并在完善原有实体关系框架模型的基础上，形成了更高级的概念参考模型[2]。该模型旨在制定明确的一般性原则，来指导书目数据的逻辑结构，在确定查找、识别、选择、获取和探索五项用户任务的前提下，通过对FR家族三大概念模型的融合、删减，最终定义了11个实体、37个属性以及36种关系，几乎涵盖了图书馆涉及的所有资源类型。在IFLA LRM中，实体的作品、内容表达、载体表现和单件代表了描述的四个层次（见表1），旨在深入描述书目数据的内容并试图揭示书目数据潜在的语义结构和关联。

表1　IFLA LRM部分实体的定义

作品（Work）	一种独特的智力或艺术创作，即知识或艺术内容
内容表达（Expression）	以字母数字、音乐、声音、图像、物体、动作等形式及其组合，对作品进行实现
载体表现（Manifestation）	作品表现形式的物理体现
单件（Item）	一个表现形式的单一实例

此外，IFLA LRM通过单独的章节对连续性资源的建模进行了概述，将连续性资源被定义为"整体/部分的关系和聚合的复杂组成"[2]，并指出连续性资源特别难以建模，因为其不仅对过去进行描述，也要对将来进行假设。相较于FRBR对连续性资源及其特有关系的模糊处理，IFLA LRM则充分考虑到连续性资源的复杂性和变化性，对连续性资源可预测性行为实现了建模。

2.2 面向语义网的编目规则

《资源描述与检索》（*Resource Description and Access*，简称RDA）于2009年编制完成，2010年6月以工具套件的形式正式发布，其建立在FR家族概念模型的思想基础上并遵循ICP（国际编目原则声明）。RDA正式发布之后，一直在不断更新完善。2017年RDA指导委员会开展了3R（RDA Toolkit Restructure and Redesign，简称3R）

项目对RDA进行修订，将IFLA LRM应用于RDA[3]。2018年6月，包含IFLA LRM的RDA工具包英文内容的测试版正式发布。

新版RDA在内容和形式方面都发生了很大变化，放弃了原有的核心元素概念，吸收了IFLA LRM的最新理念，并引入了许多关于连续性资源的新定义。旧版RDA以FR家族为基础，而FR家族概念模型并未明确连续性资源的概念，不能很好地适用于连续性资源；IFLA LRM则加强了对连续性资源的阐述，新版的RDA也相应能予以区分和说明[4]，例如新版的RDA中，编目工作首先是确定一个资源是"静态作品"还是"历时作品"，而不是区分它是专著还是连续性资源。静态作品的内容不应随时间而改变，而是通过单一的"出版行为"完成[5]。

新版的RDA是对IFLA LRM的践行，其顺应了语义网环境的发展，摆脱了以物理文献为依据的传统编目模式，能够深入内容层面对连续出版物进行描述，最大限度地跨越载体、语言等局限[6]，实现书目数据之间的关联和共享，也为连续性资源的编目工作提供了新思路。RDA只描述书目数据的内容，并不限定书目记录的格式，也不规定资源呈现的形式，可以通过各类实体及其属性、关系构建立体的、网状的书目数据，以适应语义网络的发展。

3　连续性资源编目的优化

面对语义网络环境带来的挑战，连续性资源可以在编目中参考IFLA LRM概念模型以及RDA编目规则中的理念，并针对连续性资源自身特点对其进行优化，以实现查找、识别、选择、获取和探索的用户任务。

3.1　增加连续性资源题名检索点

题名是连续性资源的重要检索点，现有的著录方式是著录连续性资源的识别题名、正题名、变异题名以及缩略题名（仅限英文连续性资源）。目前，随着出版行为的国际化发展，许多连续性资源在封面版权页印有各种形式的题名缩写，但目前并未予以著录。为了便于用户的检索和查找，对于已刊印题名缩写的连续性资源，可以据实著录，增加变异题名；对于其他正题名为英文和有英文并列题名的连续性资源，也可参考RDA的规则，如实著录其英文名称（包括大小写），并增加由英文题名首字母缩写组成的变异题名。

在连续性资源正题名出现印刷或排版错误时，根据 ISSN 手册的规定，按照正确题名（即 ISSN 注册题名）进行著录，错误的题名无须说明[7]，因此也无法进行检索，此处也可参照 RDA 规则，即连续出版物正题名如果有误，不仅需要著录正确题名，还要为错误的题名提供变异题名检索点，以便为用户对连续性资源的查找和获取提供便利。

检索点的增加可以更好地满足语义网环境下的用户需求。通常情况下，可以在 MARC 21 数据的 246 字段著录增加的变异题名，并通过指示符来区分变异题名类型，如例 1 中由 ISSN 中国中心分配 ISSN 的期刊 *Bio-design and Manufacturing* 印刷版的题名项，根据缩略词表著录 210 缩略题名（缩略题名基于识别题名进行著录[7]），222 识别题名（具有唯一性）加限定词"Print"以区分统一题名不同载体版本；245 为期刊封面所印刷的正题名；246 字段指示符 11，则为该刊中文并列题名的罗马化形式，246 字段指示符 13 则是根据其合作出版商建议添加的无特殊符号的正题名以及封面印刷的刊名缩写。

例 1：

210 1#$aBio-des.manuf.$b（Print）

222 #0$aBio-design and manufacturing$b（Print）

245 1$aBio-design and manufacturing.

246 11$aSheng wu she ji yu zhi zao

246 13$aBiodesign and manufacturing

246 13$aBDM

3.2 使用内容类型、媒介类型和载体类型替代 GMD

GMD 在传统编目中用来表示文献资源的所属类型[8]，是描述资源类别的一项重要标识。但是随着信息技术的发展，连续性资源类型越来越复杂多样，GMD 逐渐无法满足语义网环境下的著录需求。

在 RDA 规则中，使用内容类型、媒介类型、载体类型替代 GMD 对资源进行描述，以揭示各类资源的不同特征。ISSN 国际中心中也认可各个国家中心依据 RDA 相关规则，使用内容类型、媒介类型和载体类型对连续性资源进行更加细致的描述，目前，已有部分国家启用相关字段并将相关数据上传 ISSN 国际中心数据库。我国 ISSN 中心也可根据实际情况，对不同类型的连续性资源编目进行优化。

3.2.1 印刷行连续性资源

在MARC21格式中，通过字段336进行揭示连续性资源的内容类型，$a著录内容类型术语，$b为内容类型代码。一般来说，印刷型连续性资源所选取的术语是"text"（文本），即在$a子字段著录"text"。

媒介类型是指能够表现资源内容所需借助的中间设备。在MARC21格式中，通过字段337进行揭示连续性资源的媒介类型，$a著录媒介类型术语，$b为媒介类型代码。对于印刷型连续性资源来说，无须借助中间设备反映其内容，因此媒介类型应该选用"unmediated"，即无媒介。

在MARC21格式中，通过字段338进行揭示连续性资源的载体类型，$a著录载体类型术语，$b为载体类型代码。对于印刷型连续性资源来说，此载体类型应该选用"volume（卷/期）"。

印刷版连续性资源使用内容类型、媒介类型和载体类型替代GMD的相关的字段如下：

例2：

leader 00966nas0 2200313 i 450

007 ##ta

336 ##$atext$btxt$2rdacontent

337 ##$aunmediated$bn$2rdamedia

338 ##$avolume$bnc$2rdacarrier

3.2.2 光盘版连续性资源

在336字段中，光盘版连续性资源常常包含多种内容类型，所选取的术语也应依据实际内容进行判断，如果是文本类型，则其所选取的术语依然是"text"（文本），如果含有视频等其他内容类型，则需要做相应修改。在字段337中，光盘版连续性资源所选取的媒介类型应该选用"computer"，即借助计算机获取光盘内容。字段338中，光盘版连续性资源所选取载体类型应该选用"computer disc"。

光盘版连续性资源内容类型对应头标区06字符位（记录类型）为"a"；007字段00字符位（资料类型）为"c"即计算机盒式光盘，01字符位（特殊资料标识）为"o"即光盘。使用内容类型、媒介类型和载体类型替代GMD后的光盘版连续性资源进行增加和改动的字段如下：

例3：

leader00816nas0 2200265 i 450

007 ##co

336 ##$atext$btxt$2rdacontent

337 ##$acomputer$bc$2rdamedia

338 ##$acomputer disc$bcd$2rdacarrier

3.2.3　网络版连续性资源

在MARC21的336字段中，网络版连续性资源所选取的术语也应依据实际内容进行判断，如果是文本类型，则其所选取的术语依然是"text"（文本）。在字段337中，网络版连续性资源所选取的媒介类型应该选用"computer"，即需要通过计算机获取网络内容。在字段338中，网络版连续性资源所选取载体类型应该选用"online resource"。

网络版连续性资源内容类型对应头标区06字符位（记录类型）为"a"；007字段00字符位（资料类型）为"c"即电子资源，01字符位（特殊资料标识）为"r"即远程访问。使用内容类型、媒介类型和载体类型替代GMD后的网络版连续性资源变动的字段如下：

例4：

leader 01955nas a22004457i 4500

007 ##cr

336 ##$atext$btxt$2rdacontent

337 ##$acomputer$bc$2rdamedia

338 ##$aonline resource$bcr$2rdacarrier

3.3　连续性资源关联关系的揭示

连续出版物的关联关系相较于其他资源更为复杂，不仅包括不同连续出版物之间的关联，也包括连续性资源与单册、刊载的文章以及内容之间的相互关联。这些错综复杂的关联关系也为连续出版物的描述带来了一定困难。借助IFLA LRM和RDA规则，可以利用实体、属性和关系进行分析建模，表达连续性资源数据的潜在语义，并使其形成相互关联的、多维的网状空间，从而实现语义网环境下的用户需求。

3.3.1　不同连续性资源的关联

连续性资源与其他资源的关联，不仅包括与其先前和后继款目的关联，也包括不同载体版本及同一载体不同版本之间的关联。MARC 21中，这些关联关系通过不同的字段和指示符来表示。当这些指示符不足以描述其关联关系时，可以参考RDA的相关规则，在不同连续性资源的连接字段，添加$i关系说明语，从而直观地表达不同连续性资源的关联关系。

（1）承接关联

对于连续性资源来说，其识别题名发生重要变化时，则视为产生了新的作品，需要为其建立新的书目记录，这时前后连续性资源之间即存在承接的关联关系。该关联著录在MARC 21的780/785字段，目前仅通过指示符来揭示具体的关联关系。在该字段添加关系说明语，例如"继承/被继承"（continues/continued by）、"替代/被替代"（supersedes/superseded by）、"吸收/被吸收"（absorbed/absorbed by）等，可以更加清晰地表达资源的承接关联。

例5：

780 00$icontinues$tQiluyixue zazhi$x1008-0341

（2）同一载体不同版本的关联

对于连续性资源来说，同一载体的不同版本不仅包括不同语种版本，也包括不同学科、不同出版地以及不同阅读对象等版本。同一载体不同版本的关联关系著录在MARC 21的775字段。在现有编目规则基础上增加$i关系说明语，来说明两个内容表达之间的不同语言、不同学科等关联。例6中的关系说明语就表达了某一连续性资源不同语言版本的关联关系。

例6：

775 08$iIssued also in Chinese: $tShiyoukantanyu kaifa$x1000-0747 $echi

（3）不同载体版本的关联

根据ISSN的规定，同一连续性资源的不同载体版本应为其分配两个不同的ISSN，并分别建立书目记录、建立关联关系。不同载体版本的关联关系著录在MARC 21的776字段，来说明两个内容表达之间不同的载体表现。为了有效地识别同一连续性资源的不同载体版本，ISSN规则规定通过ISSN-L（一般选取其中一个版本的ISSN）对不同载体版本进行关联和聚合。为了建立资源内容间的连接，包含网络资源的不同载体版本需在其相关各版本都增加856字段，著录网络资源的URL。此外，可以通过在776字段增加关系说明语（如"Online version"）表达不同载体版本的连续性资源。

例7：

776 08$iOnline version: $tBig earth data$x2574-5417

856 41$uhttps://www.tandfonline.com/toc/tbed20/current

3.3.2 连续性资源内部的关联

在IFLA LRM中，连续性资源包括若干层级的内容，例如，连续性资源题名、单册、文章等。随着出版行为的继续，其完整的关系应该包括整个连续性资源及各个单册、文章之间的关系[9]（即整体和部分的关系），此外，每一期连续性资源也是若干文章的集合。连续性资源作为一个特殊的作品，需要通过各个单册内容表达来实现，而在内容表达和载体表现层级，连续性资源的书目记录往往非常复杂。建立连续性资源内部各层级之间的关联，不仅需要每个层级的实体分配标识符，也要通过URL建立连接。需要注意的是，正在发行的连续性资源的内容表达和载体表现是不完整的，即不代表完整的作品，这种情况下其框架模型应当注重描述连续性资源的可预测性行为。可以说，想要完整地揭示连续性资源内部的关联是一项持久而复杂的工程。

虽然IFLA LRM和3R项目后的RDA充分考虑到连续性资源的复杂性和变化性，并试图对连续性资源可预测性行为进行建模，但是在某些方面仍然与ISSN的相关规则未达成一致，如若采用RDA规则编目会直接影响到ISSN的有关政策。为此，ISSN国际中心不断和IFLA、RSC进行沟通协调，努力寻求IFLA LRM、RDA与ISSN规则的协调统一，与此同时，ISSN网络也根据发展的需要，及时对ISSN规则进行修订和完善。目前，ISSN国际中心已经认可参考IFLA LRM和RDA对连续性资源进行部分内容的优化，相信未来，ISSN政策可以与IFLA LRM模型、RDA规则上达成一致，增强其框架模型适用性和互操作性，不断优化连续性资源的编目工作，使连续性资源在世界范围更好地发挥作用。

参考文献：

[1]BERNERS-LEE T，HENOLER J. Publishing on the Semantic Web[J]. Nature，2001（410）：1023-1024.

[2]Consolidation Editorial Group of the IFLA FRBR Review Group. IFLA Library reference model: a conceptual model of bibliographic information[EB/OL]. [2019-07-30]. https://www.ifla.org/files/assets/cataloguing/frbr-lrm/ifla-lrm-august-2017_rev201712.pdf.

[3]王薇,罗翀. 3R项目进展及国家图书馆RDA本地化实施的应对策略研究[J]. 国家图书馆学刊,2018（5）:106-111.

[4] 夏晓林. RDA中国之路的探索与展望[J/OL]. 图书馆建设. http://kns.cnki.net/kcms/detail/23.1331.
G2.20190428.1327.018.html.

[5] Margaret M. IFLA Library Reference Model, RDA and Serials in a Nutshell[J]. Serials Review, 2009（2）:
66-68.

[6] RDA Toolkit测试版[EB/OL]. [2019-08-01]. https://beta.rdatoolkit.org/.

[7] ISSN Manual: January 2015[EB/OL]. [2019-08-05]. http://www.issn.org/wp-content/uploads/2013/09/
ISSNManual_ENG2015_23-01-2015.pdf.

[8] 国家图书馆《中国文献编目规则》修订组. 中国文献编目规则[M]. 2版. 北京:北京图书馆出版社,
2004.

[9] STEVE S, ALEXIS Z. Introduction to Serials Cataloging with Resource Description and Access（RDA）
[J/OL]. The Serials Librarian, 2019（1-4）:9-15. https://doi.org/10.1080/0361526X.2019.1579694.

国家图书馆实施RDA在线翻译的挑战与策略

刘　丹（国家图书馆）

1　RDA中译本回顾

自2010年6月以工具套件的形式发布以来，RDA已走过了近十年光景。各国编目界对RDA的态度也逐渐明晰，目前美、英、德等多个欧美国家的图书馆已于2013年起率先开启RDA的实施进程，并有一些图书馆担负着在本国推广RDA的重任。俄罗斯、克罗地亚等国家则明确对RDA"say no"。在亚洲，如新加坡、马来西亚、菲律宾等为实施RDA起到了垂范的作用，日韩等国家亦不落人后。对于国内编目界来说，RDA已经不是新的概念。以国家图书馆、上海图书馆等为代表的多家公共图书馆，以及CALIS联编中心等都已正式实施RDA。其他图书馆也在克服各种困难，研究RDA的实施方案。

然而，语言却成为国内编目员与RDA亲密接触的第一道屏障。国际编目规则RDA通篇以英文书写，语言偏重书面，晦涩难懂，虽经重写，但效果甚微。为此，2012年，国家图书馆出版社与代表RDA联合出版者的美国图书馆协会出版社达成协议，合作翻译RDA中文版，但仅以印刷本发行。目前，RDA中文版已于2014年面世，它无疑为国内编目界学习和普及RDA消弭了语言障碍，提供了重要的参考工具。然而，不得不说，作为一部主要以在线方式发布的编目规则来说，印刷本不是学习和使用的最佳选择。随着RDA的不断修订与变化，RDA中译本因其载体形态的限制也逐渐显露出弊端。

首先，在RDA翻译工作启动之时，RDA的改写工作才刚刚开始，因此中文译本是以2012年更新后的版本（下文简称"详版"）为基础进行翻译的。改写后的RDA（以下简称"简版"）在语句上有很大改变，详版叠套冗长的句子基本上被拆分为多个并列的条件或事实。使用者和译者不必纠结于如何分析规则条款的语言逻辑，简版更易于使用者理解。RDA中文版在翻译时，虽基于"信、达、雅"的原则，亦采用了更加贴近中文用语习惯的表达方式行文，但仍避免不了与简版RDA出入颇大，不能实现中英对照。其次，RDA是一部动态的编目规则，其更新和修订是常态化的，更新的内容通过RDA工具套件随时呈现。但中文印刷本继出版之后一直未能对后续更新和修订跟踪，是一部相对固定的编目工具，这就造成了规则缺乏时新性，可参考性大打折扣的结果。此外，RDA中文版数百万字，页码达千页之多，重达2.5公斤，体型偏大，堪称皇皇巨著，在使用上有些许不便，不能成为一本随手翻阅的规则指南。纵使RDA中译本是编目员手头必备的参考工具，但它的使用率却堪忧[1]。

2 RDA翻译政策解析

2.1 RDA翻译概述

鉴于RDA中译本在使用中的诸多不便，在线版的翻译势在必行。自2013年首批RDA翻译版法文版和德文版同时以印刷和在线方式发布后，相继又有六种语言的RDA译本正式出版，包括加泰罗尼亚语、中文、芬兰语、意大利语、挪威语和西班牙语。在这八种语言的RDA译本中，有七种语言版本都发布在RDA工具套件上，唯独中文译本仅以印刷本发行，这无疑是一种缺憾，也是RDA中文在线版得以启动的重要原因之一。

具体负责RDA翻译相关工作的机构是合作出版者。该机构由美国图书馆协会（ALA）、加拿大图书馆协会（CLA）和英国图书馆与情报专家协会（简称CILIP）的代表共同组成，与基金委员会和RDA指导委员会（RSC）同属于全面负责RDA研制和开发的最高机构负责人委员会（Committee of Principles of RDA，简称CoP）。

2.2 对合作翻译者的要求

RDA及其工具套件的翻译政策[2]阐明了翻译工作涉及的具体内容和任务，明确了翻译合作者需要具备的素质以及需要承担的责任和义务等。首先，在确定RDA翻译合作者时，合作出版者对合作伙伴的能力提出了要求：翻译合作者不仅需要熟练掌握RDA规则本身，还需要对ICP和IFLA各项标准等国际编目理论和实践进行深入了解；对RDA译本的整个用户群体提供一个开放、协作的翻译流程，广开言路，广纳建言，随时收集编目员等用户群体对翻译内容的反馈等；需要明确承担起在相关语言社区推广RDA的责任和义务，包括支持RDA培训和实施；并拥有足够的资源用以完成和维护上述工作，包括承担初始翻译以及对RDA更新和变更进行及时翻译的费用。

在翻译内容方面，合作翻译者在翻译项目启动之初需要首先翻译RDA参考资料，包括全部RDA元素及其定义、任何相关范围注释、全值词汇表术语及其定义等。这部分译文将被上传到RDA注册表中，为相关语言社区使用RDA提供便利条件。正式启动RDA翻译之后，合作翻译者不仅需要翻译RDA工具套件的全部用户界面，后续还需要及时维护和修订译本。

获得翻译授权需要支付一定的费用，其中包括在机构网站发布译本一年时间的费用。费用问题虽然为翻译合作者的确定设置了另一道门槛，但能够将中文译本发布在国内网站对于国内业界来说无疑是一件头等好事。RDA工具套件是有偿提供服务的，用户可以通过多种方式进行订阅使用。根据并发用户的不同，费用也不尽相同，平均每人每年的费用接近200美元。虽然多数图书馆都能承受这样的费用，但对于规模小、人数少的地方图书馆来说，并不一定有这样的支出预算。因此，RDA中译本如果能发布在国家图书馆的网站上，就大大方便了国内学者和编目员的研究和使用。

2.3 对合作出版者的要求

除对翻译合作者提出要求外，翻译政策对合作出版者的权利和义务也进行了阐述。为保证翻译工作的顺利进行，合作出版者需向翻译人员提供RDA注册表的输入表单，并持续提供RDA参考资料翻译内容，以便翻译合作者不仅可以顺利提交参考资料的译文，更能确保注册表与参考资料的更新保持同步。此外，合作出版者有义务提供培训等支持工作，帮助翻译合作者学会使用翻译工作必需的在线工具。

3 RDA在线翻译的挑战

RDA中译本项目在启动之初确定翻译蓝本时，之所以选择相对稳定的RDA活页版而非工具套件，是因为考虑到工具套件是及时体现RDA更新内容的平台，变化因素较大，对于需要相对稳定环境的翻译工作来说不是首选对象。此外，随着新概念模型的引入，现在的RDA在内容结构和页面显示上都发生了翻天覆地的变化。这些变化源自于3R项目的启动。

3R项目全称RDA Toolkit Restructure and Redesign，是RSC牵头开展的针对RDA

的重构和再设计项目。由于RDA所基于的FR概念模型在2017年8月重组为IFLA LRM（IFLA Library Reference Model, IFLA图书馆参考模型），后者的新思想和新理念需要体现在RDA规则中，因此早在2017年2月IFLA还未正式完成新模型之际，RSC就已宣布"将IFLA LRM应用于RDA"的决定[3]。随后3R项目于同年4月正式启动，RDA工具套件也进入了为期一年的"冰冻期"[4]。新版工具套件已如期于2018年6月正式与大家见面，但仍在持续建设和完善当中，目前仅为测试版。3R项目后的新版RDA及其工具套件在内容和结构上都发生了实质性的改变，已经不再是编目员曾经熟悉的模样，这为在线版的翻译增加了难度。

3.1 RDA结构和内容发生变化

从旧版工具套件跳转到测试版，不难发现新版RDA在框架结构上发生了突破性的变化。旧版RDA包含目录、条款编号和附录，整体结构和内容与印刷版无异，更像是印刷版的电子书形态。测试版RDA取消了旧版工具套件的这些印刷版特征，采用下拉菜单和链接跳转的方式显示内容。其框架结构主要包括实体、一般性规则、政策、资源四个模块。"实体"部分根据IFLALRM概念模型分为作品、内容表达、载体表现、单件、行为者、个人、集体行为者、团体、家族、名称、地点、时间段等12个实体，此外还包括一个超类RDA实体；"一般性规则"部分包括RDA介绍、聚合资源、应用纲要、内容和载体、数据来源、历时性作品、虚构和非人类称谓、载体表现说明、名称和称谓、记录方法、有代表性的内容表达、资源描述、术语、转录规则、用户任务等15项；"政策"部分目前仅包括英国图书馆政策声明和美国国会图书馆政策声明，其他有待陆续完善；"资源"部分包括词汇表、词汇编码体系、关系矩阵、缩写和标志、个人名称附加说明、大写、首冠词、头衔术语、圣经、表演媒介术语、AACR2等12个项目[5]。

新概念模型的引进使得RDA中增加了许多新的术语，一些保留的术语在定义方式上也发生了变化。实际上，RSC在3R项目开始之前就已经做了准备，其中最主要的就是将IFLALRM的术语应用于RDA。这一工作最早可以追溯到2016年2月，在更新的RDA注册表中，RSC就已经按照概念模型的新思想新增了"集体行为者""名称"和"时间段"实体。只是直到一年之后，RDA工具套件才体现了3R项目的变化。在2017年2月更新的RDA工具套件中，"资源"这一术语由原来可指代作品、内容表达、载体表现和单件中任一实体或多个实体的组合和组成部分，修改为由具体实例的首选标签代替,即根据实际情况分别使用上述四种实体进行具体指代。由此可避免旧版RDA中"资源"实体前后指代不统一、容易造成混淆的问题。此外,RDA原有实体"个人、家族和/或团体"由新实体"行为者"所取代。RSC首先在不改变其含义的前提下对"个人、家族和/或团体"这一词语的用法进行了规范,这样不仅可以达到直接替换的目的,还能简化规则文本,便于各语种的翻译工作。

新版RDA在内容上和在线版的表现形式上都与中文印刷译本的翻译对象差异很大,后者的可参考性大大降低,这为我们理解新版RDA结构逻辑和术语含义造成了困难。

3.2 RDA在线版更新机制不同

与出版印刷版的中译本相比,翻译在线版的难度更大。且不论RDA因为引入新概念模型而发生的变化,在线版RDA本身的更新机制与印刷版就不相同。RDA常态化的修订机制包括修改(release)和更新(update)两种方式。"release"是小改动,一年数次,快速灵活,主要涉及改正印刷错误、增加或删除例子、增添词汇表中的术语以及修改措辞等。"update"是一年仅一到两次的重大更新,相对严谨,通过接收建议、发布建议和接收反馈三个步骤,最终确定是否进行修订,批准的建议体现在下一年的更新中。

RDA工具套件是即时体现RDA修订的平台,自其诞生之日起就一直处于不断变化的状态。RDA的多数修订都列在"RDA更新历史"项目中,有迹可循,但也有部分内容变化于无形,例如小改动中的快速通道变化(FastTrack changes)就无法通过RDA工具套件中的更新概要或说明文档予以追踪,而是直接体现在RDA规则中。根据翻译政策的规定,RDA翻译工作完成之后,还要定时追踪RDA的更新内容,及时修订RDA相应条款,以确保译本和原文规则保持一致,这也为翻译工作提出了不小的要求。

4 实施在线翻译的策略

4.1 专业的人才队伍

鉴于上述翻译难点,对RDA翻译人员的要求之高可想而知。翻译工作的承担者除了必须具备良好的语言素质和能力之外，更重要的是要具备相当高的编目理论水平和编目实践技能。3R项目虽然只是"RDA的一种内容表达"，是先前RDA的一种延续，但不得不说其变化之大令国际编目界为之一振。对于国内编目界而言，用"新事物"定义3R项目后的RDA亦不为过。全新的理念、全新的术语、全新的页面布局，无不将国内编目员刚刚建立起来的RDA思维推翻重组。对于这一刚刚发布不久的RDA版本，国内研究寥寥可数，翻译者在翻译过程中会遇到大量首次出现的概念和术语，前无参考，现无实践。要想做到"信、达、雅"，翻译者不能仅按字面意思直译名称和定义，更要根据在深入研究英文原始资料中积累的编目理论体系，融会贯通，给出易于理解和最为贴切的译文，避免歧义。

RDA的诞生不仅是新的编目规则的问世，也是关联数据等技术与传统编目规则的融合，发展至3R项目阶段，这一现象愈发明显。新版RDA的部分内容通过开放元数据注册系统予以展现，使用者通过点击实体的某个属性，就会链接到对该属性的详细说明，其中"元素参考"标签提供了国际化资源标识符，可直接链接到RDA开放元数据注册系统，进而查看该属性的定义等内容[6]。基于此，对于翻译人员的专业技术能力也提出了要求。即使不能做到兼备，翻译团队中也应配置有懂关联数据、语义网等专业技术的图书馆员，通过团队协作和人才互补，达到编目知识和专业技术的融合。

4.2 长效的追踪机制

RDA中译本项目汇集了国内知名编目专家和业务骨干，组成了临时的翻译工作组。但囿于团队成员分别来自于国内多家图书馆，地域分散不利于团队的建立，并且多数都是工作在一线的编目员，日常工作繁重，中译本的完成也意味着这支优秀翻译队伍的解散，致使中译本的后续更新工作一直没有提上日程，长效追踪机制无法建立。然而RDA在线版最重要的特征就是动态的修订与更新，这一性质对翻译工作提出了更高的要求，中文在线版的发布势必不能一蹴而就，而是一项长期的工作。结合RDA翻译政策的规定，翻译团队在完成翻译任务之后，需要建立稳定的工作机制，定时追踪规则变化，分配翻译任务，在线更新翻译内容。这是一项耗时耗力的工作，翻译人员应尽量避免地域分散造成的不利因素，创造利于相互沟通的工作环境，及时有效地实现RDA译本的更新。翻译小组的职能不仅仅是组织翻译RDA，更要担负起与合作出版者架起一座桥梁，协调翻译各项事宜推进的责任。

自RDA发布至今，国家图书馆已逐步完成了从RDA理论研究到实践应用的快速跨越，实现了RDA在外文文献资源上的本地化实施。从RDA中译本的翻译到规则条款的解析，从本地政策的制定到培训推广RDA，国家图书馆一直在业界不遗余力的发挥着引领和示范的作用，用实际行动践行RDA理事会亚洲地区机构代表的使命。因此，国家图书馆有义务承担起RDA在线版的翻译工作，为国内编目界与国际编目理念接轨扫除障碍。

目前，3R项目虽然还在继续进行中，但主要的内容和形式已经确定，完善也已接近尾声，RDA工具套件的升级与改造也逐步完成。在此期间，我们需要做好充分的准备，开启新一轮的翻译、解析、本地政策修改、培训推广的一系列本地化实施环节。RDA中文在线版的翻译将成为3R之后推动RDA在我国进一步实施的重要基石。

参考文献：

[1]罗翀,齐东峰.解读RDA中文版[J].图书馆,2014（4）:51-62.

[2]Translation Policy for RDA and RDA Toolkit[EB/OL].［2019-08-10］.http://www.rda-rsc.org/sites/all/files/RSC-Policy-6.pdf.

[3]RSC announcement regarding IFLA-LRM[EB/OL].［2019-08-10］.http://www.rdatoolkit.org/node/115.

[4]Preparation of RDA for the 3RProject[EB/OL].［2019-08-10］.http://www.rda-rsc.org/sites/all/files/RSC-Chair-18.pdf.

[5]RDA Toolkit测试版[EB/OL].［2019-08-10］.https://beta.rdatoolkit.org/.

[6]王薇,罗翀.3R项目进展及国家图书馆RDA本地化实施的应对策略研究[J].国家图书馆学刊,2018（5）:106-112.

从回溯角度看中文文献类型的识别与数据维护

刘永梅（国家图书馆）

回溯工作一直以来被人们认为是临时性、初级性、突击性的工作，而笔者从事回溯工作16年以来，发现图书馆的馆藏数据库建设、读者服务工作都离不开回溯工作。图书馆自动化系统各类型数据库所特有的大量的、动态的馆藏数据的复杂性，使得系统对数据的安全性和完整性的要求尤为突出，这就促使我们必须随时对数据进行维护，以保证所需数据的准确无误，从而确保系统的正常运行。图书馆的回溯工作是一项非常重要的长期性工作。

回溯工作不仅是对实体文献的整理、补编，而且还包含对书目数据的维护。回溯工作是集采访、编目、加工于一体的综合性工作。本文将笔者在回溯中文文献过程中发现的问题和思考加以阐述。

1 中文文献类型的判断与识别

在回溯中文文献之前，首先要区分文献类型。编目规则要求通过"一般资料标识"（General Material Designation, GMD）来表示资源的类型。在大数据时代席卷下，《资源描述与检索》（RDA）和《国际标准书目著录（统一版）》（ISBD统一版）已经将揭示文献类型修改为"内容形式"和"媒介类型"。但是无论编目规则如何改变，笔者仍认为纸质文献是主角。做好待编文献类型的准确判断与区分才是最重要的，它是做好编目工作的前提。下文以国家图书馆为例进行分析。

1.1 国家图书馆中文文献类型

国家图书馆曾经使用过中文GMD有40种左右，现在仍在使用的有"专著""期刊""海外中文图书""善本""拓本"等。同时各文献类型，在TYP自定义字段进行细分，例如"专著"又细分为"普通图书""少儿图书""非正式出版物"等[1]。面对庞杂的文献、各种析出的文献类型以及数据库里书中有刊、普通图书有海外中文图书等各种文献混杂交织的现象，如何判断使其归入正确的馆藏地以方便读者使用，显得非常重要。现将中文图书类型及代码列举和单册状态列举如下。

表1 正式出版物

文献类型	图书流向	图书代码	单册状态
专著（普通图书）	民国平装书	SKBC	14（保存本库）
	书刊保存本库	SKBC	14
	中文基藏	ZWJC	22（中文基藏阅览）
	北区中文图书区	ZWTS	01（中文开架阅）
	中文图书借阅区	ZWWJ	21（中文开架借）
	法律参考阅览室	FLWX	01
	海外中国问题资料研究中心	ZGWX	01
	年鉴新方志阅览室（年鉴、文史资料、地方志）	NJYL，WSZL，FZYL	01
	经典图书阅览区	JDTS	01
	视听服务中心	STFW	01
	一期工具书区	GJSS	01
	二期工具书区	ZWTS	01
	图书馆学资料	TSGX	01
专著（少儿图书）	书刊保存本	SKBC	14
	中文基藏	ZWJC	22
	少年儿童图书馆	SEWX	01
海外中文图书	台港澳图书阅览室	TGTS	16（特藏基藏阅）
盲文文献	北区中文图书	ZWTS	01

表2 非正式出版物

文献类型	图书流向	图书代码	单册状态
专著	中文资料	ZWZL	11（中文闭架阅）
专著	年鉴、新方志阅览室（年鉴、文史资料、地方志）	NJYL，WSZL，FZYL（以前还用FZJC）	11
博士论文	学位论文阅览区	BSLW	11

以上是由中文采编部统一采访、编目的文献，而国家图书馆馆藏实体资源中，中文图书不仅包含普通图书（含民国平装书）、港澳台及海外出版的图书、盲文文献等，

还包含普通古籍（含民国线装书）。特藏专藏文献不仅包含地方志资料、学位论文与其他国内资料、图书馆学资料，还包含善本、舆图、手稿、民语、敦煌文献、家谱、缩微、视听文献（录音带等）、电子文献（CD-ROM等）[2]。在回溯中文文献过程中，几乎要经手上述所有文献类型、相关数据，还要辨别、区分期刊、报纸、外文文献等。截至2018年底，中文图书几乎占全馆馆藏实体资源总量的百分之四十左右。这也足以证明做好文献类型的识别对回溯工作的重要性，对全馆馆藏建设的深远影响。

1.2 文献类型的识别

1.2.1 回溯文献范围与特点

需要回溯的中文文献，基本上是由全馆各部处业务调整、物理空间变化发现的未进入图书馆自动化系统的文献；阅览室下架需要重新查重、核实馆藏信息的文献等。这些文献总体偏旧，有些由于多年尘封，布满灰尘，已经破损（民国书尤甚）。依据"中文求全，外文求精"的采访方针，全面入藏国内正式出版物，同时重视国内非正式出版物的收藏。因此，凡符合范围的即使破损也需入藏。

1.2.2 从实体文献来判定文献类型

判断文献类型可从以下几方面进行。首先从媒介类型区分，可判断印刷型、非印刷型。然后从出版时间角度区分，可判断文献是古籍、善本、民国书还是普通图书。从内容角度区分，可判断是舆图、敦煌资料、家谱还是手稿。从出版地区区分，可判断是港澳台文献还是国内出版物。从语言文字角度，可判断是汉语、少数民族语言还是外文书。从文献的连续性和独立性区分，可判断是期刊还是图书，等等。凡是表1、表2罗列的回溯范围内的中文文献，再看是否有统一书刊号和ISBN、ISSN号，以此区分正式文献与非正式文献。当然有些文献需要从多种特征综合判断，要尊重特藏阅览室的规定是否入藏。比如对于内地出版的港台书（即盗用港台地区出版社ISBN号的图书，盗号书），台港澳图书阅览室就不入藏，而归入中文资料的存疑文献下。如：《照古腾今耀法门》，ISBN: 962-450-357-5，香港天马图书有限公司出版，索书号：2016CY 518，作为存疑文献归入内部库。

1.2.3 从数据库中判定文献类型

通过实体文献的初步判断之后，再去数据库中查重，检验预判是否正确。数据库中有些数据是某些部门自采自编的，为了适应馆藏流通需要或馆藏资产清查而进行的简单著录，也有本馆专职著录人员所做的详细著录，还有套录资源共享标准数据，因此著录内容和质量因为任务、时间等要求的不同而各不相同。同一文献划归不同的类型，时有发生。在辨识文献类型时，除了考虑数据的内容、质量与文献的一致性，还要考虑历史因素，以及数据库的沿革等。如：《中国近代史档案资料丛书》（油印本），中国科学近代历史研究所南京史料整理处编，1961年出版，虽然是非正式出版物，符合中文资料的范畴，但是第一套已归入古籍馆，后续回溯过程所发现的两套一百余册书，全部转交给古籍馆保存处理，以实现文献的完整性。另外，非正式出版物中，中文资料与文史资料有交叉现象时，就要考虑历史因素，正确归档。如：《少城文史资料·第三十辑·非遗篇专辑》，政协成都市青羊区委员会编写，此书为非正式出版物，符合中文资料收藏范围，但是该套书其他卷已归入文史资料，新方志阅览室入藏，因此，该书也应延续原有入藏习惯，归入此馆藏地，以保证国家图书馆收藏的系统性、一致性。

2 馆藏数据维护

2.1 馆藏数据出现问题及原因

2.1.1 各文献类型之间存在交叉现象

各文献类型在概念上存在交叉现象，难于辨识，造成重复。例如新善本和民国文献定义的时间段都是从辛亥革命起至中华人民共和国成立前这段时间的书刊；而新善本仅是这一时期的进步刊物和马列毛的著作等[3]。回溯时发现有些新善本仍然存在于民国文献中，需要进一步维护。

有些是因为没有厘清各文献类型（如书和刊）的基本概念，还有些是历史原因造成的。某些文献专藏机构根据社会需要进行馆舍调整，收藏政策也几经修改，致使相同类型文献分入不同馆藏地。例如非正式出版物，收录初期入基藏库，后来转入地方文献中心，如今改入中文资料室。

2.1.2 历史数据维护不彻底

对于现在的普通图书来说，编目历史悠久，且有一支稳定的编目队伍，数据质量相对较高。但历史数据中，民国文献虽历经多年回溯，数据质量有了明显提高，但是当年维护时提取的数据并不全面（比如新善本数据和未挂接单册数据未提取），因此数据维护并不彻底。尽管在编制《民国时期图书总目》过程中，通过查书影方式，在暂存库中补充、纠正、完善了一些数据，但到现在还没有及时回灌到国家图书馆书目数据库中去。因此民国文献书目数据维护的工作还需要继续进行。中华人民共和国成立后至2003年，ALEPH系统使用之前的数据基本上都进行了实体文献的维护，对于系统转换带来的数据错误也大部分进行了修改，但是部分数据一直处于清点状态或无文献挂接或登录号未转换为条码，需要进一步处理。在补编过程中产生的错误也需要进一步检查、改正。

2.1.3 现有普通图书数据著录问题仍然存在

虽然现在应用系统智能化逐渐提高，MARC格式内相对应字段的检查功能日臻完善，但是由于编目工作主要靠人工录入，套路数据也不尽如人意，编目工作压力逐渐增大等原因，著录错误仍然在所难免。另外主题标引和分类标引字段往往是根据编目员主观判断进行著录的，由于编目员自身能力的差别，同一种文献主题、分类标引存在差异性，导致同种文献分散至各类中。由于普通图书馆藏量宏富，入藏时间跨度大，馆藏地分散，所以回溯工作任重而道远。

少儿文献问题主要在于分类不一致问题。由于少儿文献编目时间不长，虽内容浅显，可是出版形式多种多样，再加上有些文献阅读对象不明确，界定困难，致使归类标准非常模糊。成人版的《中国图书馆分类法》也并不完全适合于少儿文献分类。外包书商编目队伍不稳定，校对人员也更换频繁等原因，导致同一类型文献分类和主题前后不一致现象存在。

2.1.4 非正式出版物数据有待规范，有些问题还未经读者检验

由于非正式出版物一直处于自采自编状态，除了上述存在的采访交叉问题，编目、加工、入藏等环节也都独立完成。而且阅览室一直未对读者开放，缺乏各方的监督机制，即便工作存在不标准、不规范现象，也难以在第一时间发现并处理。

2.1.5 由于中图类号和主题词的发展变化，需要对以前的馆藏数据进行调整修改

CNMARC的发展经历了几个阶段，目前已日趋规范化；MARC数据结构和形式的变化，回溯过去的数据，其字段、子字段、标识符和指示符等均有一定的变化，其内容和含义也发生了一些变化，为了与国际接轨，一些字段的名称也发生了变化，所以以前的书目数据亦需要进行大量的修改，才能保证数据的一致性。

2.2 馆藏数据维护

2.2.1 制定维护方案，有条不紊地进行

馆藏数据维护不能"头痛医头脚痛医脚"，应该制订长期计划有序进行。第一，

结合不同文献类型特点，有针对性地提出维护方案。第二，实体文献和馆藏数据维护相结合，优先实体文献。避免长期单一的对应数据点的机械修改，以免因太枯燥而影响维护质量。第三，历史数据的维护不能停止，还需加强。第四，结合技术部门，按需提取相关数据，进行批量维护。第五，阶段性维护和日常维护相结合。第六，鼓励相关业务部门、上下游科组积极发现问题，形成良好的反馈机制。

2.2.2　馆藏的补充、剔除与信息安全

依据采访方针政策，保证藏书的系统性。根据不同文献类型，确定补藏标准。对于不同的文献类型入藏标准不同，馆藏需求也不同。国家图书馆首先要保障基藏库的文献量。当然不同时期文献馆藏量的标准不同。例如民国时期文献，无论多少复本（复制本除外）全部入保存本库，而1949—1992年的文献仅需要入一本保存，两本基藏，等等。

为保持图书馆的活力，及时将冗余复本剔除。剔除前要保证基藏量充足。复本剔除工作对于紧张的图书馆空间来说需要一定的时效性。对于年鉴新方志、图书馆学资料室等特色馆藏，随时会有增补或剔除，回溯时要随时关注阅览室动态，及时沟通，做好增删改工作。

另外，在处理涉密和限制文献的馆藏时，要特别谨慎，尤其是非正式出版物中内部资料偏多，要掌握哪些文献类型需要限制、哪些可以对读者开放。比如，国家图书馆年鉴地方志阅览室非正式出版的内部资料虽然可以阅览，但单册状态是11（中文闭架阅），阅览时需提交介绍信。做好文化单位的信息安全工作，我们应从一点一滴做起。

2.2.3　典藏信息错误修改

典藏信息错误的问题包含：典藏信息缺失、登录号未转换成条形码、分流有误、串号问题、同书异号、异书同号问题等。这些现象都降低馆藏书目数据库的质量，降低读者检索和利用效率。查找此类数据的方法是，通过计算机批处理检索出有问题的索书号，入库提取图书，核查原因，分析、判断、修改或重新加工。发现同书异号和异书同号时，不能简单地更换书标，而需要深入挖掘书标粘贴是否存在串标的现象，此类问题容易导致大批量、多类别文献的排架混乱。

2.2.4　著录错误数据的维护

书目数据常见著录错误中需要维护的主要有：字段的著录错误、数据中相关字段对应点的错误、主题分类错误。对于字段及硬伤性错误，应随时维护。而数据中相关字段对应点的错误，可通过计算机批量处理，找到相关字段之间没有对应的内容进行

修改。主题分类错误，这部分内容应交给比较有经验的专业人员，根据新版主题词和第五版分类法修订手册，针对性修改，确保数据的准确性。

2.2.5 重复、垃圾数据删除

重复数据归结起来主要分两种，一种是由于著录之前没有进行仔细的查重，同一文献重复录入数据库，造成同一文献有不同的索书号。另一方面由于在处理丛书、多卷书时，采取集中著录和分散著录的方式不同，造成数据重复。重复数据增加了数据库的数据量，造成数据库的记录混乱，直接影响到读者对文献的检索和利用。针对这一部分数据应当集中抽取，根据数据入藏时间、历史沿革、数据质量，对书目数据进行合并、删除处理，或随时修改。

垃圾数据分三个方面，其一是由于图书预订未验收或者是为订购而产生的无效数据，没有及时删除，造成书目数据记录不连续，成为垃圾数据；其二是为流通等目的建立的简单数据，这类数据极其简单，有的只是题名，有的只是条码号，读者和图书馆工作人员根本无法发现和获取所需信息；其三是采购时使用的书商数据没有及时删除，这种垃圾数据存在数据库中不及时删除增加了数据库的负荷，影响检索速度，同时也容易造成数据记录的混乱，应当及时发现删除。查找重复、垃圾数据，可以通过计算机检索相同题名的数据进行逐一核验。通过调用编目员批次信息，将一级账户的编目数据调出，核验是否有单册数据、馆藏信息，核验是否为正常的书目数据等。

馆藏数据的质量控制和维护是长期的、动态的。认为通过一两次的整理维护就可以一劳永逸地解决质量问题，达到标准化、规范化的想法是不符合事物发展的客观规律的。必须立足于长期的、动态的管理是馆藏数据质量控制和维护必须面对的现实。同时在工作中不断总结经验，学习他人之长，提高数据维护人员的业务素质，也是图书馆自动化系统平稳运行和应用的必要条件。

3 数据维护人员的业务素质

3.1 关于外包工作

互联网时代图书馆编目呈现编目格式简单化、编目外包普遍化、数据来源多样化及联合目录本地化的发展趋势[4]。回溯工作外包要注意以下几点。首先，为了方便管理和验收，外包工作最好仅限于实体文献，数据维护工作还应交由专职人员。另外外包人员中（据考证）熟悉编目的不熟悉馆藏，熟悉加工的不精通编目。很多回溯工作既需要编目也需要分流与加工。因此做好外包前的流程培训很重要。其次，进库提书改错须由专业人员、有丰富经验的人员来做。开展这项工作需要具有综合判断理解能力，不但熟悉编目全流程，熟悉采访方针政策，还要对典藏库包括阅览室动态都要有所了解。最后，做好文献交接，验收人员做好校对工作。文献回溯时会遇到各种文献类型，对于需要转交相关部门的文献、资料，须由指定人员统一处理。外包有利也有弊，不能因提高速度而降低质量。比如将看似重复的、简单的体力加工工作交与外包后，其实使流程无形中缺失了一道校对环节。因此回溯验收人员一定要严格校对，以保证回溯的质量。

3.2 较高的责任心和对事物的判断能力

相要做好任何一项工作，都需要认真仔细和较强的责任心，工作态度决定了人们所从事工作的积极主动程度。但作为数据维护人员除具备这些基本素质外，还需具备清醒的头脑和对所处理问题的良好的判断能力，在纷繁复杂的馆藏数据中，如何灵活利用各种手段和系统工具，及时发现问题并加以改正，更是优秀数据维护人员所应具备的业务素质。

3.3 图书馆专业知识

一个称职的数据维护人员首先必须具备图书馆学专业基础知识，熟悉本馆藏书建设的历史、现状和馆藏布局情况，了解编目知识和著录规则，以及中国图书分类法等，应该是图书馆专业知识的杂家或全才，这样，在馆藏数据维护时才能如鱼得水，准确地找到馆藏数据问题所在，并加以改正。如果数据维护人员连中图分类号的基本原理、ISBN号的构成、馆藏分配等基本知识都不了解，则难以胜任此项工作。

3.4 及时总结数据维护的经验

在长期有效的馆藏数据维护的同时，及时分析和总结数据问题存在或产生的原因，将馆藏数据维护情况反馈到有关机构或个人，以利于今后避免问题数据的产生，也可以定期召开有关人员业务研讨会，形成严谨、和谐、互动的工作氛围，共同提高馆藏数据处理工作。

馆藏数据维护是一项长期的、复杂的且非常重要的工作，而"百年大计，质量第一"的口号不只是说说而已，因此，必须引起图书馆的高度重视。作为回溯编目人员，我们应提高馆藏数据库的质量，合并和处理馆藏数据中的重复数据，以减少数据库冗余，更好地为读者服务。

参考文献：

[1]王彦侨."内容形式"和"媒介类型"在CNMARC中的著录[J].图书馆论坛,2018（3）:1-6.

[2]国家图书馆馆藏资源[EB/OL].[2019-09-29].http://www.nlc.cn/dsb_zyyfw/wdtsg/dzzn/dsb_gtzy/.

[3]李晓宁."善本""新善本"与历史文献的普查和保护[J].陕西档案,2012（6）:51-52.

[4]胡小菁.编目的未来[J].大学图书馆学报,2008（3）:18-22.

从认知角度看IFLA-LRM概念模型

莫　菲（国家图书馆）

1　知识表征与概念模型

1.1　知识表征

知识表征指信息在人脑中的储存和呈现方式，它是个体知识学习的关键。当代信息加工学习理论把知识分为陈述性知识和程序性知识。其中，陈述性知识是有关人所知道的事物状况的知识，能被人陈述和描述，也称"语义知识"；程序性知识则更多涉及有关运动机能、认知技能和策略等问题。从两种知识的定义可以看出，编目工作中的文献内容揭示与规范控制，主要与陈述性知识相关。认知学家先后提出了多种有关陈述性知识表征的理论模型，其中最经典的是层次网络模型、原型理论模型和特征表理论模型。

1.1.1　层次网络模型

层次网络模型（Hierarchical Network Model）又称"语义网络模型"，由美国心理学家柯林斯（A. M. Collins）和奎林（J. R. Quillian）等人于1969年提出。该模型认为，陈述性知识的基本单元是概念，概念是以结点（Node）的形式储存在概念网络中，同时每个概念具有一定的特征。各类属概念按逻辑的上下级关系组织在一起，概念间通过连线表示它们的类属关系，这样彼此具有类属关系的概念组成了一个具有层次的概念网络。在网络中，层次越高的概念，其抽象概括的水平也越高（如图1所示）。

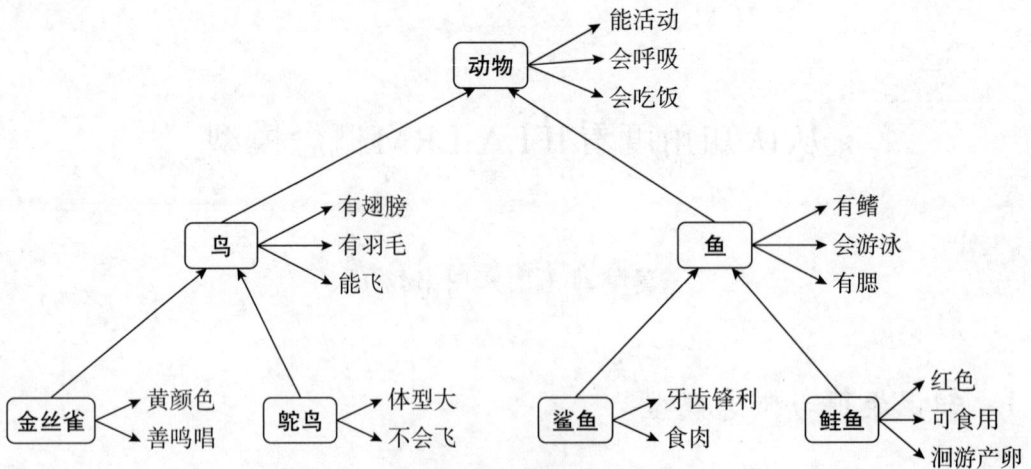

图 1　层次网络模型示意图^[1]

层次网络模型对概念的特征实行相应的分级贮存，模型的核心是"概念类属关系"。在每一水平上，只贮存该级概念独有的特征，而同一级各概念具有的共同特征则贮存于上一级概念水平上。这样的分级贮存可以节省储存空间，体现出"认知经济原则"。

但是，层次网络模型所概括的概念间的关系主要为类属关系，类型较为单一，无法充分说明概念间的关系，比如处在同一层级上概念之间的相互关系。此外，该理论无法解释一些心理现象，比如人们判断一类概念中熟悉、典型的成员时为何会更容易。

需要注意的是，层次网络模型被称为"语义网络模型"，是由于该理论模型的最初提出是认知学家为研究语言理解进行的计算机模拟，后来又被应用于说明语义知识和语义记忆在人脑中的存储和提取。这里所说的"语义网络（Semantic Network）"与万维网之父蒂姆·伯纳斯-李（Tim Berners-Lee）提出的"语义网（Semantic Web）"是不同的概念。"语义网络"是指一种以网络格式存储在人脑中的知识结构形式；而"语义网"是为了使得万维网上的数据变得机器可读而提出的一个通用框架，通常和关联数据、Web 3.0 等概念共同用于描述万维网中资源和数据之间的关系。

1.1.2　原型理论模型和特征表理论模型

层次网络模型是第一个关于知识表征的概念结构模型。但该模型不完全符合人们的信息加工特点。为此，认知学家又提出了原型理论模型（Prototype Model）和特征表理论模型（Feature List Theory）。

原型理论模型由美国认知心理学家茹什（E. H. Rosch）等人于1975年提出。该理论认为，概念主要是以原型来表征的。也就是说，每一概念范畴，其成员的典型性程度是不同的，其中最能代表该范畴的典型成员即为原型。概念是由原型加上与原型特征有相似的成员来组成的。原型理论模型较好地解释了自然概念，但并不是所有的概念都有原型，因此该理论只适用于部分概念。

为解释不具有原型、较为抽象的概念，波纳（Bourne）等人于1979年提出特征表理论模型。该理论把概念的语义特征分解为"定义性特征（Defining Feature）"和"特异性特征（Characteristic Feature）"。定义性特征是定义一个概念所必须具备的特征，即概念的本质特征；特异性特征是具有描述功能的特征，即概念的非本质特征。该理论认为，概念的结构是由概念的定义特征和整合这些特征的规则构成的。概念的定义性特征和规则相互结合就构成了各种不同性质的概念。特征表理论重视概念规则在概念结构中的作用，可以很好地解释人工概念的研究，但难以解释某些自然概念。

在层次网络模型、原型模型和特征表理论模型中，概念是知识存储的基本单元，词语和句子则是概念的载体，知识主要是以概念及其关系网络的形式进行表征。层次网络模型、原型模型和特征表理论模型是陈述性知识表征的三大理论模型，互为补充，能解释大多数语义信息加工和知识组织过程中的心理认知现象。

1.2　概念模型

在知识表征模型，尤其是层次网络模型的基础上，信息加工领域的学者对概念模型开展了深入研究。概念模型是通过人们的经验、知识和直觉形成的，是对真实世界中问题域内的事物的描述，包括：符号、内涵和外延。概念模型常用于信息系统的建模，是现实世界到机器世界的一个中间层次。其最典型的形式是"实体—关系"模型（Entity-Relationship Model, E-R模型），它是描述现实世界概念及概念体系的有效方法，是表示概念关系模型的一种方式。

E-R模型最早由计算机科学家陈品山（Peter Chen）于1976年提出，后被广泛运用于数据库设计领域。该模型的建立是通过实体、关系和属性组成的实体关系图（Entity Relationship Diagram）实现的。其中，具有相同特征和性质的实体集合抽象成实体类型；实体所具有的特性即属性，一个实体可由若干个属性来描述；实体之间相互连接的方式称为关系，包括一对一、一对多、多对多3类关系。

实体关系图中，通常用矩形框代表实体，用连接相关实体的菱形框表示关系，用椭圆形或圆角矩形表示实体（或关系）的属性，并用直线把实体（或关系）与其属性连接起来。这种逻辑化且具象化的实体关系图提供了表示实体类型、属性和关系的方法。以此为基础，用实体关系方法对具体数据进行抽象加工，用实体间的关系反映现实世界事物间的内在关系构建的模型就是E-R模型。

层次网络模型的核心"概念—类属关系"，就是"实体—关系"的一种，因此该模型可视为E-R模型的简单雏形。作为对层次网络模型的补充和发展，原型模型更注重对关系的典型性和密切程度进行描述，特征表理论则是更注重对属性的通用性和特异性进行描述。

2 IFLA-LRM概念模型

概念模型在图书编目工作中，也取得了长足的发展，有着举足轻重的地位。目前概念模型已经发展成为认识书目世界的有效方法，成为构建书目世界的国际性编目规则和书目格式的基础[2]。

2.1 IFLA-LRM模型的诞生

1998年，国际图书馆协会联合会（International Federation of Library Associations and Institutions, IFLA）组织编写并出版了《书目记录的功能需求》（*Functional Requirements for Bibliographic Records*, FRBR），首次将"实体—关系"为基础的概念模型运用于图书编目工作。FRBR创造性地提出了书目记录中的著作、责任关系和主题3组10个实体及其属性和关系，并建立用户任务，形成了一个结构化的数据模型，有利于编目人员多层面地揭示文献信息。

此后，针对FRBR较少涉及书目记录规范控制的不足，IFLA先后于1999年和2005年成立了FRBR的规范记录的功能需求和编号（FRANAR）工作组和主题规范数据的功能需求（FRSAR）工作组。FRANAR于2009年建立了《规范数据的功能需求》（*Functional Requirements for Authority Data*, FRAD）概念模型，该模型主要涉及包括个人、家族、团体和商标在内的名称规范记录，以及题名的规范记录。FRSAR于2011年建立了《主题规范数据的功能需求》（*Functional Requirements for Authority*

Data, FRAD）概念模型，该模型主要涉及书目记录主题的规范记录，包括书目数据中的主题词、地理名称、丛书等。

FRBR、FRAD和FRSAD三个模型均是以"实体—关系"为框架建立，较为全面地构建了书目记录、名称规范记录和主题规范记录体系。至此，FR家族模型基本形成。但上述三个模型之间在许多概念上存在差异，且模型中存在诸多冗余，这既会给编目人员的工作造成困难，也会给文献的检索者带来不便。

为此，IFLA于2010年成立了FRBR评估组，着手推动FR家族模型的深度融合和一体化进程。2013年，FRBR评估组成立了FRBR统一版编辑小组，负责编制新的模型，并将新模型暂时命名为FRBR图书馆参考模型（FRBR-Library Reference Model, FRBR-LRM）。2016年2月，FRBR-LRM初稿编制完成，并在全球征集评审草案意见。

FRBR-LRM这一名称以FRBR为基础，容易让人们误以为新模型仍是以书目记录功能需求为出发点，忽视了FRAD和FRSAD，也无法站在概念模型的高度对新模型进行理解。因此，FRBR评估组在2016年8月IFLA年会上，将FRBR-LRM更名为国际图联图书馆参考模型（IFLA-Library Reference Model, IFLA-LRM）。2017年4月，经全球评审修改后的IFLA-LRM模型提交IFLA标准委员会批准，于2017年8月18日正式通过[3]。

2.2 IFLA-LRM模型的构建

IFLA-LRM模型的构建，首先从明确用户的范畴开始，以保证模型的逻辑一致，防止概念混淆。用户最终确定为信息检索的终端用户。在此基础上，以用户的需求为出发点，确立"查找""识别""选择""获取"和"探索"5大用户任务，取消与图书编目人员和专业信息检索中介相关的用户任务。

新的概念模型依旧以"实体—关系"为核心构建。围绕完成用户任务这一中心，IFLA-LRM模型合并和重新定义了FR家族模型中重复的实体，剔除了旧模型中与新的用户任务无关的实体，扩充"地点""时间跨度"等概念的内涵，并增设"行为者""集体行为者"实体。经过对FR家族模型原有18个实体的合并、新增、取消和保留，IFLA-LRM概念模型分三个层级高度概括地定义了11个实体（如表1），并确定实体的37种属性，以及实体间的36种关系[4]。

表1 IFLA-LRM模型三层级实体

顶层	第二层	第三层
LRM-E1 Res	LRM-E2 作品（Work）	
	LRM-E3 内容表达（Expression）	
	LRM-E4 载体表现（Manifestation）	
	LRM-E5 单件（Item）	
	LRM-E6 行为者（Agent）	LRM-E7 个人（Person）
		LRM-E8 集体行为者（Collective Agent）
	LRM-E9 命名（Nomen）	
	LRM-E10 地点（Place）	
	LRM-E11 时间跨度（Time-Span）	

IFLA-LRM模型中属性的数量与FR家族三模型相比大幅减少，这是多方面原因造成的。①首先，经过实体的取消，新模型的实体数量有所减少。因此，被取消实体具有的属性不再出现在新模型中。另一方面，新模型的新增实体，正是原有BR家族模型反复出现的属性，这些属性被纳入实体，不再以属性形式出现，很大程度减少了模型的冗余[5]。②其次，IFLA-LRM模型是一个具有高度抽象概况性的高级概念模型，新模型合并的实体属性不是原有属性的简单叠加，实体保留，但属性并不是完全不变。模型中重新定义的属性大多具有广泛性和灵活性，可以涵盖原有的多个具体属性。以第一组实体（即作品、内容表达、载体表现、单件）为例，FRBR模型中将实体的属性分为通用属性和特殊属性，定义了通用属性45个、特殊属性39个，合计共84个实体属性[6]。IFLA-LRM模型中，这组实体保留了下来，但取消了原有的特殊属性，而是选取具有代表性和普遍性的属性，最终新模型的第一组实体属性减少至18个。③此外，IFLA-LRM模型在定义实体的过程中引入了"层级"概念，使模型框架立体化，形成了三层级的立体网络模型。与层次网络模型类似，新模型的属性也达成了分级贮存。下属层级实体的共同属性可以在其高层级实体中表达，减少属性的重复。

值得注意的是，在高度精简的 IFLA-LRM 模型中，共有 5 个实体具有"类别"属性，载体表现这一实体还具有"载体类别"属性。这一属性的多次出现并不是简单重复，而是为了更好地根据编目工作的实际需要创建相关的分类。从特征表理论的角度，可以认为 IFLA-LRM 模型中选取了共有的定义性特征作为实体的属性，而具体的特异性特征则以"类别"这一高度抽象概括的属性存储在模型中。因此，"类别"这一属性是该模型具有良好扩展性和灵活性的体现。

IFLA-LRM 模型中的每种实体间关系，都包含正向关系和反向关系，并由基点表明其对应关系是否唯一。模型将实体关系分为六大类，包括：高层实体关系，责任关系，主题与名称关系，作品、内容表达、载体表现、单件间的关系，代理间关系，相关关系。

其中，高层实体关系是模型的核心关系，包括作品到内容表达、内容表达到载体表现、载体表现到单件 3 种关系，即保留自 FRBR 模型中第一组实体间的一般关系。这组实体关系可表述为"一部作品通过内容表达实现，内容表达具体化为载体表现，一种载体表现通过单件例证"。因此，IFLA-LRM 模型比较注重作品、内容表达、载体表现、单件这组实体及其关系的研究和表达[7]。

2.3 IFLA-LRM 模型的评价

IFLA-LRM 采用结构化、可扩充图表的形式，建立了一个高度概括的三层级概念模型。该模型沿用了 FR 家族的 E-R 模型核心框架，保留了 FR 家族模型中的许多概念，与 FR 家族三模型一脉相承，是 FR 家族模型高度概括和一体化的成果，是 FR 家族三模型的深度整合和修订。

评判一个概念模型，要看模型是否简洁明了，能否对认知对象进行充分说明。IFLA-LRM 概念模型以立体化的结构和对通用性概念的选取，在模型内容的简洁和充分揭示书目信息上达成了平衡。此外，好的概念模型应该具备开放性和灵活性，能够根据认知对象的具体情况做出相应调整。这一点，IFLA-LRM 模型也通过抽象性和兼容性较高的实体和实体属性的方式达成。IFLA-LRM 模型解决了 FR 家族模型逻辑概念不一致带来的混淆与结构平面化造成的模型重复和繁杂。

3 IFLA-LRM 概念模型对编目工作的影响

IFLA-LRM 作为高级概念模型，比面向对象的 FRBR（FRBRoo）更具普遍性和抽象概括性。IFLA-LRM 概念模型虽然不是某种具体的编目规则，但对于编目规则的制订起着指导作用。随着概念模型的发展，作为编目工作最高指导思想的《国际编目原则声明》(*Statement of International Cataloguing Principles*, ICP) 做出相应的调整。ICP 和 IFLA-LRM 又共同对 RDA、BIBFRAME 等具体的编目标准的制定和修订产生一系列深远的影响。

3.1　对 ICP 的影响

1961 年，IFLA 在国际编目原则会议上正式通过《巴黎原则声明》。而随着网络和数字时代的来临，关联数据成为信息世界发展的趋势，FRBR 概念模型由此问世。在此背景下，IFLA 编制了 ICP 取代原有的《巴黎原则声明》。

2009 年，IFLA 正式发布首个 ICP 版本。ICP（2009 版）提出了九项原则，并以"用户便利性"为最高原则。2015 年 4 月，ICP 草案（2015 版）公开发布并征集意见。2016 年 12 月，ICP（2016 版）正式发布。该声明在 2009 版 ICP 的基础上，增加"互操作性""开放性""可访问性""合理性"原则，更适应全媒体信息获取、特殊障碍人群的需求、人工智能的新形势，以便更高效率地利用书目数据[8]。

ICP（2009 版）制定时，IFLA 已经发布了 FRBR 和 FRAD 概念模型。该版本的 ICP 采用 FRBR 和 FRAD 模型的前三组 11 个实体，即第一组"作品""内容表达""载体表现""单件" 4 个实体，第二组"个人""团体""家族" 3 个实体，第三组"概念""对象""事件""地点" 4 个实体。

新 ICP（2016 版）在制定时，FRSAD 概念模型得以建立，FR 家族三模型体系已经形成，统一版概念模型 IFLA-LRM 尚在构建中。因此，新版本的 ICP 对实体进行了调整。纳入了 FRSAD 概念模型实体，保留前两组实体，将第三组的 4 个实体替换为"主题（Thema）"和"主题表述（Nomen）" 2 个实体。ICP 草案（2015 版）发布时也说明会在 IFLA-LRM 模型正式发布后对 ICP 做出进一步的修订。

ICP 和 IFLA-LRM 都处于高级认知层次，是编目工作的指导思想和概念模型。随着 IFLA-LRM 概念模型的发布，未来 ICP 的修订势必会参考 IFLA-LRM 概念模型建立实体，以达到逻辑上的一致，便于指导编目标准、编目规则和编目格式等具体工作。

3.2　对 RDA 的影响

2010 年，由美国、英国、加拿大及澳大利亚联合编制的《资源描述与检索》

（*Resource Description and Access*, RDA）正式发布。RDA的主要基础是ICP、FRBR和FRAD，是编目员对资源提供描述与检索时所依据的元数据内容标准。RDA不仅可以对图书、期刊等传统纸质资源进行编目，也可以对各种数字网络资源进行编目。

由于IFLA-LRM概念模型的建立，2017年4月，RDA启动了"RDA工具包重构与重新设计项目"（RDA Toolkit Restructure and Redesign，3R项目）。该项目推出的新版RDA，基于IFLA-LRM模型定义的实体而展开。新版RDA的框架结构主要包括实体、一般性规则、政策声明和资源四部分内容。实体部分在保留原有"团体""家族"的基础上，选取了IFLA-LRM模型中除"Res"以外的其余10个实体[9]。可以看出，IFLA-LRM模型给新版RDA带来相当大的变化。

3.3 对BIBFRAME的影响

2011年，美国国会图书馆（Library of Congress, LC）启动书目框架计划，并于2012年至2013年发布《书目框架》（BIBFRAME）模型和词表。BIBFRAME是基于关联数据模型的新一代书目格式，具有开放性、可扩展性和细粒度。

BIBFRAME词表于2015年发布修订版草案，并于2016年4月发布BIBFRAME 2.0正式版。BIBFRAME 2.0版与之前的BIBFRAME 1.0版有很大不同。（1）BIBFRAME 1.0为"作品—实例"两层模型，BIBFRAME 2.0则扩充至"作品—实例—单件"三层模型。BIBFRAME 2.0模型的扩充更好地与FRBR概念模型相适应，模型中的"作品"对应FRBR的作品和内容表达，"实例"对应FRBR的载体表现，"单件"对应FRBR的单件。（2）BIBFRAME 1.0包含作品、实例、规范和注释4个核心类，BIBFRAME 2.0则包含作品、实例和单件3个核心类[10]。

BIBFRAME 2.0的核心也是"实体—关系"模型，可以看作是FRBR概念模型在书目格式水平上的具体体现。它可以实现书目数据发布为关联数据，同时可以帮助编目员完成基于"实体—关系"更细粒度的在线联合编目。在语义网和关联数据应用在图书馆编目领域成为大趋势的当下，BIBFRAME有着广阔的发展空间。而随着IFLA-LRM模型的建立和完善，BIBFRAME也会进行相应的调整。

从FRBR将E-R概念模型开创性地运用于图书编目，到FRAD和FRSAD进一步将概念模型延伸至书目记录的规范控制，再到FR家族模型深度整合形成统一的IFLA-LRM概念模型，书目数据中已经全面构建起了概念模型。尤其是IFLA-LRM概念模型，作为高度抽象概括和灵活可扩展的统一模型，对编目标准、编目规则和编目格式规范等工作有着较好的指导作用。

对照层次网络模型、原型理论模型和特征表理论模型3种认知理论，IFLA-LRM概念模型比原有的FR家族模型更接近人们对知识表征的方式。与层次网络模型类似，IFLA-LRM模型引入层级概念，将实体分为三个层级，构建了一个立体模型，这在一定程度上减少了模型冗余。此外，IFLA-LRM概念模型选取具有高度概括的定义性特征，以及代表特异性特征的"类别"作为实体属性，既保证模型的高度精简，又保证模型的可扩展性和灵活性。

由于认知心理学将人脑比作计算机，认为人脑是一个信息加工系统，可以对表征信息的物理符号进行输入、编码、贮存、提取、复制和传递。因此，知识表征的认知理论能较好地描述信息时代的数据获取，对IFLA-LRM概念模型也有着实际的指导意义。

参考文献：

[1]彭聃龄.普通心理学[M].北京:北京师范大学出版社,2004.

[2]王景侠.21世纪图书馆资源编目体系研究[J].数字图书馆论坛,2018(1):17-23.

[3]蔡丹,罗翀.从FRBR-LRM到IFLA-LRM[J].山东图书馆学刊,2018(5):52-58.

[4]PAT R, PATRICK L B, MAJA Ž. IFLA Library Reference Model[EB/OL]. [2019-08-13]. https://www.ifla.org/files/assets/cataloguing/frbr-lrm/ifla-lrm-august-2017_rev201712.pdf.

[5]杨恩毅.试论IFLA-LRM与FR家族三模型的区别与联系[J].图书馆杂志,2018,37(4):27-33.

[6]国际图联书目记录的功能需求研究组.书目记录的功能需求最终报告[EB/OL].[2019-08-13]. https://www.ifla.org/files/assets/cataloguing/frbr/frbr-zh.pdf.

[7]李菡.IFLA图书馆参考模型中的关系[J].图书馆论坛,2017(4):40-48.

[8]胡小菁.国际编目标准现状与进展(2015—2017)[J].图书馆论坛,2018(6):124-131.

[9]王薇,罗翀.3R项目进展及国家图书馆RDA本地化实施的应对策略研究[EB/OL].[2019-08-13]. http://gtxk.nlc.cn/ch/reader/create_pdf.aspx?file_no=201805011&flag=1&journal_id=jtnlc&year_id=2018.

[10]BIBFRAME-Bibliographic Framework Initiative(Library of Congress)[EB/OL]. [2017-10-07]. http://www.loc.gov/bibframe/

社会化编目网站的调查对比研究
——以豆瓣与 Librarything 为例①

宋琳琳　王　杰　王乐蓉（中山大学资讯管理学院）

社会化编目网站致力于让用户自己编目并与其他人分享他们所拥有的馆藏，例如书籍、DVD、CD等，同时在心愿单中标记自己想要去买、借、评论或者阅读的东西。这些网站不仅允许用户公开分享、标记或者分类他们编目的馆藏，而且能够对展示的馆藏发表评论，创建并参与小组讨论[1]。社会化编目网站不仅可以管理用户馆藏，而且可以分享用户观点、共享知识。除此之外，社会化编目网站还可以丰富图书馆的书目数据，全方位揭示相关书籍。同时，社会化编目网站是图书馆资源与外界网络资源关联的重要纽带，可以提升图书馆资源在网络中的识别度和可用性。

1　文献综述

1.1　理论方面

随着图书馆业务外包的发展，编目工作走向社会化。因此，关于社会化编目国内主要关注编目外包，联合编目中心、区域性书目中心、书商和出版商的书目中心、专门的书目数据公司等主体如何开展编目外包工作，社会化编目网站仅作为书目数据补充获取来源之一。

国外学者则更多的关注社会化编目网站本身，以建立一个满足用户需求的信息资源共建共享平台，并且寻找其与图书馆编目工作相互补充，共同发展的路径。Mohammadbeigi F 等通过探索最受欢迎的社会编目站点，从用户和专家的视角识别国际社会编目网站的组成部分。选取国际上最受欢迎的社会编目网站Goodreads、

① 本文系国家社科基金青年项目"基于书目框架的图书编目变革与创新研究"（项目编号14CTQ004）成果之一。

Librarything 和 aNobbi 进行分析，并考虑了用户与专家的意见，以便为伊朗提供一个具有国际视角和标准的社会编目网站模型[2]。Louise F. Spiteri 测试和评估 16 个社会化编目网站的社会性特征以及编目记录的综合性、全面性，从而判定它们的社会化编目特征是否会对图书馆编目记录的设计产生影响[3]。Louise 认为虽然当通过专业的编目实践进行评估时，大多数编目记录中的书目内容都是不足的，但是它们的社会性可以帮助图书馆书目形成一个生动的兴趣社区，人们可以在其中互相分享他们的阅读兴趣。

1.2 技术方面

在社会化编目网站的技术研究中，学者们主要关注大众分类法、标签语义技术、标签推荐技术、标签检索技术等方面。大众分类法作为最早使用的一种组织技术，其标签存在专指性低，语义模糊、关联度低的问题，需要通过技术手段弥补的。熊回香[4]等提出通过标签转换和后台系统匹配，从而达到减少标签数量，提高专指度的目的。王娜[5]等提出以词素为单位的基于语义的同义词识别算法，解决语义模糊的问题。邰杨芳[6]等标签与受控词表的映射模块通过建立标签与受控词的映射关系，将能够代表资源特征的最合适标签纳入具有层级结构的分类体系当中，使分类体系中类目间的语义关系扩展到标签之间，可实现标签之间的语义关联。

综上所述，本文将以社会化编目网站为研究对象，重点讨论其编目工作的开展及标签技术的应用情况，通过对比研究发现社会化编目网站的核心组成部分，密切图书馆与网络世界的关系，提升图书馆资源的识别度与可用性。

2 研究对象

豆瓣网和 Librarything 是国内外 2 个代表性社会化编目网站，2 个网站都提供多种渠道方便用户发布并组织网站资源，如标签、评论或推荐交流等。对这两者就编目功能和网站结构等方面进行比较研究，可以帮助我们发现更多的社会化编目方式，调动用户积极性，参与到信息资源建设中来。

豆瓣网站创立于 2005 年 3 月 6 日，提供关于书籍、电影、音乐等作品的信息，无论描述还是评论都由用户提供，用户可以自由发表评论，可以搜索别人的推荐，所有的内容、分类、筛选、排序都由用户产生和决定，甚至在豆瓣主页出现的内容上也取决于用户。网站还提供书影音推荐、线下同城活动、小组话题交流等多种服务功能，它更像一个集品味系统（读书、电影、音乐）、表达系统（我读、我看、我听）和交流系统（同城、小组、友邻）于一体的创新网络服务，一直致力于帮助都市人群发现生活中有用的事物。

Librarything是由一群热爱图书的人组织起来的，其组织对象以图书为主，其目的是帮助用户更加便利地为图书编目，同时用户可以相互交流、评论、发现藏品。该网站于2005年9月成立，自成立起来网站一直以"为用户提供性能良好而具有图书馆品质的编目系统"和"为用户提供交流平台"为经营理念。前者具体体现在网站的易用性和可用性上，而后者则在读者的意见表达交流以及个性化的推荐系统中有所体现。其重在个人书籍的管理，强调"自己的图书馆"的概念，通过强大的标签功能，以及数据信息挖掘，对每个用户个人图书馆中的书籍进行分析，将有用信息推送到相关用户。

3 豆瓣网与Librarything网站编目功能的比较

3.1 比较方法

豆瓣读书与Librarything都是主要针对图书的网站，因此可用ISBD的图书著录标准，比较两者对于图书外在形式特征和内容特征的描述；具体可以从编目记录对比，标签、书评、星级评分等方面的内容分析获得。

3.2 编目记录的对比

对于书目著录的结构，将ISBD的著录项目进行细化：①题名与责任者项细化为标题、作者；②版本项即版本；③出版发行项细化为出版社、出版地、出版日期；④载体形态项细化为尺寸、页数、封面；⑤丛编项细化为丛书名；⑥附注项转化为：语言、摘要、目录；⑦标准编号和获得方式项细化为ISBN号、装帧方式、定价，共计16项。

从豆瓣读书平台选取10本2018年度高分图书（如表1所示），从Librarything选取2019年1月热门图书其中的5本（如表2所示），分别提取其提供的书目著录信息。年度高分图书、热门图书说明受众面广，读过的人很多，书籍检索利用需求高，书目信息对于读者的影响较广。

编目记录的对比，通过，提取每一个著录元素进行逐一对比，发现其是否缺失、详尽程度和编辑加工等方面，以此来判断该网站所采用的编目标准及用户编目工作的参与程度。

表1　豆瓣读书2018年高分图书书目著录

书名	《失踪的孩子》	《追寻逝去的时光.第一卷：去斯万家那边》	《房思琪的初恋乐园》	《奥古斯都》	《我们一无所有》	《莫斯科绅士》	《如父如子》	《观山海》	《漫长的告别》	《回答不了》
标题	√（包含副标题）	√（包含原作品题名）	√	√（包含原作品题名）	√（包含原作品题名）	√（包含原作品题名）	√	√	√（包含原作品题名）	√
作者	√（包含译者）	√（包含译者）	√	√（包含译者）	√（包含译者）	√（包含译者）	√（包含译者）	√	√（包含译者）	√
版本									√（副标题项出现）	
出版社	√（增加出品方）	√（增加出品方）	√（增加出品方）	√（增加出品方）	√（增加出品方）	√（增加出品方）	√	√	√	√
出版地										
出版日期	√	√	√	√	√	√	√	√	√	√
尺寸										
页数	√	√	√	√	√	√	√	√	√	√
封面	√	√	√	√	√	√	√	√	√	√
丛书名	√	√		√		√				
语言										
摘要	√	√	√							
目录	√		√	√（本书无书目）	√	√	√	√	√	√
ISBN号	√	√	√	√	√	√	√	√	√	√
装帧方式	√	√	√	√	√	√	√	√	√	√
定价	√	√	√	√	√	√	√	√	√	√

表2 Librarything部分热门图书书目著录

书名	The Hate U Give	Crazy Rich Asians(Crazy Rich Asians Trilogy)	The Woman in the Window: A Novel	Bird Box A Novel	Pachinko	Pachinko
标题	√	√	√	√	√	√
作者	√	√	√	√	√	√
版本	√	√	√			√
出版社	√	√	√	√	√	√
出版地				√	√	
出版日期	√	√	√	√	√	√
尺寸	√	√	√		√（残缺）	√（残缺）
页数	√	√	√		√	√
封面	√	√	√	√	√	√
语言	√	√	√	√	√	√
摘要	√	√	√		√	√
ISBN号	√	√	√	√	√（9781786691378）	√（9781455563920）
装帧方式	√	√	√	√	√	√
分类号	√（LC/ DEWEY）	√（LC/ DEWEY）	√（LC/ DEWEY）	√（DC/ DEWEY）	√（DC/ DEWEY）	√（DC/ DEWEY）
识别号	√ (EAN\ ASIN)	√(EAN\UPC\ ASIN)	√(EAN\ ASIN)			√(EAN\ASIN)
数据来源	√ （亚马逊书城）	√ （亚马逊书城）	√ （亚马逊书城）	√ (西雅图公共图书馆)	√ （大英图书馆）	√ （亚马逊书城）

从表1豆瓣读书的书目信息来看，豆瓣网站提供了标题、作者、出版社、出版日期、页数、封面、丛书名、摘要、目录、ISBN号、装帧方式以及定价共12项书目信息，覆盖了75%的信息，基本包含了每一本书所必要的信息，但缺乏图书的版本、尺寸和语言信息。图书的版本和语言对于图书的区别具有重要作用，可以反映读者的不

同需求，应该加以补充。对于读者个人购书、阅读来说，尺寸信息显得并不是很重要。此外，豆瓣读书对于非热门、读者阅读量少的图书，著录信息缺失情况更加严重，以"《信息描述》（2010年，鞠英杰，合肥工业大学出版社）"的著录情况为例，仅有标题、出版年、页数、封面、摘要、ISBN号、定价7项内容。书目数据来源于网站提供，用户无法进行编辑。

从表2来看，Librarything提供了标题、作者、版本、出版社、出版日期、尺寸、页数、封面、语言、摘要、ISBN号、装帧方式共12项内容，覆盖了75%的信息。部分书目数据来源还提供了出版地信息。相比于豆瓣缺少了丛书名、定价信息。在此基础上，Librarything还提供了图书不同分类法下的分类号以及不同机构的识别号。Librarything通过提供详细的著录模板为读者提供书目著录信息。通过z39.50协议从美国国会图书馆、大英图书馆、亚马逊的国际网站、谷歌图书以及超过2200个图书馆获取图书的著录信息。用户可自行选择书目数据来源，不同的来源书目著录信息以及详尽程度上会有所不同，例如不同图书馆的摘要描述、ISBN号、分类号、版本可能不同；不同机构之间书目著录并没有一个统一的规范导致书目著录信息的详尽程度不同。另外，每一个著录项目都是用户可编辑的。用户可以根据自己的需求对书目著录信息进行补充、修改。在保证了著录格式一定的规范性的同时，又满足了用户参与编目的功能需求。

3.3 个人书目信息管理的对比

个人书目信息管理主要是对比社会化编目网站是否支持用户对关注或阅读过的图书进行二次加工和个性化操作，这是深度挖掘图书潜在价值的关键，也是增加用户与网站黏度的重要方式。

在这方面，豆瓣用户并不能根据ISBD的著录项目对个人收藏进行组织、检索。用户个人收藏的图书提供网站固定的组织模板，分为书评、笔记、在读、想读、读过、作者（用户收藏）、豆列（用户建立的图书清单）。在读、想读、读过板块按标题、评价、时间排序，可根据标签进行分类。豆列中用户可自建主题板块对图书进行分类。网站的分类组织模式主要是根据用户阅读过程设定的，比较简单、易操作，但是缺乏科学性以及用户参与的主动性，并且不支持检索。

Librarything不仅提供了想读、在读、未读的分类，还为用户提供了一个像专业图书馆目录一样的个人图书馆藏目录。图3所示，用户可以根据个人需求对显示项目进行选择，包括图书信息的著录项目以及标签、书评等个人主观需求表达，并且支持在个人馆藏内进行检索。用户可以更好地进行馆藏的组织与利用。

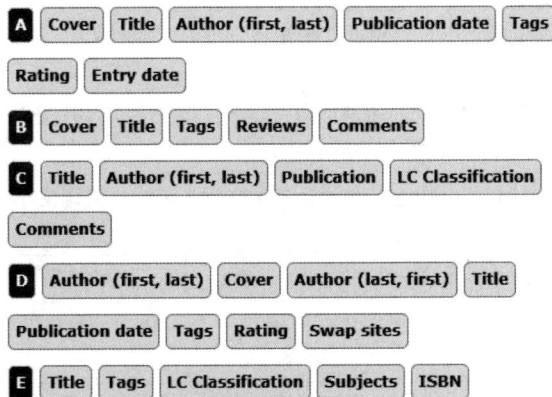
图 1 Librarything 列表展示形式

4 豆瓣网与 Librarything 网站结构的比较

4.1 比较方法

豆瓣与 Librarything 网站结构的对比维度包括标签、用户界面、交互和反馈、检索、合作 5 个方面。标签主要比较其呈现方式，用户界面则从主题分区、语言、广告、下载等 4 个角度，交互和反馈则是从网站管理员和其他用户 2 个方面进行分析。

4.2 标签对比的结果分析

本文选择豆瓣标签中的豆瓣读书标签进行分析，用户可以按照分类标签或者热门标签进行浏览，分类标签按照文学、流行、文化、生活、经管、科技 6 个大类进行划分，各个类下由若干标签，是一个二级分类类目。二级类目基本都是按照文学类型或者作者进行分类。热门标签显示所有标签类型，只有一级类目，与分类标签相比规范性较差，热门标签显示"温暖、我想读这本书、好书，值得一读、英文原版"等口语化标签。

选取豆瓣读书"文学—小说"和"文化—历史"中显示前十的书籍，查看它们的常用标签，见表3。

表3 热门书籍的排名前十的标签

书 名	显示标签
我的前半生	亦舒；我的前半生；小说；女性；爱情；香港；言情；中国小说；成长；仅仅是亦舒
追风筝的人	追风筝的人；人性；救赎；阿富汗；小说；外国文学；卡勒德·胡赛尼；成长；外国小说；文学
百年孤独	百年孤独；加西亚·马尔克斯；经典；拉美文学；外国文学；小说；魔幻现实主义；文学；孤独；拉美
月亮和六便士	毛姆；月亮和六便士；小说；外国文学；英国；英国文学；毛姆：月亮和六便士；文学；名著；艺术
活着	余华；活着；小说；中国文学；人生；生活；文学；当代；苦难；中国
1984	反乌托邦；乔治·奥威尔；政治；小说；1984；外国文学；政治寓言；英国；文学；经典
围城	钱钟书；围城；小说；中国文学；经典；婚姻；现代文学；文学；中国；中国小说
平凡的世界	平凡的世界；路遥；中国文学；小说；人生；经典；文学；当代；中国小说；中国
卡拉马佐夫兄弟	陀思妥耶夫斯基；小说；俄罗斯；俄国文学；外国文学；卡拉马佐夫兄弟；厚重的现实主义；文学；宗教；俄国
万历十五年	历史；黄仁宇；万历十五年；明朝；中国历史；明代；大历史；中国；万历；政治

在书评显示的10个标签中，我们可以看到其内容丰富，包括主要人物、主要情节、作者、简短评价等多方面，对比图书馆主题标引结果"体裁—国别—时代"而言，在图书内容的揭示程度和对帮助用户了解图书方面存在明显优势。当然，标签也一些问题，如存在同义标签如明朝与明代、历史与歷史、中国历史与中国史等，《追风筝的人》同时含有"小说""外国文学""外国小说"和"文学"4个标签，这4个标签在语义上有交集，存在包含关系，而导致标签的专指度不高。这些不规范的标签久而久之就会占用庞大的豆瓣后台资源，也给标签的管理带来了诸多不便。

Librarything标签只能在书籍具体介绍页面显示，可以部分或全部显示。部分标签能够显示30个，比较符合书籍描述或重要的标签会加粗表示。同时Librarything还会显示标签重复出现的次数，对于用户了解标签使用并且进行标注有一定的借鉴意义。但Librarything中同义标签及标签使用宽泛、专指度不高的情况同样存在，说明社会化标注的一个重要缺陷就是标签泛滥，存在大量无效标签以及标注不够准确情况。

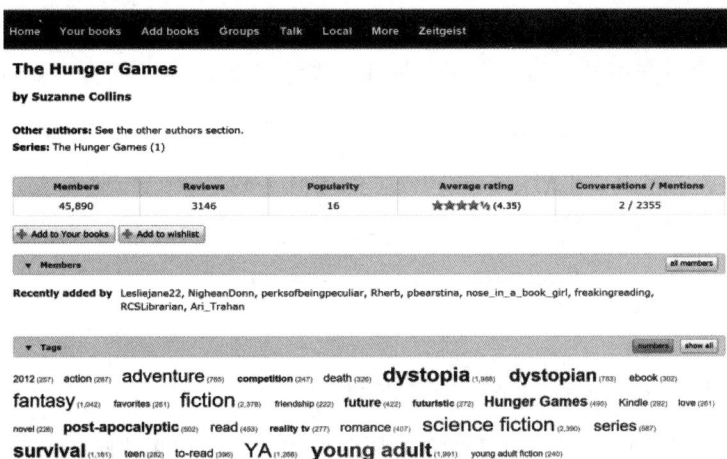

图 2　Librarything 书籍标签

4.3　用户界面的对比结果分析

豆瓣主题分区更加具体，注重对人们日常活动的分类，更加清晰明了；Librarything 在功能分区上比较宽泛，给人们更多自由探索的空间。

表 4　两个网站功能分区

网站	功能分区
豆瓣	首页；读书；电影；音乐；同城；小组；阅读；FM；时间；豆品；更多
Librarything	首页；你的书籍；添加书籍；小组；讨论；当地；更多；排行榜

4.3.1　语言

豆瓣作为国内网站，语言只有一种即汉语。Librarything 支持语言类型多，共有 23 种，包括英语、西班牙语、法语、意大利语、葡萄牙语、汉语等常用语言，同时还有加泰罗尼亚语、克罗地亚语、印度尼西亚语等小众语言，用户可以根据自己需求选择语言。

4.3.2　广告

在网页上播放广告是豆瓣的一种盈利模式，除了书籍具体介绍页面外，其他地方右侧都会有广告存在，右下角也有一个广告的选项，可以查看其营销、案例、品牌等。

如果用户没有登录，Librarything 会显示一些谷歌广告，但一旦用户创建一个免费或付费的账户，广告即可消失。

4.3.3 图书下载

豆瓣只能提供图书外在特征著录，图书作者、内容与章节简介，短评与书评等，要想完整版的内容只能通过豆瓣书店以及当当、京东等网站购买纸质书籍或者在豆瓣购买电子图书。部分电子书可以免费阅读，但设有下载权限。

Librarything提供书籍书目信息、评论等，但它不提供书籍内容获取及下载阅读等，只是提供通过亚马逊等外部网站获取书籍内容的链接。

4.3.4 交互与反馈

（1）提供电子邮件或评论进行互动和反馈

豆瓣网站接收用户反馈一般是在用户帮助界面，当用户无法解决所遇到的问题时可以通过咨询管理员得到相应的解决方案。网站通过用户反馈的问题对其服务进行评估改进。

用户可以通过邮件、推特以及写信等方式与Librarything管理人员进行联系，反映相关问题。根据用户反馈问题进行评估改进服务则是豆瓣与Librarything的共通之处。

（2）提供与其他用户在线交流

在读书书评、读书笔记中可以回应与书评或笔记作者进行互动，加入感兴趣的豆瓣小组，在组内可以发表观点，与其他志同道合的人进行交流。豆邮则可以给自己关注的人发邮件，私密性好。

在Librarything网站中，用户可以在小组、讨论等功能区与其他用户进行交流。用户只能对书籍推荐、评论等打分，无法在评论下方与其他用户进行互动。

4.3.5 检索

豆瓣提供一框式检索，搜索功能都比较简单，只能实现最基本的文字匹配，搜索模式最适合于用户在系统中直接检索"已知条目"。豆瓣对检索结果按照其提供的内容类型进行简单分类。其浏览功能则主要是以枢轴导航的形式提供的，用户可以通过一定的中间媒介进行浏览，标签、资源和用户（或小组）都充当着中间媒介，它们代表着明确的主题或兴趣，有助于增强浏览过程的方向性。

Librarything同样提供简单的一站式搜索，实现简单的文字匹配。Librarything检索结果按照书目、社交、图书世界和成员图书馆进行分类。检索结果可以按照相关性和字顺进行排序。与豆瓣相比，Librarything提供相关图书等的链接，可以直接获取图书内容信息。Librarything提供的书目信息极其详尽，可以显示全部标签，更加符合社会化编目网站的定位。至于浏览功能，Librarything 也是通过枢轴导航的形式提供，用户看通过标签、资源、小组、自由谈等媒介进行浏览，是明确主题或兴趣的体现，使浏览过程方向性更强。

4.3.6　与其他机构合作

（1）豆瓣

①图书馆合作

豆瓣网的"图书馆合作"项目，将图书馆馆藏图书信息放在豆瓣网的相应图书页面上，使豆瓣网用户在访问豆瓣读书页面的同时可直接点击链接图书馆的书目检索系统，从而了解馆藏图书信息。具体包含以下内容：将图书馆的书目与豆瓣网书目进行匹配；在匹配成功的书目页面上展示该书的馆藏信息；豆瓣网提供该书馆藏条目页的链接。

②与网站和网络书店合作

豆瓣网之前推出的"在哪儿买这本书"服务项目，其注册用户可在页面上获取图书的销售、价格情况，从而点击链接至网上销售商。豆瓣与亚马逊网站合作，合作内容集中在图书销售与数据使用上，借此获得一定收入；利用网页链接当当、卓越等网络书店，让用户通过网络书店购买图书，豆瓣也从获得销售利润，支撑网站运营、开发等的费用。

③与作者和出版社合作

目前，在豆瓣网进行创作的作者有19049位，其中7065位作者的作品只授权给豆瓣网。可见，豆瓣网已经拥有了充足的原创作者资源，这为豆瓣出版优质实体书奠定了基础。同时豆瓣与出版社合作，豆瓣阅读将在其网站发表的授权作品推荐给合作的出版社，并对合同签署、印刷出版、版权维护、版税支付等环节进行监督。值得一提的是，豆瓣阅读这项举措不向作者收取任何费用，旨在成为作者可靠的出版保障，为作者提供更好的实体书出版服务。

（2）Librarything

①与图书馆和书商合作

Librarything 与包括亚马逊、美国国会图书馆、约翰亚当斯总统图书馆在内的全球252个伙伴进行合作。通过 Z39. 50协议自动从书商和图书馆获取编目信息，用户输入书籍的信息并选择编目信息的来源就可以获得足够的书目信息给自己的编目内容做参考。相对于一般读书网站的书目信息仅仅来自于亚马逊，Librarything 的书目信息功能强大得多。读者除了可以用Tag对自己的书籍进行主题揭示，还可以上传或者下载符合美国国会分类法或杜威分类法的书目记录。

②Librarything for Libraries

Librarything在2007年4月推出了一项免费的面向图书馆的服务，LibraryThing for Libraries（LTFL），其功能是向图书馆提供最新的图书信息（包括图书推荐、标签、评论、评级等），这些数据可显示在图书馆OPAC中，丰富原有书目数据、强化OPAC的应用，但LTFL的推荐和其他链接仅仅反映本馆馆藏图书。LTFL可以部署在所有大型的以及很多小型的OPAC/ILS中，不要求后端集成，不增加OPAC/ILS服务器的负担，所以不会使OPAC检索变慢。数据存储在LibraryThing的服务器上，不需要在本地保存数据，所有的数据和特征呈现在图书馆目录中，并且与原有目录完美融合；其主要实现方式包括释放链接、探索目录的出发点、目录增强包、增强评论功能、书架浏览功能、系列报道和荣誉显示、堆栈映射、图书显示小部件等[7]。

5 社会化编目网站的理想构建模型

通过对国内外2个代表性社会化编目网站的调查对比分析，本研究认为一个理想的社会化编目网站既应该有合理的架构，从外观、内容到功能设置尽量满足用户编目的需求；同时还应该在内容组织方面与图书馆编目工作保持相关，这样用户的社会化编目成果才能有更大的应用空间。

在网站架构方面，社会化编目网站可包括14个重要的组成部分，如表3所示，其中重要在于页面设置、标签优化、搜索设置、链接、互动与反馈等方面。标签优化方面，应结合国内外对于社会化标注的研究，克服社会化标注固有的缺陷，优化标签推荐机制，尽可能减少垃圾标签的存在。用户界面方面，传统的字体、颜色等已深入人心，主要还是应结合编目工作的特点，设置一些帮助编目工作的提示，以及展示编目结果的工具。此外，社会化编目网站作为一个社交媒体，不仅可以完成编目工作，也是用户分享读书心得、交流学习感悟的平台，现有网站用户交流主要是通过兴趣小组进行，在书籍评论下方让用户可以回应，此外还应该将微信、微博等社交软件纳入其中。

表5　理想的社会化编目网站模型

基本模块	主要内容
页面外观现实特征	阅读字体大小合适；颜色合适；每页均有标题；普通背景有文字说明；页面设计避免拥挤；文本与背景选项间有明显区别；根据用户需要提供高像素图像
页面的组织	避免使用盲目链接；图文并茂，有解释文字；在眼睛经常停留的位置提供有用的信息；背景和文字搭配；主页和图书馆之间互有有效链接；对不同类型的系统消息应该区别显示；选项选中后应突出显示；避免使用浮窗；输入数据时应该有下拉字段辅助；可以选择展示的项目（题名、作者、ISBN、出版者）；提供页面摘要或大纲；提供网站的结构地图；在段落和文本之间留有足够的空白；显示应保持一致
搜索设施	网站页面提供音频、图片等的搜索；提供搜索句子、搜索提升或是书内检索的功能；提供标签检索功能
链接	与OPAC链接；与其他社会化编目网站链接；与其他网络或数据库中的数字资源链接；与其他图书提供方链接
视觉符号与图像	使用视觉符号和书面符号；使用正确和常用的颜色选项；使用多媒体符号
文本的自定义选项	根据用户需求更改字体、颜色和大小；选择不同的背景颜色
帮助服务和提示	准确提供与任务相关的信息；提供在线编目的使用培训；提供中断帮助和返回任务的功能；通过短信提供帮助；通过电子邮件提供信息；定期安排用户咨询
错误信息提醒	信息应简短；错误提示应准确
互动与反馈	通过接受用户的反馈进行连续评估；通过电子邮件进行互动、反馈和评论；通过在线聊天室、讨论组与其他用户交流；用户与网站管理员互动；通过聊天时、讨论组等与图书作者交流
语言界面	使用常用术语；使用简短、常用和描述性标签；用简单易懂的语言来表达内容与选项；遵守图书馆编目标准；提供多种语言供用户选择
用户管理	调整页面亮度、根据版权下载阅读提示；支持常用符号的快捷键；可返回初始设置；为不同用户定义不同界面
不同格式的网站资源	介绍图书和作者的新闻与采访；提供书评；各种电子书格式的介绍
从图书馆中获取资源的学习支持服务	提供不同类型的音频输出；提供与图书相关的电影介绍或链接；在遵守搬迁前提下下载资源到个人电脑
其他	链接到搜索引擎，获取最新相关信息；可以选择PDF等应用程序；非会员同样可用；展示图书的封面与内容；提供FAQ；提供免费服务；提供图书与多媒体的加载时间；页面首页提供日历；提供移动版本

　　在具体的编目工作中，社会化编目网站需要在专业化和易用性方面取得平衡。首先，社会化编目网站最主要的目标之一是吸引用户参与到图书编目中来，通过编目来分享自己的观点，进而丰富图书的书目数据。因此，编目工作中，无论是著录项目的设置还是描述内容的设定都必须遵循国际通用的编目标准与规则，这是保证其编目成

果被最大限度利用的前提。但同时，现有的图书馆编目工具专业性强，学习掌握较为困难，因此社会化编目网站还需要将专业的编目规则转换成易懂易掌握的描述项目，避免用户产生畏难情绪。此外，用户使用的编目语言丰富但不规范，这与传统的图书馆编目工作的规范化和一致性存在很大差距，这为用户编目数据的加工利用造成很大障碍。除了利用标签优化与推荐等技术，在社会编目网站设计伊始，应利用现有的编目研究成果，如成熟的书目数据模型BIBFRAME，复用广泛使用的词汇表，如RDA术语列表、Schema.org、DC、W3C PROV、SKOS、MADSRDF、FOAF、BIBO等，在用户编界面中多设置选项，少采用语言描述等，都可以提高编目工作的规范性，提高编目数据的使用率。

参考文献：

[1]LOUISE F S. Spiteri The Impact of Social Cataloging Sites on the Construction of Bibliographic Records in the Public Library Catalog[J]. Cataloging & Classification Quarterly, 2009(47): 1, 52-73.

[2] MOHAMMADBEIGI F, ZAREI A, ISFANDYARI-MOGHADDAM A. Identifying the Components of International Social Cataloging Sites in users and experts' perspective[J/OL]. Library Philosophy and Practice, 2018[2019-09-23]. https://digitalcommons.unl.edu/libphilprac/1651/?utm_source=digitalcommons.unl.edu%2Flibphilprac%2F1651&utm_medium=PDF&utm_campaign=PDFCoverPages.

[3] LOUISE F S. Social cataloguing sites: features and implications for cataloguing practice and the public library catalogue[C]//International Society for Knowledge Organization. New Perspectives for the organization and dissemination of knowledge, 2009: 40-60.

[4]熊回香,金晓耕. Web2.0环境下信息组织的优化研究——以豆瓣网为例[J]. 现代情报,2012,32(4): 19-24.

[5]王娜,田晓蒙. 大众分类法对信息过载的影响及优化策略研究——以豆瓣网为例[J]. 现代情报, 2016,36(9):74-81,87.

[6]邰杨芳,贾君枝,贺培风. 基于受控词表的Folksonomy优化系统分析与设计[J]. 情报科学,2014,32 (2):112-117.

[7]范旭. 商业性读书编目社会性网站Librarything[J] 图书馆杂志,2008(10):30-31,38.

RDA与《中国文献编目规则》在题名选取中的差异分析

——以中文图书为例

孙　珀（国家图书馆）

题名是识别图书的重要依据，能直接表达、象征或隐喻图书内容并使其具有个性化特征[1]。所以，题名的选取在中文图书编目中是最为重要的，也是最能识别以及区分图书的重要检索点。因此，对RDA与《中国文献编目规则》在题名选取中存在的差异进行探讨是很有意义的。下面对两者的差异进行对比分析。

1　RDA和《中国文献编目规则》中题名选取规则对比分析

1.1　RDA题名的信息源选取规则

RDA有关著录信息源的概念包括：首选信息源、其他信息源、题名页。RDA为题名元素指定的首选信息源为"题名页"。其中，中文图书首选信息源的选取顺序为：首选题名页；如果没有题名页，则按序选择带题名的封面、标题页、报头和版权页；如果上述来源均没有题名，则从资源本身选取其他带题名页的来源；如果资源不含上述来源，则选择构成资源本身一部分的其他来源。RDA中题名分为正题名、并列正题名、其他题名信息、并列其他题名信息、变异题名、较早正题名、较晚正题名、识别题名、缩略题名[2]。

1.2　《中国文献编目规则》题名的信息源选取规则

《中国文献编目规则》题名选取规定的信息源是题名页或代题名页两部分，而信息源首选"图书题名页"。当图书无题名页时，应按照代题名页上的信息著录。代题名页的选取顺序为：版权页、封面、书脊、封底，同时在附注项说明出处。《中国文献编目规则》中题名大体分为正题名、其他题名、从属题名、并列题名、并列从属题名等[3]。

1.3 两者就题名信息源选取规则的对比分析

首先RDA与《中国文献编目规则》对题名选取规定的信息源有所差别。RDA中题名著录的规定为：首先从首选信息源（资源本身）寻找信息，若找不到相应信息，再从资源以外的其他来源寻找。所谓首选信息源是指首先选择的信息源，将与著录的类型和载体表现的呈现格式相适应的构成载体表现本身一部分的来源作为首选信息源[2]。

与《中国文献编目规则》相比，RDA中首选信息源的范围扩大了，也就是说首要考虑的信息源不是规定的某个信息源，而是从某些信息源里挑选一个作为首选。这个概念与《中国文献编目规则》中选取题名页或代题名页的规定有了较大变化。在题名选取上，RDA规定的信息源范围更广，规定的题名选取信息源几乎涵盖了所有可能的信息源，它更详细，更利于用户的识别，而《中国文献规则》规定的信息源范围较窄。

其次，由于RDA题名选取的信息源范围扩大，编目员对题名选取的选择空间较大。这样，在没有统一规定信息源的情况下，编目员根据自己的判断进行题名选取就容易造成一定的偏差；与之相对的是，因为《中国文献编目规则》规定题名信息源的选取范围为题名页及代题名页，虽然狭窄但是明确，反而在很大程度上保证了书目著录的统一性。

最后，RDA中没有代题名页的概念，而是明确规定了在缺少题名页的情况下其他来源的选取顺序，因此可以省掉再附注项说明出处。此外，RDA中由于题名信息源选取的变化，产生了变异题名、较早正题名、较晚正题名等新概念的题名。变异题名是指与资源相联系的题名。较早或较晚正题名是记录集成性资源、连续出版物或多部分专著的正题名随时间的推移发生变化的信息[4]。对于编目人员来说，新概念题名更易理解和使用。

2 以中文图书为例，RDA与《中国文献编目规则》对题名选取的观点

2.1 多卷书题名发生变化时的选取规则

当多卷书分册之间题名发生变化时，RDA与《中国文献编目规则》对于题名选取的规则有所不同。

《中国文献编目规则》选取规则是：根据多卷书每本分册的题名页及代题名页上的内容客观著录，不对没有出现在本册图书上的内容加以著录；RDA则把多卷书题名发生的变化，著录在变异题名或较晚正题名中。

《中国文献编目规则》中如果出现多卷书题名发生变化的情况，编目员需要著录的是正在编目的这本书的题名页及代题名页的信息，而信息发生变化的部分就会被遗漏。如此，用户就有可能无法查找到需要的资源，或者无法识别类似的资源；而RDA中如果多卷书题名发生变化，那么这些变化的内容会被著录在相应的字段，这样就保证了用户能查找到匹配资源的成功率。

从上可以看出，RDA的选取规则有利于多卷书的检索，方便用户更全面、精准地查询。

2.2　合订书的著录规则

《中国文献编目规则》中合订书是由两种或两种以上著作装订在一起的图书，一般采取基本著录和分析著录相结合的方式。基本著录：即首先建立宿主文献（相对析出部分而言，包含有析出部分的源文献）的书目记录；分析著录：是为每一个合订题名逐一建立分析记录，同时通过423字段连接宿主文献[2]。

通俗来讲，合订书首先要建立一条包含多个合订题名的数据，然后再建立多条合订题名数据，并用423字段进行连接。

2001　$$a 孙子兵法
　　　$$b 专著
　　　$$a 三十六计
　　　$$f（春秋）孙武等著
　　　$$g 吴明星注译
　　　$$9sun zi bing fa san shi liu ji
210　　$$a 长春
　　　$$c 时代文艺出版社
　　　$$d2011
215　　$$a315 页
　　　$$d24cm
2252　$$a 国学集萃丛书
330　　$a《孙子兵法》共十三篇，主要论述了军事学的一些主要问题，对当时的战争经验进行了总结，提出了一些著名的军事命题，本书对《孙子兵法》进行了讲解。

2001　$$a 三十六计
　　　$$b 专著
　　　$$f（春秋）孙武等著
　　　$$g 吴明星注译
　　　$$9san shi liu ji
210　　$$a 长春
　　　$$c 时代文艺出版社
　　　$$d2011
215　　$$a143–315 页
　　　$$d24cm
330　　$$a《三十六计》依据古代阴阳变化之理，以辨证思想论述了战争中诸如虚实、劳逸、刚柔、攻防等关系，做到"数中有术，术中有数"，本书对《三十六计》进行了解读。
423 0 $$1001005243514

以上是题名为孙子兵法和三十六计的合订书样例，以上200字段 $a著录第一本合订书题名，$b专著后面的 $a著录第二本合订书题名。这样的著录方式第一本合订书题名有检索点，第二本合订书题名不具有检索意义。上述数据把不具检索意义的合订书题名作为正题名新建一条数据，这样第二本合订书题名就具有了检索意义，然后再用423字段与以上数据进行连接。

RDA对于合订书著录的规则为：当对缺少总题名的资源进行综合著录时，将各部分的正题名按其在资源整体的信息源上出现的形式予以记录。如果将识别单独部分的信息源作为资源整体的集合性信息源处理，则将各部分的正题名按其在资源上出现的顺序予以记录[2]。RDA是将合订书中出现的每一个题名按顺序著录在同一条书目数据上，并赋予每一个题名检索点。

综上可见，RDA中合订书的著录规则相对简便，直观；《中国文献编目规则》合订书的著录规则需要建多条数据进行连接，要求过于烦琐，增加了编目员的工作量。

2.3 RDA变异题名的便利性

RDA中出现了变异题名的概念。所谓变异题名是指与资源相联系的题名，但无法作为正题名、并列正题名，其他题名信息、并列其他题名信息、较早正题名、较晚正题名、识别题名或缩略题名记录的题名[4]。变异题名存在的意义是不能在其他题名字段著录的信息可以在此字段著录。变异题名扩展了选取范围，它包含通过参考源与资源相关联的题名。

2001	$$a 山河入梦	2001	$$a 人面桃花	2001	$$a 春尽江南
	$$b 专著		$$b 专著		$$b 专著
	$$f 格非著		$$f 格非著		$$f 格非著
	$$9shan he ru meng		$$9ren mian tao hua		$$9chun jin jiang nan
210	$$a 上海	210	$$a 上海	210	$$a 上海
	$$c 上海文艺出版社		$$c 上海文艺出版社		$$c 上海文艺出版社
	$$d2012		$$d2012		$$d2012
215	$$a376 页	215	$$a324 页	215	$$a376 页
	$$d23cm		$$d23cm		$$d23cm
300	$$a 江南三部曲之二	300	$$a 江南三部曲之一	300	$$a 江南三部曲之三
50010	$$a 山河入梦	50010	$$a 人面桃花	50010	$$a 春尽江南
	$$9shan he ru meng		$$9ren mian tao hua		$$9chun jin jiang nan

江南三部曲中包括山河入梦、春尽江南、人面桃花三部著作。《中国文献编目规则》是将每本书著录一条数据，然后用300字段记录江南三部曲，让三本书建立联系。然而这样的著录方式，并不方便检索。当用户看到江南三部曲中的一本著作时，他想知道其他两本著作的题名，就要用江南三部曲来作为检索点进行查找。当输入江南三部曲时会出现很多条数据，用户要进行筛选后才可以找到另外两本著作；RDA可则以利用变异题名将每条数据加入另外两本著作的题名，这样用户就会很直观地在一条数据中看到江南三部曲中三本著作的题名。RDA的这一概念丰富了图书的检索点，便于用户查找使用。

3 题名选取的未来发展趋势

即使是在瞬息万变的网络时代，图书馆编目工作依然不可取代。如上所述，本文所探讨的是编目工作中两种不同的规则在题名选取上的优劣。RDA作为最新的国际编目规则，不管是对读者还是编目工作人员，在题名选取上都有着无法替代的便捷性；但是，《中国文献编目规则》规定的信息源，反映了题名著录必需的统一特性。因此，著者认为在中文编目工作中，既要积极吸收RDA编目规则中的优点，又要融入《中国文献编目规则》的优势，走出一条适合中文编目工作的特色之路。

参考文献：

[1]辛苗.RDA在中文普通图书正题名选取中的应用分析[J].图书馆研究,2018(7):6-8.

[2]RDA发展联合指导委员会.资源描述与检索（RDA）[M].北京:国家图书馆出版社,2014.

[3]国家图书馆《中国文献编目规则》修订组.中国文献编目规则[M].2版.北京:北京图书馆出版社,2005.

[4]罗翀.RDA全视角解读[M].北京:国家图书馆出版社,2015.

从文献编目到资源编目的转型及其启示

王景侠（国防大学政治学院）

人类文明自进入21世纪以来呈现出加速发展态势，编目领域也不例外。回顾和梳理国际编目领域标准的发展和进步，可以说是产生了质的飞越和发展，世界各国的图书馆普遍从传统的手工编目过渡到以联机联合编目为主的计算机编目上来。经过近20年的发展，尤其是国际图联（IFLA）发布的《国际编目原则声明》（简称ICP）、《国际图联图书馆参考模型》（IFLA LRM）、《国际标准书目著录（统一版）》（《ISBD统一版》）等标准的陆续推出和不断完善，特别是取代《英美编目条例（第二版）》（AACR2）的新一代编目规则《资源描述与检索》（RDA）在越来越多的国家图书馆进入应用，此外，旨在取代MARC21格式的书目框架（BIBFRAME）经过多年的开发测试和修改即将进入应用等，这些标准共同构成数字时代的编目标准体系框架，标志着一个崭新的编目时代即资源编目时代的到来，并将逐步取代传统的文献编目标准体系[1]。体系是指"若干有关事物互相联系、互相制约而构成的一个有机整体"。从宏观角度看，编目标准体系是指由用于编目指导的编目原则、概念模型和用于编目实际的著录标准、编目规则及编码格式等若干个编目标准构成的互相联系、互相促进的一个标准体系。本文主要对国际编目标准体系的发展演变进行梳理和系统总结，探讨从文献编目向资源编目转型发展的趋势及其特点，以期为我国编目标准体系的完善和编目标准化工作的创新发展提供借鉴，进一步提升我国在国际编目界的影响力。

1 文献编目标准体系构成及其特点

1.1 文献编目标准体系构成

从宏观构成看，国际文献编目标准体系主要包括《国际编目原则声明》（以下简称《原则声明》）、ISBD标准系列和以AACR2为代表的编目规则（条例）以及用于计算机编目的MARC格式。

（1）巴黎《原则声明》

1961年IFLA在巴黎召开"国际编目原则会议"，这次会议有53个国家、12个国际机构的代表参加，会议通过的《原则声明》是一项关于字顺目录款目标目历史的总结或国际标准，从而结束了两大并立的英美编目体系和普鲁士编目体系，标志着文献标目的统一化，同时预示着编目国际化标准化的开始。巴黎《原则声明》的精神在后来出版的《英美编目条例》（AACR，1967年第一版）得到贯彻，我国1996年出版的《中国文献编目规则》标目法部分同样贯彻了《原则声明》的精神。

（2）ISBD标准系列

ISBD标准系列是IFLA主持制定的一套关于供各类信息资源描述著录的国际标准，其根本目的在于实现世界范围的书目控制，促进国际书目情报交流。自1974年第一部适用于专著著录的ISBD问世后，其后IFLA还陆续出版了包括总则在内的各类型文献著录的ISBD，并在20世纪80年代进行修订。随着ISBD标准系列在世界范围内推广，不仅为世界各国国家标准的制订提供了基础，同时也为各国编目条例的制定提供了方便，更为重要的是为全球编目标准化铺平了道路，国际著录标准化逐步从构想变成了现实。我国从1983年起，陆续颁布并实施了GB 3792系列文献著录标准，实现各类型文献目录的统一和不同载体目录的统一，从这个意义上讲，GB 3792系列文献著录标准可谓是中文版的ISBD[2]。

（3）AACR2

从国际看，基于巴黎《原则声明》的编目规则（条例）在西方编目界最具有影响力的就是AACR2。为了适应IFLA新推出的ISBD著录标准，美英加三国再次举行会议商讨AACR2的编制，1978年正式出版，后来又修订出版了《AACR2 1988修订本》和《AACR21998修订本》。从名称上看，上述AACR2是一部地道的英文编目规则，并不是国际化的编目规则。我国文献机构进行西文编目时不是直接采用AACR2，而是根据AACR2和相关国际标准并结合我国实际需要而编制《西文文献著录条例》。

（4）MARC格式

MARC即机读目录，是计算机编目的产品，它从1966年诞生至今已经50多年了。经过半个世纪的发展，MARC格式已经发展地相当成熟，为印本资源为主的文献编目做出了巨大贡献，推动了全球图书馆编目业务的规范化和标准化，推动着编目从手工编目过渡到联机联合编目为主的计算机编目时代[3]。尽管它为了适应新的编目规则

RDA还在不断更新，毕竟它是诞生于卡片目录时代的产物，还是无法适应数字时代资源编目的需求，尤其是不适应关联数据及语义网环境，作为一项专门技术终将退出历史舞台，必将被新一代编码格式所取代，所以美国国会图书馆（LC）发布的RDA测试报告建议采用新的编码格式来取代MARC格式。

1.2　文献编目标准体系的特点

（1）编目对象以实体资源为主

文献编目标准是建立在印本资源为主的时代逐步发展起来的，经过几十年的发展，逐步形成了比较完整的、稳定的文献编目标准体系框架。伴随着文献类型的增加特别是数字资源的出现、增加，尽管这些标准也在不断修订和完善，但其重点目标还是解决馆藏实体资源的编目及其标准化。

（2）编目的侧重点注重文献的物理形式，而不是作品的创作内容

从技术层面看，图书馆管理的对象主要是载体而不是内容（尽管对内容进行分析标引）[3]。具体来讲，采用AACR2等编目规则进行描述著录时以手边文献的物理形式为依据，而标目则以手边文献所反映的作品内容为依据。换句话说，文献编目主要针对单件和载体表现，因为所依据的编目规则和编码格式都还没有采用FRBR（《书目记录的功能需求》）及其建模思想。而在当今的网络数字时代，编目的对象已不能仅停留在单件和载体表现层次上，而应提升到包括单件和载体表现在内的内容表达甚至是作品的层次上，唯有如此才能符合目录用户的需求，因为当今时代的用户获取信息首先想到的是其内容，其次考虑的才是其物质媒体[2]。

（3）开放性和可扩展性不够，不适应关联数据和语义网环境

由于文献编目标准发端于手工编目时代，是在印本资源为主的环境下建立和发展起来的，其理念和技术标准已经不适应数字资源（包括网络资源）的编目，不适应以开放、互联和共享为其理念的关联数据和语义网环境。最突出的表现在传统的MARC格式具有其难以克服的时代局限性，比如MARC格式不够开放，只能在专门的软件系统中运行，且不太适应万维网环境；以MARC格式存在的书目数据虽然是计算机可处理的，但其语义关系由于没有采用可拓展性强的语义网标准而无法让机器理解，而且不适合非图书馆专业人员和普通用户理解；使用MARC编目的成果主要以记录的方式存在，而不是以细粒度的知识单元为描述对象，对文献资源的知识内容及其关系的揭示不够，难以成为"数据的网络"的一部分等。总之，文献编目标准体系已不能适应

新的编目环境和语义网技术的发展，必将被新一代的资源编目标准体系所取代。

2 资源编目标准体系的构成及其特点

2.1 资源编目标准体系的构成

从宏观构成看，资源编目标准体系主要包括《国际编目原则声明》（ICP）、IFLA LRM、《ISBD统一版》、以RDA为代表的编目规则和BIBFRAME格式。

（1）《国际编目原则声明》（ICP）

进入21世纪以来，IFLA编目部开始编制《国际编目原则声明》，目的是取代巴黎《原则声明》。2003年提出《国际编目原则声明（草案）》，经过6年的修改和评估，于2009年发布。随着RDA2010年正式推出，ICP开始进行审议和更新，并于2016年正式颁布。目前IFLA网站已提供了包括中文在内的11种语言文字免费下载[4]。ICP 2016版考虑到新型用户、开放获取、数据的互操作和可访问性、发现工具的功能以及用户行为的重大变化。在2009年版的基础上，在总原则中新增了"互操作性""开放性""可访问性"原则，之所以增加这三个原则，目的是为了增加编目机构应对数字资源的增加、关联数据化的发展，考虑到未来的数据集成和开放共享，考虑到目录服务的基本原则。

与巴黎《原则声明》相比，ICP是一部使用范围更广泛，更加适应数字资源编目，更具有国际化特点。同时它也是指导数字时代国际著录规则、编目规则以及编目格式开发研制的思想基础，有助于实现国际书目数据和规范数据的开放共享。

（2）IFLA LRM

IFLA LRM即IFLA Library Reference Model，翻译为国际图联图书馆参考模型，是FR家族模型的统一版。该概念模型于2017年8月正式发布，并新增了副题名"书目信息的概念模型"[5]。与先前的FR家族成员（FRBR、FRAD和FRSAD）相比，LRM重点解决了三个模型的不一致，对原有家族模型各自的用户任务、实体、属性和关系进行审查，形成了一个单一的、简化的和逻辑一致的参考模型，涵盖了书目数据的各个方面，设计用于关联数据环境，支持和促进在关联数据环境中使用书目数据[6]。

LRM的主要特点：一是聚焦于书目和最终用户，且只面向最终用户，排除了数据制作者（如编目员）或信息中介（如情报检索人员）。二是该参考模型注重从实质上对三个模型中的实体、属性及其关系进行整合。LRM经过合并、新增、取消将FR家族三个模型共计18个实体重新定义为11个实体、37项属性以及36种关系。LRM更加注重揭示和表达实体关系，这也是近年来资源组织工作的发展趋势和重要特点[7]。

需要强调的是，作为高层概念模型，IFLA LRM是FR家族模型的进一步抽象，因而更强调统一性、通用性和开放性。同时，LRM是诸多编目标准编制的模型基础，未来还有很多标准规范还要依据它进行制定或进一步修订，因此它对各国的编目规则（如RDA）的修订及编目格式的开发将产生极其深远的影响。

（3）《ISBD统一版》

为了解决当前书目工作中存在的描述著录问题，IFLA于2007年8月出版了《ISBD预备统一版》，随后又经过4年的修订和审查，于2011年7月正式出版了《ISBD统一版》[8]。需要强调的是，《ISBD统一版》首次采用第0项即内容形式和媒介类型取代一般资料标识（GMD）的做法，是统一版最具创新性和独立性的内容，不仅可以改变世界范围内GMD著录不一致的状况，而且可以有效推进世界各国描述著录的标准化和国际化[9]。与之相对应，我国颁布了国家标准《信息资源的内容形式和媒介类型标识》（标准号GB/T 3469—2013），同时也说明我国编目著录标准紧跟国际标准的发展，积极推进著录标准的国际化。

（4）RDA

作为新一代编目规则，RDA是一部专为数字环境所设计、并能适用于图书馆和其他信息机构进行资源描述与检索的内容标准。RDA成为针对所有类型的内容和媒介进行编目的工具，作为工具，其生成的记录可以通过互联网、Web OPAC等在数字环境中使用，同时可以在语义网的关联数据中发挥作用，以及应用RDA元素元数据集创建的记录可以适应今后出现的数据结构[10]。这是负责修订AACR的联合指导委员会（简称JSC，2015年改名为RSC）参照ICP设定的目标。

无论是从逻辑结构还是主体内容可以看出RDA与之前的编目规则（如AACR2）有了颠覆性的变化，RDA先是区分书目实体和关系，实体下面再分属性（书目特征信息，具体为数据元素），属性之下再分文献类型。所有的著录事项都被安排在相关实体的属性之下，例如页码属于载体表现的属性，就去查阅Manifestation相应章节，插图属于内容表达的属性，就去查Expression相应章节。此外，RDA也不分著录与标目。统一题名与作品有关，就去查Work相应章节；个人标目（检索点）的选取，就去查Person相应章节。换句话说，RDA既包括描述性编目，也包括主题编目，而是把二者有机地融为一体。

需要强调的是，自LRM正式发布以来，RDA指导委员会（RSC）决定根据LRM对RDA进行修订更新，包括RDA的内容重构和工具包网站重新设计等[11]。2017年3月我国国家图书馆开始将RDA应用于西文编目，这标志着RDA在中国的应用和国际化进程均取得了实质性进展。

（5）BIBFRAME

2011年5月，LC率先推出了"书目框架先导计划"，以取代传统的MARC21格式，该计划主要是确定MARC21交换格式向更多基于Web的关联数据标准转换路径。2012年底LC发布了书目框架（Bibliographic Framework，简称BIBFRAME）的关联数据模型草案，正式推出了BIBFRAME格式，同时发布了功能需求和用例，展示了BIBFRAME为网络而生的初衷和改造图书馆数据使之适应语义网环境的巨大潜力。在BIBFRAME模型1.0草案推出后，LC联合多家机构对它及其词表进行测试和修改，于2016年4月正式推出了BIBFRAME 2.0本体，包括模型和词汇2.0[12]。BIBFRAME 2.0的核心类包括三个核心类，即创作性作品（Work）、实例（Instance）和单件（Item）。与之前的1.0相比，2.0版取消了规范（Authority）和注释（Annotation）核心类，新增了单件核心类，这样就把编目层次由原来的两个层次调整为三个层次，这对已经采用RDA编目的工作人员来说更容易理解和掌握，也有利于BIBFRAME格式的应用与推广[13]。

目前，面向实际编目环境，LC还在推动BIBFRAME项目第二阶段的实验，除了对已完成的原有记录转换，更重要的是进行书目数据和规范数据的原始编目[14]。在2015年美国图书馆学会年会上，来自LC的代表宣布计划在2020年底实施BIBFRAME。从LC以及欧美高校图书馆正在开展的BIBFRAME实验及相关研究项目看，新一代编码标准BIBFRAME走向实际应用之路并不平坦，还需要一段时间，但其发展目标和发展趋势决定了它必将取代MARC格式进而登上编目的历史舞台，发展成为资源编目的国际通用编码格式。

2.2 资源编目标准体系的特点

（1）始终以用户为中心

无论是ICP、IFLA LRM、《ISBD统一版》，还是RDA和BIBFRAME，这些国际标准从不同层面都贯彻了"用户的便利性"即"用户为中心"的理念，始终强调为终端用户服务。此处"用户"一词不仅涵盖了查找目录、使用书目数据和/或规范数据的任何人，而且扩大到机器用户。在为检索而进行著录和名称控制时，应从用户的角度考虑。又如RDA的编制及修订以ICP和LRM为基础，以用户为中心的思想贯彻始终。这也正是图书馆界的初心和使命，在数字时代得到了更好的贯彻。

（2）以实体-关系概念模型为基础

资源编目标准都是以FRBR的实体—关系（E-R）概念模型为基础，这是与文献编目标准的根本区别之一。FRBR借鉴开发关系数据库所常用的E-R模型，从探讨编目的实体及其属性与关系的角度来揭示书目记录的功能需求，其目的之一就是提供一个清晰定义的结构化框架，使书目数据与用户任务产生关联。资源编目标准体系看待知识的世界不再是作品与载体紧密捆绑在一起的文献的空间，而是把整个知识世界看成是一个互相关联的各类实体的空间，这些实体除了有类型，还有属性和关系等，需要用E-R方法进行建模，以构建一个相互关联的、多维度的网状空间。基于E-R模型对用户感兴趣的实体、属性和关系进行描述，提供检索点，可以帮助用户更好地发现、识别、选择和获取所需资源，换句话说，可以更好地实现用户任务。这也说明，资源编目标准体系除了看待事物的视角、概念建模有了很大革新外，还采用更加先进的技术手段如关联数据技术，使编目数据更具有开放性，从而实现从传统记录到数据的智能化改造。

（3）面向语义网和关联数据

资源编目标准顺应数字时代的用户需求以及语义网和关联数据技术的发展，从编目思想、概念模型到著录规则、编目规则及编码格式都体现出要适应关联数据这一显著特征，比如RDA和BIBFRAME都是为关联数据而生的新一代编目规则和编目格式，IFLA新推出的LRM声明就是要用于关联数据环境。此外，IFLA还发布了《ISBD用作关联数据指南》，尽管该指南供开发人员使用，推动图书馆为语义网公开ISBD元数据，旨在促进关联数据环境中使用ISBD命名空间[15]等。

（4）开放性

从编目理念上看，ICP2016版的总则扩展到13个，比2009年版新增了"开放性"等原则，强调指出对数据的限制应该是最小的，以便促进透明度并符合"开放存取"原则。从编码格式上看，BIBFRAME格式基于RDF描述，具有开放性和兼容性。BIBFRAME 2.0的词表直接服用其他成熟的关联数据词表，体现其开放性。当书目数据中的一切实体属性和关系都被赋予全球唯一的统一资源标识符（URI），就可以在全网域范围内被定位和访问，这些编码不仅是机器可读的，也是机器可理解的，这就大大突破了MARC格式的局限，打破了封闭的图书馆系统与开放网络之间的障碍，使书目数据能够方便地跨网域、跨系统与其他网络数据集成融汇，融入"数据的网络"，因而具有开放性。

（5）兼容性与可扩展性

从指导思想和建模理念上看，资源编目标准体系扩展了资源编目的范围，不仅适用于传统的文本资源，也更加适用于数字资源的编目。从技术和方法上看，资源编目标准能够超越并兼容之前的文献编目标准。如RDA和BIBFRAME更具有兼容性和可扩展性。其中BIBFRAM能够兼容MARC格式和其他元数据格式如DC、MODS等，编码采用可扩展性强的通用技术标准RDF，不仅能够实现MARC的各种功能，还能实现将图书馆长期以来积累的宝贵数据转化为关联数据，并将图书馆的数据融入数据网络，在网络搜索引擎上能够被发现和利用，从而提高图书馆数据的网络可见度和可用性。

（6）国际化

从资源编目标准体系的构成看，其国际化特点比文献编目标准体系更加明显。无论是IFLA推出的ICP、LRM、《ISBD统一版》还是RDA、BIBFRAME，这些标准的定位都是国际化标准化，目的均是促进全球书目数据和规范数据的交换和共享，并且支持多语种语言文字。如ICP在IFLA网站上提供了11种文字的文本，其正式文本的出版都经历了多年的更新和审查，几乎世界各大洲的主要国家图书馆参与进来，因而更具有国际化特点。又如RDA的工具包网站上还推出了包括中文等更多语种的版本，未来会有更多语种加入。此外，2015年起RDA管理机构和编辑机构启动治理结构的国际化，同时更改机构名称，如RDA管理机构改名RDA理事会，机构成员来源扩大到非洲、亚洲、欧洲、拉美和加勒比、北美和大洋洲六个地区的代表组成。其中，中国国家图书馆顾犇先生2017年受邀成为RDA理事会的亚洲代表。

需要指出的是，为数字资源和关联数据而生的新一代资源编目标准体系框架已初步形成，但还远没有发展到最终成熟。尤其是IFLA LRM正式发布后，RDA文本正依据LRM进行修订，此外BIBFRAME本身还没有发展成熟，目前还在根据编目试验反馈进行修订，这将是一个不断完善的、动态更新的漫长过程，这也是国际标准体系具有巨大活力的根本所在。

3 转型对我国编目标准化工作发展的启示

综上所述，近十多年来国际编目标准体系正从文献编目朝着资源编目转型，这种转型和变革全面而深刻，已成为资源组织领域的重要发展趋势。这是由时代发展的客观规律所决定的，是不以人的意志为转移的。数字时代的资源编目标准体系始终以用户的便利性为最高原则，始终面向用户、面向实体-关系，面向语义网和关联数据，代表着资源编目和资源组织的未来，而且随着编目实践的深入而不断完善，国际化、标准化、一体化以及关联数据化发展将会更加深入。有鉴于此，国际编目标准体系的转型和发展可为我国编目标准化工作的开展提供如下启示：

3.1 我国编目员要转变观念，强化专业核心能力

从资源编目标准体系的发展看，它是一个动态更新、不断升级的、非常庞大的知识体系，且更新的速度快、应用的技术门槛高，因而对我国编目人员的思维方式和学习能力都提出了巨大挑战。身处不断革新的数字时代，这就要求我国编目员：首先要转变思维方式，敢于打破常规，大胆接受新事物，逐步接受和适应国际编目新理念和新的概念模型。其次，要积极参加业务培训，主动学习最新的专业知识、关联数据和语义网技术，还要注重外语和计算机能力的提升，提高运用新技术新标准对各类资源进行组织整序的能力，进一步增强专业核心能力，要努力成长为元数据专家。最后，还要重视与用户的沟通和交互，这是提高编目工作服务质量及提高自身价值的必然要求。

3.2 学习借鉴国际标准化工作的经验，完善我国的资源编目标准体系

从资源编目标准体系的构成看，既包括作为指导思想的编目原则和概念模型，还包括用于编目实践的著录标准、编目规则和编码标准，对于我国编目标准体系的完善和创新指明了方向。我国在编目规则修订及中文资源关联数据化研发测试等方面存在不小的差距，还需要加大力度，特别是借鉴IFLA制定及修订标准的成熟做法，进一步健全我国编目标准化工作机制，加强机构间的协调，进一步完善我国的资源编目标准体系。例如ISBD的制修订工作，不仅有IFLA编目专业组统一管理，在工作过程中还陆续成立了3个工作组共同开展活动，以保障其顺利开展。此外，要进一步完善编目标准化管理机制，为编目标准的制定、推广和实施工作提供有力保障，同时要充分

利用网络时代的新兴技术多渠道作好标准的宣传工作，还要对用户开展形式多样的培训[16]，以提高我国标准的知晓度和影响力，充分发挥标准化工作的价值。

3.3 我国要抓住机遇，积极参与国际编目治理

作为文化大国和文化强国，未来我国编目界要承担起自己的责任，抓住机遇，敢于创新，积极参与国际编目治理。目前国家图书馆代表中国已经加入了RDA理事会，未来还要更多地参与国际编目标准规范的制定和修订，同时要积极探索具有中国特色的中文资源关联数据化方法，推动中文标准的国际化。此外，我国图书馆界还要制定好战略规划，重点培养出一支结构合理的复合型编目专家队伍，密切关注国际编目标准化最新进展，积极开展理论及实践创新研究，大力推动国际交流与合作，进一步提升中国在国际编目领域的话语权和影响力。

参考文献：

[1]王景侠.21世纪图书馆资源编目体系研究[J].数字图书馆论坛,2018(1):17-23.

[2]王松林.中文编目与RDA[M].北京:海洋出版社,2014.

[3]王松林.从文献编目到信息资源组织[M].北京:国家图书馆出版社,2010.

[4]国际编目原则声明(ICP)2016[EB/OL].[2019-08-02].https://www.ifla.org/files/assets/cataloguing/icp/icp_2016-zh.pdf.

[5]RIVA P, LE BOEUF P, ŽUMER M. IFLA Library Reference Model: A Conceptual Model for Bibliographic Information [EB/OL]. [2019-08-06]. https://www.ifla.org/files/assets/cataloguing/frbr-lrm/ifla-lrm-august-2017.pdf.

[6]IFLA Library Reference Model（LRM）[EB/OL]. [2019-08-06]. https://www.ifla.org/publications/node/11412.

[7]李涵.IFLA图书馆参考模型中的关系[J].图书馆论坛,2017(4):40-48.

[8]International Standard Bibliographic Description（2011）[EB/OL]. [2019-08-06]. https://www.ifla.org/files/assets/cataloguing/isbd/isbd-cons_20110321.pdf.

[9]王松林,顾犇.从一般资料标识到内容形式和媒介类型:《ISBD统一版》的新特点[J].中国图书馆学报,2012(5):103-108.

[10]RDA Toolkit[EB/OL].[2019-08-08].http://access.rdatoolkit.org/.

[11]胡小菁.国际编目标准现状与进展(2015—2017)[J].图书馆论坛,2018(6):124-131.

[12]BIBFRAME-Bibliographic Framework Initiative（Library of Congress）[EB/OL]. [2019-08-08]. http://www.loc.gov/bibframe/.

[13]王景侠. 书目框架（BIBFRAME）模型演进分析及启示[J]. 数字图书馆论坛,2016（10）:67-72.

[14]编目精灵Ⅲ. 2017年BIBFRAME更新论坛[EB/OL]. [2019-08-06]. http://catwizard.net/posts/20170726090908.html.

[15]Guidelines for Use of ISBD as Linked Data（2016）[EB/OL]. [2019-08-05]. https://www.ifla.org/publications/node/10834.

[16]刘兹恒,孟晨霞. ISO和IFLA的图书馆标准规范体系对我国图书馆标准化工作的启示[J]. 图书情报研究,2015（1）:4-10.

书目数据质量的横断面分析
——以全国图书馆联合编目中心为例

王艳萍（国家图书馆）

1 背景和意义

全国图书馆联联合编目中心（Online Library Cataloging Center，以下简称联编中心）自成立经历了22年，目前拥有32个省级分中心、2798家成员馆、656家商业机构的用户网络；覆盖了内地所有省、自治区、直辖市，联编中心拥有全国最大的书目数据、名称规范数据、主题规范数据、馆藏数据等元数据信息库；联编中心的建立使全国图书馆的书目数据资源共建共享，也使各图书馆结成一个全国范围的文献保障体系，为馆际互借、文献传递提供了平台[1]。书目数据资源的共享最大的优势是大大降低成员馆及用户的编目成本，避免了书目数据资源的重复建设，提高了编目工作效率。当然，这一切都要以统一的、规范的和高质量的书目数据为依托的。联编中心的书目数据质量的好坏直接影响各成员馆套录数据的效率，因此，书目数据质量的评估是联编中心工作的重中之重。为了全面了解联编中心成员馆上传的书目数据的现况，本文将从2018年7月至2019年6月联编中心收到的各成员馆及质量监控员反馈的问题入手进行汇总，并对全国联合编目中心各成员馆（国家图书馆除外）上传数据情况加以分析，从而加强对成员馆上传的有效管理，提高联编中心书目数据的质量。

2 资料和方法

2.1 数据来源

目前，联编中心遵循的中文图书编目相关标准与规则有：《普通图书著录规则》（GB 3792.2—2006）、《中国文献编目规则》、《中国图书馆分类法》、《中国分类主题词表》《中国机读书目格式》（GB/T 33286—2016）及全国图书馆联合编目中心使用手册《中文书目数据制作》等工具书，联编中心每个月向各成员馆的质量监控员发放除国家图书馆外的各上传馆上传的中文普通图书书目数据，质量监控员依据以上标准与规则审校发放的数据，审校中发现问题需修改数据并记录反馈表，返回到联编中心。

本数据来源于2018年7月至2019年6月这一时间段30家成员馆的38名质量监控员的审校反馈及部分成员馆在套录下载联编中心数据时发现联编数据问题的反馈。

2.2 问题分析方法

收到反馈问题后，联编中心针对问题进行核查，按重复数据问题、CNMARC的各功能块，即：0-标识块、1-编码信息块、2-著录信息块、3-附注块、4-款目连接块、5-相关题名块、6-主题分析块、7-知识责任块、记录头标等各类问题进行重新归类、整理后纳入统计表中。

3 数据分析

3.1 总体数据分析

2018年7月至2019年6月，质量监控员共审核书目数据79943条数据，反馈各类问题数据12263条。各类问题分布情况详见表一。

表1 各类问题反馈汇总

日期	重复数据	0-标识块	1-编码信息块	2-著录信息块	3-附注块	4-款目连接块	5-相关题名块	6-主题分析块	7-知识责任块	记录头标	总数
2018-07	162	6	68	140	22	36	32	191	19	6	682
2018-08	95	4	56	197	29	13	26	165	7	8	600
2018-09	124	15	123	283	76	2	42	140	29	2	836
2018-10	65	1	48	110	32	0	19	99	8	4	386
2018-11	244	14	253	403	109	0	44	271	22	30	1390
2018-12	419	48	130	348	128	2	34	225	24	10	1368
2019-01	373	15	190	305	97	1	43	278	16	5	1323
2019-02	105	8	120	259	86	0	9	134	12	15	748

日期	重复数据	0-标识块	1-编码信息块	2-著录信息块	3-附注块	4-款目连接块	5-相关题名块	6-主题分析块	7-知识责任块	记录头标	总数
2019-03	176	16	139	212	149	2	67	237	42	19	1059
2019-04	234	16	302	334	196	8	76	379	46	16	1607
2019-05	219	3	142	265	134	0	59	351	51	9	1233
2019-06	213	3	160	227	134	4	30	221	37	2	1031
总数	2429	149	1731	3083	1192	68	481	2691	313	126	12263
百分比	19.81	1.22	14.12	25.14	9.72	0.55	3.92	21.94	2.55	1.03	100.00

从表1各类问题反馈汇总中可以看出，问题最多集中在2-著录信息块，占问题部分25.14%，次是6-主题分析块占比21.94%，再次是重复数据和1-编码信息块的问题。以下对这几类问题的做进一步分析。

3.2　重复数据问题

影响联合编目中心数据质量的一个重要因素是重复数据。重复数据不仅造成联编中心数据库的快速膨胀，还给各成员馆使用数据时造成不必要的筛选麻烦。目前，虽然联编中心系统对各成员馆上传数据有较严格的查重设置，有针对010、011、101、102、106、200、205、210、215等字段进行查重匹配，但通过收集反馈发现，联编中心数据库中仍存在大量的重复数据，查看重复实例发现，造成重复数据的原因主要集中在2-著录信息块的200题名与责任者字段、205版本说明字段和210出版发行等。问题有：题名错漏字、题名中非中文字符著录不一致、责任者著录错误、题名选取问题、漏著版本信息、出版者选取不一致等，如同一本书，有将出版者著录全称、也有著录简称等。

3.3　1-编码信息块问题

1-编码信息块包含标识文献的代码字段。该信息块是以定长编码数据元素描述文献各方面特征的模块。它的主要特点是数据长度固定、数据以字符位置定义且赋值为代码。这种代码信息作为一种通用的行业语言，不仅提高了文献检索的效率和专指度，也是网络环境下，信息传播和储存的有效手段。中文普通图书该功能块主要有以下字段：100通用处理数据、101文献语种、102出版或制作国别、105编码数据字段：专著性文字资料、106编码数据字段：文献资料形态特征[2]。本次统计共收该功能块中相关问题数据1731条，收到反馈该功能块的各字段问题情况如表2。

表2 1-编码信息块问题反馈

日期	100字段	101字段	102字段	105字段	106字段	总数
2018-07	23	11	4	26	4	68
2018-08	10	15	6	23	2	56
2018-09	11	32	7	70	3	123
2018-10	5	19	11	13	0	48
2018-11	38	29	90	94	2	253
2018-12	26	40	12	51	1	130
2019-01	50	53	21	66	0	190
2019-02	28	19	32	35	6	120
2019-03	48	40	0	50	1	139
2019-04	127	40	45	89	1	302
2019-05	34	28	2	77	1	142
2019-06	59	34	7	60	0	160
总数	459	360	237	654	21	1731
百分比	26.52	20.80	13.69	37.78	1.21	100.00

　　根据以上问题反馈发现，许多编目人员对编码信息块中一些代码的含义模糊不清，填写混乱。该部分问题最多的是105字段，占该功能块的37.78%。本字段为含有专著性印刷文字资料的编码数据，共包含7个数据元素，分别为图表代码、内容特征代码、会议代码、纪念文集指示符、索引指示符、文学体裁代码和传记代码。该字段包含的数据元数较多，也是反馈问题比较多一个原因。在处理105字段时，有些编目员没有按规则修改代码，特别是一些容易产生歧义的代码。关于100通用处理数据字段的反馈问题主要集中17到19字符位置，这3个字符是阅读对象代码，《中文书目数据制作》中该字段填写说明对不同阅读对象代码都有具体要求，但有些编目员没有分析图书的阅读对象，也没有按规则填写字符。101文献语种代码字段问题也较多，主要集中在一些译著中，对该字段指示符的修改以及漏录部分的语种代码等。总之，1-编码信息块问题也将严重影响了联编中心书目数据的标准化和规范化。

3.4　2-著录信息块的问题

2-著录信息块是机读目录格式中重要的组成部分，中文普通图书常用字段有：200题名与责任说明、205版本说明、210出版发行等、215载体形态项及225丛编。该功能块收到反馈数据3083条。具体分布情况见表3。

表3　2-著录信息块问题反馈

日期	200字段	205字段	210字段	215字段	225字段	2-功能块
2018-07	60	2	18	27	33	140
2018-08	128	0	21	16	32	197
2018-09	88	0	93	85	17	283
2018-10	40	1	4	45	20	110
2018-11	107	1	118	109	68	403
2018-12	151	0	62	93	42	348
2019-01	132	1	37	86	49	305
2019-02	103	0	103	31	22	259
2019-03	93	3	25	37	54	212
2019-04	122	0	76	90	46	334
2019-05	88	0	16	90	71	265
2019-06	90	3	62	46	26	227
总数	1202	11	635	755	480	3083
百分比	38.99	0.36	20.60	24.49	15.57	100.00

以上反馈中关于200字段问题数据最多共1202条，占2-著录信息块反馈问题的38.99%。200题名与责任字段的规定信息源是图书题名页或代题名页，要求编目员依据规定信息源客观著录，该字段的常用子字段较多，包括：$a正题名、$9正题名汉语拼音、$b一般文献类型标识、$c另一著者的著作正题名、$d并列正题名、$e其他题名信息、$f第一责任说明、$g其他责任说明、$h分卷册次、$i分卷册题名、$z并列题名语种等，编目员稍有疏忽，特别容易出现"硬伤"，造成问题数据。例：978-7-5364-8849-6《鲁滨逊漂流记》，著录为200$a鲁滨孙漂流记，将"逊"误录为"孙"。978-7-5364-8938-7《灸除常见病》，著录为200 $a灸出常见病，将"除"误录为"出"；责任者著录错误，如978-7-5507-2205-7责任者"舒惠芳"误录为"舒惠芬"等。还有$b专著的位置错误及有$d并列题名但缺$z并列题名语种等问题也比较常见。

统计结果中关于215载体形态项字段反馈问题仅次于200字段，关于该字段的反馈主要集中在子字段$c。该子字段记录图书的形态细节，如：各种插图、彩图、肖像、地图等。《中文书目数据制作》对该子字段的填写有一些具体的著录细则，如：题名中已经标明"图解""图册""漫画""摄影集"等字样时，不在$c重复著录。还有对主题为"图画故事""漫画""摄影集"之类的图书也省略$c子字段[3]。许多上传馆对该细则不清楚，在该子字段中部分上传馆著录比较混乱，导致质量监控员在审校数据时对这一子字段修改反馈较多。

通过问题反馈发现210出版发行字段反馈问题也较多，近几年由于出版社更名及成立出版集团等，在著录信息源上出现了各种形式的出版发行者名称。《GB 3792.2—2006普通图书著录规则》中对出版发行项说明：其规定信息源为版权页、题名页，出版发行机构一律著录全称[4]。但各个编目机构及编目员各自为政，采用了不同的著录形式，导致数据库中210字段问题较多，如：版权页题的"上海世纪出版有限公司译文出版社"的图书，上传数据的210字段了出现以下5种形式[5]：

210##$a 上海 $c 上海世纪出版股份有限公司译文出版社

210##$a 上海 $c 上海译文出版社有限公司

210##$a 上海 $c 上海译文出版社

210##$a 上海 $c 上海世纪股份有限公司译文出版社（误）

210##$a 上海 $c 译文出版社 $c 上海世纪出版股份有限公司（误）。

再如："中国少年儿童新闻出版总社"在联编数据库中出现的形式有：

210##$a 北京 $c 中国少年儿童新闻出版总社

210##$a 北京 $c 中国少年儿童出版社

210##$a 北京 $c 中国少年儿童新闻出版总社 $c 中国少年儿童出版社（误）

关于225丛编问题主要集中在该字段的选用及其指示符的使用方面。其中有些具有丛编特性，且有明显"丛书""系列"字样的图书，上传馆上传的数据没有选用225丛编，而只是在300附注项著录，如："文化伟人代表作图释书系　第三辑"简单著录在300一般附注字段。而有些没有丛编特性的，也没有未明显"丛书""系列"字样的却放了丛编项。如："嵌式阅读"有上传馆放在丛编项中。对于225字段指示符的使用情况问题反馈也比较多，目前，有些成员馆不按编目规则的要求选择其指示符，不管其有无检索意义，一律用1#，也不做相应的46-字段。

3.5 6-主题分析块的问题

主题分析块是CNMARC格式中用来描述文献内容主题的数据字段。即记录从主题表和分类表选取的、用以描述文献主题内容的数据字段，通过不用的字段来记录不同类型的主题标目。

本次调查收集6-主题分析块2691条占所收问题反馈的21.94%。其中主题标引类问题1673条，分类是标引问题1018条。主题标引问题主要有：选词不准确、未按组配规则组配、主题分析不深入等。如：978-7-5537-9342-9《集装箱建筑设计》标引为"6060#\$a集装箱\$x建筑\$x设计"，没有选择主题词表已经有"建筑设计"专指主题词，而是随意组配标引。分类标引是一项理论性和实践性都很强的工作，它要求分类人员不但要有较深厚的文化基础和一定的专业知识，而且要了解分类理论，精通分类法。从反馈问题中可以看出，有些编目员对分类体系不熟悉，对一些新修订的类目不了解，也未仔细查看《中国图书馆分类法》的类目注释，未按注释规定入类，导致入错类、所给分类号不准确等问题。联编数据库中还有有些分类标引还是沿用《中图法》四版的类号。如：分类号"F062.9产业经济学"在《中国图书馆分类法》5版已经改为交替类入F26，但一些编目员并没有查看分类法，还在使用旧的类号。

该类问题产生的原因有些是因为编目员对某些文献内容理解差异，也有些没有深入研究分类主题词表，标引错误会造成揭示文献内容不全面甚至不正确，必须引起编目员的重视。

既往有过很多关于全国图书馆联合编目中心书目数据质量情况的分析，但缺乏完整系统的数据统计。通过2018年7月至2019年6月联编中心发放的79943条数据，反馈回联编中心的12263条问题数据的统计，我们可以对各成员馆上传的中文普通图书书目数据质量有个基本了解，这些问题在一定程度上反映了联编中心中文普通图书书目数据的质量现况。本次统计收集的各类问题数据的比例，也将为联编中今后数据质量分析提供参照。针对各上传馆上传的书目数据质量参差不齐这种状况，联编中心今后仍需完善问题反馈制度，加强质量监控员队伍建设，收集更大的数据，也就能更好地反映联编质量问题。面对这些问题，我们要采用相应的改进措施。在提高编目员责任心，减少硬伤的同时，统一编目员对联编中心目前使用的一些编目规则认识是非常重要的，这也是全国图书馆联合编目中心未来对编目员上传资格培训的重要内容。

参考文献：

[1]索晶.全国图书馆联合编目中心服务工作体系及展望[DB/OL].[2018-11-02].http://olcc.nlc.cn/page/document.html.

[2]中国机读书目格式GB/T 33286—2016[S].北京:中国标准出版社,2017:33-45.

[3]中文书目数据制作[M].北京:国家图书馆出版社,2013.

[4]普通图书著录规则GB/T 3792.2—2006[S].北京:中国标准出版社,2006:11.

[5]王艳萍.2018年度上传数据质量分析报告[DB/OL].[2018-11-02].http://olcc.nlc.cn/page/document.html.

《中国分类主题词表》数据语义化及关联数据服务

喻　菲（国家图书馆）

关联数据（Linked Data）把数据以一种机器可自然理解的格式发布在网上，或者把数据转化为这种格式。关联数据的提出，有效地解决了自主、异类、异构和分布的海量数据的知识发现问题。从关联的数据开放云图（Linked Open Data Cloud-LOD）（Linked Open Data Cloud-LOD）中可以看出，从2007年的12个数据集开始到2018年的1200多个数据集，越来越多的机构逐渐将其数据发布为关联数据[1]。

图书馆拥有多种资源类别，包括书目记录、馆藏记录、规范记录、主题词表、分类表以及叙词表等，这些数据采用不同标准建设，数据量过大且数据类型各异，利用关联数据扩展图书馆资源服务已经成为未来图书馆的重要应用方向。美国国会图书馆、大英图书馆、法国国家图书馆、德国国家图书馆、瑞典国家图书馆等逐渐将其书目数据发布为关联数据[1]。国内目前只有上海图书馆、国家科学图书馆等的部分应用。上海图书馆开放数据平台将上图数字人文项目所用的基础知识库（人、地、时、事、物），文献知识库（家谱、手稿档案、古籍等），本体词表以关联数据的方式向互联网公开发布[2]。在馆藏书目数据叙词表的语义化、关联化转换和发布方面的实践相对滞后，而在叙词表的转化上国内目前只有《中国农业科学叙词表》被发布为关联数据[3]。

近几年，国家图书馆不同业务部门在对书目记录、馆藏记录、规范记录、主题词表、分类表以及叙词表等数据进行分析的基础上，开始逐渐尝试将不同资源的图书馆元数据转化成符合RDF数据模型的语义三元组形式的数据文档，其中包括《中国分类主题词表》（简称《中分表》）数据的语义化描述。

2017年，国家图书馆在建设不同类型资源关联数据的同时，开展"国家图书馆关联数据注册与服务平台"建设项目，实现对不同类型的关联数据的统一注册、发布、管理与服务，以及国家图书馆数据之间的内联以及与外界数据的外联，为来自其他机构的资源提供相关链接，并通过链接到这些资源的上下文信息来扩大知识资源的使用范围。

本文以《中分表》为例，介绍《中分表》数据语义化描述工作及"国家图书馆关联数据注册与服务平台"提供的服务。

1 《中分表》数据的语义化描述

《中分表》是从我国文献检索语言实际出发，实现《中图法》和《汉语主题词表》（简称《汉表》）兼容互换的"分类法——主题词表对照索引"式的一体化体系，是我国图书情报领域广泛使用的知识组织工具。

国家图书馆《中图法》编委会办公室的研究人员从2008年开始研究《中分表》数据的语义化描述问题，采用W3C颁布的SKOS推荐标准中的数据模型表达类目、主题词及其体系的结构和内容，设计了一套通用格式用于中文数字资源组织用的分类号和主题词在互联网上进行数据交换和数据关联，实现数据的获取、共享和重用，并完成了《中分表》数据的语义化描述。

SKOS建立在RDF基础上，提供了表达各种知识组织系统基本结构和内容的通用模型，将概念模式及语义关系表达为机器可理解的方式，还支持概念在万维网上编辑和发布，将概念与网络上的数据相链接，以及将概念集成到其他概念体系中[4]。通过SKOS描述语言，受控词表将转换为与RDF、OWL兼容的概念模型，词表中的词汇对应转换为SKOS模型中的具体概念，并实现语义网中与其他RDF数据的合并与融合，从而实现真正意义上的资源共享[5]。SKOS为知识组织系统（叙词表、分类法、主题词表、术语表等）提供了一套简单、灵活、可扩展、机器可理解的描述和转换机制，目的是为了资源的共享和重用。

1.1 《中分表》关联数据的总体结构

《中分表》是《中图法》和《汉语主题词表》兼容互换的"分类法—主题词表对照索引"式的一体化体系。分类法部分包含了《中图法》所有类目和对应的《汉语主题词表》叙词款目，包括：1个主表、8个通用复分表和60多个专类复分表。主题词部分是以《汉语主题词表》为主体构成，"单个主题词表""复杂主题词表"为其附属的概念体系[6]。另外，根据主题词属性与复合揭示的共性特点，区分附设10个集合，包括：普通主题词集合、人名主题词集合、团体会议主题词集合、地名主题词集合、题名主题词集合、普通复杂主题词集合、人名复杂主题词集合、团体会议复杂主题词集合、地名复杂主题词集合、题名复杂主题词集合（"《中分表》关联数据"总体结构见图1）。

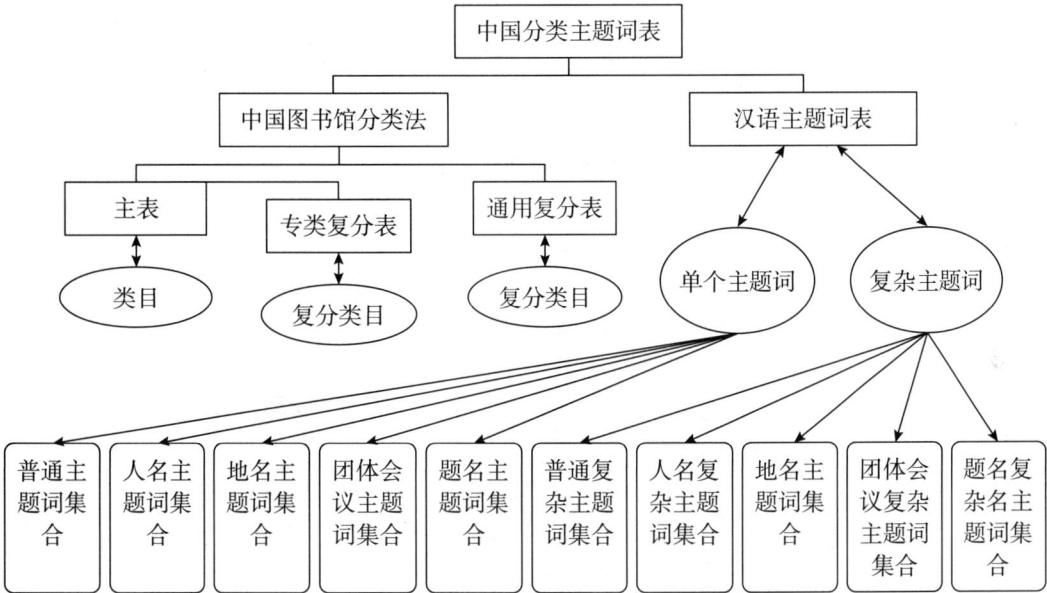

图1 《中分表》关联数据总体结构

1.2 《中分表》SKOS 数据描述结构

根据 SKOS 的数据模型，对每个可用于数据交换和数据关联的类目、主题词及概念体系规定推荐遵循的描述结构。其描述结构构成为：

（1）唯一标识

本格式中所有的概念（类目概念、主题概念）和概念体系（分类法、主题词表）都使用统一资源标识符（URI）来唯一标识。

（2）类

类是使用形式化的方法精确描述出该类成员必须具有的条件。本格式使用了4种类，分别为：概念（skos: Concept）、概念体系（skos: ConceptScheme）、概念集合（skos: Collection）、有序集合（skos: OrderedCollection）。这些类都是 OWL 类（owl: class）的实例。概念（skos: Concept）用于表示每个类目、主题词；概念体系（skos: ConceptScheme）用于表示分类法、叙词表、标题表或其他知识组织系统；概念集合

（skos: Collection）用于为概念系统中的概念分组；有序集合（skos: OrderedCollection）用于为概念系统中的概念分组、排序。

（3）属性

属性是对类进行描述和定义。SKOS定义了一些通用的属性（定义域为所有RDF资源类）：语词标签属性、类号属性（skos: notation）、注释属性、在概念体系中属性（skos: inScheme）。此外，每个SKOS类还有其特有的一些属性。

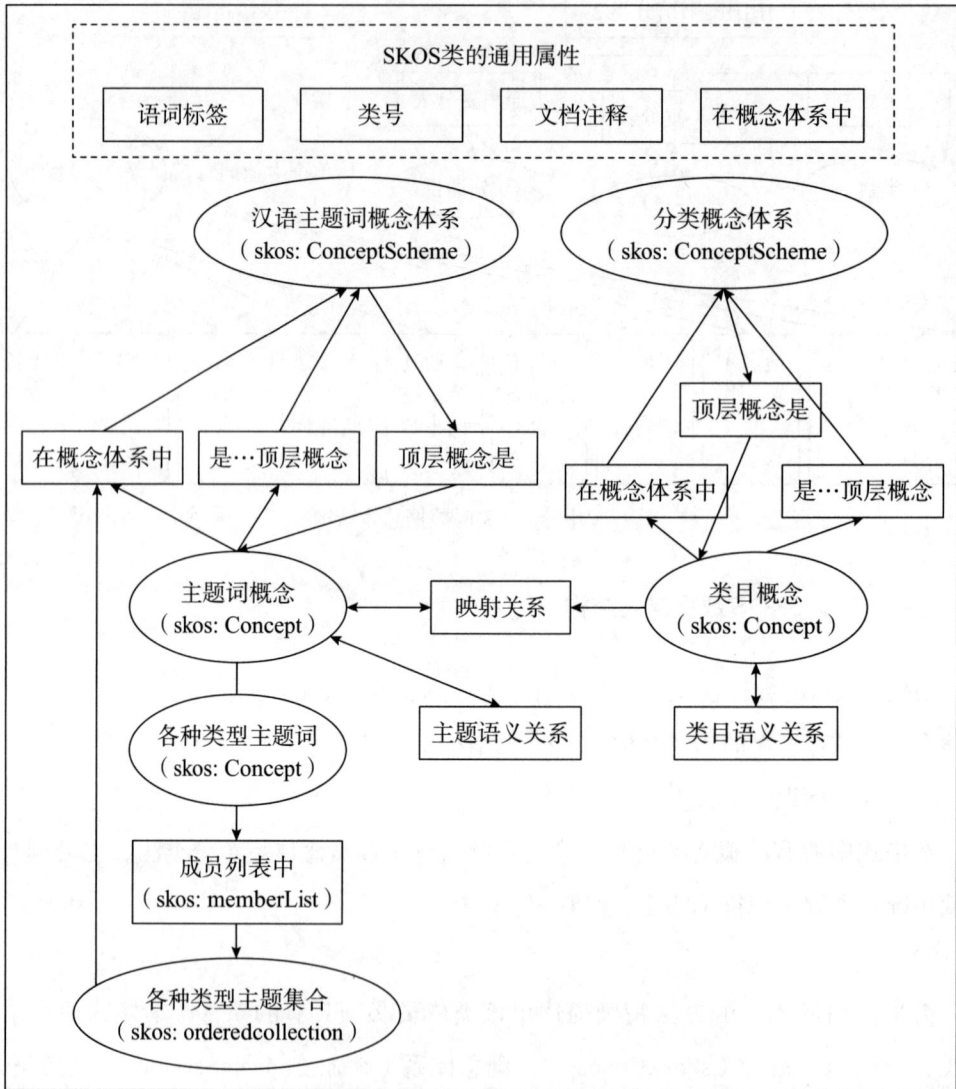

图 2　有《中分表》概念体系的类和属性及其关系图

概念（skos: Concept）的属性包括：语义关系属性、映射关系属性、"是……顶层概念"属性[①]（skos: topConceptOf）。

概念体系（skos: ConceptScheme）的属性包括：顶层概念（skos: hasTopConcept）属性。

概念集合（skos: Collection）的属性包括：成员（skos: member）。有序集合（skos: OrderedCollection）的属性包括：成员列表（skos: memberList）属性[6]。

1.3 《中分表》各种类型数据的SKOS数据描述

1.3.1 概念体系

《主题词–分类号对应表》《分类号–主题词对应表》用概念体系（skos: ConceptScheme）元素来表示。skos: ConceptScheme是owl: Class的一个实例。《中分表》中包含的各种概念体系表示如下。

《主题词–分类号对应表》包含：汉语主题词表、汉语复杂主题词表，可用下述三元组定义成一个概念体系：

（1）汉语主题词表

< http://data.nlc.cn/thesaurus/cct&heading/thesaurus#conceptScheme>rdf:typeskos:ConceptScheme.

（2）汉语复杂主题词表

< http://data.nlc.cn/thesaurus/cct&heading/SubjectHeading#conceptScheme>rdf:typeskos:ConceptScheme.

《分类号–主题词对应表》包含：1个主表，8个通用复分表和60多个专类复分表，可用下述三元组定义成一个概念体系：

（1）主表

<http://data.nlc.cn/thesaurus/cct&heading/classification_maintable#conceptScheme>rdf:typeskos:ConceptScheme.

（2）通用复分表（以"总论复分表"为例）

<http://data.nlc.cn/thesaurus/cct&heading/classification_general_subdivision#conceptScheme>rdf:typeskos:ConceptScheme.

---

① 此处为明确与顶层概念属性的方向性区别，故采用引号中表述方法。——编者注

（3）专类复分表（以"A56 专题汇编"下专类复分表为例）

<http://data.nlc.cn/thesaurus/cct&heading/classification_A56_subdivision# conceptScheme>rdf:typeskos:ConceptScheme.

1.3.2 概念

分类法类目、主题词用概念（skos: Concept）元素来表示。skos: Concept 是 owl: Class 的一个实例。

（1）分类法类目

分类法类目（以"类法类目（政策"为例），可用下述三元组定义成一个概念体系：

<skos:Concept rdf:about="http://data.nlc.cn/thesaurus/cct/clc-main/C004277# concept">

    <skos:inSchemerdf:resource="http://data.nlc.cn/thesaurus/cct/clc-main #conceptScheme"/>

    <skos:prefLabelxml:lang="zh">政策 </skos:prefLabel>

    <skos:prefLabel> F741</skos:prefLabel>

    <skos:notation rdf:datatype="http://data.nlc.cn/CLCnotation">F741</skos:notation>

    <skos:scopeNotexml:lang="zh">互惠政策入此。</skos:scopeNote>

    <skos:broaderTransitive rdf:resource="http://data.nlc.cn/thesaurus/cct/clc-main/ C002900#concept"/>

    <skos:broader rdf:resource=" http://data.nlc.cn/thesaurus/cct/clc-main/C004266# concept"/>

    <skos:narrower rdf:resource="http://data.nlc.cn/thesaurus/cct/clc-main/C004278# concept"/>

    <skos:narrower rdf:resource="http://data.nlc.cn/thesaurus/cct/clc-main/C004279# concept"/>

    <skos:scopeNotexml:lang="zh">互惠政策入此。</skos:scopeNote>

    <skos:broadMatch rdf:resource="http://data.nlc.cn/thesaurus/cct/subheading/H006852# concept"/>

    <skos:editorialNotexml:lang="zh">CNNLC20051001</skos:editorialNote>

    <skos:broadMatch rdf:resource="http://data.nlc.cn/thesaurus/cct/subject/S103653# concept"/>

```
<skos:broadMatch rdf:resource="http://data.nlc.cn/thesaurus/cct/subject/S103654#concept"/>
<skos:broadMatch rdf:resource="http://data.nlc.cn/thesaurus/cct/subject/S017434#concept"/>
<skos:broadMatch rdf:resource="http://data.nlc.cn/thesaurus/cct/subject/S020774#concept"/>
<skos:broadMatch rdf:resource="http://data.nlc.cn/thesaurus/cct/subject/S109264#concept"/>
<skos:broadMatch rdf:resource="http://data.nlc.cn/thesaurus/cct/subject/S113465#concept"/>
<skos:exactMatch rdf:resource="http://data.nlc.cn/thesaurus/cct/subject/S028997#concept"/>
<skos:relatedMatch rdf:resource="http://data.nlc.cn/thesaurus/cct/subject/S112465#concept"/>
</skos:Concept>
```

F74 F741.1 F741.2

F741　政策

　　　　互惠政策入此。

国际贸易政策；国际贸易政策＼互惠待遇

出口战略；出口政策；非关税壁垒；技术壁垒；｜贸易战略｜；配额

――――――――

记录控制号：C004277

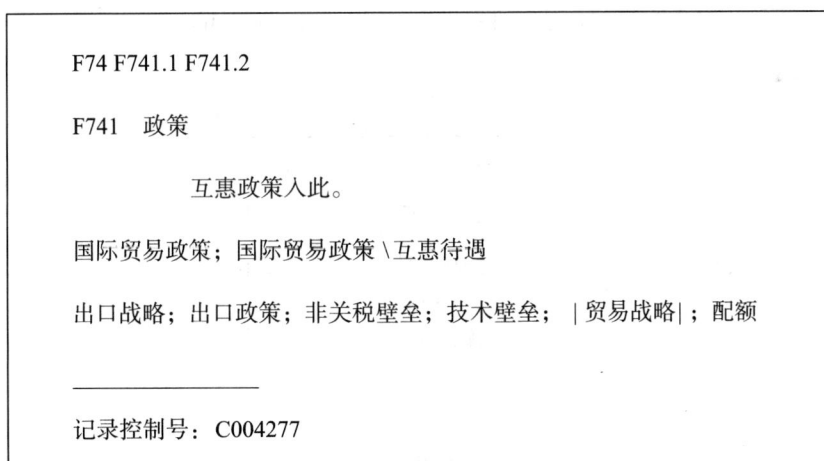

图 3　分类款目示例

（2）主题词

主题词（以"交响曲"为例），可用下述三元组定义成一个概念体系：

```
<skos:Concept rdf:about="http://data.nlc.cn/thesaurus/cct/subject/S038576#concept">
<skos:inScheme rdf:resource="http://data.nlc.cn/thesaurus/cct/subject#conceptscheme"/>
```

```
<skos:prefLabelxml:lang="zh">交响曲</skos:prefLabel>

<skos:altLabelxml:lang="zh-pinyin">jiaoxiangqu</skos:altLabel>

<skos:altLabelxml:lang="en">Symphony</skos:altLabel>

<skos:altLabelxml:lang="zh">交响乐曲</skos:altLabel>

<skos:altLabelxml:lang="zh-pinyin">jiaoxiangyuequ</skos:altLabel>

<skos:broader rdf:resource="http://data.nlc.cn/thesaurus/cct/subject/S058989#concept"/>

<skos:narrower rdf:resource="http://data.nlc.cn/thesaurus/cct/subject/S082471#concept"/>

<skos:related rdf:resource="http://data.nlc.cn/thesaurus/cct/subject/S038573#concept"/>

<skos:broaderTransitive rdf:resource="http://data.nlc.cn/thesaurus/cct/subject/S092154#concept"/>

<skos:broadMatch rdf:resource="http://data.nlc.cn/thesaurus/cct/clc-main/C007401#concept"/>

<skos:editorialNote>CN; NLC; 20181127</skos:editorialNote>

</skos:Concept>
```

jiao xiang qu

交响曲

Symphony

J614

D 交响乐曲

S 器乐曲

F 小交响曲

Z 乐曲

C 交响乐

———————

记录控制号：S038576

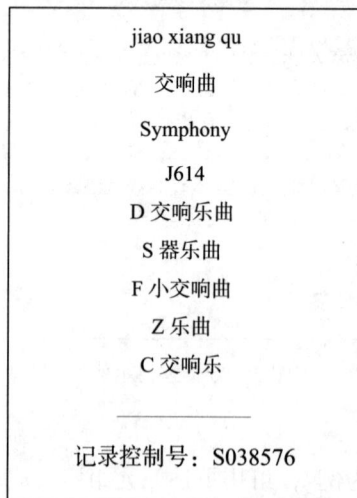

图 4　主题词款目示例

（3）复杂主题词

复杂主题词（以"变文\中国\近代"为例），可用下述三元组定义成一个概念体系：

```
<skos:Concept rdf:about="http://data.nlc.cn/thesaurus/cct/subheading/H010558#
concept">
    <skos:inScheme rdf:resource="http://data.nlc.cn/thesaurus/cct/subheading#
conceptscheme"/>
    <skos:prefLabelxml:lang="zh">变文\中国\近代</skos:prefLabel>
    <skos:altLabelxml:lang="zh-pinyin">bian wen\zhongguo\jindai</skos:altLabel>
    <skos:altLabelxml:lang="zh">中国近代变文</skos:altLabel>
    <skos:altLabelxml:lang="zh-pinyin">zhongguojindaibian wen</skos:altLabel>
    <skos:exactMatch rdf:resource="http://data.nlc.cn/thesaurus/cct/clc-main/
C006934#concept"/>
    <skos:editorialNote>CN; NLC; 20181127</skos:editorialNote>
</skos:Concept>
```

2 《中分表》注册与服务平台

国家图书馆"国家图书馆关联数据注册与服务平台"建设项目，主要目标是建立关联数据注册与服务平台，通过该平台实现《中分表》、国图公开课、中日韩数字图书馆相关关联数据的注册与发布。该平台的建设综合考虑平台使用部门（包括用户）、数据生产部门、平台管理部门的业务需求，同时考虑目前已经生产的关联数据的情况，不考虑数据的生产、转换功能，主要用于对已经转换为关联数据格式（如 SKOS、RDF）的数据进行注册以及发布。《中分表》注册与服务平台作为其中重要的组成部分，实现的主要功能包括《中分表》关联数据的注册、发布、服务、数据管理、用户管理和后台管理等。

2.1 《中分表》注册与服务平台主要功能

《中分表》注册与服务平台主要功能，包括：《中分表》关联数据的注册与发布、《中分表》关联数据服务、后台数据管理、平台用户管理和系统管理等，通过数据管理、数据服务、用户管理和系统管理四大模块分别提供（见图5）。

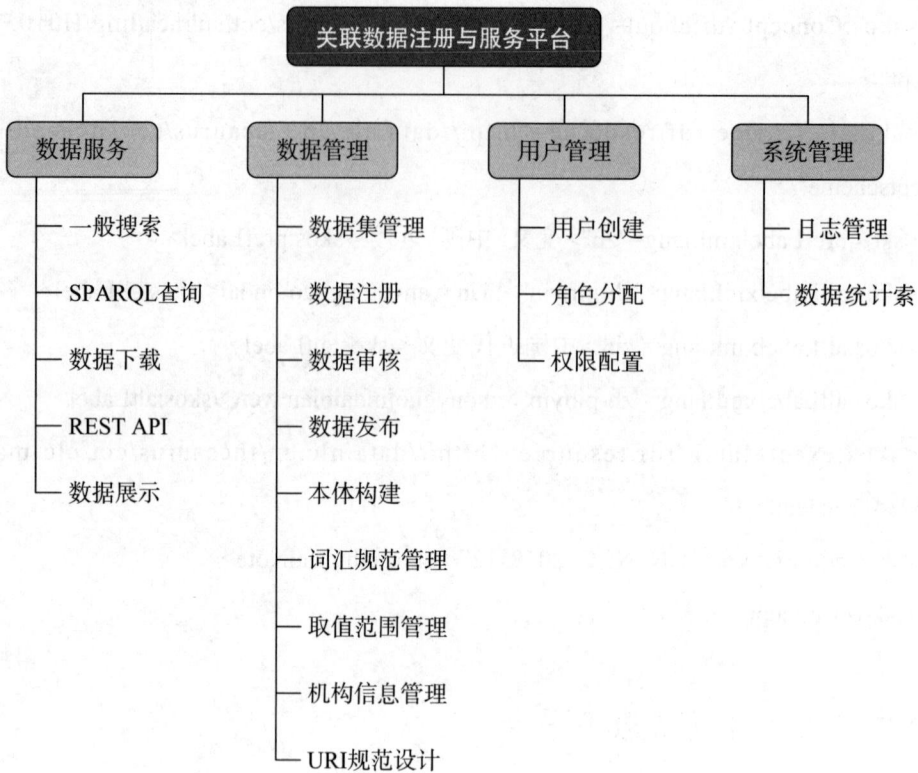

图 5　关联数据注册与服务平台主要功能

2.2 《中分表》关联数据的注册与发布

在关联数据注册与服务平台相关功能中，包括关联数据的注册与发布、关联数据服务、后台数据管理、平台用户管理和系统管理等，其中关联数据的注册与发布功能是平台的主要功能，涉及三种角色用户的操作和五种数据状态。

在系统平台的数据注册与发布流程中，根据业务分工不同可分为数据提交者、数据审核者和数据管理者三种角色。其中数据提交者拥有逐条注册数据集或词表的元数据及其内容的权限，并拥有对其提交的数据进行修改校验的权限；数据管理者拥有数据批量导入注册的权限、数据批量修改的权限和数据发布的权限；数据审核者拥有对数据集或词表的审核权限，负责对候选数据进行审核，并定期对合格数据和被替代数据进行审核，根据情况修改数据状态。

数据提交者在系统中首先进行数据集或词表元数据、数据集体系或词表概念体系以及属性体系的注册，如果是词表还需要注册词表的顶级概念和概念集合。完成这些步骤之后就可以通过添加属性值来完成单条数据的注册。在数据注册过程中，数据提交者保存在系统中但尚未提交的数据，其状态为"未完成"状态，可以进一步修改完善，待数据提交者认为数据已经完整正确时进行数据提交操作，正式提交后这些数据成为候选数据，此时数据的状态为"候选"状态，待数据审核者检查。

数据管理者首先对批灌装的RDF格式数据进行预处理和数据检查，在确认数据无误后才能进行数据的批灌装。在进行批灌装前，需检查本批数据的元数据、数据集体系或词表概念体系以及属性体系是否已经完成注册，对于未注册部分进行补充注册。完成这些步骤之后对数据进行批量上传，上传后这些数据成为候选数据，此时数据的状态为"候选"状态，待数据审核者检查。

数据审核者在系统中的数据审核工作包括三方面。第一是对候选数据进行审核，审核数据是否正确、是否符合相关标准，审核通过的数据成为合格数据，此时数据的状态变更为"合格"状态；对于审核未通过的数据需给出审核意见，并将其状态修改为"未完成"状态，交由数据提交者进行修改。第二是定期对合格数据进行审核，当发现某条数据需要被其他数据替代时，将这条数据状态修改为"被替代"状态，并给出简短的说明。第三是定期对合格数据与被替代数据进行审核，当发现这些数据中某条数据失效时，将这条数据状态修改为"失效"状态，并给出简短的说明。

数据管理者同时还负责对数据的发布工作。在数据发布前需完成数据显示列表的编辑，以及对待发布数据的检查。在完成上述工作后，可对"合格"、"失效"和"被替代"的数据进行发布。从数据发布的层面来说，未发布数据的状态为"未发布"状态，已经发布的数据的状态为"已发布"状态。

2.3 《中分表》关联数据的展示

《中分表》关联数据的展示功能也是平台的重要功能，平台根据数据集的数据特点进行不同形式的展示，提供了数据集展示和数据内容展示两种展示形式。《中分表》数据集展示采用树状形式展现（见图6），数据内容展示采用三种形式的展示，包括关联图（见图7）、三元组（见图8）和属性列表（见图9）的三种形式展示。

▼ 主表

▶ A 马克思主义、列宁主义、毛泽东思想、邓小平理论

▶ B 哲学、宗教

▶ C 社会科学总论

▶ D 政治、法律

▶ E 军事

▼ F 经济

▶ F0 经济学

▶ F1 世界各国经济概况、经济史、经济地理

▶ F2 经济管理

▶ F3 农业经济

▶ F4 工业经济

▶ F49 信息产业经济

▶ F5 交通运输经济

▶ F59 旅游经济

▶ F6 邮电通信经济

▼ F7 贸易经济

▶ F71 国内贸易经济

▶ F72 中国国内贸易经济

▶ F73 世界各国国内贸易经济

图 6 《中分表》数据集展示

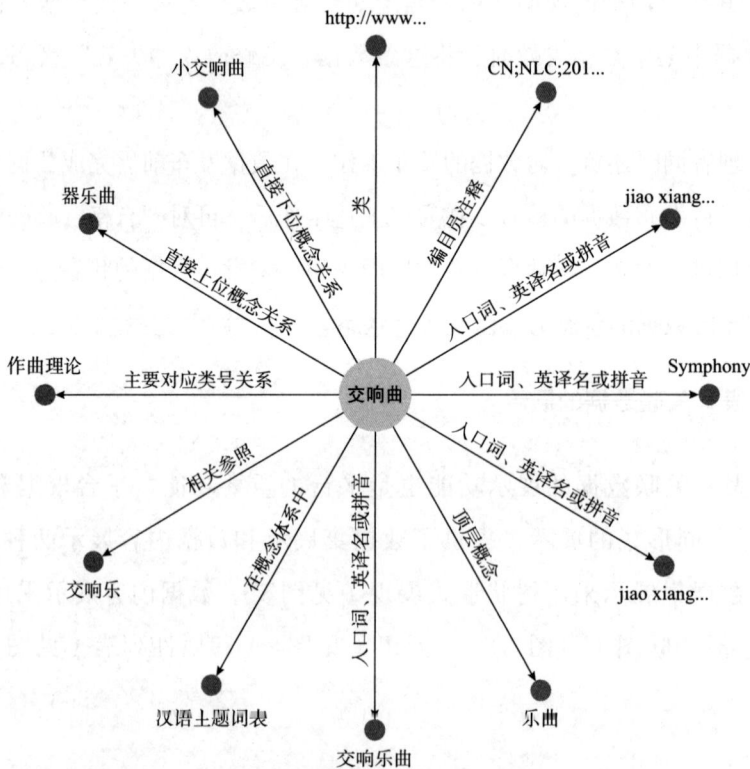

图 7 《中分表》数据关联图

Subject	Predicate	Object
http://data.nlc.cn/thesaurus/cct/subject/S038576#concept	http://www.w3.org/1999/02/22-rdf-syntax-ns#type	http://www.w3.org/2004/02/skos/core#Concept
http://data.nlc.cn/thesaurus/cct/subject/S038576#concept	http://www.w3.org/2004/02/skos/core#narrower	http://data.nlc.cn/thesaurus/cct/subject/S082471#concept
http://data.nlc.cn/thesaurus/cct/subject/S038576#concept	http://www.w3.org/2004/02/skos/core#broadMatch	http://data.nlc.cn/thesaurus/cct/clc-main/C007401#concept
http://data.nlc.cn/thesaurus/cct/subject/S038576#concept	http://www.w3.org/2004/02/skos/core#prefLabel	交响曲
http://data.nlc.cn/thesaurus/cct/subject/S038576#concept	http://www.w3.org/2004/02/skos/core#inScheme	http://data.nlc.cn/thesaurus/cct/subject#conceptscheme
http://data.nlc.cn/thesaurus/cct/subject/S038576#concept	http://www.w3.org/2004/02/skos/core#altLabel	jiao xiang qu
http://data.nlc.cn/thesaurus/cct/subject/S038576#concept	http://www.w3.org/2004/02/skos/core#altLabel	jiao xiang yue qu
http://data.nlc.cn/thesaurus/cct/subject/S038576#concept	http://www.w3.org/2004/02/skos/core#altLabel	交响乐曲
http://data.nlc.cn/thesaurus/cct/subject/S038576#concept	http://www.w3.org/2004/02/skos/core#altLabel	Symphony
http://data.nlc.cn/thesaurus/cct/subject/S038576#concept	http://www.w3.org/2004/02/skos/core#editorialNote	CN;NLC;20181127
http://data.nlc.cn/thesaurus/cct/subject/S038576#concept	http://www.w3.org/2004/02/skos/core#related	http://data.nlc.cn/thesaurus/cct/subject/S038573#concept
http://data.nlc.cn/thesaurus/cct/subject/S038576#concept	http://www.w3.org/2004/02/skos/core#broaderTransitive	http://data.nlc.cn/thesaurus/cct/subject/S092154#concept
http://data.nlc.cn/thesaurus/cct/subject/S038576#concept	http://www.w3.org/2004/02/skos/core#broader	http://data.nlc.cn/thesaurus/cct/subject/S058989#concept

图 8 《中分表》数据三元组

元素名	中文译名	值
rdf:type	类	http://www.w3.org/2004/02/skos/core#Concept
skos:narrower	直接下位概念关系	http://data.nlc.cn/thesaurus/cct/subject/S082471#concept
skos:broadMatch	主要对应类号关系	http://data.nlc.cn/thesaurus/cct/clc-main/C007401#concept
skos:prefLabel	主题标目	交响曲
skos:inScheme	在概念体系中	http://data.nlc.cn/thesaurus/cct/subject# conceptscheme
skos:altLabel	入口词、英译名或拼音	jiao xiang qu
skos:altLabel	入口词、英译名或拼音	jiao xiang yue qu
skos:altLabel	入口词、英译名或拼音	交响乐曲
skos:altLabel	入口词、英译名或拼音	Symphony
skos:editorialNote	编目员注释	CN; NLC; 20181127
skos:related	相关参照	http://data.nlc.cn/thesaurus/cct/subject/S038573#concept
skos:broaderTransitive	顶层概念	http://data.nlc.cn/thesaurus/cct/subject/S092154#concept
skos:broader	直接上位概念关系	http://data.nlc.cn/thesaurus/cct/subject/S058989#concept

图 9 《中分表》数据属性列表

2.4 《中分表》关联数据的检索

《中分表》关联数据的检索是重要的数据服务功能，平台提供"一般搜索"和"SPARQL查询"两种类型的检索服务功能。

一般检索是系统提供的一键式检索，在用户不明确检索词内容的具体归属时选择此检索，系统默认实现对数据集、元数据和数据内容的检索。一般检索默认采用关键词进行模糊搜索，搜索范围在资源的三元组取值范围内，搜索结果以资源列表显示，点击其中一条即可查看资源详情。如果需要在一般搜索基础上加过滤条件，则属于高级搜索，过滤条件不限于数据集和时间。

SPARQL查询是系统提供界面允许用户利用SPARQL语句对数据进行查询。用户可以通过前端界面编写SPARQL语句对数据进行查询，但仅限于查询，不能对数据进行添加、修改和删除操作。SPARQL语句可以保存起来方便下次再次查询时不需要再输入，查询结果以三元组SPO格式进行展示。

2.5 《中分表》关联数据的下载

平台提供了数据集受权限限制的整体下载、单条资源和批量资源下载功能，并且提供多种格式的下载，默认以RDF/XML序列化格式下载，扩展支持其他序列化格式（N3、NTriple、Turtle、RDF/JSON）的下载功能。如果是整体下载，则把该数据集的全部资源进行下载。如果是单条下载，则下载该条资源。如果是批量下载，则下载已选中的多条资源。

2.6 REST API

平台提供标准的基于HTTP协议的对外REST API服务接口及接口说明，其他平台遵循该接口规范，可实现对平台关联数据的应用。REST API服务提供以下接口：①通过访问资源URI获取数据；②通过SPARQL语句获取数据；③获取所有数据集列表；④根据数据集ID和页码获取数据集的资源；⑤根据数据集ID或资源URI数组下载相应的资源。

关联数据在国外各大图书馆中有很多的典型应用，在国内虽然也引起了图书馆界的一些关注，但大部分停留在理论技术研究和实验性项目阶段，实际应用项目并不多。少有图书馆将图书馆最具价值的资源如词表数据、书目数据、数字资源数据发布为关联数据，与国外图书馆界关联数据的应用存在一定的差距。

"国家图书馆关联数据注册与服务平台"建设项目的实施，实现了《中分表》、国图公开课、中日韩数字图书馆相关关联数据的注册与发布，是《中分表》关联数据注册及服务从实验性项目走向实际应用的重要一步，实现了《中分表》数据注册与服务平台的基本功能，提供了类目树的可视化显示、类目树与主题词基本互动显示、类目及主题词数据的内容及关联显示等功能，但在服务功能上还有很大的提升空间。

将图书馆的特色数据发布为关联数据还仅仅只是图书馆数据资源关联数据服务的初始阶段，图书馆关联数据服务也不应仅仅只满足于实现这些特色数据的关联数据化，可以借助信息分析技术，实现利用《中分表》类号、主题词标引的资源之间的内部数据发布、外部数据发现，形成无界的数据资源网络，为用户提供全面的资源服务[7]。

图书馆界在近十年内广泛开展书目关联数据的理论研究和实践探索，目前已经有大量数据以关联数据形式发布，有关关联数据的发布、消费和应用技术也得到充分研究，可以基于关联数据构建语义检索，拓展服务形式，提升用户体验[8]。关联数据是结构化和语义化的，图书馆可以将自身数据与档案馆、博物馆、互联网上的数据关联起来，从而扩展自身资源的范围，实现不同机构间数据的开放与复用[9]。

参考文献：

[1]邹美辰,胡潇.欧美国家图书馆书目数据关联化案例研究[J].图书馆理论与实践,2016(11):61-66,70.

[2]上海图书馆开放数据平台[EB/OL].[2019-08-03].http://data.library.sh.cn/index.

[3]高劲松,刘洪秋.基于知识图谱的国内外关联数据研究分析[J].情报科学,2018(3):117-124.

[4]Simple Knowledge Organization System Primer[EB/OL].[2019-08-03].http://www.w3.org/TR/2009/NOTE-skos-primer-20090818/.

[5]王茜,陶兰,王弼佐.语义Web中基于SKOS的知识组织模型[J].计算机工程与设计,2007(6):1441-1443.

[6]卜书庆,等.知识组织系统构建与知识服务[M].北京:国家图书馆出版社,2014.

[7]陈定权,卢玉红.图书馆在关联数据运动中的角色解析[J].图书馆建设,2014(3):17-21.

[8]邹鼎杰.基于关联数据的书目语义检索[J].数字图书馆论坛,2018(4):54-58.

[9]杨敏.关联数据在图书馆中的应用研究[J].图书馆研究与工作,2016(5):57-64.

少儿图书分类标引差异化研究
——以《中图法》（5版）和《中图法未成年人图书馆版》（4版）为例

张　涛（国家图书馆）

国家图书馆少年儿童图书馆于2010年5月开馆，恰逢《中国图书馆分类法（第五版）》[简称：《中图法》（5版）]于2010年9月正式出版，2011年国家图书馆中文图书（含少儿图书）编目正式采用《中图法》（5版）进行标引工作，即国家图书馆少儿图书编目经历了《中图法》4版向5版的过渡。《中国图书馆分类法（未成年人图书馆版）（第4版）》[简称：《中图法未成年人图书馆版》（4版）]于2013年11月正式出版，目前在国内部分少儿图书馆、公共图书馆和中小学图书馆应用较为广泛。由于国家图书馆以"中文求全，外文求精"为原则，中文图书则以全面保存为主，同时结合多种形式，开设以阅览和外借为主要方式的各种特色阅览室。少儿图书作为中文图书中以未成年人为阅读对象的品种，以保存本、基藏本、少儿阅览室为主。在编目过程中，编目员既要考虑少儿图书的内容和特点，又要遵循《中图法》（5版）的分类标引原则，更要兼顾少儿图书馆上架以及读者阅读体验。

正如全民阅读倡导者朱永新所言，儿童阅读的深度决定了民族精神的高度，在这个意义上说，儿童阅读决定着民族的未来[1]。而在实践过程中，阅读体验往往是图书馆咨询服务台的研究对象，编目员则更重视编目规则。2019年7月通过中国知网检索，"少儿阅读"显示2408篇文章，"少儿阅读推广"为715篇，"少儿编目"则显示10篇。一定程度上反映出少儿图书馆重视阅读推广活动、馆舍布置、人员服务等问题，书目数据编制则关注不足，而分类标引产生的问题更少有人涉猎。由于《中图法》在部分少儿图书分类上的边际较为模糊，编目员在判断和选取过程中存在分歧，导致同一类文献，分布在不同的类别中，甚至出现一套图书分散于成人图书馆和少儿图书馆之间，读者无法找其书。能否解决少儿图书分类问题，很可能影响他们的阅读体验。

1 何为少儿图书？

少儿图书馆和公共图书馆辖内少儿阅览室的文献资源，一般由中文采编部或第三方机构采集、编目和加工，完成后上架供读者借阅。如何在众多文献中准确析出少儿图书，是记到分流工作值得思考的地方，下文从图书外观和内容方面进行了解读。

1.1 少儿图书与普通图书的外观差异

著名设计大师吕敬人先生曾说："何谓美的书籍，简言之是那些读来有趣、受之有益，得到大众欢迎，内容与形式统一，并具审美与功能价值的书籍"。一本成功的儿童书籍封面要想在千万册图书中脱颖而出，吸引孩子们的眼球，如何进行色彩设计至关重要。通过书籍设计的色彩培养孩子们色彩感知，梳理正确的审美观，提高儿童欣赏水平，从而提高儿童的综合素养至关重要[2]。从装帧角度看，少儿图书更加重视外观的设计，封面设计之精美更能唤起孩子的兴趣，书中的绘画、插图更符合未成年人的心理。少儿图书不仅形状千奇百怪，知识载体也多种多样，布书、玩具书、电子书等各具特色，且多具备护眼、绿色印刷等特点。而普通图书受发行量、经济效益等因素限制，一般轻设计重内容，当然不乏设计精美的普通图书，也存在定价较高且个性化设计的礼品书。相比从外观判断是否为少儿图书，从内容角度出发更为有效。

1.2 少儿图书与普通图书内容上的差异

少儿图书与普通图书最大的区别是内容上的差异，负责图书记到分流的工作人员判断文献分流至成人馆还是少儿馆，其根本是判断内容对应的阅读对象。少儿图书内容一般都较为浅显，符合孩子的阅读需求，有几个关键特征：（1）封面、封底或题名页一般标注阅读对象，即显示阅读层级，如："小学一年级读本"或"适宜3—6岁儿童阅读"等字样。（2）文献表面无标示阅读对象，需查验内容，判断文献的对应程度，如："注音版""成功人生第一步""小天才计划用书"等。（3）主体文献判断不清时，可根据夹页、腰封、卡片、书配玩具等附件，判断图书阅读的对象。（4）出版社信息，如：中国少年儿童出版社、明天出版社、接力出版社等，都是以少年儿童为服务对象的专业少儿图书出版机构。

图书馆采购人员和编目员可通过以上特征，判断图书的阅读范围，从分流源头，把握图书的流向，避免少儿图书入藏至成年人图书馆。

2 少儿图书运用《中图法》（5版）和《中图法未成年人图书馆版》（4版）标引的差异

儿童图书馆的基本属性，决定了它的服务范围和馆藏内容主要以儿童文献和教育、教学文献资料为主体。儿童图书馆与普通公共图书馆、专业图书馆存在着较大差异，所以已有的《中图法》（5版）及其简本虽适宜普通公共图书馆和其他专业图书馆使用，但都在一定程度上不能满足各类型儿童图书馆的需求，它主要表现在分类法类目设置的繁简程度、类目的划分标准、类目的偏缺等3个方面。这些问题，多年来造成了各类型儿童图书馆在使用这些分类法时，或出现有些类目下集中大量文献，难以进一步得到类分；或有些类目形同虚设，得不到使用；甚至出现文献分类标准与儿童读者检索习惯相悖，馆藏部分文献无法类分，长期积压未能充分利用的现象[3]。下文对比了《中图法》（5版）与《中图法未成年人图书馆版》（4版）在标引少儿图书中产生的问题，以及两者之间的差异。

2.1 《中图法未成年人图书馆版》（4版）与《中图法》（5版）体系结构相同

关于知识的分类，毛主席在《整顿党的的作风》一文中指出："什么是知识？自从有阶级的社会存在以来，世界上的知识只有两门，一门叫做生产斗争知识，一门叫做阶级斗争知识。自然科学、社会科学，就是这两门知识的结晶，哲学则是关于自然知识和社会知识的概括和总结。"由此确定了分类法基本结构的理论依据。即分类法将知识门类分为"哲学""社会科学""自然科学"三大部类。马克思主义、列宁主义、毛泽东思想是指导我们思想的理论基础，即作为基本类目之首，在此基础上，考虑图书本身的特点，对于一些内容庞杂、类无专属、无法按照某一学科内容性质分类的图书，概括为"综合性图书"，作为一个基本部类，置于最后[4]。《中图法未成年人图书馆版》（4版）是以《中图法》（5版）编制思想和基本体系为指导思想和编制原则，在基本大类设置中，完全相同，通论复分表也基本一致，《中图法未成年人图书馆版》（4版）可视为《中图法》（5版）的一个重要的组成部分。

2.2 《中图法未成年人图书馆版》（4版）与《中图法》（5版）G类设置的区别

《中图法未成年人图书馆版》（4版）在类目设置上遵循《中图法》（5版）的基本体系结构，对于其基本部类、基本大类不做改动，一般使用较少的二级类目原则上不动。在一些少儿图书馆经常使用并被实践证明区分标准不适宜其使用的二级类目，则做了一定程度上的改动，同时增设了一些重要的儿童教育、教学门类[3]。《中图法》（5版）将学前教育、初等教育、中等教育的教学理论、课本（教材）、教学参考资料主要集中在G62、G63、G64的类目下，高等教育的各学科发展入有关各类。而《中图法未成年人图书馆版》（4版）则摒弃了这一原则，论述专门学科的教学理论、课本（教材）的著作按其学科内容入有关各类。

随着中国教育事业的改革发展，以学前教育及中小学生为对象，开展了非遗文化进校园、航空航天展、青少年健美赛、我爱朗读等多学科、多领域的活动，以此为知识背景的教材、课外读物、自学参考资料，不约而同进入了中小学图书馆以及公共图书馆。教材、课本为主体的文献在两种分类法编目下，产生了较大差异。见例1、例2。

例1：《初中语文新课程教学法》

科学主题	606 0 a 中学语文课	科学主题	606 0 a 中学语文课
	x 教学法		x 教学法
	x 初中		x 初中
中图法	690 a G633.3	其他分类	690 a G633.3
	v 5		v 4

图1 "初中语文课"呈现的不同类号

按照《中图法》（5版）分类标引为G633.3，表示中学教育类目下的语文教学法；而按照《中图法未成年人图书馆版》（4版）则入H1-424，表示汉语类目下的初中教学法。

例2：《戏曲进校园通识读本 七年级上》

科学主题	606 0 a 戏曲	科学主题	606 0 a 戏曲
	y 中国		y 中国
	x 中小学		x 中小学
	j 课外读物		j 课外读物
科学主题	606 0 a 戏曲	科学主题	606 0 a 戏曲
	y 中国		y 中国
	x 初中		x 初中
	j 课外读物		j 课外读物
中图法	690 a G633.3	其他分类	690 a J5-484
	v 5		v 4

图2 "戏曲"呈现的不同类号

按照《中图法》（5版）分类标引为G634.950.3，其中G634表示中等教育教材，由于中等教育下无具体的戏曲类目，可仿照G633.95美育划分，即"95"表示美育，由于"95"有下位类，加"0"以作区分，最后一位"3"代表学生参考书，即课外读物入此。按照《中图法未成年人图书馆版》（4版），则入J5戏剧、曲艺、杂技艺术，"–48"代表课外读物，"–48"后面的"4"代表初中。

《中图法》（5版）在设立少儿图书G类时，本身存在界限模糊不清的地方，与多学科存在交叉问题。以儿童故事类图书为例，假设为中国儿童故事，依《中图法》（5版），含有部分图画的故事书，既可入I287.5，也可入I287.8，亦可入G613.3。若为世界儿童故事，则可入I18儿童文学集，也可入G613.3。目前编目员判断的标准：以中国故事为例，图画较少，以故事为主，入I287.5；以图画为主，文字较少时，入I287.8；图画较少，以学前儿童为阅读对象的故事，入G613.3。而在实践过程中，编目员存在判断差异，造成了此类文献出现多种分类问题。以"睡前故事"为例，同类文献不同类号。见图3。

题名与责任者	200 1 _	a 宝贝最爱听的睡前好故事
		i 泡泡糖卷
		b 专著
		f 瑞雅编著
		9 bao bei zui ai ting de shui qian hao gu shi
出版项	210 _ _	a 上海
		c 上海科学普及出版社
		d 2014
载体形态项	215 _ _	a 116页
		c 彩图
		d 19×21cm
科学主题	606 0 _	a 故事课
		x 学前教育
		j 教学参考资料
中图法	690 _ _	a G613.3
		v 5
题名与责任者	200 1 _	a 宝宝最爱听的365夜睡前故事
		b 专著
		f 龚勋主编
		9 bao bao zui ai ting de 365 ye shui qian gu shi
出版项	210 _ _	a 汕头
		c 汕头大学出版社
		d 2012
载体形态项	215 _ _	a 190页
		d 23cm
科学主题	606 0 _	a 儿童故事
		x 作品集
		y 世界
中图法	690 _ _	a I18
		v 5

图3 同类内容呈现的不同主题和分类

另外，用《中图法》（5版）在做少儿图书分类标引过程中，G类极易产生排架问题。以2015年入藏少儿图书（含教学辅导资料）为例。见表1。

表1　2015年少儿图书（含教学辅导资料）入藏表

类　　目	入藏种数	类　　目	入藏种数
A	2	N	129
B	191	O	351
C	31	P	209
D	179	Q	746
E	75	R	128
F	13	S	83
G	104772	T	151
H	1894	U	66
I	11056	V	23
J	2589	X	169
K	458	Z	890

2015年国家图书馆实现未成年人图书的教材、教学参考及辅助资料全面入藏，从以上统计数据来看，G类超过10万种，而涉及初等教育G62、中等教育G63的文献接近9万种。据统计分析，G634的类号下，入藏5万余册文献。如此庞大的G类，占据了大量的空间，不仅存在排架问题，更导致普通少儿文献寻书困难。

2.3 《中图法未成年人图书馆版》（4版）与《中图法》（5版）中I类和J类的交叉问题

伴随出版社转企的步伐，少儿图书出版市场繁荣发展，图画故事类、艺术类文献出现了井喷式增长，公共图书馆、少儿图书馆、中小学图书馆的入藏量随之扩大。但对于用艺术形式表达的文学作品在分类标引过程中，《中图法未成年人图书馆版》（4版）与《中图法》（5版）I类和J类出现了较大分歧，形成了两种截然不同的分类标准。

以《中图法》（5版）为标引工具，在标引图画故事书时，首先确定I文学大类，其次确定故事作品的国别，再以文学作品的时代划分为古代至现代作品或当代作品，分类倾向于文字所表达的内容，忽略以图画为表达的形式。而用《中图法未成年人图书馆版》（4版）作为标引工具，则入J32（连环图画、低幼画册作品）类目下，依据故事的类型，细分为人物故事、推理故事、武侠故事、民间故事、神话故事、成语故事等，另设有社会科学知识、自然科学知识、综合性读物等幼儿画册作品。如果需要对画册作品按照国别区分，可依据作品作者的国别，依世界地区表复分，并用括号加以识别。《中图法未成年人图书馆版》（4版）标引此类文献时跳出了文学的范畴，倾向于绘画艺术，并在绘本的基础上，融入文字所表达内容。两种不同的标引方法，各有千秋，相较于《中图法》（5版），《中图法未成年人图书馆版》（4版）在揭示文献类型、文献内容上更具有优势。以《木偶奇遇记》为例，见图4。

题名与责任者	200 1	a 木偶奇遇记	题名与责任者	200 1	a 木偶奇遇记
		b 专著			b 专著
		f (意) 卡洛·科洛迪原著			f (意) 卡洛·科洛迪原著
		g 余志慧改编			g 余志慧改编
		g 黄华英绘			g 黄华英绘
		9 mu ou qi yu ji			9 mu ou qi yu ji
出版项	210	a 合肥	出版项	210	a 合肥
		c 安徽少年儿童出版社			c 安徽少年儿童出版社
		d 2015			d 2015
载体形态项	215	a 16页	载体形态项	215	a 16页
		d 23cm			d 23cm
科学主题	606 0	a 图画故事	科学主题	606 0	a 童话故事
		y 中国			y 意大利
		z 当代			z 近代
中图法	690	a I287.8			j 改编本
		v 5	其他分类	690	a J321.183
					v 4
			其他分类	690	a J321.24
					v 4

图4　两种分类法标引的图画故事

《木偶奇遇记》按照《中图法》（5版），分类号为I287.8，原著经过改编，属于中国文学类下的图画故事。而依照《中图法未成年人图书馆版》（4版），属于连环画作品类下的童话故事，分类号为J321.183，如按被改编的中外文学、艺术作品分，类号为J321.24。《中图法未成年人图书馆版》规定连环图画作品进行分类标引时，如涉及多种属性分类标准，首先依作品的重点属性归类，不易区分重点属性的可分入编列在前的类，需要时可以同时再使用编列在后面的类号作附加分类。

2.4 《中图法未成年人图书馆版》（4版）与《中图法》（5版）的其他差异

2.4.1 《中图法未成年人图书馆版》（4版）与《中图法》（5版）具体类目排序的差异

以文学类著作为例，《中图法未成年人图书馆版》（4版）与《中图法》（5版）两者的分类排序不同，《中图法》（5版）的分类顺序是先国别后体裁。《中图法未成年人图书馆版》（4版）的分类顺序是先体裁后国别。如题名为《丑小鸭》（安徒生著）的图书，按照《中图法》（5版）规则分类号应为"I534.88"，其中"534"代表国别（丹麦），"88"代表文学体裁（童话、寓言）。而同样一本书，按照《中图法未成年人图书馆版》（4版）规则分类号应为"I885.34"，其中"I88"表示"童话"，依世界地区表分，"534"代表国别（丹麦）。两者分类排序的差异，导致分类排架的不同。

2.4.2 《中图法未成年人图书馆版》（4版）与《中图法》（5版）侧重点的区别

《中图法》（5版）中I文学类设有专门的儿童文学I28，涉及诗歌、童话、曲艺、小说、图画故事、报告文学等类目。与之不同的是，《中图法未成年人图书馆版》（4版）I类设有专门的儿童文学作品I8，在诗歌、童谣部分细化了歌谣、古体诗、叙事诗、童话诗、寓言诗等。最大的区别在于两者侧重点不同，以《儿童绕口令》为例，如用《中图法》（5版）做分类标引工具，则标引为G613.2（语言、识字），归属于学前教育、幼儿教育类目之下，而用《中图法未成年人图书馆版》（4版）做分类标引工具，则标引为I839（戏剧、曲艺文学作品），归属于儿童文学作品类目下。《中图法》（5版）侧重于作品用途，《中图法未成年人图书馆版》（4版）则更侧重于内容属性。

2.4.3 《中图法未成年人图书馆版》（4版）与《中图法》（5版）在J类设计上的差异

《中图法未成年人图书馆版》（4版）在"艺术"类中，采用了造型艺术、表演艺术、综合艺术为标准的区分方法。《中图法》（5版）中分类号J2为绘画、J3为雕塑、J4为摄影艺术、J5为工艺美术、J6为音乐、J7为舞蹈、J8为戏曲及杂技艺术、J9为电影电视艺术。《中图法未成年人图书馆版》（4版）在设计分类时，将J2设为美术，而美术理论、美术作品、绘画、书法篆刻、雕塑、摄影艺术、工艺美术则设为J2美术的下位类。相比于《中图法》（5版），J类增加了美术理论类目，包括：美术美学、美术评论、美术史等各类，并增设了"连环图画、低幼画册"这一图书馆急需的二级类目J3。分类号J6至J9并未在《中图法未成年人图书馆版》（4版）启用，为将来的艺术发展留有空白。在J类的设置上，《中图法未成年人图书馆版》（4版）既贴近少儿的阅读心理，又符合少儿图书当下的出版情况，同时解决了绘本入I类和J类的选择困境。

3 建议

在全国图书馆联合编目的场景下，《中图法未成年人图书馆版》（4版）逐渐压缩了使用空间，这与国家图书馆少儿文献编目采用《中图法》（5版）有较大关系，国图数据优而全的特点，激发了全国联合编目中心成员馆的使用热情。少儿成员馆使用联编中心数据，不仅提高了数据的编目效率，更缩短了图书上架的时间。而在实际工作中，不论采用《中图法》（5版）还是《中图法未成年人图书馆版》（4版），提高数据质量，做到互通有无是关键。

3.1 联合编目场景下《中图法未成年人图书馆版》与《中图法》的互见

1997年10月，国家图书馆成立全国图书馆联合编目中心（简称联编中心，OLCC），标志我国联合编目工作的开端，20多年来，OLCC获得了巨大发展。截止到2019年6月，联编数据库书目数据总量累计约1500万条，其中国家图书馆每年普通书编目量稳定在20万条左右，而少儿数据呈现逐年递增的现象，预计2019年突破5万条。联编中心部分少儿成员馆套录国家图书馆的少儿书目数据，在此基础上进行革新，保持两套分类体系，书目数据中的690字段采用《中图法》（5版）的分类号，而索书号中的分类号则采用《中图法未成年人图书馆版》（4版）。以沈阳少年儿童图书馆为例，见图5：

主题：	图画故事　法国　现代
中图分类：	I565.85　　版次：5
主要著者：	埃斯科菲耶 文
次要著者：	贾科莫 图
次要著者：	萧萍 译
次要著者：	萧晶 译
索书号：	I885.65/470

图 5　两种分类法的融合

由于国家图书馆的少儿图书与普通图书均采用《中图法》（5版）简本分类号，入藏保存本库和基藏本库的少儿图书与普通图书均采用种次号排架，导致少儿文献和普通成人图书在同一书库，混合排架。混合排架模式导致少儿图书分类标引时无法启用《中图法未成年人图书馆版》（4版），建议增加696字段，做到《中图法未成年人图书馆版》（4版）与《中图法》（5版）的双重标引。为了节省空间，又便于少儿读者找书，可实行索书号中分类法的双轨制，即保存本库的排架号依然采用《中图法》（5版）简本，而少儿馆索书号中的分类则采用《中图法未成年人图书馆版》（4版）。由此，少儿图书既实现了永久性保存，又解决了少儿阅览室排架问题。

3.2 结合少儿标引实践工作，完善两者的分类标准

《中图法》（5版）"G62"类目中，个别类目比较复杂，不够清晰。如：《小学作文选》，300字段标注：小学三年级学生参考书。从初等教育学生参考书的角度考虑，此书分类入G624.243。从汉语教学的角度，此书分类应入H194.4，初等学校用读物的类目下明确标示："小学生语文读物、作文选等入此"。如：《基督山伯爵》（中英文对照版），封面显示为初中生英语课外读物。从文学角度考虑，此书入H319.4：I565.44。从初中生英语学习的角度，结合300字段附注描述项，此书入G634.413。

《中图法未成年人图书馆版》（4版）"I8"类目下，个别类目在标引过程中，也存在多项选择问题。如安徒生著《卖火柴的小女孩》（拼音绘本版），按儿童文学作品下的童话，可入I885.34，按连环画分类亦可入"J321.184"，如从学习拼音的角度出发，它还可以分入"H125-48拼音读物"。虽然《中图法未成年人图书馆版》（4版）改进了以往的一些分类方法，对个别类目作了互见，但实际意义不大，不能根本改变分类混乱的现状。建议将图画多于文字适合学龄前儿童的读物入"J322.1故事"类目。在文献的书名页等显著位置标示出拼音读物字样的入"H125-48拼音读物"类目[5]。

《中图法》（5版）和《中图法未成年人图书馆版》（4版）在分类标准方面，尤其是在实践应用过程中产生的问题，应采用案例与理论相结合的形式进行解读，从而提升编目员的判断能力，避免一种文献多种分类的情况。

3.3 打造少儿联合编目审校平台，提高数据质量

联编中心为提升数据质量采取了多种方法，但是还存在一些问题。比如在审校数据的过程中，存在"强著录，弱标引"的现象。虽然标引工作本身就有见仁见智的特点，受编目员、审校员本身学科背景、知识结构和综合素质的影响比较大，不同的编目员对文献内容的理解不同，对文献标引的深度也不同，因此标引工作存在少许差异也是合理的[6]。

在依据《中图法》（5版）标引的过程中，国家图书馆少儿数据确实存在前后不一，同类作品分类不一致的情况，除与编目员综合素质有关外，审校环节必不可少。少儿文献的编目中心以天津市少年儿童图书馆为中心馆，其他各级各类图书馆加盟，接受全国联编中心的监督和指导[7]。而全国联编中心主要以中文普通图书为主，成员馆中少儿图书馆所占比例较小，反馈问题较少，无形中弱化了少儿数据的审校功能。联编中心可

打造少儿联合编目审校平台，结合少儿成员馆的审校情况，从经济角度鼓励校对人员的纠错工作，在推送优质数据共享服务同时，培育联编联校功能，提高数据质量。

参考文献：

[1]朱永新.儿童阅读决定民族未来[N].中国教育报.2018-04-02（09）.

[2]陈颖.色彩在儿童书籍封面设计中的巧妙运用[J].科技论坛,2015（24）:145-146.

[3]《中国图书馆分类法（未成年人图书馆版）》编辑委员会.中国图书馆分类法（未成年人图书馆版）（第四版）[M].北京:国家图书馆出版社,2013:2-4.

[4]国家图书馆《中国图书馆分类法》编辑委员会.中国图书馆分类法（第五版）[M].北京:国家图书馆出版社,2010.

[5]陈薇.《中国图书馆分类法（未成年人图书馆版）》（第4版）文学类目修订管见[J].图书馆学刊,2016（4）:54-55.

[6]孙保珍.OLCC联合目录数据库质量控制的实践与思考[C]//回顾与展望:新媒体时代下信息组织方法的创新与发展——第五届全国文献编目工作研讨会论文集.北京:国家图书馆出版社,2017:161-165.

[7]李薇.网络环境下少儿图书编目工作的质量控制[J].图书馆学刊,2009（8）:86-87.

中文异构数据库的元数据现状分析

张　婷（国家图书馆）

1　研究背景

随着信息网络时代和数字化时代的迅猛发展，数字资源在数量和种类上都在不断攀升，以国家图书馆的数字图书馆建设为例，截至2017年底，国家图书馆的数字资源建设包括：馆藏数字化资源、外购数据库资源、网络采集资源、征集数字资源、呈缴电子报纸资源等，其总量达1603.87TB，较前一年增长21%[1]。在图书馆庞大的数字资源体系中，资源发现系统的研发为资源整合、发布和检索提供了强有力的支撑。

自2009年Serials Solutions公司发布全球第一个网络级资源发现系统——Summon起，资源发现系统作为全新的学术信息发现工具引起全球图书馆的关注。随后OCLC推出WorldCat Local, ExLibris公司推出Primo Central等[2]。国家图书馆于2012年9月上线文津搜索系统，旨在将国家图书馆多渠道多形式的数字资源进行有序组织与规范整合，实现一站式资源发现与获取。元数据作为资源发现系统的底层数据支撑，因其数量巨大、异构性突出，在数据获取、仓储、清洗、整合、应用等流程中带来极大挑战。文津搜索系统整合的元数据来源包括：实体馆藏资源元数据、自建数据库元数据、外购数据库元数据、征集资源元数据、全国联合编目中心元数据等。本文将以国家图书馆中文外购数据库元数据获取情况为基础，分析目前国内数据库元数据概况及元数据使用情况和问题，并探索图书馆资源发现系统发展的新方向。

2　元数据获取情况分析

中文外购数据库的元数据获取工作自2011年启动以来，截至2018年底累计获取4.86亿条数据，数据类型包括：电子图书、期刊、报纸、学位/会议论文、数值事实、年鉴、标准、音视频等。数据库资源类型具有多样性，数据库系统搭建技术具有独立性，且国内数据库的元数据并无统一遵循的标准，大多根据资源和系统需求自行定义，因此造成中文数据库元数据的异构性。

中文外购数据库作为图书馆数字资源建设的重要组成部分，其元数据获取工作对文津搜索系统的数据支撑起着至关重要的作用。元数据获取工作主要包括通过数据库商提取或自行导出（主要针对镜像数据库）等方式搜集数据库元数据，并对所得数据进行核查。

根据元数据仓储项目和文津搜索系统的数据处理需求，提出中文外购数据库元数据规范，主要包括对数据格式、字段、URL 链接的要求。根据规范要求对获取数据做初步核查，以保证数据的有效性、规范性、完整性，但中文数据库的异构元数据为元数据仓储和文津搜索系统的整合发布带来极大挑战。

表1   元数据获取情况分析表

影响元数据质量的因素	系统要求	现状分析	文津搜索的解决方案
元数据格式	对数据格式的要求为：MARC、DC、Excel、MDB等	目前中文外购数据库的元数据格式主要有：XML、Excel、ACCESS、SQL server 等。其他格式的元数据需转换成系统可处理的格式	针对格式和字段的异构性，文津搜索的数据仓储、数据整合等各个系统会对不同数据库的元数据进行转换、清洗
元数据字段规范	要求字段全，必备字段为唯一标识符、题名、URL 链接，需明确字段语义说明，后续更新元数据需与以往数据字段保持一致	中文外购数据库元数据无统一参考标准，获取到的元数据字段名称不尽相同，字段设定不规范。另外字段内容存有乱码或内容不符等情况	经初检修改后的数据，文津搜索相关系统对数据进行解析、整合，以达到规范化，进行数据映射、数据发布数据处理中发现字段内容有误等情况，会与数据提供方沟通做进一步的修改核查
URL 链接	要求提供能打开单条数据详情页面的链接。若数据库无法直接提供单条数据的 URL，需提供 URL 生成规则，若数据库采用 C/S 模式或 URL 地址随机生成，则需提供数据库首页的 URL	多数数据库可提供单条数据详细页面的 URL 链接，只有个别数据库因采用 C/S 模式或随机动态链接只能提供首页链接	文津搜索系统可根据详情页链接或规则生成的链接与数据库资源进行映射对接。为了资源的查全，仅提供首页链接的数据也可通过文津搜索系统实现资源发现

因数据库的内容特性、系统或平台的异构性等，元数据颗粒度薄厚不一。文津搜索兼容性较强，而且系统根据字段检索意义和用户的检索习惯等，对收割的元数据字

段做分级分类处理，基本解决了异构元数据带来的种种难题。

3 元数据使用情况分析

国家图书馆的中文外购数据库共分全文型、文摘/索引型、数值/事实型、多媒体、工具型五大类，其中全文型数据库包括：中文图书、中文期刊论文、中文学位论文、中文会议论文、中文报纸、标准/专利等。截至2018年底中文外购数据库共计128个，元数据获取率约64.8%，工具型及文摘/索引型数据库因其内容性质无法提供元数据。已获取到的元数据存在以下三种情况：因资源买断无更新元数据（以古籍类资源为主）、因数据库厂商单方面拒绝提供或数据库后台等原因中断元数据的更新、元数据按约定频率更新。

元数据获取工作经过几年的磨合，获取流程和数据相对规范，但数据内容和使用过程中难免存在问题。

表2 元数据使用情况分析表

元数据使用中的问题	现状分析	解决方案
数据更新	数据库有不同的更新频率，但元数据的获取频率相对较长，且获取到的数据经过核查、转换、清洗、整合等环节以及数据登记、审批等，大大影响数据的时效性	数据保障是资源发现系统的基础，直接影响系统的查全、查准、查新。为保证查新，需尽量缩短元数据获取周期，且简化数据流程，实时进行数据整合与发布
数据变更（包括数据上下架、链接变更等）	数据库除了日常数据更新，还会有数据下架或重新上架等情况。已发布的元数据变更情况，难以与数据库保持一致 通过中心站点访问的数据库，因系统或平台升级导致字段与URL链接发生变化却未及时告知的情况下，文津搜索系统的检索结果无法成功链接到数据库	数据库可不定期提供数据变更清单，但有些因涉及隐私等原因仍难以实现完全一致 URL链接及其他数据内容的变化需要提前做样例测试，测试通过可正常访问的情况下再提交整库元数据
数据重复	提交数据与以往数据有重复，包括：不同批次间的数据重复；每个批次数据都以整库方式提交；因数据变化导致的整库数据更新 重复数据无疑给系统带来很多重复工作，延长了数据处理各环节的时间，同时占有系统存储空间	数据库商整库提交元数据可直接进行替换；针对其他重复情况，文津搜索作为定制型资源发现系统，在数据处理过程中可进行数据过滤与去重。及时处理冗余数据

续表

元数据使用中的问题	现状分析	解决方案
数据中断	元数据更新中断主要是因为数据库厂商单方面拒绝提供或其他不确定因素导致数据库资源停止更新或停止提供元数据。若数据库资源正常更新,元数据停止更新,这将直接影响资源发现系统的数据完整	在数据库商务环节,为有效保障所购资源的元数据获取,在新购或续订数据库的合同/协议中设定专门条款做出相关约定,并将提供元数据提供情况作为数据库的采购和评价标准

文津搜索系统为满足读者对国家图书馆各类数字资源的一站式检索,系统建设上克服种种技术难题,实现集软件、硬件于一体的集成系统。软件方面包括了资源采集、数据存储、整合与索引构建、检索服务和结果展示五大部分。同时,系统架构具有扩展能力,以保障读者检索效率和底层海量数据的存储[3]。

资源发现系统的查全查准首先需要保证其底层数据的延续性和时效性,因中文商购数据库的不可控因素较多,数据更新、中断等问题均不利于用户检索和数据库的使用。目前根据约定更新频率,提前与数据库商沟通数据提取事宜。如因系统升级或更换平台等导致URL链接变化,需保证目前资源的有效使用,待新的URL链接数据测试无误后,可进行整库数据的更新。由于文津搜索系统与数据库资源不能实现同步变更,关于部分读者提出删除其文津搜索系统中论文信息的要求后,通常工作人员会在各库中检索该论文。若该论文在来源数据库中不存在,经与数据库商确定后可在文津搜索系统中屏蔽。若来源数据库中仍收录该论文,目前处理方式为:需要读者与出版商、数据库商沟通,确认来源数据库中已删除后,文津搜索系统再做屏蔽处理。

上述中文商购数据库的元数据现状中存在的问题还包括有的数据库商对图书馆资源发现系统的发展和元数据的使用意识不强,主要体现在:数据库商技术人员对元数据概念不清晰;有些数据库商对元数据提取工作不够重视,每次提取的数据字段不能保持一致;数据库数据或链接有变更不能及时通知;数据库商技术人员变动频繁,工作交接不力,往往需要多次沟通才能提供规范数据等。

4 元数据获取工作的发展方向

数字时代下,图书馆的数字资源来源多渠道、呈现多种类、分布多平台,因此资源发现系统是实现资源整合与发布的必然发展趋势。目前,很多公共图书馆和高校图书馆都在使用国内外公司开发的资源发现系统，比如：清华大学图书馆的"水木搜索"使用的是Exlibris公司的Primo产品，北京大学图书馆的"未名学术搜索"使用的是Serials Solutions公司的Summon系统等。资源发现系统实现了各类数字资源的整合揭示，为读者服务提供了极大便利。但是与中文商购数据库的资源匹配度问题是各类资源发现系统共同面临的难题。为实现资源的同步更新，学术探讨中曾有学者提出以开发系统接口的方式来实现资源发现系统对目标数据库元数据自动抓取，在实践工作中也曾有数据库厂商提出是否可通过接口等方式自动抓取数据库元数据，但是受限于来源数据的异构性和相关技术实现，该项功能还需做进一步可行性探讨和技术支持。

融合和共享一直是图书馆界共同努力的方向。目前，国家图书馆文津检索系统发展相对成熟，在实现了各类数字化资源元数据整合的基础上，探讨发展全国图书馆数字化资源元数据的融合共享。针对上述各种中文异构数据库元数据的现状分析，不管是人工获取元数据还是通过接口抓取元数据，首先应保证所获取的元数据遵循一定的标准与规范。随着人工智能技术的不断发展以及5G时代的到来，本着共建共享，融合发展的理念，图书馆可联合建立统一元数据搜集平台，以此规范各类数字资源建设中的元数据标准，平台可通过接口方式自动抓取目标元数据，或由提供方上传规范元数据。各图书馆根据资源采购范围及权限，与提供商约定账号的方式自行提取数据。资源发现系统的发展已经实现通过元数据的规范整合实现资源发现的初步目标，资源的共建共享和深层知识组织是图书馆人共同努力的方向。

参考文献：

[1]国家图书馆.国家图书馆年鉴2018[M].[2019-07-23].http://www.nlc.cn/dsb_footer/gygt/ndbg/nj2018/.

[2]曾建勋.资源发现系统的颠覆性[J].数字图书馆论坛,2016(2):1.

[3]杨东波,邢军.国家图书馆"文津搜索"的设计与实现[J].国家图书馆学刊,2014(3):93-98.

[4]申晓娟,李丹,王秀香.略论图书馆资源整合与检索系统的发展[J].图书情报工作,2013(9):39-43.

[5]梁蕙玮,萨蕾.数字图书馆推广工程面向数字资源整合的元数据仓储构建[J].国家图书馆学刊,2012(5):27-32.

全国图书馆联合编目中心数据统计与可视化初探

张　伟（国家图书馆）

全国图书馆联合编目中心（以下简称"联编中心"）自1997年成立至今，始终以数据建设为基础，以服务用户为主要目标，致力于联机联合编目工作的建设和推广，多年来坚持运用现代图书馆理念和技术手段整合各级各类图书馆丰富的资源。随着业务的不断扩展，联编中心的数据和用户数量都在不断提升。本文首先通过分析联编中心的机构账号，统计并展示了联编中心机构成员，即各类图书馆和非图书馆机构在全国（不含港澳台地区）的分布情况，然后通过解析联编中文文献书目记录，分别统计并展示了以往三年文献主题词词频以及文献类型占比。

1　Python及相关模块简介

Python是一种易于学习并且功能强大的编程语言，提供了高效的高级数据结构，以及简单有效的面向对象编程。Python解释型语言的特性和优雅的语法使其成为许多平台上编写脚本和快速开发应用的理想语言[1]。

Pandas是一个Python的工具包，提供了快速、灵活和富有表现力的数据结构，这些数据结构旨在让关系型和带标签数据的处理变得容易和直观。它致力于成为在Python中进行现实世界数据分析的重要高级构建模块。此外，它还有更宏远的目标，即成为可用于任何编程语言的、最强大和灵活的开源数据分析与处理工具[2]。

Matplotlib是一个Python的2D绘图库，可以生成多种高质量的图形，通过各种不同类型的图形体现数据的价值。Matplotlib试图使绘图成为简单易行的事情，让用户只需编写几行代码即可生成直方图、功率谱、条形图、误差图，散点图等[3]。

2　联编中心机构成员地域分布统计

20余年来，联编中心不断加强自身建设，拓展业务范围，成员数量逐年增加。特别是从2011年开始，中心加大公益性服务力度，面向各类非营利性机构免费提供书目数据服务，服务辐射范围不断扩大。截至目前，联编中心的机构成员已经发展到3000余家，业务服务覆盖中国31个省级行政区。

机构账号是联编中心成员访问中心各种服务而使用的账号，由十位字母和数字组成，分为三段，从左至右依次为：一位机构类型，六位行政区划数字代码、三位字母特征码。机构类型表示不同种类的图书馆或非图书馆机构。行政区划代码标识县级及县级以上行政区。特征码用于区分同一地区相同类型的图书馆。机构账号构成设计的特点决定了它用于地域分布统计，与用户在提交申请材料时填写的联系地址相比，能够更快更准确地获取预期结果。

在进行数据处理和统计之前，预先通过包管理工具pip从Python软件包公共仓库PyPI安装必要的模块：Pandas、cx_Oracle、Matplotlib。

```
pip install pandas cx_Oraclematplotlib
```

Pandas中的DataFrame是被广泛使用的表格型数据结构，Oracle是联编系统使用的关系型数据库。Pandas提供了从关系型数据库的数据表中读取数据并转换为DataFrame的功能，使用户不但能够实时获取数据，而且极大地简化了数据整理和格式转换的工作。Pandas本身无法直接操作数据库，在使用之前需要安装遵循Python数据库接口规范的数据库驱动模块。cx_Oracle是访问Oracle数据库所依赖的模块。

在必要模块安装完毕之后，将其导入使用。

```
import pandas as pd
import cx_Oracle
import matplotlib.pyplot as plt
```

首先连接数据库，从联编系统的用户表中读取账号数据为DataFrame。实际上，SQL语句中的正则表达式用于验证行政区划代码并不严谨，但符合这种规则的特殊账号很少，在数据读取完之后将其过滤掉。

```
dsn = cx_Oracle.makedsn(host, port, sid)
con = cx_Oracle.connect(user, password, dsn)
sql = (
'select z66_rec_key as "username" from z66'
' where regexp_like (z66_rec_key, \'^[A-Q][1-6][0-7]\\d{4}[A-Z]{3}$\')'
)
df = pd.read_sql(sql, con)
con.close()
df = df.query('username.str.slice(1, 3) != "10"')
```

打印前5行，观察数据读取情况。

```
print(df.head())
```

	username
1	A110000CLC
2	A110101DCL
3	A110102XCL
4	A110103CWL
5	A110106FTL

从账号中拆分行政区域和机构类型，分别汇总用于行分组的所有省级行政区以及用于列分组的所有机构类型，然后通过 Pandas 的 crosstab 函数计算分组频率。

```
types = df.username.str.slice(0, 1).values
codes = df.username.str.slice(1, 3).values
ct = pd.crosstab(index=codes, columns=types, rownames=['行政区域'], colnames=['机构类型'])
```

打印前2行，观察计算结果。

```
print(ct.head(2))
```

机构类型 行政区域	A	B	C	D	E	F	G	H	I	K	L	M	N	O	P	Q
11	25	3	6	63	15	1	1	12	11	1	23	6	2	81	7	8
12	14	0	1	9	0	1	1	3	0	1	14	0	12	2	0	1

为了更直观明了地显示结果，将省级行政区的数字代码用名称替换。

```
divisions = {
    '11': '北京', '12': '天津', '13': '河北', '14': '山西', '15': '内蒙',
    '21': '辽宁', '22': '吉林', '23': '黑龙江',
    '31': '上海', '32': '江苏', '33': '浙江', '34': '安徽', '35': '福建', '36': '江西', '37': '山东',
    '41': '河南', '42': '湖北', '43': '湖南', '44': '广东', '45': '广西', '46': '海南',
    '50': '重庆', '51': '四川', '52': '贵州', '53': '云南', '54': '西藏',
    '61': '陕西', '62': '甘肃', '63': '青海', '64': '宁夏', '65': '新疆'
}
ct.rename(index=divisions, inplace=True)
print(ct.head(2))
```

机构类型 行政区域	A	B	C	D	E	F	G	H	I	K	L	M	N	O	P	Q
北京	25	3	6	63	15	1	1	12	11	1	23	6	2	81	7	8
天津	14	0	1	9	0	1	1	3	0	1	14	0	12	2	0	1

最后，将整理好的数据通过堆积条形图展示出来，如图1所示。

```
ct.plot.bar(stacked=True, rot=55, figsize=(6, 6), title='联编中心机构成员地域分布')
plt.rcParams['font.sans-serif'] = ['SimHei']
plt.show()
```

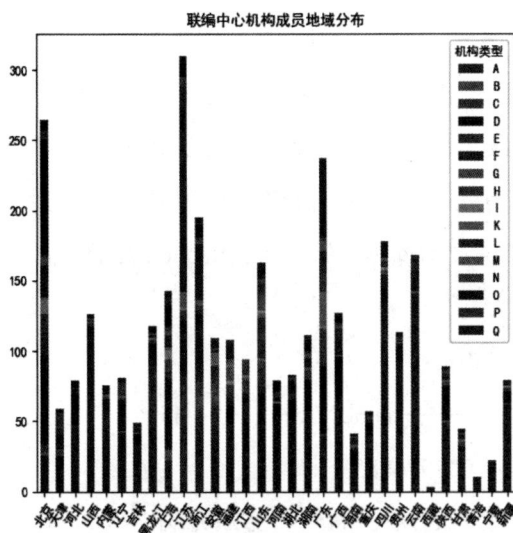

图1 联编中心机构成员地域分布

3 联编系统中文文献数据统计

多年来联编中心积极推动全国书目信息资源的共建共享，目前已经拥有书目数据逾千万，每年新增各类文献资料数据数十万。承载这些数据的是艾利贝斯（ExLibris）集团开发的Aleph图书馆自动化集成系统。Aleph系统使用Aleph Sequential格式来表示MARC记录。对基于这种格式的书目记录进行解析，相对更方便和简单。

Aleph Sequential格式规定各字段按行排列，每个字段占一行，每行结构如表1所示。

表1 Aleph Sequential格式

参数	长度（字节）	说　　明
记录系统号	9	Aleph系统中唯一标识一条记录的序号
分隔符	1	空格
字段标签	3	字段标识符+字段指示符（或空格）
分隔符	1	空格
字符集标识符	1	不同语言的标识
分隔符	1	空格
内容	1—2000	字段内容或子字段标识符+子字段内容

Aleph Sequential 使用 FMT、LDR 充当字段标识符，分别表示资源类型、记录头标，跟 00X 字段一样后接两个空格占位，在结构上保持与数据字段一致。同一字段的所有子字段相连排列，以 "$$" 作为子字段分隔符，意味着除了使用嵌入字段技术的字段，子字段内容中不能出现 "$$"，否则会导致解析错误。记录头标和数据元素按位置定义的字段中的空格使用 "^" 或 "-" 表示。此外，Aleph 规定一条记录的长度不超过 45000 个字节，每个字段不超过 2000 个字节，最多 5000 个子字段[4]。总体来看，这种格式的记录在设计上略有冗余和约束，但相对来说更方便人类阅读，易于程序解析。

以下是联编系统中文文献库内一条 Aleph Sequential 格式的 CNMARC 记录（部分字段）：

007976985 FMT	L BK	
007976985 LDR	L -----nam0^22------^^^450^	
007976985 001	L 007976985	
007976985 010	L $$a978-7-115-41352-9$$dCNY99.00	
007976985 100	L $$a20160526d2016^^^^em^y0chiy50^^^^^^ea	
007976985 102	L $$aCN$$b110000	
007976985 105	L $$aa^^^z^^^000yy	
007976985 2001	C $$aPython 核 心 编 程 $$9Python he xinbiancheng$$b 专 著 $$dCore python applications programming$$e 英文版 $$f（美）Wesley Chun 著 $$zeng	
007976985 210	C $$a 北京 $$c 人民邮电出版社 $$d2016	
007976985 215	C $$a10,822 页 $$c 图 $$d24cm	
007976985 6060	C $$a 软件工具 $$x 程序设计 $$j 英文	

在了解 Aleph Sequential 的结构和特征之后，就可以进行记录解析。为数据统计和展示需要，从全部中文文献记录中抽取 100 字段的 a 子字段（100$$a）、200 字段的 b 子字段（200$$b）、60X 和 610 字段的 a 子字段（6XX$$a），保存为以制表符分隔子字段内容的文本文件。虽然 200$$b 是可重复子字段，但多次出现的情况极少，因此只提取一个。6XX$$a 如果存在多个，则全部提取并以 "|" 分隔。子字段内容的提取可通过截取字符串或正则表达式匹配等方式，过程并不复杂，细节不赘述。

生成数据文件之后，再安装好处理和展示数据所需要的几个模块。

```
pip install pandas matplotlibwordcloudpywaffle
```

导入已经安装的必要模块。

```
import pandas as pd
import matplotlib.pyplot as plt
from pywaffle import Waffle
from wordcloud import WordCloud
```

使用Pandas的read_csv函数读取文件内容为DataFrame，分别设置三列数据的列名为：F100a、F200b、F6xxa。

```
df = pd.read_csv('data.txt', sep='\t', names=['F100a', 'F200b', 'F6xxa'],
                 header=None, encoding='utf-8')
print(df.head())
```

	F100a		F200b	F6xxa
0	20021005d1999^^^^kemy0chiy50^^^^^^ea		专著	房地产业
1	20021005g1999^^^^em^y0chiy50^^^^^^ea		专著	电子计算机
2	20000116d1999^^^^kemy0chiy50^^^^^^ea		专著	地方志|统计
3	20021005d1999^^^^em^y0chiy50^^^^^^ea		专著	法律
4	20021005d1999^^^^em^y0chiy50^^^^^^ea		专著	英语

设定两个过滤条件：出版日期类型为d、e、h、i、j，出版日期1为2016、2017、2018，筛选出同时满足两个条件的值，然后将F100a列中每行的内容用对应的出版日期1替换，即只保留年份。

```
types = ('d', 'e', 'h', 'i', 'j')
years = ('2016', '2017', '2018')
df = df.query('F100a.str.slice(8, 9).isin(@types)').query('F100a.str.slice(9, 13).isin(@years)')
df.loc[:, 'F100a'] = df['F100a'].str.slice(9, 13)
print(df.head())
```

	F100a	F200b	F6xxa
1738636	2017	专著	基督教
2166391	2018	专著	恐龙
2192931	2017	专著	《圣经》
2861648	2017	博士论文	影响因素|快递业|产业发展
2881693	2017	博士论文	运行模式|机制创新|零售业|网络销售

从主题词中选出每年记录中出现频率最高的100个词，以词云图的方式展现出来，

如图2所示。词云是由不同词汇组成的云状图形，用关键词来展现数据特征，其中每个词的重要性以不同的字体大小或颜色表示，让浏览者能够快速地感知文本或数据集关键词的权重。词云模块会自动进行词频统计，在此只需要将三年的主题词分别汇总之后再传递给它即可。

```
fig, axes = plt.subplots(len(years), 1, figsize=(8, 8))
fig.tight_layout()
[ax.set_axis_off() for ax in axes.ravel()]
wordcloud = WordCloud(
max_words=100,
background_color='white', colormap=' inferno',
font_path='simkai.ttf', min_font_size=10, max_font_size=400,
    scale=2, height=512, width=2048
)
for i, year in enumerate(years):
    subjects = df.query('F100a==@year')['F6xxa']
    words = []
    for subjects in subjects:
words.extend(subjects.split('|'))
    frequencies = pd.Series(words).value_counts().to_dict()
    print(f'{year}年: {dict(list(frequencies.items())[:5])}')
wordcloud.fit_words(frequencies)
    axes[i].imshow(wordcloud, interpolation="bilinear")
    axes[i].set_title(f'中文文献主题词词云（{year}年）', {'fontsize': 14}, loc='left')
font = {'sans-serif': 'SimHei', 'size': 12}
plt.rc('font', **font)
plt.show()
```

2016年: {'长篇小说': 8201, '图画故事': 7013, '英语': 5583, '中国': 3938, '散文集': 3066}
2017年: {'长篇小说': 10829, '图画故事': 9960, '英语': 6131, '散文集': 4307, '中国': 4003}
2018年: {'长篇小说': 8735, '图画故事': 8543, '英语': 5357, '散文集': 3833, '儿童小说': 3005}

图2　中文文献主题词词云

接着，根据年份和文献类型统计出每年各类文献的占比情况。通过Pandas的groupby函数，将筛选出的数据按F100a、F200b两列进行分组，并对分组中的F200b列应用聚合函数进行计数，然后重建索引并将计算结果添加为新列"Total"。

```
count_df = df.groupby(['F100a', 'F200b'])['F200b'].count().reset_index(name='Total')
print(count_df.head())
```

	F100a	F200b	Total
0	2016	专著	187177
1	2016	再造善本	1
2	2016	博士后报告	6509
3	2016	博士论文	26996
4	2016	录音制品	64

按照年份过滤数据，将该年各种文献类型对应的合计数从大到小排序，选出排名前五的文献类型，把剩余类型归为"其他"。排序之后，根据文献类型的合计数计算出分量与总量之间的比值，再采用"四舍六入五成双"的规则对值取整，将计算结果添加为新列"Ratio"，并确保前五类与其他类的数值互为补数。然后，将文献类型与其占比配对，转换为字典型对象供绘图使用。

```
ratios = []*len(years)
for year in years:
    year_df = count_df.query('F100a == @year').sort_values('Total', ascending=False)
    sum_df = year_df.head(5).append(
{'F200b': '其他', 'Total': year_df.iloc[top:]['Total'].sum()}, ignore_index=True)
    sum_df['Ratio'] = (sum_df['Total'] /sum_df['Total'].sum()*100).round(0).astype(int)
    sum_df.iloc[−1, −1] = 100 − sum_df['Ratio'][0:−1].sum()
    ratio = sum_df.set_index('F200b').to_dict()['Ratio']
    ratios.append(ratio)
    print(ratio)
```

```
{'专著': 47, '硕士论文': 34, '博士论文': 7, '海外中文图书': 5, '缩微品': 3, '其他': 4}
{'专著': 58, '硕士论文': 30, '海外中文图书': 5, '缩微品': 3, '博士后报告': 1, '其他': 3}
{'专著': 69, '硕士论文': 24, '海外中文图书': 3, '电子资源': 2, '博士后报告': 1, '其他': 1}
```

最后，将整理好的数据通过华夫饼图展示出来，如图3所示。华夫饼图是一种有趣的可视化图形，用正方形或指定图形的组合表示整体，并根据部分与整体的关系进行配色。与传统的饼图一样，它能够直观地描绘比例情况，但使用图形个数和颜色而不是角度来表示类别占比。

```
plots = []*len(years)
for ratio, year in zip(ratios, years):
    plot = {
        'values': ratio,
        'labels': [f'{k}({v}%)' for k, v in ratio.items()],
        'legend': {'loc': 'upper left', 'bbox_to_anchor': (1, 1), 'fontsize': 11},
        'title': {'label': f'文献类型占比统计（{year}年）', 'loc': 'left'}
    }
plots.append(plot)
fig = plt.figure(
figsize=(8, 8),
FigureClass=Waffle,
rows=5,
plots={'311': plots[0], '312': plots[1], '313': plots[2]},
)
plt.show()
```

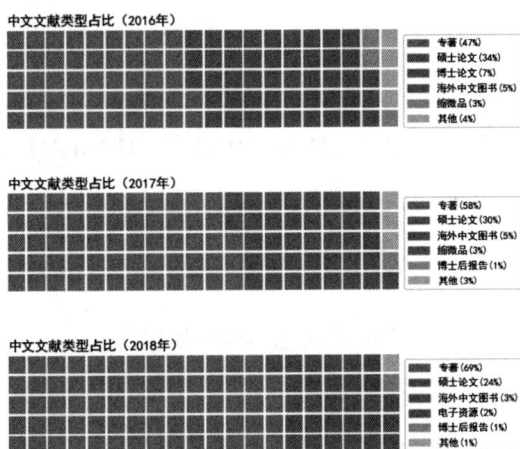

图 3　中文文献类型占比

本文仅对联编中心的部分数据做了初步探索性的统计与展示，统计结果还需深入分析，数据价值有待进一步挖掘。文中提供的方法可供技术人员处理相似数据时参考，展示的结果可供管理人员用于业务决策。

联编中心拥有丰富的数据资源，包括书目数据、规范数据、馆藏数据，采集自互联网的数据，用户数据等，并且随着业务发展的多元化，数据种类和数量也在日益增加。笔者认为，联编中心依托大数据优势，从海量数据资源中提炼完整的、高质量的、高价值的信息与知识，用数据驱动业务增长，能够促进联合编目工作更快更好地发展。

参考文献：

［1］Python. The Python Tutorial［EB/OL］.［2019-07-08］. https://docs.python.org/release/3.7.4/tutorial/index.html.

［2］PyData Development Team. Package overview［EB/OL］.［2019-07-18］. https://pandas.pydata.org/pandas-docs/stable/getting_started/overview.html.

［3］Matplotlib development team. Matplotlib Documentation［EB/OL］.［2019-08-08］. https://matplotlib.org/3.1.1/index.html.

［4］Z00-DOCUMENT RECORD（DOC）and Z00H-DELETED RECORD［EB/OL］.［2009-04-30］. https://knowledge.exlibrisgroup.com/@api/deki/files/38403/Z00.pdf.

浅谈RDA Toolkit Restructure and Redesign（3R）的现状
——将IFLA-LRM引入RDA的3R项目

郑佳盈（上海图书馆）

2017年10月，国际图联批准公布了IFLA-LRM图书馆参考模型。这是一个新型的概念模型，也是FR家族系列模型（FRBR、FRAD和FRSAD）的统一版模型。IFLA-LRM的目标并不限于"记录"，而是为与描述书目实体有关的所有活动提供概念基础。IFLA-LRM是一个涵盖所有实体的总体模型，因此它消除了"书目信息"和"规范档信息"之间的传统障碍。但作为概念模型，IFLA-LRM并不打算直接应用于编目，它需要在编目标准中实施。最好的应用即在RDA和ISBD中[1]。

RDA作为AACR2的延续，在IFLA-LRM未公布前已能够满足全球数字信息环境的需求，但为了更好地应对IFLA-LRM的变化，RDA指导委员会2016年决定开展3R: RDA Toolkit Restructure and Redesign（3R: RDA工具包重建和重构）项目。3R将概念模型IFLA-LRM和描述标准RDA结合在一起，既汇集了RDA工具包的结构和一些必要、可取的内容，又扩展了个性化功能，力求实现现有研发实体、元素与LRM之间的兼容性。2017年4月，RDA TOOLKIT（工具包）进入休整期，停止对原网站的更新。2018年7月，RDA TOOLKIT BETA版发布。2019年4月，RDA指导委员会主席Kathy Glennar宣布3R进入稳定期。2019年12月推出其他语种翻译版，2020年2月发布官方版及网站[2]。

1 世界各国的RDA使用情况概览[3]

RDA作为3R的基础，经过近10年推广和应用已经得到越来越多国家的支持和使用。在2019年5月召开的RDA董事局会议上，世界各地区的国家代表对本地区的RDA使用情况进行了总结，也对存在的问题进行了交流。

目前，非洲地区，主要使用RDA著录的是南非地区，其他地区RDA的推广进度异常缓慢。主要由于当地土著语言较多，图书馆缺乏资金支持，网络访问不可靠，同时更加依赖于打印资料的原因。非洲地区RDA推广组织表示将从地理位置最接近南非的国家开始，然后慢慢向北推进。

而在相对发达的亚洲地区，中国则是RDA的推广情况最好的国家。但鉴于中国对于不同文种采用不同的编目标准，一种用于西方出版物，一种用于中文出版物，故RDA整体推广的辐射范围不够大。亚洲地区除中国以外，马来西亚也正在大量使用RDA标准编目。

拉丁美洲和大洋洲地区正成为RDA推广最活跃的地区。拉丁美洲的RDA推广工作正朝着区域化组织迈进，目前已成立拉丁美洲的RDA工作组。他们不仅仅局限于官方语言是西班牙语的国家，也试图将巴西纳入RDA使用的队伍中来。而在大洋洲地区，除了已经参与项目的澳大利亚和新西兰，其他岛国收效甚微。大洋洲RDA推广工作组正计划采取更直接的面对面教学方式推广使用。

欧洲地区和北美地区是RDA推广最得力的地区。欧洲地区已有27个国家参与，另有2个超国家成员也参与其中。EURIG（European RDA Interest Group，欧洲RDA兴趣组）和NARDAC（North American RDA Committee，北美RDA委员会）在RDA推广过程中发挥了巨大作用。但在推广过程中，欧洲地区也遇到了更大的挑战。由于欧洲有DNB及GND两大授权规范体系，如何使RDA数据遵循DNB的规范标准，如何遵循RDA规则的GND规范库开放给非图书馆行业使用均是今后将面对的重要问题。

2　3R: RDA工具包重建和重构的变化[4]

3R在原RDA TOOLKIT的基础上进行了大规模的调整。不仅体现在重建网页设计上，更体现在内容重构上。同时为了方便编目需求，3R还附带了应用程序配置文件。

2.1　重建RDA TOOLKIT网站设计

3R改进工具包界面，解决长期存在的问题，重构基础数据，提供高效可靠的工作流程和工具。在此次改变中，3R也尽量保留当前的RDA元素，删除与IFLA-LRM冲突或冗余元素。同时促进更多国际研发服务，原来RDA工具包提供8种语言版本，现有的RDA词汇表（全部或部分）提供18种语言。

3R也对元素的注释进行了调整，新增了元素说明。并根据编目员可能遇到的场景，提供了1个或多个著录选项，提供了更大的灵活性。最值得一提是3R的每个元素都可以通过四种表达方式：非结构化、结构化、标识符、IRI（国际化的资源标识）。四种表达可以相互整合，同时应用。非结构化著录主要针对关键字提取和索引；结构化著录主要针对规范档和术语控制；标识符著录主要关联相关数据库；IRI更多应用于语义Web和开放数据。例如person实体的表达方式为：

作品显示的作者名：Inés Arredondo

Unstructured（直接著录）：Inés Arredondo

Structured（人名规范档）："Arredondo, Inés 1928-1989"［BNE］

identifier for person（人名规范标识符）："32041488"［VIAF］

IRI: http://viaf.org/viaf/32041488

2.2　重构 RDA TOOLKIT 内容

3R结合了IFLA图书馆参考模型（LRM）中实体、属性和关系的内容，优先保证IFLA-LRM实体。为此3R新增了Agent（媒介），Collective Agent（集体媒介），Nomen，Place（地点），Timespan（时间跨度）。将关系归入13个实体类别，并且明确了13个实体的具体定义。同时修订了Person（人物）规则。例如：3R规定实体应为一个真实存在的物品或人，虚拟实体仅作为Nomen著录。

例如：

书名：Fantastic Beasts and Where to Find Them（Hogwarts Library Book）

作者信息：By（author）Newt Scamander, By（author）J K Rowling

由于Newt Scamander为书中虚拟人物，仅有J K Rowling作为Person（人物）著录，Newt Scamander作为Nomen著录。

同时，3R为了更易于实施操作，更小的"元素"被作为3R的组成单位。一个元素对应一个检索点。他独立于关系和属性，主要依赖于著录方法。更多的实体，就有更多的关系也就有更多的元素。每个元素在3R中都有自己的页面并且都有相似的结构，方便用户查找。3R共有13个实体，1700余个元素组成。

表1　3R的实体及元素

Entities（实体）	Element（元素）	Entities（实体）	Element（元素）
Work（作品）	388	Agent（媒介）	175
Expression（表达）	291	Person（人物）	85

Entities（实体）	Element（元素）	Entities（实体）	Element（元素）
Manifestation（载体）	282	Collective Agent（集体媒介）	34
Item（单件）	70	Corporate Body（法人团体）	84
Place（地点）	45	Family（家族）	46
Timespan（时间跨度）	54	Nomen（族名）	169
RDA Entity（RDA实体）	27		

此外，3R的另一大亮点在于应用程序配置文件（Application Profile），基于应用程序配置文件，可制定本地化的著录框架。同时提供更多选择，与本地化编目实践相结合，更好地与未来关联数据的应用融合。

3   3R: RDA工具包重建和重构的简单应用

3R对资源的描述仍基于实体、属性、关系图谱。每个属性都可以一对一或一对多表现。WEMI（Work-Expression-Manifestation-Item）模型虽不能从整体描述资源，但可以从作品层面对资源进行描述。

3.1   基于3R对单件作品编目应用

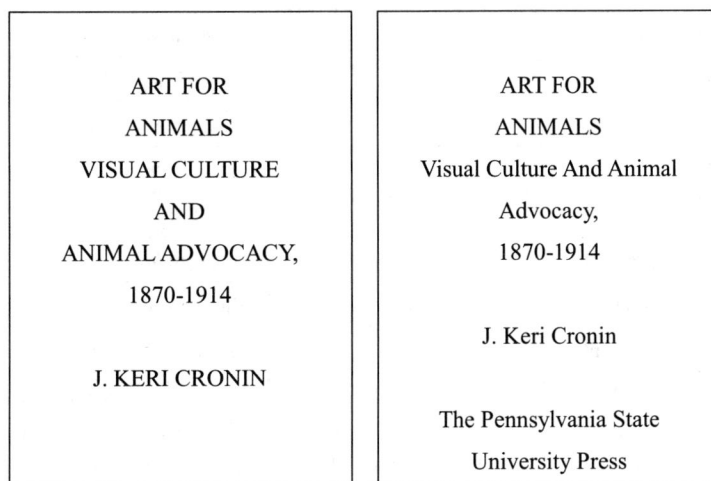

图 1   封面及题名页

用WEMI模型描述图1所示图书，样例如表2[5]：

表2　WEMI模型描述

RDA	Manifestation
Title proper	ART FOR ANIMALS
Other title information	Visual Culture and Animal Advocacy,1870−1914
Statement of responsibility relating to title proper	J.KERI CRONIN
Publication statement	University Park, Pennsylvania: The Pennsylvania State University Press, [2018].
Place of publication	University Park, Pennsylvania
Publisher's name	The Pennsylvania State University Press
Date of publication	[2018]
Copyright date	©2018
Series statement	ANIMALIBUS : OF ANIMALS AND CULTURES ; VOL. 12.
Title proper of series	ANIMALIBUS
Other title information of series	OF ANIMALS AND CULTURES
Numbering within series	VOL. 12
Mode of issuance	single unit
Identifier for manifestation	9780271080093 (hardcover)
Note on manifestation	Educate Them Artistically −− Bearing Witness −− Imaginative Leaps −− In the Public Eye −− Advocacy at Home −− Conclusion: What Might Be.
Media type	unmediated
Carrier type	volume
Extent statement	xii, 247 pages
Dimensions	24 cm
RDA	Expression
Content type	Text
Language of expression	English
Illustrative content	illuminations
Supplementary content	Includes bibliographical references and index
summarization of content	Animal rights activists today regularly use visual imagery in their efforts to shape the public's understanding of what it means to be 'kind,' 'cruel,' and 'inhumane' toward animals. Art for Animals explores the early history of this form of advocacy through the images and the people who harnessed their power.

RDA	Work
author person	Cronin, J. Keri (Jennifer Keri), 1973–
Preferred title for work	Art for animals
Subject	Animal welfare -- History -- 19th century Animal welfare -- History -- 20th century Visual communication -- History -- 19th century Visual communication -- History -- 20th century Animals in art
Related work Of work	No2012122674

3.2　基于3R对历时性作品编目应用

3R与IFLA-LRM一样，更为强调集合应用。各实体间的关系更为显性地体现出来，并可以对任一层级进行展开描述。通过WEMI模型，对一组历时性作品进行编目。即有多个WE（Work-Expression）存在于MI（Manifestation-Item）中。3R定义了3种aggregation（集合）类型[6]：

（1）Collective aggregate: 一般以丛书名为判断标准。

（2）Augmentation aggregate: 可用于同一作者同一题名的不同版本作品。

（3）Parallel aggregate: 不同语种的同一版本作品。

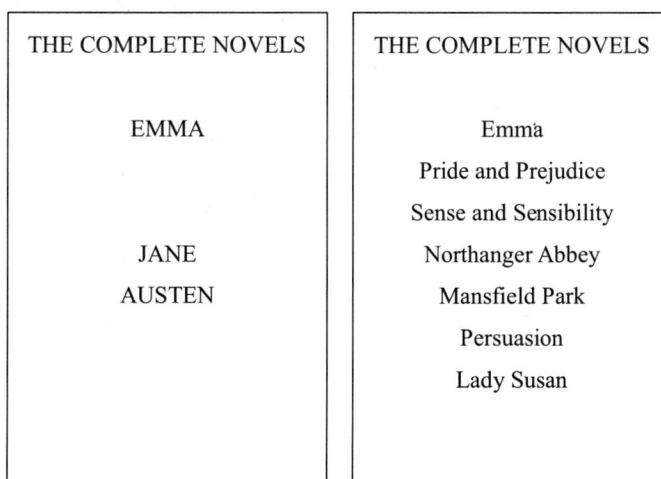

图2　封面及丛书内容

用3R模型描述图2所示图书，样例如表3[5]：

表3　WEMI模型描述

RDA	MANIFESTATION
Title proper:	The complete novels of Jane Austen
Statement of responsibility:	Jane Austen
Mode of issuance	mutiply unit
Expression manifested:	The complete novels of Jane Austen (Montlake Romance). Text. English
Expression manifested:	Austen, Jane. Emma. Text. English
Note on manifestation:	The featured motion picture includes English, Spanish and French dialogue; Spanish and French subtitles; English subtitles for the deaf and hard of hearing (SDH)
Writer of aggregate:	Austen, Jane, 1775−1817
RDA	**EXPRESSION**
for aggregates:	Austen, Jane, 1775−1817. Emma. Text. English
for "Emma":	The complete novels of Jane Austen. Text. English
RDA	**WORK**
for the aggregating work:	
Note on work:	This compilation includes Emma −− Pride and Prejudice −− Sense and Sensibility −− Northanger Abbey −− Mansfield Park −− Persuasion −− Lady Susan.
subject relationship for the general topic of all of the collected novels	England −− Social life and customs −− 19th century −− Fiction.
for "Emma":	
Note on work:	This work can be found in many different compilations, including "The collected works of Jane Austen" and "The complete novels of Jane Austen".
subject	Female friendship−−Fiction. Fathers and daughters−−Fiction.

4　3R: RDA工具包重建和重构的未来

4.1　推动BIBFRAME，兼顾MARC

3R将势不可挡的取代传统编目，RDA的推广也将更为深入。但只有在关联数据的环境下RDA才能完全实现，所以BIBFRAME非常重要。美国国会图书馆和其他17个机构也计划继续测试及试用BIBFRAME[7]。对于短期内无法转为BIBFRAME描述的情况，RDA也将更多考虑MARC格式的兼容性。RDA指导委员会将成立一个新的MARC RDA工作组，以处理对MARC在RDA转变成3R以后的格式变更。

4.2　规范档进一步提升

3R的四种表达方式并存进一步对规范档数据提出了更高要求。NARDAC（North American RDA Committee，北美RDA委员会）将首先加强作者规范档记录，探索将ISNIs（International Standard Name Identifier，国际作者标识标准）添加到作者规范档。同样需要接受挑战的是欧洲EURIG（European RDA Interest Group，欧洲RDA兴趣组），他们将尝试GND标准与维基媒体合作，以维基基地作为与其他社区合作的平台，将标准推广到非图书馆行业。

4.3　3R的全球化

3R的全球化推广也将是一个重要议题。EURIG对3R的应用程序配置文件（application profiles）有极大兴趣；旨在创建欧盟自身的应用程序配置文件。在2019年5月2至3日举行的EURIG会议上，也着重讨论了新的工具包和应用程序配置文件的翻译问题。而在目前RDA推广较为活跃的拉丁美洲地区，IFLA-LRM也正筹备西班牙语翻译版，同时也将相应增加RDA相关会议及培训内容。书目数据的著录已不仅仅是传统意义上的编目，而是经过概念模型（IFLA-LRM）、内容描述标准（RDA、ISBD）、著录标准（MARC21）、书目数据框架（BIBFRAME）等综合改变，逐步形成的资源描述与整合。从扁平的单件描述转变为树状的立体式描述。3R项目的开展也预示着图书馆书目资源描述与检索将有一个更加智慧的未来。

参考文献：

[1]GORDON D, CLÉMENT O. A model to link them all: IFLA LRM as a driver for harmonization of cataloguing standards related to serials and other continuing resources. Presented at IFLA WLIC 2018 Kuala Lumpur. library, 2018[EB/OL]. [2019-09-29]. http://www.ifla.org/2235/1/074-dunsire-en.pdf.

[2]KATHY G. RDA 3R Project-stabilization Phase[EB/OL]. [2019-09-29]. http://www.rda-rsc.org/sites/all/files/3R%20Stabilization%20Phase%20Glennan%20PCC%20OpCo.pdf.

[3]Outcomes and Actions from the RDA Board Meeting[EB/OL]. [2019-09-29]. http://www.rda-rsc.org/sites/all/files/Outcomes%20and%20Actions%20from%20the%202019%20RDA%20Board%20Meeting.final%2020190712.pdf.

[4]KATHY G. Evolution of the RDA Toolkit and its Impact on Catalogers[EB/OL]. [2019-09-29]. http://www.rda-rsc.org/sites/all/files/Evolution%20of%20the%20RDA%20Toolkit%20and%20Its%20Impact%20on%20Catalogers-final-rev.pdf.

[5] KATHY G. Demo Using the Beta Toolkit to Catalog a Simple Monograph[EB/OL]. [2019-09-29]. http://www.rda-rsc.org/sites/all/files/Demo%20Using%20the%20Beta%20Toolkit%20to%20Catalog%20a%20Simple%20Monograph%20Glennan%20PCC%20OpCo.pdf.

[6]Dipping into describing works with aggregating and diachronic plans using the new RDA Toolkit. Presented at CatSIG Professional Day Monday 16 August, 2018[EB/OL]. [2019-09-29]. https://describenz.squarespace.com/s/Dipping-into-diachronic-and-aggregating-works1808016_2.pptx.

[7]Outcomes and Actions from the RDA Board Meeting May6-8, 2019[EB/OL]. [2019-09-29]. http://www.rda-rsc.org/sites/all/files/Outcomes%20and%20Actions%20from%20the%202019%20RDA%20Board%20Meeting.final%2020190712.pdf.

中文编目工作的问题及对策思考

朱青青（国家图书馆）

1 中文编目工作的现状

文献编目是图书馆的基础业务，被认为是一项技能型的业务工作。编目工作的好坏，直接影响图书馆的书目数据质量，进而影响到读者书目检索的查全率和查准率。图书馆投注大量资源于编目业务，编目员疲于为源源不绝的馆藏文献编制目录，但目录实际被使用而展现出的效益却大不如从前。图书馆需要在编目成本与目录服务之间寻求新的平衡，评估编制的书目数据能否对目录服务提供有效支撑。因此，国内编目工作历经多年的发展，已呈现出编目社会化、业务边缘化的发展态势。

1.1 编目社会化

近年来，随着出版事业的蓬勃发展，采访和征集量逐年增加，明显已超出图书馆编目人力的负荷，许多图书馆为迅速提供读者文献服务，特将其部分或全部的文献编目业务委托书商或专门的编目外包公司处理。编目业务外包是图书馆面临文献积压、人员不足和经费紧张等问题时采取的一种管理方式，是对传统编目业务流程的丰富与发展。随着文献资源量不断地呈倍数增长，书目的编制已很难再局限由特定的少数人来负责完成，除了图书馆以外，出版社、书商和外包公司都已加入到编制书目的队伍[1]。编目业务外包这一管理模式，通过社会化运作，吸纳更多的社会力量参与书目建设，以实现编目成本的社会化，提高编目工作的自主性。目前，越来越多的图书馆引入社会化力量，编目业务外包呈现扩大化的趋势。

短期而言，编目外包很难看到理想的效果，会出现编目外包投入成本过高而效益不显著等问题。在与外包公司的前期磨合中，外包公司的资质、考核标准和所提供的数据服务是否能够提升用户满意度，方方面面的衡量往往都需要投入大量的管理成本。如遇外包服务商提供的数据质量不高，图书馆可能需要投入额外的人力和财力来挽救损失。但从长期来看，编目外包确实能够有效缓解体制内编目人力的不足，提高编目效率，节约编目成本。

编目社会化的发展进一步促使套录在编目工作中所占比重日益增加，由书商或者外包商提供的基础数据质量若有所提高，可将专业编目人员从重复和烦琐的数据录入等非核心业务中解放出来，有更多的时间和精力合理投入不同层次的元数据制作上，以及对文献信息的深度揭示、规范控制等技术性较强、有相对高附加值的工作中去。

1.2 编目业务边缘化

文献编目承担将文献、馆藏有序化的工作，曾是图书馆极为重要的核心工作。但随着图书馆将更多的人力和财力投入新业务，编目外包成为主流，知识组织和文献整序的效率下降，致使传统的编目业务逐步走向边缘化，给编目业务的发展带来较大冲击。胡小菁认为，进入21世纪以来，随着"机读目录+联机编目"的普遍化，编目工作在图书馆迅速被边缘化。她认为虽然表面上是编目外包造成了图书馆编目的困境，实际上即使没有外包，编目也将随着网络和信息技术的发展而走向衰落，这种趋势难以逆转[2]。

上海图书馆刘炜研究员认为，由于印刷术的产生使出版产业化，它扮演了知识贫民化、大众化的推手，使得图书馆以书为载体的组织不可能像以往那样追根溯源、考根究底[3]。刘炜阐述了编目边缘化的深层次原因，即编目工作还主要停留在对载体形态进行组织加工，图书馆越来越倾向于描述编目，而不够重视主题编目，编目工作变得琐碎繁杂、枯燥无趣，纠结于"鸡毛蒜皮的小事"。随着知识生产的批量化和工业化，编目工作所积累的知识组织经验因缺乏必要的技术工具，在速度和深度上无法根据知识的内容进行整序。编目员在自己的专业上倾向于越做越专深，越来越复杂[4]，可能只关注具体字段的选取，忘记字段的设计目的导致效率低下，很难满足用户需求[5]。

2 编目工作存在的问题

在编目工作社会化和边缘化的情况下，编目工作所面临的问题和挑战日益增加，重视程度不够、专业人员不足、编目质量下滑以及编目理念有待转变等。

2.1 重视程度不够

图书馆最根本的作用是对承载知识的文献资源载体进行收集与传播，促进知识的应用和转化[6]。文献编目使图书馆收藏的大量有形的和无形的馆藏得以有序化的管理，并为用户提供便利的检索渠道，使馆藏资源得到尽可能的利用。编目和编目员在为各级用户访问馆藏目录方面发挥着重要作用。文献编目在各馆业务建设中曾占据比较重要的位置。

随着编目业务外包成为主流，虽然编目部门依然是培养业务骨干的基地，但实际上编目工作受重视程度降低。图书馆更多资源被配置到新业务以及见效快的业务中，对编目工作产生了不可忽视的冲击。编目业务流程重组和编目业务外包等都造成大批岗位流动，不仅在编目质量上存在不确定性，也给编目人员情绪造成较大冲击。编目的主力逐渐转换为外包人员、劳务派遣、临时人员为主。正如美国古典目录学者伯格而言，对编目工作的轻视和忽视，使得一个世纪以来人们对编目工作的兴趣、重视以及为之花费的劳动尽付东流[7]。

2.2 专业人员缺乏

目录是图书馆服务的基石，一个好的目录是由正确且能提供翔实数据的书目记录累积而成，而编目人员的专业能力是影响书目记录品质的关键因素。甄选编目人员的条件和教育训练的方式也会影响书目记录的品质。

就编目员而言，需要具备特定的理论素养和操作实践才能很好地适应其岗位工作需要。从理论素养方面来看，编目员需要学习的内容包括：编目理论和工具；在书目系统中应用有关概念框架、标准与原则；元数据编制方法；了解索引和图书馆自动化系统。这些知识和技能构成了编目能力的基础。从实际操作方面来看，编目员需要掌握的知识包括在编文献类型知识、编目规则知识、对过去规则的理解知识。编目员良好的判断力在于能够权衡所有这些因素，当规则存有歧义或含糊不清时，也能基于规则的实质做出判断。而外包服务商所雇佣的专业编目人员比率偏低。编目工作外包时，由于外包公司人员变动频繁，以至错误率增高，并影响编目品质。所以，在当前编目工作边缘化的现状下，专业编目人员供应不足，缺乏稳定的编目队伍与人才储备。

2.3 编目质量下滑

编目质量受编目员的专业技能、文化素质和工作态度等多方面的影响。在编目社会化的大背景下，书目数据量庞大，编目工作更加繁重和艰难。图书馆将编目工作委托外包公司的目的是期望可以节省经费与人力，以提高工作效率与加强服务品质，但图书馆与外包商对于编目服务品质的认定有所不同，影响书目记录的整体品质。

外包人员每天完成工作量是编目员的数倍，其质量很难能达到编目员的水准。外包人员和不少编目人员只重视MARC，注意子字段的位置和标点符号的单双字节等，而不考虑目录的意义；只重视目录的形式，而不关心目录的目的，即如何让用户通过目录找到所需要的文献，如何最大限度地发挥在编文献的作用；学习规则时，只关注编目条款，很少考虑制订规则所想要达到的目的，只知其然而不知其所以然，难以解决编目实务的疑难杂症。

外包人员也不重视主题编目，普遍不懂标引规则，不会花时间分析主题，主题分类基本是照录在版编目（CIP）数据。由于主题词表和分类表是依据某些理论与规则制定的，掌握它们并熟练应用是不容易的，而分析和揭示文献的内容特征更是一件不容易的事[8]。编目人员对主题编目也普遍持"差不多就行了"的态度，实质上是不重视对文献的内容组织与知识组织，从而陷入一种恶性循环，使得编目工作沦丧为缺乏智力劳动的机械化流水式操作，这也是编目质量的瓶颈所在。

2.4 编目理念有待转变

编目不断发展的过程是图书馆不断利用新技术，使目录更方便用户使用的过程。随着图书馆进入全面数字化转型时期，图书馆的业务正在往以数据为主要对象的方向发展，从过去满足读者对于文献的需求，到现在满足用户对于内容的需求，到未来满足用户对于特定信息的需求[9]。传统的编目工作，专注于采集与作品的概念和其物理表现有关的信息，而这种单一平面的书目信息，已经不再满足用户的需要。图书馆若要提供更快捷、更优质和更深层次的目录服务，实现目录服务向纵深推进，需要转变编目观念。

胡小菁老师认为，文献编目的观念正在从数字化走向数据化。更新编目模型与规则的主要目的并非改变书目信息的内容，而是改变书目信息的表示与处理方式，尽管内容的改变有时也不可避免[10]。数据化使文献负载的内容和载体可以完全分离，书目可以是对任何知识单元的描述。数据化的发展方向要求编目理念从记录到数据、记录从完整到可选和数据从混同到明确。

现实的编目理念则是高度推崇遵照单一编目标准及本地惯例，喜欢书目记录高度一致，不愿意接受编目实践上的差异，排斥不同编目规则和不同完整级别的记录。编目工作追求并鼓励复杂和面面俱到，而不是适可而止。编目员花费较多时间来描述题名、责任者和出版者等取自哪里，书中有没有图、这样的图是否算作图，有没有小页码等，却很少以用户服务为出发点，从描述和揭示文献的整体角度来考虑如何妥善处理各种关系信息。如此不仅造成编目效率下降，也无助于目录功能的改善。对用户来说，直接和即时获取所需图书馆资源，比标准编目记录更重要，接受详略不同的记录比根本没有记录对用户更有利。编目更重要的价值在于对文献资源内涵的揭示，而不是对文献载体形式和特征事无巨细的描述。编目活动需要保持编目规则的一致性、数据的详简性和用户需求之间的平衡。

3 编目工作的应对之策

面对编目工作环境与组织方式的变化，越来越多的同行开始重新审视编目工作自身的价值，并积极在理论和实践中寻求解决方法[11]。我们必须既要有清醒而又深刻的认识，更要有积极的应对和主动的作为，厘清自身发展的脉络，对未来走向进行准确的判断。思考在编目工作中，我们一以贯之的指导思想与价值追求是什么；在信息组织和知识组织领域，我们有哪些不可替代的优势；面对相关行业的竞争，我们有哪些内在的品质，是我们赖以为继的资本，也是在应对挑战中应该强化的核心竞争力。

3.1 强化编目管理提升数据质量

编目的核心内容是编制能有序组织各种文献资源内容与形式的元数据，因此高质量的数据品质是编目工作者的立身之本，笔者认为提升编目质量至少可从以下几个方面予以实施：

第一，加强编目外包活动中的主体责任。《人民日报》曾发文表示，"服务外包，责任不能外包"[12]。既然编目社会化的趋势不可逆转，如何搞好图书馆编目业务外包，就是摆在图书馆领导和编目人员面前的一个重要课题。首先，图书馆要用发展的眼光全面评估编目业务外包，建立与外包服务商的友好合作关系。在保持友好合作的同时，通过合理和合法途径降低外包服务可能带来的风险。其次，规避风险还要靠制度建设，譬如如何罚款以约束外包服务商，减少财力的损失，并降低验收审校人力的耗损。图书馆须在合同中明确双方的权利和义务，制定有关管控编目品质的条文，对编目错误率等指标的明确限定，来保障自身权益。

第二，在定量管理方式下，编目工作应拥有容错思维。所谓容错思维是指绝对的精准不再是追求的主要目标，允许适当忽略微观层面上的精确度，容许一定程度的错误与混杂[13]。在编目领域，很多问题并没有绝对的正确与错误之分，而且越是编目员享有组织空间越大的环节越是如此[14]。编目质量的评价标准是用户能够找到图书馆拥有的所需文献，数据没有原则性错误，错误率低于某一特定值处于可控范围即可。

第三，注重编目的工作态度。编目工作虽然是专业性较强的工作，但编目的专业技能是可以学习的，这不是特殊的能力。态度有时胜于能力，即编目工作者对于编目目的的了解以及用户服务的同理心决定了编目成功的关键。编目人员需要适时关注用户的检索习惯，关注文献被最广泛利用的可能性。在编目时，考虑是否为在编文献提供了对用户有用的、充分和足够的描述信息、检索点以及与之相关文献的信息。

第四，鼓励编制核心级书目记录。编目社会化背景下，书目不再是某个编目人员的一次性成果，而是书目贡献者集体努力的结果。书目的体例及其详略程度应适当，使未见文献只见书目的用户，略知文献的内容与形式。编目时注重记录在编文献的独特之处，但不需要记录文献中所见到的一切。在满足用户需求的前提下，书目可以适当地，但并不一定是完整地揭示文献。对于追求编目质量，而又受到待编文献积压、削减编目预算压力的图书馆而言，采用核心级作为编目等级有很大的吸引力[15]。

第五，继续推进编目标准的完善和应用。图书馆应继续各项编目标准的修订与采用，以应对网络化的编目环境并维持书目记录的品质。我们仍应重视编目原则的重要性，落实各类型资源的整合查询，对图书馆目录发展提供建议，重视以作品单元编目的重要性，持续进行目录使用的相关研究。

3.2　推动跨行业的编目合作

近几十年来，我国联合编目工作得到了较快发展。全国图书馆联合编目中心和中国高等教育文献保障中心（CALIS）在促进业界共享编目成果方面发挥了积极的作用。但近几年来不少图书馆因限于经费、人力以及对编目工作的重视程度降低，未积极参与联合编目的共建工作，联编数据库内可供成员馆套录的优质记录有逐年下降的趋势。针对这种趋势，联编以图书馆为中心的自给自足的模式，已不适用今天的编目环境。我们需要探寻新的联合编目合作模式，如吸引更多的优质馆配商加入联合编目队伍，引导联编工作从共建共享到馆社融合和采编一体化的模式发展，创造多赢的局面与契机。

未来的编目工作应该在共同协作的模式下进行，在编目经费日益缩减的情况下，加强跨行业的书目合作及书目记录的共建共享，用最省力的办法完成最有效的工作。在书目产生的整个周期中，分为上游、中游和下游几个阶段，会有不同环节针对文献留下的元数据。书目的上游是与作者、知识的生产者和出版者相衔接；书目的中游是书目制作处理的核心区，主要由图书馆和书商等负责；书目的下游是用户。图书馆应积极寻求上、中、下游一体化的书目管理合作架构，建立图书馆与书商和出版界的协作模式，节约重复进行书目描述的人力，使得书目流程贯通知识生产的过程。一方面，考虑编目工作如何突破图书馆界MARC数据的限制，将CIP数据等出版环节的元数据进一步转换为图书馆可用数据。另一方面，图书馆还应积极介入出版、发行环节中的各项跨行业书目著录规则的制定工作之中，以提高跨行业编目共享的可行性[16]。

3.3　加强文献资源的整合揭示

当前，编目工作发展趋势从以编制线性书目记录为主，变革为揭示和利用资源中存在的各种关系，从而全面揭示文献资源内容和完整的知识体系为主。这将引发编目从平面化向立体化发展，从单一型向关联型发展。在这种趋势下，编目工作应根据文献利用人群对相应文献信息，以及跨载体形式和跨文献类型书目进行关联和整合，提升目录组织的知识导向性和服务性。编目员不仅应当熟悉传统文献的检索及使用，也要熟悉数字资源的使用，对杂乱无章或信息量庞大的资料进行有效整合，真正成为"知识的领航员"。因此有学者说："如今，书目数据走向开放关联的努力正是为了打破这堵墙，让图书馆以开放和包容的姿态走向数据网络，这对图书馆的书目数据和图书馆人均是一个巨大的挑战。"这就要求目录具备查询、聚合、协助辨识、选择、获取与导航的功能。具体来看要求：

第一，重视信息组织理论研究与实践创新。在统一的标准和体系下，扩大编目范畴，基于编目工作的专业性，开拓业务新领域，避免被边缘化。渗透到广义的元数据领域，为各类资源整合提供元数据基础，更好、更快地制作元数据，全面实现一站式资源发现和获取；以用户需求为导向，引入规范控制，建立各种元数据之间的关联关系，扩大图书馆元数据的应用范围[17]。

第二，大力组织推广规范工作。联合编目工作的开展有效实现了书目数据资源的共建共享，降低了成员馆及用户的编目成本，加快了书目数据发布的速度，提升了书目数据的质量，发挥了较大的社会效益和经济效益。而这需要通过提升规范控制工作社会化程度形成统一指导规范和标准来实现。目前，国内只有少数几家机构从事规范控制工作。那么，尽早出台统一规范的规则与细则，修订适应发展变化的机读规范格式，组织推广规范工作应该成为下一步联机编目环境下书目控制工作的重点。

第三，重构编目工作价值评估标准。数据只有在利用中才能产生价值。解决认识问题，转变编目理念，编目需要全新的开放思维。编目的作用不仅只是生成索书号用于排架，更重要的是主题揭示、分类标引和资源关联，为技术上实现索引界面的关联化、可视化提供精准和深度的元数据支持，便于读者查找、鉴别和利用资源[18]。在技术层面上，编目理念的提升和对信息组织和元数据系统设计的参与是编目员提高价值的核心所在。

3.4　创新编目的业务流程和管理模式

随着信息化、数字化的发展，编目业务流程正在向规模化（文献数量庞大和类型多样）、自动化、规范化方向转变。信息化环境改变了用户的行为与心理，也对传统的编目模式产生了巨大的影响。现在的编目模式，仍然是传统编目模式的延伸，已很难跟上用户不断变化的信息需求，很难满足新的业务形态。原本垂直型的管理模式已不适应当下的编目活动。为应对数字环境变化，编目业务模式和管理模式都需要跟随用户需求的变化进行改革调整，创新与之匹配的业务流程和管理，才能真正产生效益，彰显编目的价值。

首先，优化编目业务流程，提高工作效率。编目效率和目录利用效率依然是考核编目工作的重要参考指标。编目管理应从岗位设置、人力资源配备和业务流程设计等几个方面着手，更加细致严谨地规划工作流程，检视流程中每一环节所需的专业与人力，并预留调整弹性，让用户享受到即时的目录查询服务。另外，整个编目流程还应注重新技术的应用，通过自动化系统的基础架构与应用，将编目数据与更多不同领域的资源产生可被机器理解和处理的关联关系，达到不断增值的目的。

其次，编目政策应具有一定的前瞻性。编目理念的转变涉及管理和决策问题，还涉及数字资源部门、技术部门和参考咨询部门等，并非编目部门一己之力就能完成。在管理模式上，需要加强部门之间的横向业务沟通、和协作，形成新型扁平管理体系。在今后图书馆不断发展的同时，不仅采编部门设有编目岗位，其他相关部门应趋向于设立编目岗位，或通过这些部门形成用户对目录使用的需求反馈机制。

再次，实行以"任务引领、项目驱动"的管理模式。目前，图书馆对在职编目人员，大多实施的是高强度的定额管理，给编目人员留有业务成长的时间和空间有限，从事编目工作的意愿较弱。编目员不仅要埋头苦干，还需仰望星空。通过提升编目人员的项目参与度，可以在常规性的编目工作之外，提升编目人员的专业技能和核心竞争力。而从管理维度来看，应在考核模式中引入"任务引领、项目驱动"的理念。

参考文献：

[1]朱青青.FRBR化的应用现状及编目环节的应对策略[J].图书馆杂志,2017（2）:46-50,55.

[2]胡小菁.图书馆编目的衰落与转型[J].国家图书馆学刊,2015（6）:12-15.

[3]刘炜.图书馆职业的核心能力[J].国家图书馆学刊,2010（2）:32-37.

[4]王亚林.语义网环境下编目的发展与趋势[J].国家图书馆学刊,2015（6）:16-22.

[5]顾犇.图书馆管理、业务、科研之间关系琐谈[J].图书馆建设,2018（4）:28-29.

[6]夏立新,白阳,张心怡.融合与重构:智慧图书馆发展新形态[J].中国图书馆学报,2018（1）:35-49.

[7]罗伯特·伯特伯格.图书编目规范工作[M].熊光莹,译.北京:商务印书馆,1993:20.

[8]曹玉强.国家图书馆中文编目事业刍议[J].四川图书馆学报,2011（4）:43-45.

[9]朱强.图书馆资源建设的转型——以北大图书馆为例[J].上海高校图书情报工作研究,2017（3）:
5-12.

[10]胡小菁.文献编目:从数字化到数据化[J].中国图书馆学报,2019（5）:49-61.

[11]第五届全国文献编目工作研讨会在河南洛阳召开[EB/OL].[2019-07-26].http://www.lsc.org.cn/
contents/1179/1084.html.

[12]肖家鑫.服务外包,责任不能外包[N].人民日报,2014-06-27（12）.

[13]李广建,江信昱.论计算型情报分析[J].中国图书馆学报,2018（2）:4-16.

[14]毛凌文.编目员的歧路[J].国家图书馆学刊,2011（3）:25-28.

[15]胡小菁.书目记录等级与核心记录标准的发展[J].中国图书馆学报,2003（2）:82-87.

[16]王洋.跨行业编目共享发展趋势探析[J].图书馆建设,2010（6）:51-53.

[17]第四届全国文献编目工作研讨会达成八项共识[EB/OL].[2019-08-03].http://blog.sina.com.cn/s/
blog_51c4ff170102w9h6.html.

[18]耿晓红.图书馆编目的边缘化与编目馆员的转型[J].大学图书情报学刊,2018（1）:62-64.

数据智能化要求下图书馆的转型及发展研究

巴怡婷（青海省图书馆）

1 数据智能化要求下图书馆转型的必然性分析

《公共图书馆法》指出：本法所称公共图书馆，是指向社会公众免费开放，收集、整理、保存文献信息并提供查询、借阅及相关服务，开展社会教育的公共文化设施。图书馆文献形式单一。纸质文献过多，电子文献比重较少，缺乏现代感。这对于正处在信息时代的市民来说，显然无法高度吸引他们的眼球、增强他们对图书馆的关注力。由于图书资源质量不高，降低了市民对图书馆的利用率。进入21世纪，中国图书馆的宏观发展趋势主要表现在以下几个方面：时代观念、网络结构、功能多样化、集约化产业、国际化等。从微观层面上说，图书馆将实现智能化、资源数字化、机构功能化、人员专业化、用户社会化和服务，从而实现图书馆深层次的发展，促进图书馆在大数据时代的转变。随着数据智能化时代的到来，中国图书馆业将进入一个新的发展时期。在21世纪，中国图书馆应该如何发展，是每个图书馆员都在密切关注的问题。从宏观角度预测图书馆事业的发展方向，从微观角度把握图书馆可能带来的具体变化，有助于我们明确进步的目标，找出21世纪图书馆发展的最佳模式，制定正确的发展战略，促进未来图书馆的质的提升。

2 数据智能化要求下图书馆的转型与发展

2.1 工作人员服务方式的转型与发展

数据智能化发展要求下，图书馆的转型和发展对工作人员的服务方式提出了更高的要求。图书馆工作人员的知识结构和服务模式是传统图书馆工作的两种基本形式，要真正实现图书馆员和书籍的结合。所以，图书馆员被视为簿记员、处理和整理人员，以及流通和阅读管理员。大部分人认为图书馆员对参考书目、分类学有一定的了解就足够了。传统图书馆的服务模式主要依靠出版机构出版书籍和期刊作为主要文献来源，书籍和期刊的分类和编目，即一次处理文件，主要是通过在文件的实质形式中加入单位形成目录、依靠目录为书籍和期刊提供流通服务。从传统图书馆到现代图书馆，其发展过程可谓是变革与转型的统一。其概念、组织结构、员工知识结构和服务政策都在发生变化，但图书馆满足信息资源有限性和用户无限信息需求的目的不变，通过信息资源系统的维护、开发、利用，促进人类文明的发展所有的图书管理员的责任。

2.2 图书馆职能的转变与发展

传统图书馆职能是非常丰富的，如保护人类文化遗产、发展社会教育、转移科学信息、开发智力资源。当前，图书馆发展的主要特点包括：利用计算机、打印机和网络管理图书馆的所有工作。图书馆的服务模式和信息载体将发生巨大变化，用户与信息之间的时间距离和空间将完全缩小。未来图书馆的概念不再是传统概念，而是电子图书馆、数字图书馆、智能图书馆等。此外，电子出版物以其独特的优势迅速发展，在图书馆资源中的比例不断增加。许多媒体文献，如CD-ROM和在线资源，也发展得越来越快。数字图书馆是一个超大规模的分布式知识中心，没有时间和空间限制。目前，国内数字图书馆的开发和应用有几个优秀项目：国家数字图书馆项目，中国科学院国家科学数字图书馆，国家科技图书馆和文献中心，高等教育资源保障体系（简称CALIS），中央党校系统数字图书馆。正如国家图书馆原馆长任继愈先生所说，目前，数字图书馆和传统图书馆的建设和发展应以"相辅相成，相得益彰"为原则。

终身学习社会的塑造也要求图书馆的质量有一个显著的提升，真正地形成人人学习的终身学习氛围。在未来的知识型社会中，图书馆不仅是人类文化的保护中心，也是知识教育和素质教育的真正中心。图书馆不仅可以收集丰富的信息和知识资源，还可以通过各种现代手段和方式获取和传播人们在图书馆内外需要的各种信息和知识资源，从而成为各年龄段和不同知识水平的人们的最佳选择。图书馆可以通过现代手段，在线提供远程教育课程，提供远程教育服务，成为终身学习和终身教育的中心。

2.3 图书馆读者服务工作的转型与发展

2.3.1 服务模式的转变

传统的图书馆工作中心不仅仅局限于收藏书籍且为读者提供图书阅读的功能，图书馆馆藏的布局和规模限制了读者服务的范围和水平。随着现代信息技术的发展，图书馆外部信息环境和内部商业机制发生了很大变化。在这一变革中，图书馆将真正实现从"以书本为基础"向"以人为本"的转变，即实现从"以图书为主"到"以读者为主"的转变。这种变化反映了读者服务已经从封闭变为开放，从静态变为动态，从单一变为多元，从被动变为主动。在激烈的信息竞争中，图书馆只有把全心全意服务读者作为自己的最高目标，才能在信息市场上立于不败之地，把工作从收藏书籍转移到读者，把"吸引读者"和"争取读者"作为重要内容。

2.3.2 服务对象的扩展

传统图书馆受地理因素和承运形式的限制。在信息时代，图书馆是由计算机和通信网络维护的图书馆的集合。每个特定的图书馆都是这个集合中的一个小分子。对于图书馆，任何在其网络系统中使用图书馆文献和信息资源的人都是他自己的读者；对于社会中的人，他既可以是图书馆的读者，也可以是其他或更多图书馆的读者。图书馆服务对象从区域化到社会化的延伸，反映了图书馆社会化从封闭到开放的发展趋势。

2.3.3 扩大服务范围

传统图书馆以书籍收藏为主要工作，读者服务范围仅限于图书馆作为特定场所。通过提供单一服务，满足了读者对文献的需求。在信息时代，有限的信息资源与用户的无限信息需求之间的矛盾依然突出。因此，最大限度地分享资源，从而最大限度地满足读者对信息的需求，已成为图书馆一直在努力的目标。随着远程通信技术和网络技术的应用，数字图书馆的建设正在蓬勃发展，特别是当图书馆与互联网连接时，读者将在许多信息服务系统中获得丰富的信息资源，如 DIALOG、OCLC 等。同时，图书馆使用自己的文献信息，如电子出版物、数字馆藏、特色数据库等，让更多的读者从中受益，从而实现真正意义上的信息资源的广泛共享。

2.3.4 服务内容的开发

传统图书馆的读者服务活动主要围绕印刷文献进行组织和实施，包括一些非书籍材料的开发和利用。随着大量在线数据库的出现，电子出版物的出版和传统馆藏的数字化转换，电子信息资源将成为信息时代图书馆文献信息资源的主体。图书馆读者服务的内容将逐步发展，从提供传统印刷馆藏到提供多元化的电子信息和广泛而深层次的信息服务。例如，读者无须通讨计算机终端，离开家就能访问图书馆。他们可以使用一个或多个数据库。他们可以在线复制原始文件，记录和打印相关信息。例如，图书馆可以 CD-ROM 局域网的形式建立参考服务系统，为读者提供参考书目。各种文献信息咨询服务，如索引、摘要等，可以通过连接互联网，联机公共目录查询系统等在线信息检索系统，为读者提供更广泛的外部电子信息资源服务。

2.3.5 转移服务重点

传统图书馆主要是提供图书借阅服务的，服务项目单一。在信息时代，图书馆读者服务工作的重点必须转向提供现代参考咨询服务的方向。这需要图书馆员摆脱过去接受读者咨询的被动模式，积极开展现代参考咨询服务。例如：帮助读者选择和使用数据库；帮助读者掌握复杂书目的检索方法；帮助读者制订研究计划，确定检索目标，并对复杂主题进行查询。图书馆可以通过网站主页来介绍图书馆资源、业务培训和常见问题解答等。以北京大学图书馆为例，它在新的主页上设立了咨询台，包括电子邮件咨询、实时问答咨询、常见问题解答、在线参考工具、主题导航等。

2.3.6 服务手段的发展

传统图书馆使用一般手动操作来开展面向商业的读者服务活动，如借阅和归还，进行书籍收藏。随着信息技术、海量存储技术、数据库技术、网络通信技术、多媒体技术和超文本技术在图书馆领域的应用，图书馆读者服务焕然一新，实现了基于交易服务的转型。依靠综合文献信息技术手动操作智能服务，如建立电子信息查询系统，方便读者在不同地方使用，从不同方式查询图书馆目录，预订和在线续订，使用图书馆服务器，通过电子邮件相互提交查询请求，并通过传真、邮件和其他方面提供全文文件服务，或通过复制、扫描，进行在线无纸化全文传送服务。即，根据读者的需要确定所需的信息范围和特征，并通过WEB自动将所需信息传递给用户。

2.3.7 服务功能的扩展

传统图书馆最基本的读者服务形式是向读者提供文献传递服务，包括一次文献借阅、馆际互借和复制，以及二次文献传递，如参考书目、索引、题名、摘要和其他参考工具。在信息时代，随着社会的发展和读者需求的不断变化，读者服务的社会功能也将向新的方向发展。图书馆不仅是文化和教育的场所，也是信息的聚集和分配场所。图书馆应为读者提供"多元文化信息服务"。"多元文化信息服务"不仅指图书馆开展的各种文化、教育和信息服务，包括文献传递服务，还提供餐饮和休闲等补充文化活动，方便读者阅读。

2.3.8 读者教育的变化

读者教育是图书馆读者服务的重要组成部分。传统图书馆读者教育的内容主要集中在传授文献利用和人工检索知识上。在信息时代，现代图书馆尤其是大学图书馆，应承担大学生读者信息素养教育的责任。信息素养教育包括信息意识教育、信息能力培养和信息道德教育。其中信息能力教育是关键。随着电子信息资源的增加和网络信息资源的引入，读者在现代信息环境中获取和利用信息知识的能力最为重要。图书馆实施信息素养教育的内容包括：信息基础理论教育，强化信息意识；多信息媒体的形式，特点和使用方法教育；网络知识和使用技术教育；计算机操作和用户的教育。

2.4 图书馆编目的转型与发展

在新媒体时代，随着网络技术的飞速发展，智能手机、平板电脑等移动设备已成为现代人日常生活中不可或缺的物资。在线阅读和掌上阅读也成为一种趋势。图书编目也应与时俱进，与新时代的发展保持同步。在新媒体环境中，公共图书馆的编目工作面临着新的挑战。公共图书馆的编目工作如何在新媒体时代更好、更快地适应趋势，发展到公共图书馆，编目员的工作是至关重要的。

2.4.1 完善管理体系，提升图书编目员素质

在新媒体时代，图书编目不仅包含编目规则理论，还包含计算机理论和新的网络知识。因此图书馆应该不断对管理系统进行完善。让图书的管理更为系统。在图书馆编目工作的管理之中，我们要不断地加强图书馆间的交流，实现资源共享。例如，编目规则问题上，每个图书馆都有自己的长期标准，因此可以建立一个管理组织，进行更多的实际调查，加强图书馆之间的交流，提出合理的计划，制定统一的编目规则。规则确定之后，可以实现分散的网络资源的整合，不再受地域和权限的限制，提高用户的使用权，以便他们能够在任何本地图书馆中找到联盟图书馆的所有信息资源，充分满足各个年龄段读者的需求，真正实现资源共享。

进入数据智能化发展阶段，应该着重对编目人员进行管理和培训，打造更为专业化发展的编目人员，同时应该对编目人员的发展等级进行评定，定期开展考试，不断提升编目人员的发展素质，并根据考试的成绩和是否满足等级要求，颁发编目人员资格证书，从而更好地实现对编目员的管理，实现编目员与时俱进地发展。《公共图书馆法》第四十二条指出，公共图书馆应当改善服务条件、提高服务水平，定期公告服务开展情况，听取读者意见，建立投诉渠道，完善反馈机制，接受社会监督。因此，我认为，应该着力提升图书馆编目员的专业化素质，促进编目工作的开展，增强工作的责任感和使命感。对图书馆编目工作人员加强培训和教育，展示新时代图书馆员的风采，对其业务能力和素质进行更新升级。

2.4.2 科学制定编目标准

大数据智能化阶段，图书馆的发展需要良好的法律环境和政策保障来统一数据编目，最终实现图书编目中的信息资源共享。当前，在图书馆编目发展过程中，依然存在不同的图书馆编目水平上的较大差异，难以满足图书馆发展的时代要求，因此，针对图书馆的编目发展问题，应该制定科学、合理的编目标准，保障图书馆的编目工作在科学指导下运行，制定规范的编目规则，统一编目标准，科学合理地整合信息和文献网络资源，严格遵循图书编目规则，确保编目成果的标准化和准确性，让图书馆的编目工作更好地运行。

2.4.3 更新编目对象，完善编目工作

数据智能化阶段，图书馆转型升级中的一个最重要的问题就是编目对象的更新和完善问题，当前，图书馆的编目工作中还是存在不同程度的问题，为了实现"信息组织"的完善，要不断更新编目对象，完善编目工作。但网络信息资源和传统的文献明显不同，所以编目员首先要解决机读目录格式这个问题，这就要求编目员不断的投身到网络数据的海洋之中，跳出本馆的局限性，以更为广泛的"互联网+"为背景主动去网海里探寻更多的信息，也更加注重用户的体验和反馈。

2017年7月之前，青海省图书馆使用卡片目录，而卡片目录排序复杂、检索受限、储存不安全等，已无法适用读者对文献资源的充分利用。而机读目录则具有检索入口多，一次输入多次使用、数据共享、联机编目、联机检索等优点，更能满足读者对文献的需求，也更适应于现代化图书馆工作的需要。现青海省图书馆使用的是文华图书集群管理系统，支持Z39.50检索与下载，2017年与全国联合编目中心签订网上书目数据服务协议书，可以免费使用深圳市图书馆馆藏书目数据和全国联编中心标准数据，是青海省图书馆编目工作者的福音，对提高编目质量、统一编目标准、缓解编目压力起到了积极的促进作用。目前，青海省图书馆的新书套录率为90%。

"互联网+"的快速发展，使得各行各业和信息技术的融合更为方便，图书馆在建设过程中，也要做到和信息技术的适切融合，免去市民选择图书的麻烦，增强市民的阅读兴趣，提升图书管理员的管理效率，真正地做到现代化图书馆、信息化图书馆。在新媒体时代，公共图书馆最重要的工作就是服务读者，作为公共图书馆最基础的工作，图书编目人员应及时分析问题，牢固树立读者服务意识。在编目工作中，要严格认真规范标准，确保图书编目质量，为读者提供良好服务，积极发挥公共图书馆的作

用和价值。

参考文献：

[1]许素文,牛金凤.简论图书馆的扩张[J].河北科技图苑,2003,16(2):75-76.

[2]高圆圆.新媒体时代编目员面对的挑战[J].河南图书馆学刊,2018(1):127-128.

[3]崔慕岳,张怀涛,代根兴.新世纪中国图书馆的发展趋向[J].郑州大学学报(哲学社会科学版),2000
(3):110-112.

[4]吕建辉.我国图书馆管理创新研究[J].图书与情报,2004(5):58-59.

我国电子图书采编模式调研及启示

卜冬雪（国家图书馆）

电子图书，作为文明和文化传载的重要工具，在互联网时代起着越来越重要的作用。2017年，中国电子图书市场实现销售收入54亿元[1]。而电子图书这种空前的繁荣使作为信息交流和存储中心的传统图书馆正面临深刻的变革，馆藏类型和结构正在发生巨大的变化。电子图书成为图书馆的重要馆藏，电子出版物与印刷出版物并存的局面正在形成，传统图书馆正在向电子图书馆、虚拟图书馆和数字图书馆的方向发展。

本文采用电话、座谈、网络信息追踪和文献调研的方式，调研有代表性的电子图书集成商、馆配商、电子图书代理商、传统出版社，并主要就其B2B领域的商业模式以及其资源揭示及与图书馆发现系统整合编目等进行调研。旨在了解我国电子图书市场的运营状况和销售模式后，提出对中文电子图书建设的想法，希望能为图书馆电子图书采购提供参考依据。

1 我国电子图书出版商总体情况

国内图书出版的主体是政府部门审批的584家出版社，2016年全国共出版图书41万余种，其中新版图书23万余种[2]。截至目前，国内绝大多数出版社开展了电子图书出版业务，超过95%的出版社均已开展了电子图书出版业务，开展电子图书业务的出版社超过540家[3]。

2 电子书市场现状

2.1 电子图书集成商

目前，在电子图书集成商方面，国内主要的运营公司仍然是北大方正阿帕比、超星公司、书生公司、中文在线。

表1　电子书集成商概况

	销售模式	收录特点	版权解决方案	电子图书产品特性
方正阿帕比[4]	以机构用户为目标市场，提供本地镜像和在线阅读的访问模式，电子图书提供按本遴选	在销电子图书达250万种，2006年后出版的新书占到70%，每年新增数量约12万种	以分成的方式取得出版单位的授权，作者授权由出版单位负责解决，目前已获得500多家出版社的授权	由排版文件直接转换，自有CEBX格式。可在线阅读，也可下载后离线阅读
超星公司[5]	兼顾机构用户和个人用户。对于机构用户，优先推荐使用在线阅读模式，同时也提供本地镜像服务	藏书量达260万种，年增量约10万种左右。主要以旧书回溯为主	优先获取作者的授权，先使用并预留适当比例的版税，目前已签约近35万作者、300多家出版社	扫描图书，兼有排版文件转换，自有PDG格式
书生公司[6]	以国内图书馆为主的机构用户，兼顾个人用户。提供本地镜像和在线阅读服务模式	藏书总量100余万册，其中全息版图书近40万册，每年增量有8万册，电子图书以2000年以后的新书为主	同时取得出版单位和作者的授权，通过为出版单位提供有关服务来换取授权，目前已有300多家出版社给予授权，同时拥有15万名作者的签约授权	排版文件转换，扫描图书
中文在线[7]	个人消费市场为主，兼顾机构用户	总量约10万种	采取"先授权，后传播"的方式使用数字版权，目前与国内300余家版权机构合作，签约知名作家、畅销书作者2000余位，拥有驻站网络作者超过40万名。所获的大部分数字版权都是独家授权	文本转换、扫描图书均有，以PDF、EPUB格式为主

北京方正阿帕比技术有限公司是方正集团旗下专业的数字出版技术及产品提供商，电子图书资源库是方正阿帕比数字内容资源的核心部分。在2000年就开始着手于电子书的开发应用。方正阿帕比自主研发的DRM数字版权保护技术，能够有效地控制非法传播，解决了之前困扰电子书发展的版权问题，打消了出版机构的疑虑，对于用户而言，不再需要担心版权纠纷的困扰。如今，方正阿帕比已与超过500家的出版

社建立全面合作关系，出版社应用方正阿帕比（Apabi）技术及平台出版发行电子书，并与阿帕比共同打造推出各类专业数据库产品。

超星公司成立于1993年，开发基于小波变换图像压缩技术的PDG技术。2000年超星公司创办"超星数字图书馆"品牌。2006年，完成战略重组成立集团公司，实现公司产品及服务的整体升级，为用户提供数字图书馆整体解决方案、图书馆纸质图书配送、知识深度搜索等立体式的全方位服务。

超星图书馆虽然存在版权隐患，但是庞大的图书数量和低廉的价格，却是它具有竞争力的优势所在。另外，在图书时效性上，它与其他图书库形成错位互补。超星的图书时效性差却成了它的优势之一，很多以前出版而现在难以找到的图书，在超星图书馆中却能轻易地找到，因而受到许多读者尤其是文史哲及经济管理专业读者的欢迎[8]。

北京书生公司1996年创立，是一家以技术起家的IT企业。该公司从事电子图书、电子政务、电子公文等业务。电子图书产品采用书生自主研发的SEP格式。值得一提的是，2010年底，依托SEP技术，书生美国公司（Sursen Corp）在加州硅谷正式成立，这也标志着书生正式踏上角逐国际IT市场的征程。

书生之家电子书库目前的图书量不大，但系统平台的功能却比较强大，再加上版权问题解决得较好，因此有着巨大的潜力。该书库因收录的教参考试类、计算机、英语及文学类的书较多较新，因此非常受高校本、专科学生的欢迎。

中文在线2000年成立于清华大学，以版权机构、作者为正版数字内容来源，进行内容的聚合和管理，向手机、手持终端、互联网等媒体提供数字阅读产品；为数字出版和发行机构提供数字出版运营服务；通过版权衍生产品等方式提供数字内容增值服务，形成"一种内容、多种媒体、同步出版"的全媒体出版模式。电子图书的主要目标客户为国内中小学图书馆，每年能提供新增数字图书5万种以上。中文在线还致力于通过与SP、移动运营商和手机厂商的合作，以最快的方式向手持终端用户提供数字内容，并在移动阅读方面取得了不俗的进展。在授权方面，提供有限时间授权方式，不提供永久授权。

2.2 馆配电子图书平台

传统纸质图书馆配商拥有大量出版社及图书馆资源，在瞄准电子图书市场后，蓄力进军，其"纸电融合""纸电同步"等理念对电子图书采购模式的转型变革有一定的推动作用，以下两家馆配商电子图书平台是其中的佼佼者。

2.2.1 畅想之星

北京人天书店有限公司创立于1998年9月，目前已经成为内地最大的民营图书发行公司和出版信息提供商，定位于为公共和高校图书馆提供专业化服务，服务范围包括中文图书、中文期刊、数据加工、专业图书策划，并为全国图书市场提供全面、及时的出版信息服务。人天书店与全国500多家出版社、200多家文化公司建立了合作关系[9]。

畅想之星馆配电子书于2014年开发，2015年开始全国推广，2016年正式进入销售阶段。目前平台上收录普通中文电子图书61万余种，以新书、文学、科技类为主，民国图书约14万种，古籍7万余种，地方志2万余种[10]。所拥有的数字资源服务（产品）以辅助纸本书出版品发行为出发点，面向团体用户进行产品行销的服务平台，突破以往纸本出版物在地域上的销售困境，以数字资源的服务形式为载体，通过数字平台营销海内外市场，增加纸本和电子出版物的采购机会。版权管理上非常严格，所有获得授权的协议书均展示在服务平台上。每本书的展示页面都可显示阅读次数、下载次数、荐购次数等，采购人员与出版方可实时获取销售报告，实现定期结算。

2.2.2 田田阅读

湖北三新文化传媒有限公司成立于1998年，总部位于武汉市东湖新技术开发区，是一家以馆配图书、教材、期刊、电子书、音像制品等各类出版物销售为主营业务，与全国1000余家供应商、2000余家图书馆建立了长期稳定的合作关系[11]。

云田智慧图书馆云平台于2017年上线，是三新基于"平台+应用+终端"的战略布局，面向图书馆相关用户推出的，通过汇聚各类资源，以平台为载体向图书馆用户提供一站式的资源和应用服务的云平台。目前，平台中田田阅读收录电子图书11万余种，学科侧重在化工化学、机械、建筑、材料、农业等，其中，化学工业出版的电子图书是其独家签约资源，图书数量达1.2万余种，致力于打造化工特色专区。同时平台设立教辅题库专区，资源量近4万种，重点是考研考博类，兼顾公务员、财会类、中小学、英语等各类考试需求[12]。

2.3 电子图书代理商

代理模式，指的是一种电子图书的定价模式。这个模式最先始于2010年苹果公司与五家出版巨头（哈珀·柯林斯、西蒙和舒斯特、阿歇特、企鹅和麦克米伦）签下的代理合同。在这种模式下，出版社拥有对电子图书定价的主权，而像亚马逊和苹果这样的零售商作为代理，则提取30%左右的佣金作为回报。此模式的出现是出版社为了获取对电子图书定价的控制权而产生的新的销售模式[13]。

在国内针对图书馆机构用户来说，真正的代理模式还未有尝试。图书馆服务读者的电子图书还是以平台提供商所提供的有平台支持的图书集成库为主，就如上节所提到的几家大型的电子图书集成商。而通常所说的电子图书代理商是指代理电子书库的资源提供商。

例如，汉珍数位图书股份有限公司[14]，该公司于1981年在台北成立，早期以国外原版书籍、微缩数据、光盘数据库为主，近年来则以电子出版品、数据库建设、数字内容整合与营销为主要业务项目。目前，其代理的中文电子书产品主要是古籍类产品。其代理模式是与资源提供者分成的模式。

另外，有些资源集成商也同时代理电子图书的发行销售，如方正阿帕比代理科学出版社的科学文库，同方知网代理的人民军医出版社图书数据库，北京智诚阅品文化传播有限公司代理的古今图书集成等。

在商务方案上，因代理产品多是自成体系、平台功能完整的成品，产品的销售模式自然受到资源提供者的制约，多采用代理提成的模式。

2.4 传统出版社

近几年，随着对数字出版业务发展方向的摸索和实践，出版业基本上对数字出版作为战略性产业发展方向达成了共识，大多数出版社已经在年度业务规划时将数字出版作为社内重要的业务发展方向，并制定了数字出版业务发展的年度策划和规划，有的已经形成了任务指标。同时，越来越多的出版社加大了电子书出版力度，并在社内逐步形成数字出版机制，如社会科学文献出版社，已开发出皮书数据库、列国志数据库等，并将其成功推向市场。有越来越多的出版社实现电子图书与传统图书的同步出版，并成立专门的部门或者机构开展数字出版业务，如外研社、中少社等。出版集团成立数字出版公司，独立经营电子图书业务，如四川出版集团、浙江出版集团等。同时从调研中，我们可以发现以下情况：

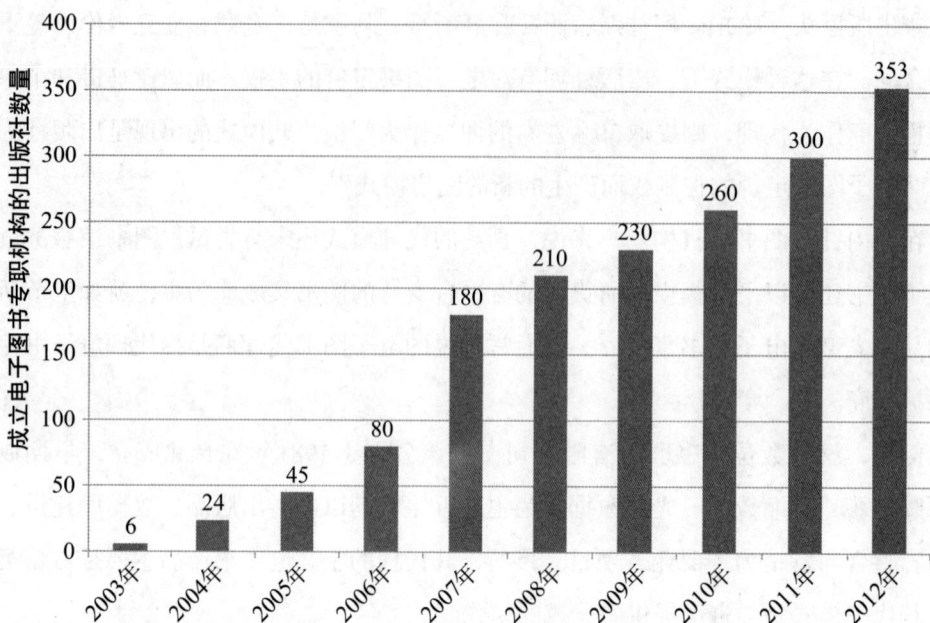

图1 2005—2012 年国内出版社电子图书出版专职机构设立情况[15]

2.4.1 出版单位自主研发能力不足，多与数字出版技术公司合作推动业务发展

目前，在新媒体、新技术的推动下，全球出版业正在经历一场深刻的数字化转型。然而出版单位和新闻单位自主研发数字出版技术的却很少。这主要是由于新闻出版业多年从事的主要是内容生产，传统的编审校已经成为传统的习惯性工作。出版单位的人才培养和资金投入都集中到业务方向上，对于技术的研发投入和积累都非常少，仅有的技术人员也多半是负责公司的信息系统建设，对于与出版业相关的高新技术研发严重缺失规划和投入。因此，出版社积极同数字出版技术公司合作搭建数字出版技术和服务平台，注重利用新技术来推动和夯实新的业务方向。

2.4.2 电子书依托数字复合出版技术将大大提升图书内容价值

各家出版机构基本上都在加快数字化进程，积极探索新的出版方式。其中，数字复合出版方式为业界广泛关注。图书一方面以传统方式进行纸质图书出版，另一方面以数字图书的方式通过互联网、手机、手持阅读器等终端数字设备同步出版，从而带来图书版权价值最大化和信息传播广泛化。同时出版、同时营销、同时获取回报，对于出版业的发展有着积极的意义。

2.4.3 移动阅读成热点

新型移动终端的兴起和普及让随时随地阅读成为可能，手机已经成为众多用户读书的新方式。调研显示，手机阅读已经成为电子图书出版领域成长规模最快的盈利模式。然而，传统出版单位虽然拥有大量内容资源，但适合移动终端呈现、带来收益的内容还很有限。传统图书资源的数字化可利用率偏低，还需要出版社加强对新媒体的特性认识，提供的内容在选题策划与数据加工方面要更贴近市场需求。

2.4.4 提供元数据，配合图书馆资源发现系统及编目

中文电子资源编目主要使用CNMARC格式，其编目标准主要是国际图联（International Federation of Library Associations and Institutions, IFLA）世界书目控制中心和国际MARC核心计划颁布的《UNIMARC指南》。除此之外，还需要参考2004年出版的《中国文献编目规则（第二版）》第十三章、《文献著录（2010年）》第9部分"电子资源（GB/T 3792.9—2009）"以及中国国家图书馆内部出版的《电子资源著录规则和机读目录格式使用手册（2012年）》的规定[15]。

目前，针对电子图书编目，多数图书馆采用的方式是要求资源提供商提供元数据，整合到图书馆OPAC系统或自有的统一发现系统，而多数资源商也愿意配合完成相关对接工作。以中国国家图书馆为例，为方便用户统一检索，已采购的方正电子图书、畅想之星、科学文库等资源库，资源提供商都可根据图书馆的要求，提供元数据，包括相应的题名、著者、URL等字段。这些元数据一方面对接到馆藏目录检索中，用户在检索纸本图书时，若该书有电子版，就在检索结果中直接显示在线阅读；另一方面将元数据导入"文津搜索"一站式发现系统中，用户可在图书馆全类型文献中直接查询到该书的电子版。不管是哪种方式，用户都可直接定位到具体书目，可见即可获取，而不用逐个登录数据库后再查询，大大提升了使用便利性。

3 对图书馆的启示

3.1 电子图书集成商的资源获取越来越有限

随着数字出版的发展和版权保护意识的加强，越来越多的大型传统出版社与资源集成商的合作越发谨慎。资源集成商以版权授权模式的合作方式所获得资源有限，大多为出版社的非核心资源，且图书时效性较差，多为一年以前的图书，合作模式越来越趋向于技术支撑型。若图书馆在电子图书建设方面还局限于和资源集成商的合作上，电子图书的品质、时效性和数量必然有所下降，整体馆藏也将受到影响。

3.2 电子图书代理商缺乏一定的价格竞争优势

从目前来看，电子图书代理商多为代理港澳台地区出版社的电子图书资源及传统出版社的成品电子图书数据库产品，虽然从售后服务上来看代理商具有一定技术和人员优势，但是从价格上来看，部分出版社的成品数据库从出版社直接采购更具有价格优势。

3.3 传统出版社大力拓展机构用户服务渠道

从调研的出版社来看，均集合其核心精品出版物，陆续制作面向机构用户的服务平台，甚至有些出版社已经制作出成品数据库面向市场推广和销售，例如科学出版社的科学文库、社科文献出版社的皮书数据库、人民出版社的党政图书馆、中国少年儿童新闻出版总社的中少快乐阅读平台、国家图书馆出版社的民国图书等。

同时出版社均表示愿意尝试与图书馆的合作，在保障双方利益的前提下，有以下多种合作模式可供选择：

3.3.1 版权合作模式

此合作模式的前提是图书馆已有开放的电子图书使用平台，在此基础上又可分为三种模式：版权买断模式，授权图书馆一定期限的版权使用；按量付费模式，根据读者点击量付费的许可授权模式；版权捐赠模式，部分出版社表示可进行部分图书一定期限的版权捐赠。

3.3.2 成品数据库销售模式

若已制作出面向市场销售的数据库可直接销售给图书馆。出版社提供镜像版永久授权模式或在线版服务租赁模式。

3.3.3 合作建设模式

根据图书馆的特色资源和具体要求，若与出版社出版选题相契合，部分出版社表示可合作开展专题库建设。

3.4 在电子图书元数据质量控制方面，传统出版社更具优势

传统出版社的强项在其内容生产，编审校工作有其深厚的历史积累，在书目数据的内容把控方面会更加准确，在元数据加工方面更有优势。

在我国数字出版产业迅速发展的背景下，电子图书数量巨大，质量良莠不齐。对图书馆而言，若想做好电子图书馆藏建设，就必须关注数字出版发展动态，切实提高对出版物的发现、甄别和采集能力。同时，图书馆应多与出版社沟通，多了解出版社的数字出版动态，从源头把握住图书数字出版的方向。在电子图书编目方面，目前做得还比较粗浅，要多了解前沿信息，将电子图书的编目工作做细做深。图书馆需要充分发挥自身的信息及服务优势，积极推动建立有利于图书馆的数字出版发展模式，尤其是建立健康有序的商务模式，从而谋求更灵活的发展空间。

参考文献：

[1]张立.2017—2018中国数字出版产业年度报告[M].北京:中国书籍出版社,2018.

[2]2016年全国新闻出版业基本情况[EB/OL].[2019-08-14]. http://www.sapprft.gov.cn/sapprft/govpublic/6677/1633.shtml.

[3]张立.2013—2014中国数字出版产业年度报告[M].北京:中国书籍出版社,2014:10-39.

[4]北京方正阿帕比技术有限公司[EB/OL].[2019-08-14]. http://www.apabi.cn/.

[5]超星读书[EB/OL].[2019-09-14]. http://book.chaoxing.com/.

[6]北京书生公司[EB/OL].[2019-08-14]. http://www.sursen.com/.

[7]中文在线[EB/OL].[2019-08-14]. http://www.col.com/.

[8]严大香.超星、书生之家及方正Apabi比较分析[J].晋图学刊,2004(2):34-37.

[9]北京人天书店有限公司[EB/OL].[2019-08-14]. http://www.rtbook.com/.

[10]畅想之星电子书[EB/OL].[2019-08-14]. https://www.cxstar.com.

[11]湖北三新文化传媒有限公司[EB/OL].[2019-08-14]. http://www.sanxinbook.com.

[12]田田阅读[EB/OL].[2019-08-14]. http://www.ytzhihui.com/platformweb/index.html.

[13]张婷婷,建忠.探析国外电子图书代理模式[J].出版参考,2012(22):40-41.

[14]汉珍数字图书股份有限公司[EB/OL].[2019-08-14]. https://www.tbmc.com.tw.

[15]金华.基于BIBFRAME 2.0的中文电子图书编目研究[J].图书馆理论与实践,2018(12):45-49.

浅谈文史资料的编目
——基于国家图书馆文史资料回溯工作实践

常　青（国家图书馆）

1　文史资料概述

1.1　文史资料工作发展历程

半个多世纪以来，人民政协文史资料工作已征集各类史料近80亿字，编辑出版50多亿字，构建起我国近现代史珍贵的"三亲"史料宝库[1]。具体分为以下几个阶段：

1.1.1　创建与奠基（1959—1978）

1959年4月29日，周恩来在全国政协茶话会上的讲话，标志着人民政协文史资料事业的开端。从1898年戊戌维新到1949年中华人民共和国成立，在半个世纪的社会大变动中，文史资料事业经历了中国近代史上两次腾飞。一次是辛亥革命推翻了清朝政府，结束了数千年的封建统治，实现了向共和国转变；再一次是共产党领导的新民主主义革命，彻底推翻了压在中国人民头上的帝国主义、封建主义和官僚资本主义三座大山，开始了由新民主主义到社会主义的转变。在这一时期，历史事件错综复杂，历史人物纷纷涌现。然而长年的战乱和社会动荡，历史文献不仅不完整，而且有许多失实或歪曲。要想弄清历史的真面貌，需要历史当事人和见证者的回忆加以补充和匡正。政协委员特别是60岁以上的委员，既有旧中国的军政要人，也有工商经济、科教文卫等方面的知名人士，经历过这个时期的重大历史事件，接触过重要历史人物，可以从各个方面回忆这个时期的历史细节。这是人民政协的优势所在[2]。1966年"文革"开始前，有18个省级政协先后成立了相应的机构，全国性文史资料征集工作初步展开。在此期间，全国政协文史资料研究委员会制定了文史资料工作的指导思想、原则、方法和史料征集规划，成立了文史专员室，召开了第一和第二次全国文史资料工作会议，编辑出版《文史资料选辑》《辛亥革命回忆录》。部分省级政协也编辑出版了文史资料选集，全国各级政协共征集各类"三亲"史料2.05亿字。"文革"开始后，文史资料工作基本停顿。

1.1.2 恢复与推动（1978—1988）

1978年，各级政协先后恢复工作，大力开展"三亲"史料的抢救和征集，文史资料工作出现了快速恢复和发展的局面。全国政协相继创办文史资料出版社、《纵横》杂志，出版《革命史资料》《工商经济史料丛刊》《文化史料丛刊》《文史集萃》《文史通讯》等，并在整理和研究的基础上编辑出版专题化和系列化史料；先后召开第三、第四和第五次全国文史资料工作会议，提出高举爱国主义旗帜、坚持实事求是的原则。1984年，倡导文史资料工作大协作，制订选题协作规划，全国各地协同运作，取得丰硕成果；另外，成立港澳台史料征集组，海外史料征集工作陆续展开。

1.1.3 开拓与发展（1988—2003）

1989年8月，全国暨地方政协文史资料委员会主任会议在北戴河召开。此后，我国全面开展工商经济、民族和海外史料征集，征集重点向社会主义建设时期转移，制订了征集出版协作选题规划。文史资料的专题化、系列化和全国性、区域性大协作继续蓬勃开展，其中最为重要、最有影响的成果是《中华文史资料文库》和《文史资料存稿选编》的编辑出版。

1.1.4 创新与繁荣（2003—）

进入21世纪后，文史资料工作不断与时俱进，出现了征集内容和出版形式多样化的新局面。2007年11月2日，全国政协文史工作座谈会在北京召开。贾庆林主席在讲话中指出："文史资料工作深深扎根于中国共产党领导的多党合作和政治协商制度的伟大实践，在人民政协事业的发展历程中发挥了不可替代的作用。"会后颁布了《政协全国委员会关于加强文史资料工作的意见》，进一步明确了今后一个时期文史资料工作的指导方针、原则、要求和任务。这是文史资料工作发展历程中的又一个重要文件。

1.2 文史资料的社会功能

（1）存史

存史是人民政协文史资料的基本功能。50多年来，全国各级政协征集出版的大量史料为史学研究提供了大量翔实、生动的第一手史料，在匡史书之误、补档案之缺、辅史学之证方面，具有独特作用。

（2）资政

各级政协充分发挥文史资料以史资政的作用，以多种形式参政议政，为社会主义经济、政治、社会和文化事业发展做出了独特的贡献。

（3）团结

文史资料工作坚持实事求是和"多说并存"原则，在爱国主义和社会主义旗帜下，以最大的政治包容性，客观公正地记述历史，受到海内外各界爱国人士的高度评价，促进了不同民族、不同党派、不同界别、不同人士的广泛团结。

（4）育人

文史资料是弘扬和培育民族精神的生动素材，在开展爱国主义、社会主义教育中发挥了重要作用。

1.3 文史资料编目的意义

文史资料是我国独特的"三亲"史料宝库，包罗万象涵盖政治、经济、工商、文化、科技、教育、社会、军事、体育和人物等方面。网络信息时代，著录信息的缺失和不完整，造成读者无法查找。国家图书馆收藏了大量的文史资料，如果不能很好地揭示其内容，就造成了这些资源的浪费。笔者以"文史资料"为关键词在国家图书馆中文书目数据库中检索，搜索到记录20339条（包括专著10068条、期刊10条、地方文史9973条）；以"政协文史资料"为关键词检索，检索到记录216条（包括专著134条、期刊0条、地方文史77条）①。2015年5月2日国家图书馆副研究馆员刘永梅以"文史资料"为关键词在国家图书馆中文书目数据库中检索，搜索到记录24254条（包括专著4350条、期刊32条、地方文史19213条）；以"政协文史资料"为关键词检索，检索到记录17456条（包括专著3747条、期刊15条、地方文史13694条）[3]。与其检索记录相比，以"文史资料"为关键词检索的记录减少了3915条，其中专著类增加5718条，期刊减少22条，地方文史减少9240条，可见文史资料的回溯编目工作，对于摸清家底具有重要的作用。

2　馆藏回溯工作概述

2014年因国家图书馆业务格局调整，古籍馆地方文献阅览室中的新方志及文史资

---

① 统计时间截至2019年8月1日。

料调整至总馆南区年鉴新方志阅览室提供服务。在调整过程中，年鉴新方志阅览室、地方文献阅览室需退库部分文献，由中文采编部负责核查处理。其中，正式出版的文史资料第一本入书刊保存库，第二本入中文基藏库，第三复本以后剔除；若有1992年以前出版的图书，再入一本基藏本。非正式出版的文史资料，第一、第二复本分流至年鉴新方志阅览室，第三复本及以后剔除。中文采编部著录的中文普通图书的类别标识符（$b子字段）为专著，而旧数据的类别标识符为地方文史。上文中提到的文史资料的地方文史条目减少9240条、专著类增加5718条，正是回溯工作的结果。

3 文史资料的编目工作

3.1 文史资料的查重

查重是文献采编中一项重要的工作，也是回溯整理工作中必不可少的环节。在计算机环境下查重，就是利用计算机强大的检索功能来查看在编文献的馆藏情况，并依据它来判定在编文献是新书还是复本书，或是馆藏文献的残缺部分，以及是否为再版书、丛书、多卷书等。查重工作需要耐心，也需要一定的技巧。提高查重的准确率，是保证书目数据质量的关键。高质量的查重工作可以使同种文献分类标准保持前后一致，从而避免"同书异号""异书同号"的现象，有利于确定疑难图书的分类号，使在编图书准确归类；同时还有利于发现和纠正数据库中的错误记录[4]。文史资料的查重尤为重要，因为地方文献阅览室、中文采编部的书目数据组或资料组，都有可能是文史资料的编目者。如果前期查重没有做好，就有可能出现重复数据。这也是近五年来，文史资料总条目减少的原因之一。合并重复数据，既给数据库减轻负担，又便于编目员和读者检索。查重需从题名、责任者、出版社多角度进行，由于内部资料出版形式的多样性和不规范，题名和责任者选取标准不统一。还有一些残书的封面、封底和题名页缺失，需要分析内容、提炼关键词，并转化成主题词和相应的分类标识，从分类和主题等角度进行查重。查重的过程，也有利于编目员确认手中的文史资料是该做多卷书还是丛书，有利于给出正确的主题词和分类号。

3.2 题名与责任者的选取

对文史资料的题名与责任者进行选取著录时，编目工作人员遵守《中国文献编目规则》（第二版）的规定，依次按照题名页、版权页、代题名页、封面、书脊、封底等先后顺序提取相关信息。文史资料书/刊名通常使用"文史资料""文史资料集萃""文史资料选辑""文史资料存稿选编"等字样，前面冠以地区名称的形式。但有些文史资料是两个地区合编。

例1：

200 1#$a平顶山文史资料 $h第七辑 $i耿谆与花冈暴动资料专辑 $b专著 $f政协平顶山市委员会文史委员会，政协襄城县委员会学习文史委员会编

304 ##$a题名页又题：襄城文史资料第六辑耿谆与花冈暴动资料专辑

有些文史资料分辑册号不在题名页，而在封面、版权页、书脊、封底或者前言、后记中。为了统一，也便于检索，均著录于200字段。

例2：

200 1#$a分宜文史资料 $h第四辑 $i林业篇 $b专著 $f中国人民政治协商会议分宜县委员会编

304 ##$a分卷册号取自封面

文史资料的责任者选取类似普通图书，一般将主编、编写、编著等作为主要责任者，其他的编辑、编等为次要责任者。

例3：

200 1#$a武汉文史资料 $h一九八八年第二辑（总第三十二辑）$b专著

314 ##$a主编：萧志华

314 ##$a封面题：武汉市政协文史资料委员会

文史资料起初为内部资料出版，有些出版格式非常不规范，正如上述图书的封面并没有责任方式，需要编目员自己判断添加。

3.3 文史资料的标引

3.3.1 主题词的顺序

因为回溯的文史资料来源于地方文献阅览室，由其自主采编，因此与我部门掌握的标准不同。旧数据多采用把地方作为主体因素，"文史资料"作为方面因素，进行组配标引，如例4。

例4：

607 ##$a建宁县 $y文史资料

或用非控主题词610字段，如例5。

例5：

610 0#$a 文史资料

610 0#$a 建宁县

而中文采编部编目因为"文史资料"该词具有学科属性，一般作为主体因素，地名作为次要因素组配标引，如例6。

例6：

606 0#$a 文史资料 $y 建宁县

3.3.2 主题词的选取

文史资料的总主题，都是"文史资料"加地名组配标引。分主题有时比较难判定。

例7：

200 1#$a 乐平文史资料 $h 第十辑 $i 乐平西进同志专辑 $b 专著 $f 中国人民政治协商会议乐平市委员会文史资料研究委员会编

例7中并不只是西进同志一个人，而是乐平很多年轻人参军参干，向西去往贵州等地。所以分主题为606 0#$a 中国青年运动 $y 乐平。由于新中国成立初期的文史资料，政治敏感性和年代感很强，所以需要特别注意用词的准确性，以免造成读者理解的偏差和，分类号错误。

3.3.3 地名的变迁

中国历史悠久，很多地方不同时期有不同的名字，新中国成立后也经历过行政区域的变更。文史资料的标引需要分清该地所属行政区域，以及当前地名是什么，尽量使用《中国分类主题词表》中相应的入口词和地区升级后对应的类号。

例8：

200 1#$a 长乐文史资料 $h 第一辑 $b 专著 $f 中国人民政治协商会议福建省长乐县委员会文史资料工作组编

606 0#$a 文史资料 $y 长乐

610 0#$a 长乐区

690 ##$aK295.71$v5

例8中主题词长乐县用长乐是《中国分类主题词表》中相应的入口词。1994年2月18日撤销长乐县，设立长乐市；2017年11月6日，长乐撤市设区。由于长乐区不是入口词，增加610字段。

例9：

200 1#$a浔阳文史资料 $h第一辑 $i名人与浔阳 $b专著 $f中国人民政治协商会议九江市浔阳区委员会文史资料委员会编

606 0#$a（区）城市 $x文史资料 $y九江

610 0#$a浔阳区

690 ##$aK295.64$v5

例9中浔阳区不是入口词，用所属地级市九江，还需标引为（区）城市。

3.3.4 分类号的更改

文史资料的旧数据大部分都标引为K250.6下属各类，其为《文史资料汇编》，各省市文史资料入K291/297。我们回溯的大部分文史资料皆为地方文史资料，所以几乎所有的分类号都需要更改。

3.4 责任者规范名称

名称规范的责任者名称要按照《中国文献编目规则》（第二版）规定著录，712字段不能照录200字段的责任者名称或者210字段的出版发行者名称。

例10：

200 1#$a抚州市文史资料 $h第二辑 $b专著 $f中国人民政治协商会议江西省抚州市委员会文史资料研究委员会编

210 ##$a抚州 $c抚州市政协文史资料研究委员会 $d1991

606 0#$a文史资料 $y抚州

712 02$a政协抚州市委 $b文史资料研究委员会

从例10中可以看出，文史资料的集体责任者是中国人民政治协商会议全国委员会以及各地政协机构。各地政协机构以简称"政协"及各级委员会名称为标目，同时应将行政区划加"政协"的名称形式作为单纯参照[5]。

文史资料是文献资源建设的重要组成部分。随着时代的发展，文史资料已经由最初的内部发行改为了公开发行。成为正式出版物可以方便广大读者检索使用文史资料。如果由于编目的缺憾使大量文史资料不能被准确地检索到，不仅影响读者使用，也将影响图书馆服务质量的提升。国家图书馆文史资料回溯工作已经默默开展了五年，规范的、完整的书目数据陆续代替了不准确的、残缺的书目数据。普通的图书编目员们为国家图书馆的馆藏资源建设默默奉献着自己的力量，我们也希望能够通过努力使文史资料"存史、资政、团结、育人"的社会功能得到最大程度的发挥。高素质的编目人员是数据质量的根本保障。编目人员要树立良好的职业道德和工作态度，强化质量第一的意识。回溯的文献多为旧文献，布满灰尘和螨虫，回溯编目人员要用积极的心态对待工作，要具有不怕吃苦的精神、认真踏实的工作作风和良好的工作责任心才能保证做好编目工作。另外，拥有一支稳定的编目队伍，保持工作的延续性，对于编目、查重经验的积累和总结都有很大益处[6]。

参考文献:

[1]黄森,刘琦.文史资料工作概述[M].北京:中国文史出版社,1992.

[2]闻世轩.人民政协文史资料工作发展历程(一)[J].政协天地,2012(7):33-33.

[3]刘永梅.浅谈图书馆文史资料的编目工作[C]// 国家图书馆中文采编部.编目:核心能力与挑战——第四届全国文献编目工作研讨会论文集.北京:国家图书馆出版社,2015:253-258.

[4]王晓凡.网络环境下计算机编目查重工作之我见[J].图书馆学刊,2010(4):55-56.

[5]国家图书馆《中国文献编目规则》修订组.中国文献编目规则[M].2版.北京:北京图书馆出版社,2005.

[6]刘永梅.民国残本回溯查重问题探究——以国家图书馆馆藏数据为例[J].国家图书馆学刊,2012(4):35-39.

日本国立国会图书馆书目工作介绍分析

陈 瑜 冷 熠（国家图书馆）

日本国立国会图书馆（以下简称"国会馆"）是日本的国家图书馆。根据《国立国会图书馆法》第七条，制作日本国内发行的出版物以及国会馆收藏的图书目录、索引，并提供给国民使用，是国会馆的使命之一[1]。

国会馆网罗性采集图书、连续出版物等资料，并负责制作通过呈缴、采购、交换等途径收集到的出版物的书目数据，是日本全国书目数据中心，也是 ISSN 日本中心。国会馆认为：收集和保存的出版物不仅是要为当下的读者提供服务，还是需要传承给后世的宝贵文化资产。"日本全国书目"是全国代表性的书目，也是文化财产目录，具有重要意义。不仅如此，"书目"还是连接馆藏资料与使用者的桥梁，读者通过书目发现和使用资料。因此，国会馆非常重视书目的制作与提供服务工作。

1 日本国会馆书目工作相关情况

2008 年，国会馆书目部和采集部合并，成立了采集书目部，负责具体的书目制作、与书目相关的方针的撰写，以及提供书目相关服务等工作[2]。为了更好地共享书目相关的信息与交换意见，应对书目数据制作与提供相关的各种事物，2002 年，国会馆还组织了"书目调整联络会议"，与书目相关的机构（大学、图书馆协会、公共图书馆、图书馆流通中心、国立情报学研究所等）定期进行协议沟通，并每年发布一份会议报告[3]。

早在 2003 年，国会馆就制定了《书目信息改革基本计划》，提出 21 世纪国会馆编目以及提供书目信息服务的基本框架，指出书目信息服务的基本定位是通过编目，识别图书馆资源以及其他信息资源，以更好地利用这些资源[4]。2008 年开始，国会馆制定了一系列连贯的关于书目信息工作的发展方针，并按这些发展方针改进书目信息制作工作以及向外部提供服务。

1.1 2008年至今书目工作发展情况

1.1.1 《书目数据的制作·提供方针（2008）》

2008年，国会馆发布了《书目数据的制作·提供方针（2008）》，指出2000—2005年间国会馆书目数据业务及服务的发展方向。其中提到：书目数据在收集管理资料、制作标准数据及关联数据等方面有重要作用，需要满足内容标准化、高质量、范围广泛、容易入手、能灵活使用等条件。提出应将编目工作的范围从一般纸质资料扩大到地图、音乐资料、音像资料等，增加收录的数量，应探讨编写全国书目时如何处理网络信息资源的课题[5]。这个方针的重点在于提高网络时代书目数据使用的便利性，扩大书目的使用功能，以让更多的人可以使用。到2008年末，国会馆完成了NDL-OPAC的修改、用固定的URL表示书目详细页面、追加下载功能、用RSS提供杂志报道索引等工作。

1.1.2 《国立国会图书馆书目服务新发展（2009）》

2009年，为了对应"构筑能产生创造力的新知识、信息基础"的总体规划，国会馆对2008年的书目方针做了完善，制定了"《国立国会图书馆书目服务新发展（2009）》计划——今后四年的框架"（简称《新发展2009》），作为2009—2013年的发展方针。《新发展2009》总体目标在于让任何人都能在网络上自由使用书目数据，其中提出：为了满足新信息环境下越来越多非到馆读者的需求，需要开发新系统以及提供与新系统相匹配的服务[6]。根据这个发展计划，2012年1月的时候，国会馆完成了系统更新等工作。

1.1.3 《日本国立国会图书馆书目制作·提供新发展2013》

2013年，为了响应总体发展计划《我们的使命、目标2012—2016》，国会馆又制定了《日本国立国会图书馆书目制作·提供新发展2013》（简称《新发展2013》），指出下一个五年的目标为：制作让使用者能迅速、简易访问到的书目数据（包括规范数据以及杂志报道索引的书目数据），制作能适应纸质资料与电子资料各自特性的书目制作标准，构筑一元化的纸质资料与电子资源书目框架，扩大规范数据的制作范围以便于使用者高效准确的检索，提高书目的开放性以促进国会馆书目的国际流通。根据《新发展2013》的计划，国会馆开始重视电子资源书目数据的编制和应用，改进了《日本目录规则》（*Nippon Cataloging Rules*: NCR）。电子书籍、电子期刊的全国书目提供服务等也取得了很大的进步[7]。

《新发展2013》提出：要"制作能符合资料与电子信息特点的书目数据制作标准"。在参考《国际编目原则申明》（*Statement of International Cataloguing Principles*）、修订《日本目录规则》的基础上，国会馆与日本图书馆协会（JIA）目录委员会合作，制作了《日本目录规则2018年版》（新NCR），并于2019年1月7日公开发布。《日本目录规则2018年版》的特点为：①与FRBR等概念模型密切相关；②重视规范数据；③重视书目的阶层构造；④提高了机器的可读性；⑤充分考虑RDA的互换等[8]。

1.1.4 《日本国立国会图书馆书目制作·提供计划2018—2020》

2018年，国会馆又发布了《日本国立国会图书馆书目制作·提供计划2018—2020》（简称为《书目计划2020》），其中的"纸质资源与电子资源的一元化管理""建立适应网络环境的书目框架"仍是《新发展2013》提出的课题。《书目计划2020》提出在2018—2010年间，国会馆进一步强化书目数据的目标为：一方面为强化书目数据提供服务，措施包括制定《新日本目录规则》的细则、扩大规范控制数据及杂志报道索引的范围、把握新的书目框架的发展动向、促进书目数据的灵活使用；另一方面，要进一步强化书目数据的制作基础，措施包括加强职员的培训，灵活利用外部资源以及系统机能的强化等[9]。

1.2 书目数据的现状

1.2.1 书目相关统计数据

根据国会馆的统计，2016—2018年间，国会馆制作的各类书目数据数量如下表（括号内为更新的数据量）：

表1 2016—2018年国会馆书目数据制作相关统计[10]

	图书书目增加数量（件）	杂志书目增加数量（件）	报纸书目增加数量（件）	非书资料（件）	杂志报道索引	规范数据提供统计
2016年	173334	3107 (12986)	139 (572)	43987	362250 (23770)	1230700
2017年	163222	3021 (8863)	84 (499)	50059	358671 (114469)	1259205
2018年	158420	2102 (8760)	92 (392)	62599	345146 (12320)	1286309

1.2.2　书目数据的利用服务

根据《国立国会图书馆法》（1948年法律第5号）第21条第1项第4号的规定，国会馆向外界提供以综合目录为首的各种目录以及书目服务[11]。国会馆制作的书目数据通过OPAC等进行各种应用。制作的杂志论文、新闻报道的书目数据则制作成"杂志报道索引数据库"为使用者提供服务。

全国书目包括国会馆从全国网罗采集来的出版物书目，其中既包括缴送来的出版物书目，也包括通过捐赠、购买等方式采集的国内外日文出版物的书目（其中从书店能买到的一般出版物的缴送率为95%，还包括一些政府、地方自治团体等不广泛流通的资料）。出版物到达国会馆四天之后，国会馆就能提供新到图书书目，一个月之后就能提供完整的书目。全国书目无论任何人都可以使用，无须申请[12]。方式是通过国会馆搜索引擎NDL-Search，使用OAI-PMH获取大量DC-NDL（RDF）、DC-NDL（Simple）、SimpleDC（OAI-DC）数据[13]。国会馆在主页上登载了使用国会馆SEARCH的API功能以及将NDL-LIB下载下来的数据导入图书馆系统的详细方法[14]。

1.2.3　书目相关的出版物

从1971年开始，国会馆就有了书目数据的专门期刊《印刷卡片通信》。《印刷卡片通信》本来是作为国会馆与使用印刷卡片的图书馆之间的通信杂志而诞生的，到1989年3月，共发行了72期，之后更名为《全国书目通信》。《全国书目通信》从1989年10月第73期开始发行，到2007年5月发行到第127期。《全国书目通信》于2007年更名为《NDL书目信息通讯》，由国会馆采集书目部编撰，每年发行四期，内容为书目相关新闻、主题、统计数据等[15]。这些期刊记录下了国会馆书目数据相关的业务、外部交流等内容，也成为了解国会馆书目数据发展工作的详细资料。

2　国会馆书目工作的特点

2.1　以连贯的发展方针为指导

国会馆的书目工作在不同的阶段制定不同的方针，以这些方针为指导，分步骤、按阶段发展书目工作。新的方针在旧方针的基础上进行延续和升级，保证了书目工作的一致性和连续性。这些方针为国会馆不同时期的书目制作与提供服务工作规定了大的框架，指明了发展方向。

2.2 重视书目数据的外部服务

国会馆重视书目数据的提供服务。在发展方针中几次提出考虑使用者的需求，把使用者能迅速、准确找到信息作为发展规划的目标。通过国会馆的搜索引擎，或把书目制作成索引数据库的方式，让使用者使用书目数据的方式更加多样。

2.3 重视书目数据的开放性

为了让书目数据更好地为外界所用，加强日本书目的国际流通，国会馆在设计书目数据的相关系统时，注意考虑到数据的开放性，便利了使用者或机构下载使用国会馆的数据，增强了书目数据的外部流通性。

参考文献：

[1]国立国会图书馆法（昭和二十三年法律第五号）[EB/OL].[2019-08-09].https://elaws.e-gov.go.jp/search/elawsSearch/elaws_search/lsg0500/detail?lawId=323AC1000000005#139.

[2]国立国会図書館の書誌データの作成.提供の方針[EB/OL].[2019-08-12].http://dl.ndl.go.jp/view/download/digidepo_1000855_po_housin2008.pdf?contentNo=1&alternativeNo=.

[3]書物調整会議開催一覧[EB/OL].[2019-08-12].https://www.ndl.go.jp/jp/data/conference_list.pdf.

[4]横山幸雄.日本国立国会图书馆书目信息服务的方针与计划[J].国外社会科学,2004（9）:114.

[5]国立国会図書館の書誌データの作成.提供の方針（2008）[EB/OL].[2019-08-12].http://dl.ndl.go.jp/view/download/digidepo_1000855_po_housin2008.pdf?contentNo=1&alternativeNo=.

[6]国立国会図書館.国立国会図書館の書誌データの新展開（2009）—今後4年間の枠組み[EB/OL].[2019-08-12].http://warp.da.ndl.go.jp/info: ndljp/pid/8703998/www.ndl.go.jp/jp/library/data/pdf/houshin2009.pdf.

[7]国立国会図書館書誌データ作成・提供計画2018—2020[EB/OL].[2019-08-12].https://www.ndl.go.jp/jp/library/data/bibplan2020.pdf.

[8]「日本目録規則2018年版」序説[EB/OL].[2019-08-12].https://www.jla.or.jp/Portals/0/data/iinkai/mokuroku/ncr2018/ncr2018_--_201812.pdf.

[9]国立国会図書館書誌データ作成・提供計画2018—2020[EB/OL].[2019-08-08].https://www.ndl.go.jp/jp/library/data/bibplan2020.pdf.

[10]国立国会図書館.統計から見た書誌データ[EB/OL].[2019-08-12].https://www.ndl.go.jp/jp/data/

basic_policy/statistics/FY2016-.html.

[11]国立国会図書館. 国立国会図書館の書誌データの新展開（2009）—今後4年間の枠組み［EB/
OL］.［2019-08-12］. http://warp.da.ndl.go.jp/info: ndljp/pid/8703998/www.ndl.go.jp/jp/library/data/pdf/
houshin2009.pdf.

[12]国立国会図書館. 全国書誌データ提供［EB/OL］.［2019-08-12］. https://www.ndl.go.jp/jp/data/data_
service/jnb/index.html.

[13]国立国会図書館. 全国書誌データ提供－国立国会図書館サーチからの提供［EB/OL］.［2019-08-12］.
http://warp.da.ndl.go.jp/info: ndljp/pid/11043419/www.ndl.go.jp/jp/data/data_service/jnb/index.html.

[14]全国書誌データの特長と利用方法［EB/OL］.［2019-08-11］. http://warp.da.ndl.go.jp/info:ndljp/
pid/11043419/www.ndl.go.jp/jp/data/data_service/jnb/index.html.

[15]国立国会図書館. NDL書誌情報ニュースレター［EB/OL］.［2019-08-12］. https://www.ndl.go.jp/jp/
data/bib_newsletter/index.html.

RDA对中文编目的影响探析

邓玉祥（东莞松山湖图书馆）

1 引言

当今正处在一个信息技术高速发展的时代。随着互联网技术的不断发展，各种不同类型的资源载体和技术模型纷纷涌现出来。2010年，《资源描述与检索》（简称RDA，Resources Description and Access）颁布。2017年，IFLA（国际图联）相关工作组经过多年努力，正式发布国际图联图书馆参考模型（IFLA Library Reference Model）[1]。这两项新标准的出现，极大地促进了国内编目的RDA化普及，但对于这项极其复杂的系统性工程来说，这仅仅是万里长征的第一步。

1997年，IFLA正式发布《书目记录的功能需求》（Functional Requirements for Bibliographic Records, FRBR）。在此期间，RDA也开始研究修订。因此可以说FRBR的诞生为RDA的问世带来一定的推动作用。RDA以FRBR框架结构作为资源描述与检索的依据。这种多层次书目的结构为解决资源描述与检索之间的矛盾提供了一定的基础，从而改变了编目规则对于编目载体形态的限制，使RDA能更好地适应信息资源组织关系与获取方式上的新形态。RDA的发布使一种全新的编目规则能在大数据时代到来之前提前适应这种新环境带来的影响，对于在全球范围内实现信息资源组织的共享和互通有着巨大的推动作用[2]。

RDA自发布以来，对各国的图书馆编目工作带了一定的影响，我国在RDA的应用上也有了一定的进展。2017年，中国国家图书馆被英国图书情报协会（CILIP）选为RDA亚洲地区国家机构代表（National Institution Representative），任期三年（2018—2020年）[3]。目前，国际上已有多个国家图书馆参与研制RDA。中国国家图书馆参与RDA事务的管理工作，对我国的RDA全面实施工作带来巨大的推动作用，促使我国文献编目的工作逐步完善和国际化[4]。

2 RDA 与国内编目的关系

2.1 中文编目与编目国际化的关系

自 RDA 发布以来，编目对地区和语种方面的限制开始弱化，"英美编目条例"也不再是通行国际的唯一编目条例。RDA 不仅仅是以"英美"地区为主导的编目规则，它强调的是适用于不同国家和地区和语言的国际编目规则。大数据时代已到来，国际标准化已经成为世界各国的主流意识，而信息资源合作共享也已经越来越受各国的重视，呈现逐渐从区域共享变成世界共享的态势[5]。

我国在任 RDA 亚洲地区国家机构代表之前，就已经开始有图情机构研究和实施 RDA。上海图书馆早在 2012 年就着手研究 RDA，并成立 RDA 小组，制定出"西文RDA 编目规则"。2013 年，上海图书馆的 RDA 数据得到 OCLC 认可，并开始将 RDA数据上传到 Worldcat 数据库，成为我国第一家以 RDA 编目规则进行编目的图书馆[6]。国家图书馆在 2012 年举办"RDA 理论与实践"培训班，并成立负责小组来推进 RDA的研究和实践等工作。近几年来，该小组的业务工作有了很大的进展，2015 年制定RDA 国内发展规划，2017 年该项规则通过专家审议小组评审，至此，国家图书馆在外文资源编目工作中正式启用 RDA 规则[7]。

仅就编目规则的标准性而言，国际统一标准规范相对容易实现，但在现实社会信息资源交流活动中，信息资源往往带有一定的地域性原则和本土性习惯，这种本土规范往往容易与国际统一规范要求产生一定的差异，甚至连国内的国家图书馆、上海图书馆、CALIS（中国高等教育文献保障系统）这三大编目体系之间也会存在着一定的编目规范差异。我国的主要编目体系对中文编目仍存在一定分歧，在国际编目原则上对外文图书编目也存在着一定差异，这迫使我国在资源组织描述上及时引入 RDA 并进行推广和普及应用[8]。例如，在文献信息源选择方面，有的编目机构认为题名页为第一著录信息源，有的编目机构则认为文献版权页较题名页信息显得更加完整和准确。又如在版本项信息源上，有的文献在题名页上显示是修订版，但在版权页上显示却是第 1 版，这时候编目机构的倾向性选择不同就会导致编目数据的差异产生。在引入 RDA 后，可以通过 RDA 标准对信息资源描述的统一性进行揭示，而不是由编目机构或编目员主观意识去判断信息源的优先顺序，从而大大提高编目规范的统一性。

另外，RDA 在制定过程中，已经把它的国际通用性考虑进去，同时又能兼顾各个国家不同的文化背景而产生的差异，这是一种从单纯的编目规则到国际资源描述统一规范的进步，也是协调本地化与国际化文化背景差异导致的编目差异的重要手段。

2.2 中文编目与FRBR

FRBR自1997年实施发布起，国内图书馆对FRBR的研究就已经遍布在编目工作的各个角落。FRBR有一套完善的书目编制概念模型，这对制定符合FRBR的编目规则起着基础性的作用。如何全面实现FRBR化的编目工作是国内编目界面临的一项难题，而RDA的应用正好可以满足这一需求。RDA在编目结构上已经突破了传统编目在整体结构上的限制，突破了传统编目以资源类型为基础的编目规范，转变成以FRBR的书目编制概念模型为基础。这样的模式使得RDA可以简单地处理各种不同的文献类型，同时将不同文献资源的表现方式和描述方式进行区分，以达到RDA可以对多种不同格式的信息资源进行整合与共享的目的[9]。因此，FRBR是中文编目解决各种编目工作本土化、区域化、体系化等不同编目习惯的有效手段，中文编目进行FRBR化的方式可以借用FRBR的结构模型去改良中文编目工作，但要注意与国际编目界同行进行充分的沟通和交流，以保障中文编目规则在最大限度上与国际通用编目规则保持同步，也能保证中文编目工作在原有编目规则的基础上保持一定的延续性和稳定性。此外，直接应用RDA到中文编目工作的好处是使中文编目可以将各种不同类型的文献应用在同一个编目规则之中，实现资源描述的高度统一，从而避免国内各编目体系的不同编目习惯导致的编目差异。当然这种应用也要兼顾国内中文编目实际情况，在国际统一规则与本土化应用之间达到二者平衡的最大效应。

3 中文编目应用RDA的建议

3.1 主动接轨并顺应国际形势

在信息技术日益发展的今天，先进的信息技术越来越接近国际交流与合作，国际交流合作越来越讲究信息资源的互通与共享，信息资源的标准化建设同样是国际交流领域的重点。RDA项目从1997年开始研制，在2005年正式命名，最终于2010年正式发布，经历了13年。在这期间，RDA项目通过网络发布了相关草案和大纲规则，并收集各方意见，做到了制定工作的透明化和社会化。各编目机构也通过网络表达意见，最终使RDA研制工作达到一个新的高度[10]。我国中文编目工作由于各种因素影响，一直未能对公共图书馆和高校图书馆的编目规则进行高度统一，这不利于国内的编目形势发展，也不利于与国际编目规则接轨。RDA已经进入中国多年，我国编目界应顺应国际发展形势，改革我国的编目规则，努力促使RDA在我国编目界生根发芽，促使中国图书馆与国际图书馆在RDA应用上高度统一。

3.2 完善统一组织结构，促进升级编目规则

RDA从确立之初，就成立了联合指导委员会（RSC），RSC专门负责RDA项目的宣传组织、交流协调、编制修订和发布报道等工作，为RDA的顺利发布和实施发挥着至关重要的作用。2005年，联合指导委员会的成员机构增加到6个，除美国图书馆协会和美国国会图书馆，还增加了澳大利亚编目委员会、英国图书馆、加拿大编目委员和皇家特许图书馆与情报专业协会作为成员机构[11]。国内以往的编目规则制定领导组织机构往往具有一定临时性，即根据工作需要召集一批专家学者组织编制委员会，相关工作完成后该编制委员会便解散。这种方式不利于编目工作的后续修订与升级，也不利于与国际编目规则的接轨，因此，对于中文编目规则在RDA应用上的升级，也应该常设一个组织领导机构来组织实施编目工作的RDA应用。笔者认为，这个领导机构可以由中国图书馆学会下设的信息组织专业委员会或由其联合全国信息和文献标准化技术委员会来承担，成员单位可以包括全国各大公共图书馆、高校图书馆、图情科研机构等单位，全国性编目规则制定和完善领导机构的建立使全国编目规则的升级和修订等工作具备了先决条件。

3.3 注重时效和方法

RDA结构的新颖性和独特性决定了各国实施RDA都具有一定的要求，同时因为国内原有的编目规则、编目人员、编目系统具有一定的本土固化因素，要在短期内推进国内编目规则的完全统一，是极具挑战性的一项工作，除编目规则的制定，还需要举办大量的面向基层编目员的培训活动。对于新规则的使用，往往需要提前进行严密的测试工作，以确保这个新规则的可行性。如今我国的西文编目规则在应用RDA规则上已经取得了一定的成效，但是中文编目规则的RDA应用仍然滞后，因此国内把中文编目规则进行RDA化应用，是我们面临的一项紧迫又重要的工作[12]。

目前，国内的西文图书RDA应用已经在引领国内RDA应用步伐，这为下一步中

文编目规则的RDA化提供了宝贵的经验。此外我们还可以向国际上一些在应用RDA走在前面的国家学习经验，例如德国作为一个非英语国家，在RDA应用上有一定的成功经验，他们在保留本土编目习惯的同时，在RDA编目语言上采用德语，在资源描述责任者和文献的关系方面根据实际情况有所偏重，并非完全照搬RDA规则。我国在进行中文编目RDA的时候，也可以学习德国的成功经验和方法[13]。同时，我国在实施RDA的时候也要善于利用互联网作为平台工具。网络在编目中所起的作业越来越明显，网络开放平台有利于编目工作者进行信息资源的交流和互动，从而可以将各类编目机构的信息资源进行有机统一和整合。目前，国内联机编目系统的发展已经具有一定的成型，这大大促进了国内编目工作的开展，因此，国内应用RDA的措施可以在原有平台的基础上，同时开发系列的编目系统辅助工具，定制适用于不同需求的编目规则，最终实现不同编目系统和不同载体信息源的有机统一[14]。

3.4　强调RDA的用户第一和统一标准

《中国文献编目规则》自颁布实施以来，经过多年发展，已经在一定程度上引领着国内的编目规则方向。尽管公共图书馆界的编目规则和CALIS（中国高等教育文献保障系统）的编目规则之间仍存在一定的差异，随着RDA在国内应用情况的发展，这种差异将会慢慢减小甚至逐渐消失，由此可见，RDA的统一标准对国内编目界的影响意义是重大的[15]。2005年，《中国文献编目规则》第二版发布，修订后的中文编目规则仍然坚持编目规则的统一标准化和规范化，但略有遗憾的是，该次修订后的编目规则并未强调"用户便利性"的原则，这与国际图联（IFLA）在2003年发布的《国际编目原则声明》中强调的"用户便利性"的原则并未接轨。RDA在开头部分除了花大量篇幅阐述编目规则的原则外，还把用户需求作为编目规则的首要目标，这可以视为编目规则制定者在用户第一和统一标准方面所作出的重要举措[16]。2006年，由中国图书馆学会标引与编目专业委员会起草的《中国图书馆编目工作原则声明（草案）》中，最终确定编目规则的原则包括"用户至上""标准化"和"统一化"。这三项原则的确立，对于现有的国际编目规则和国内编目规则中未提及的都按照现有标准处理，这对于国内中文编目中各种没有完全统一的做法进行标准化统一，无疑是具有重要意义的[17]。同时，《中国图书馆编目工作原则声明（草案）》把"用户至上"列为编目原则的做法也是具有国内开创意义的，这是首次在国内中文编目中把用户实际检索需求作为编目原则。

我国文献编目标准化工作已开展多年，在这个标准化进程中，纵然已经取得了令人瞩目的成绩，一定程度上促进了国内文献资源编目的共建共享工作，推进了国际联机编目事业的发展。但我国文献编目标准化工作也仍然存在不足之处，例如统一程度不够彻底、统一标准不够规范，这主要体现在编目规则本土化对国际化统一标准原则的认同程度上。随着RDA在国内应用的深入，这一矛盾将有望得到缓解[18]。

RDA的重要特征之一就是完全抛弃了原有"英美编目条例"的限制，为求把RDA定义为国际通用的编目规则，这种做法是与国际图联的采用一个国际性编目标准的想法吻合的[19]。同时，对于中文编目规则来，RDA的出现也是中文编目规则融入国际编目规则进行统一标准化的契机。随着国际编目规则的统一化进程的推进，国际性的共建共享联机编目平台将越来越完善，国际信息资源将进一步得到有机整合，中文编目规则将借助这股东风，实现RDA"中文化"，同时吸收RDA的先进理念，继续摆脱国内原有传统分立类止的限制，把国内中文编目规则和西文编目规则进行统一。这恰恰符合前文中曾提到的"用户第一"的编目理念，逐步实现国内编目规则与国际编目规则的高度统一。

参考文献：

[1]胡小菁.国际编目标准现状与进展（2015—2017）[J].图书馆论坛,2018,38（6）:124-131.

[2]成全,许爽.馆藏信息资源组织的研究现状及发展趋势探析[J].情报理论与实践,2014,37（9）:137-141,144.

[3]罗翀.国家图书馆RDA本地化的探索与践行[J].数字图书馆论坛,2018（2）:2-6.

[4]王景侠.书目格式的关联数据化发展及其启示:从MARC到BIBFRAME[J].图书馆杂志,2016,35（9）:50-56.

[5]刘慧云,黄文霞,黄彬彬,等.开放获取时代的知识、信息和数据——第十八届"亚太数字图书馆国际会议"太数字图书馆国际会议息和综述[J].图书馆论坛,2017,37（11）:48-55.

[6]武婷婷,张文亮,彭媛媛.国内外编目规则制修订之比较研究[J].图书馆学研究,2016（15）:45-49.

[7]罗翀,蔡丹.国家图书馆外文书目数据RDA化改造刍论[J].国家图书馆学刊,2017,26（4）:85-92.

[8]霍晓伟.浅议《国际编目原则声明》的新变化[J].图书馆,2016（4）:19-22.

[9]力恺.《资源描述与检索》（RDA）的本土化——从日本制定新《日本编目规则》（NCR）谈起[J].大学图书馆学报,2018,36（2）:31-36.

[10]张秀兰.RDA对其它国际编目标准的继承与发展[J].图书馆论坛,2011,31(6):219-224.

[11]赵益民.国外主要国家图书馆的管理决策与实施研究[J].图书情报工作,2016,60(9):18-27.

[12]高红,胡小菁,张期民.中文RDA应用政策[J].数字图书馆论坛,2013(7):23-28.

[13]赵娜.德国目录格式变迁对CNMARC发展的启示[J].数字图书馆论坛,2018(1):30-34.

[14]YHNA T P S. Resource Description and Access in the Eyes of the Filipino Librarian: Perceived Advantages and Disadvantages[J]. Journal of Library Metadata,2018,18(1).

[15]MELANIE W, MYUNG-JA H, JUDITH D. Testing Resource Description and Access(RDA)with Non-MARC Metadata Standards[J]. Cataloging & Classification Quarterly,2011,49(7-8).

[16]DANA H. A Look at How We Got Here: RDA Implementation at Central ConnecticutStateUniversity[J]. Journal of Library Metadata,2014,14(3-4).

[17]王景侠.21世纪图书馆资源编目体系研究[J].数字图书馆论坛,2018(1):17-23.

[18]刘兹恒,孟晨霞.ISO和IFLA的图书馆标准规范体系对我国图书馆标准化工作的启示[J].图书情报研究,2015,8(1):4-11.

[19]胡小菁.文献编目:从数字化到数据化[J].中国图书馆学报,2019,45(3):49-61.

责任者的客观著录与检索点的选取

樊京君（国家图书馆）

责任者是指对文献内容进行创作、整理、加工等负有直接责任的个人或者团体。它是读者识别和选取文献的重要依据，也是读者检索文献的重要途径。本文结合编目规则和实际工作中遇到的问题，探讨责任者的客观著录与规范检索点的选取方法。

1 责任者著录的总原则

1.1 责任者的客观著录

根据编目规则，中文普通图书的题名与责任说明项主要依据题名页或代题名页所载的信息进行客观著录[1]。当无题名页时，代题名页的选取顺序为版权页、封面、书脊和封底，同时在附注项说明出处。信息源上未出现的责任者，无须著录。

1.2 检索点的选取原则

责任者检索点的选取遵循"充分性"和"数量适中"的基本原则。一方面，凡文献特征具有检索意义，都应尽可能提供检索点，以满足书目使用者从不同角度检索的需求；另一方面，检索点选取视著作的重要性和实际需要决定，选取数量应合理、适当。凡是著作的创作者，均应作为检索点；凡对著作的知识内容和艺术形式进行加工整理或再创造作者均应作为检索点[2]。

1.3 责任者的客观著录与检索点选取的有机统一

《中国文献编目规则》的第一部分是著录法，第二部分是标目法，二者的结合就是客观著录与规范控制的有机统一。客观著录原则是编目原则的基础，在此基础上才能尽可能减少编目员由主观判断造成的著录上的各种差异，而规范控制的意义是在文献标准书目著录基础上，为书目记录确定检索点提供各类名称标目（包括个人名称、团体/会议名称）和题名标目的规范形式，以产生完整的书目款目，并通过规范控制实现书目的检索功能与汇集功能，保证书目记录的查全率和查准率。

2　具体规则和样例分析

2.1　单独责任方式

（1）对著作的内容负有单独责任的个人名称应作为检索点，无论其名称以责任说明方式出现在文献中，或是通过考证所得。

例1：

200 1#$a郁达夫散文集 $f郁达夫著

701 #0$a郁达夫 $c（1896—1945）$4著

注：名称以责任说明方式出现在文献中，在701字段作为检索点。

例2：

200 1#$a万子亮绘画作品集

701 #0$a万子亮 $f（1962—）$4绘

注：通过题名考证的绘者，在701字段作为检索点。

例3：

200 1#$a赚钱利器 $e早餐创业实战手册 $f黄仲一著

701 #0$a黄军华 $4著

注："黄仲一"原名"黄军华"，选取"黄军华"为规范名称。"黄仲一"著录于规范数据的400字段。实现规范控制后，读者通过任何一个名称都能检索到相关书目。

例4：

200 1#$a鲁迅自传 $f周树人著

701 #0$a鲁迅 $f（1881—1936）$4著

注：鲁迅是文学家、思想家。原姓周，幼名樟寿，字豫山，后改为豫才，青年以后改名树人。生于浙江绍兴。著有小说集《呐喊》《彷徨》，杂文集《华盖集》《三闲集》等。解放前后都出版过《鲁迅全集》。鲁迅笔名有140多个，鲁迅是大家最耳熟能详的笔名之一。

例5：

200 1#$a风不止$f小西著

701 #0$a张桂芬$f（197?—）$4著

注：责任者笔名小西，本名张桂芬。

例6：

200 1#$a元汇医镜$f（清）敲蹻道人撰

701 #0$a刘名瑞$f（1839—1932）$4撰

注：刘名瑞是全真道南无派第二十代宗师。北京宛平人。字琇峰，号盼蟾子，别号敲蹻道人。

例7：

200 1#$aPython网络数据采集$fRyan Mitchell著

701 #0$c（美）$a米切尔$c（Mitchell, Ryan）$4著

注：外文原版影印版题名页上的责任者原名原样照录，在701字段用中文译名做个人名称规范。

2.2 分担责任方式

《中国文献编目规则》（第二版）规定：一部著作由多人以同一责任方式共同完成，三个或三个以下的分担责任者均应作为检索点。若超过三个，可选取第一个责任者或最具代表性的一个或多个责任者为检索点。各编目机构可视实际需要，在上述原则基础上对个人名称检索点选取数量做适当调整。在实践工作中，超过三个责任者时，一般选取第一个作为检索点。这种做法往往是基于工作量的考虑和联合编目的共建共享的需要。其实，检索点选取的越多，越方便读者的检索。《资源描述与检索》（RDA）的变化之一就是取消了"3"原则，给编目机构更大的灵活性。

例8：

200 1#$a集装箱运输管理实务$f刘徐方，梁旭主编

701 #0$a刘徐方$f（1978—）$4主编

701 #0$a梁旭$f（1981—）$4主编

注：分担责任方式为两个，每个责任者均作为检索点。

例9：

200 #1$a鲁迅全集$f王修鹏著

304 ##$a责任方式误题为"著"

701 #0$a鲁迅$f（1881—1936）$4著

702 #0$a王修鹏$4编

注：规定信息源所载责任方式有误，200字段应原样照录，并在304字段加以说明。7XX字段按照正确的检索点选择。著者"鲁迅"根据题名考证而来。

例10：

200 1#$a涅槃新生$e城乡统筹视角下采矿迹地再利用研究$f常江［等］著

304 ##$a著者还有：罗萍嘉、王林秀、冯姗姗、周士园、刘同臣

701 #0$a常江$f（1968—）$4著

注：分担责任方式超过三个，选取第一个为检索点；其他在附注项说明。

例11：

200 1#$a非洲及其离散民族的文化身份研究$f曾梅，（南非）Lungisile Ntsebeza著

701 #0$a曾梅$f（1960—）$4著

701 #0$c（南非）$a恩特赛博扎$c（Ntsebeza, Lungisile）$4著

注：封折作者介绍中有作者中译名尤格斯里·恩特赛博扎。

例12：

200 #1$a一指禅美容术$f盛德峰，盛德生编著

304 ##$a周德生，题名页误题：盛德生

701 #0$a盛德峰$4编著

701 #0$a周德生$4编著

注：规定信息源所载责任者有误，200字段应原样照录，并在304字段加以说明。7XX字段选择正确的为检索点。

例13：

200 1#$a艺术设计与色彩美学$f王斐然，黄贵良，王建学著

701 #0$a王斐然$4著

701 #0$a黄贵良著$4著

701 #0$a王建学（职业教育）$4著

注：分担责任方式为3个，全部为检索点。

2.3 混合责任方式

混合责任方式的著录与检索点的选取一般不超过四种。图书常用的责任方式有著、主编、编著、编写、编、撰稿、编纂、译、编译、改编、汇编、书、绘、插图、注释、校、口述、起草和整理等。同一责任方式的选取数量与分担责任方式相同。

例14：

200 1#$a瓦存室旧藏黄牧甫印章 $f黄大同编

701 #0$c（清）$a黄牧甫 $f（1849—1908）$4作

702 #0$a黄大同 $f（1949—）$4编

注：200字段著录时，作品的原著者按照规定信息源客观著录。有需要说明的在304、314字段说明。通过考证而来的责任说明，也可以选择为检索点。

例15：

200 1#$a公司法改革 $e公开股份公司法的构想 $e中日文对照本 $f（日）上村达男著 $g陈景善译 $g中国证券监督管理委员会组织编译

314 ##$a主编：刘兴强

701 #0$c（日）$a上村达男 $4著

702 #0$a陈景善 $f（1969—）$4译

702 #0$a刘兴强 $f（1954—）$4主编

712 02$a中国证券监督管理委员会 $4组织编译

注：混合责任者均可作为检索点。

例16：

200 1#$a康熙御书·般若波罗蜜多心经

314 ##$a版权页题：本社编

701 #0$c（清）$a康熙帝 $f（1654—1722）$4御书

712 02$a江西美术出版社 $4编

注："御书者"根据题名考证而来。"本社编"中的"本社"是指进行图书、图画、杂志、报纸和电子物品等有版权物品的出版活动的组织，是常设机构。该例中转化为"江西美术出版社"做检索点。

例17：

200 1#$a扯下对中国人的偏见 $e中、英、西班牙文对照 $f米格尔·萨撒托尼尔

（Miguel Sazatornil），玛丽亚·克鲁兹·阿伦所（Maria Cruz Alonso）著 $zeng

701 #0$c（西）$a萨撒托尼尔·拉维利亚 $c（Sazatornil Lavilla, Miguel Angel）$4著

701 #0$c（西）$a阿伦索·安托林 $c（Alonso Anlin, Maria Cruz）$4著

702 #0$a张晨 $4翻译

注：米格尔·安赫尔·萨撒托尼尔·拉维利亚（Miguel Angel Sazatornil Lavilla）西班牙阿拉贡省人；玛利亚·克鲁斯·阿伦索·安托林（Maria Cruz Alonso Antolin）西班牙人。西班牙人姓名常有三、四节，前一、二节为本人名字，倒数第二节为父姓，最后一节为母姓。一般以父姓为自己的姓，但少数人也有用母姓为本人的姓[3]。故检索点依据西班牙人姓名习惯规范选取。

2.4　区分丛书、多卷书的责任者

例18：

2001 #$a杜甫 $e他若笔落，便惊风雨 $f郭宏文，刘悦欣著

300 ##$a走近诗词品人生 / 邢万军主编

701 #0$a郭宏文 $f（1963—）$4著

701 #0$a刘悦欣 $4著

例19：

200 1#$a王维 $e且向山水觅深情 $f墨兰著

300 ##$a走近诗词品人生 / 邢万军主编

701 #0$a兰雪燕 $f（197?—）$4著

例20：

200 1#$a柳永 $e红袖翩跹，只为你泪尽而舞 $f孟斜阳著

300 ##$a走近诗词品人生 / 邢万军主编

701 #0$a孟斜阳 $f（197?—）$4著

注：上述三例的题名页上均出现了"邢万军主编"，但据该套书的多种著作可以分析出"邢万军"是"走近诗词品人生"的主编，故不应当选取为本书的责任方式。

例21：

200 1#$a知行墨境 $e当代中国画名家学术邀请展作品集 $i石齐

314 ##$a版权页题：于洋、赵伟主编

701 #0$a于洋 $4主编

701 #0$a赵伟$4主编

702 #0$a石齐$f（1939—）$4绘

注：主编是对全套书负责，应选为主要责任者；绘者是对本卷书负责，应选为次要责任者。

2.5 临时性机构

临时机构是为完成某项阶段性、临时性的工作而设置的机构。由于其目标具体和短暂，其任务是非经常性和不便于划归常设机构承担，故其存在的时间一般相对较短。在其所承担的工作任务完成之后，即行撤销。按照目前的编目规则，一般不作检索点。

例22：

200 1#$a中国民间歌曲集成$i江苏卷$f《中国民间歌曲集成》全国编辑委员会，《中国民间歌曲集成·江苏卷》编辑委员会［编］

711 02$a中国民间歌曲集成全国编辑委员会$4编

例23：

200 1#$a中国民间歌曲集成$i 江西卷$f《中国民间歌曲集成》全国编辑委员会，《中国民间歌曲集成·江西卷》编辑委员会［编］

711 02$a中国民间歌曲集成全国编辑委员会$4编

注：每卷的编写者均属于临时性机构，7XX字段不作为检索点。

例24：

200 1#$a精彩"十二五"辉煌支点路$f本书编委会［编］

注："本书编委会"属于临时性机构，200字段客观著录，7XX字段不作为检索点。

2.6 注释、改编作品的责任者

《中国文献编目规则》（第二版）规定：文艺作品经过改写和改编后，已成为另一种体裁的作品，首先以改写和改编者作为检索点，原作者视其对改编作品的影响大小确定是否作为检索点。在实践工作中，信息源上出现原著者时，会著录并选择作为检索点。

例25：

200 1#$a红楼梦$f曹雪芹，高鹗原著$g徐立京，李文庆编文$g（清）孙温绘画

701 #0$c（清）$a 曹雪芹 $f（1715/1724—1763/1764）$4 原著

701 #0$c（清）$a 高鹗 $f（1758—1815）$4 原著

702 #0$a 徐立京 $4 编文

702 #0$a 李文庆 $4 编文

702 #0$c（清）孙温 $f（1818?—?）$4 绘画

注：原著者出现在题名页。

例26：

200 1#$a 红楼梦 $f 石良改写 $g 周申等绘画

701 #0$a 石良 $c（文学）$4 改写

702 #0$a 周申 $f（1943—）$4 绘画

注：原著者未在信息源出现。

例27：

200 1#$a 红楼梦 $e 新概念连环画 $f 周锡山，杜清华文 $g 叶雄工作室图

701 #0$a 周锡山 $f（1944—）$4 文

701 #0$a 杜清华 $4 文

712 02$a 叶雄工作室 $4 图

注：原著者未在信息源出现。

2.7 责任者名称繁简字的选择

责任者名称在著录时，依据客观著录的原则；检索点选取时遵从名从主人的原则。

例28：

200 1#$a1.2.3. 木头人 $f 幾米［著］

701 #0$a 幾米 $f（1958—）$4 著

例29：

200 1#$a 布瓜的世界 $f 几米［著绘］

701 #0$a 幾米 $f（1958—）$4 著绘

注："幾米"本名"廖福彬"，台湾绘本画家，笔名来自其英文名 Jimmy[4]。在出版的众多作品中，书名包括"幾米""几米"。即使在简体中文版的图书中，责任者更多出现的是繁体字形式。笔者认为，按照"习见"的原则，应当选择繁体字形式。

参考文献：

[1-2]国家图书馆《中国文献编目规则》修订组. 中国文献编目规则[M]. 2版. 北京:北京图书馆出版社,2005.

[3]百度百科.西班牙人姓名[EB/OL].[2019-08-15]. https://baike.baidu.com/item/%E8%A5%BF%E7%8F%AD%E7%89%99%E4%BA%BA%E5%A7%93%E5%90%8D/8688837?fr=Aladdin.

[4]几米.百度百科[EB/OL].[2019-08-15]. https://baike.baidu.com/item/几米/18121? fr=Aladdin.

浅谈基于RDA编目规则的图书馆资源知识组织

冯　蕾（国家图书馆）

图书馆资源是图书馆的宝贵财富之一，是其开展业务、提供服务的基础。编目规则和知识组织都是对图书馆资源的揭示、整序和聚类，便于用户检索及获取利用。

数字时代，信息和知识飞速增长。图书馆资源的数量激增，类型多样化。尤其是不断涌现的数字资源，对其著录和检索提出了新的挑战。《资源描述与检索》（*Resource Description and Access*, RDA）是数字环境下，对资源著录和检索的新标准。

1　RDA概述

1.1　RDA发展

2008年11月由英国、美国、加拿大、澳大利亚联合编制的RDA最终评估版公布，并在征求意见后于2009年完成编制。2010年6月RDA以工具套件形式（RDA Toolkit）正式在网络发布，标志着RDA的正式诞生。世界各国积极投身RDA的研究与实践。RDA被翻译成多种语言。2013年3月31日美国国会图书馆启动RDA进行文献编目。这一天称为RDA的实施切换日。中国国家图书馆于2017年3月通过了NLC PS（FLR）[①]并同意采用RDA对外文文献资源进行编目。

RDA工具套件自发布以来，RDA指导委员会（RDA Steering Committee, RSC）通过修改和更新两种方式对RDA内容进行维护。2017年5月，FR家族概念模型统一版IFLA-LRM草案发布。在此之前RSC就宣布将依照IFLA-LRM对RDA进行更新，并命名为3R（RDA Toolkit Restructure and Redesign）项目，即RDA工具套件重构和重设计项目。更新期间，RDA工具包内容在2017年4月发布后冻结，不接受对RDA的改变建议。随着3R项目的进行，2018年6月RDA工具包测试版网站发布。在接受建议

[①]　全称为《国家图书馆外文文献资源RDA本地政策声明暨书目记录操作细则》。

和修改之后，又于2019年4月30日发布了RDA英文稳定版，包括取值词表、元素集、实体和元素章节、指引和资源章节。这是3R项目的重要里程碑。

1.2 影响RDA更新的主要因素

首先，IFLA-LRM的编制是RDA更新的主要因素。IFLA-LRM是RDA的基础。例如，RDA继承了IFLA-LRM实体的层级结构，并增加了新的实体。实体包括：作品（work）、内容表达（expression）、载体表现（manifestation）、单件（item）、施事者/行为主体（agent）、个人（person）、集体施事者/集体行为主体（collective agent）、团体（corporate body）、家族（family）、命名（nomen）、地点（place）、时间跨度（time-span）。

此外，还有一个RDA实体（RDA Entity）：抽象类，涉及资源发现的关键概念对象；RDA实施模型中的顶层实体是IFLA-LRM顶层实体Res（拉丁语Thing）的子实体。实体间的层级关系如图1 RDA实体[2]所示。其中个人和集体施事者是施事者的子类，家族和团体属于集体施事者。层级结构使RDA概念模型更加简洁并具有层次感。

其次，关联数据技术的发展是RDA更新的另一主要因素。实体与名称相分离，4种元素记录方法的选择使得规范控制由名称选择变为实体管理。命名（nomen）是在FRSAD中引入。IFLA-LRM保留了命名，并将其扩展为所有实体的名称。个人是真实人类，适用于施事者、集体施事者和家族，不包含虚构、传奇人物等非人类实体。载体表现题名和责任说明中提及的虚构人物视为其假名，采用命名处理；提及的动物及其他非人类表演者视为非RDA实体。

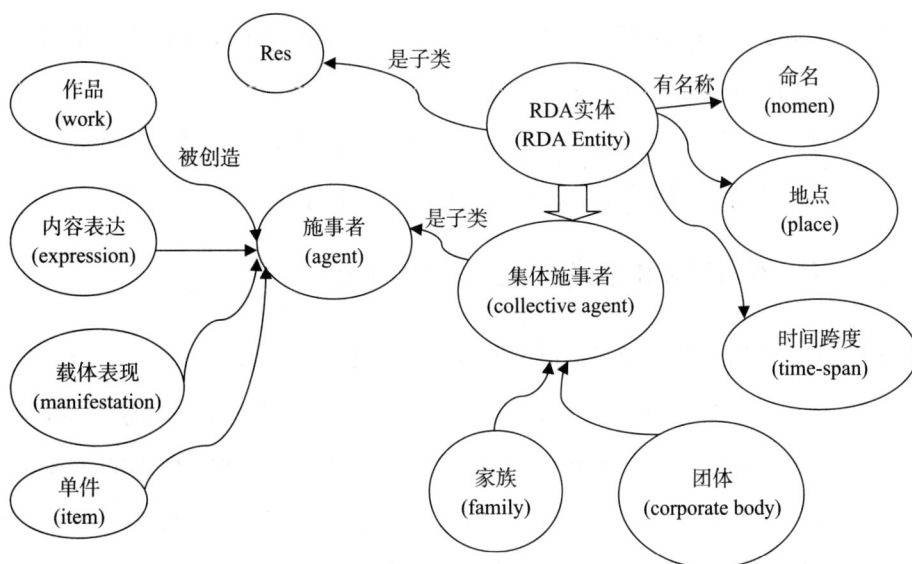

图 1　RDA 实体

2 基于RDA编目规则的图书馆资源知识组织的必要性和相通性

2.1 RDA编目规则对图书馆资源知识组织的必要性

图书馆知识资源的形式多种多样，既包括未正式出版的零次文献（如名人手稿、历史事件原始记录等）、正式出版的一次文献（如专著、论文等）、经过整理加工的二次文献（如目录、索引等）以及综合分析产生的三次文献（如综述、评述等），也包括各种相关复杂数据。其类型有传统纸质资源、数字资源、多媒体资源等。

揭示这些知识资源的图书馆知识组织方法有很多，其标准与规范不尽相同。各类馆藏资源数据与知识组织系统间的传输往往需要进行重新整合、映射成与知识组织系统一致的标准才能为用户使用。这为馆藏资源的利用增添了障碍和不便。

RDA是一部国际信息资源内容标准，且满足数字环境下对各类资源著录与检索的新要求，可以将图书馆资源与知识组织标准相一致。

一方面，RDA将图书馆资源抽象为三类实体：WEMI类（作品、内容表达、载体表现、单件）；责任者类（施事者、集体施事者、个人、家族、团体）；主题类（命名、地点、时间跨度）从属性和关系方面进行描述和规范。资源类型的不同只是实体属性和关系的不同，并无实质性不同。因此，可以在同一框架内以不同属性、关系的取值进行描述。运用RDA制作的编目成果不拘泥于一种书目数据格式，可以以任意数据格式存在。

RDA建立在IFLA-LRM基础之上，是AACR2的升级，并与ISBD相互借鉴合作，其兼容性有益于图书馆资源的共享与共建。

另一方面，RDA作为一部世界范围资源编目规则，起到了知识标准监控的作用，为图书馆知识组织活动的标准化、规范化管理提供了科学、系统的指导。

2.2 RDA编目工作与图书馆资源知识组织工作的相通性

2.2.1 RDA和知识组织都是对图书馆资源及其相互关系的揭示

RDA将知识世界视为各类实体及其相互联系的空间。这些实体对象有不同属性、关系。运用实体—关系方法分析建模，将知识世界构建为一个相互联系的多维度立体网状空间。RDA对实体关系的关注与知识关系建立类工具思想不谋而合。知识关系建立类工具通过对数据间关系的建立，将原本无关联的数据连接起来，进而提供基于这些关系的知识呈现。这类工具主要包括语义网络、本体及主题图。语义网络和本体是常用的知识表示方法。语义网通过不同的语义关系连接各个概念节点。其关系与本体有相通之处。本体通过类（概念）、关系、实例等本体要素和关系来组织、表示领域内概念知识。

从知识组织的具体方法角度看，RDA编目工作与知识表示、知识存检的内容有交叉。一方面，客观知识表示的对象是各种类型的文献，客观知识存在于文献中。RDA的编目对象是各种资源也包括文献。另一方面，知识存检包括知识的存储和检索两方面，指知识存储和检索系统的建立。RDA编目规则涉及资源编目和检索，元数据是对资源数据的一种存储方式。

RDA专为数字环境设计，不仅对图书馆资源进行著录，还提供书目数据检索并揭示其间关系。可以说RDA对图书馆数字资源十分适用。RDA编目工作与图书馆资源知识组织工作都是依照一定标准原则对资源及其关系的揭示、组织、检索及利用，为用户提供便捷优质的知识服务。图书馆资源知识组织工作是编目工作的延伸与深入。

2.2.2 RDA为图书馆资源知识组织提供数据

为了更充分地利用馆藏资源解决用户的信息需求，更深入地挖掘知识，规范有序地揭示知识关联，需要建立知识组织体系。RDA可以对知识组织体系提供细粒度、规范、有序、可用的数据，以作为下一步数据资源升级为知识资源的基础。

首先，知识组织过程中，需要不同粒度的知识。专著和论文所拥有的知识量表现为粗粒度，一个专有词汇的知识表现量为细粒度。知识间的交融组合表现为粗细粒度不等的关系组合。细粒度的知识点（如语义关系和本体理论的概念粒度）通过粒度聚类和关联，进行知识重组，重新融合形成粗粒度新知识单元。

RDA实体与名称的相分离有助于将数据细化至机器可处理。结合关联数据技术可以对实体和名称分别标识。名称用字符串或文字来表达，实体资源用统一资源标识符（URI）标识，从而达到数据粗细粒度的需求。

其次，实体与名称分别标识使规范控制的主要对象由名称变为实体，真实世界对象。规范名称不要求一致，可以根据需要灵活选择与表达。RDA数据的关系更丰富，包括实体与规范名称的关系以及实体与参照间的关系。

再次，RDA遵循IFLA-LRM，不再分配核心元素，这就意味着所有元素都可选。RDA更加关注每一个数据，且数据形式不要求统一，可以根据本地应用配置文件、最佳实践来选择需要的数据形式。

RDA对图书馆资源的知识组织形式进行编目。图书馆资源的知识组织具体表现形式是一种数字资源。RDA对其编目可以更好地描述与揭示重组后的知识产品及其属性、关系，对图书馆资源知识组织的设计提供更加科学化、人性化的启示，形成一种"资源编目—知识组织—检索利用—用户获取吸收—产出知识产品或新知识—资源编目"的良性循环。这也是用户不断探索知识世界，发现知识的过程。

3 RDA编目规则在图书馆资源知识组织中的应用

网络时代信息量激增，用户淹没在"信息的海洋"中，在享受信息获取便捷的同时，也伴随着有用信息"大海捞针"的问题。即使借助功能强大的搜索引擎，花费了大量的时间，查准率仍然较低。尤其是面对图书馆多如繁星的知识世界，用户对于如何描述、辨别资源内容以及快速准确地找到所需资源感到十分困惑。针对这一现象，图书馆需要在资源的知识组织上转变新的方式。RDA编目规则为图书馆资源的知识组织带来了新的引领。

一方面，RDA采用实体—关系的分析方法，更加关注实体关系、属性的描述。其实体划分更加细化，元素数量大量增多。从用户角度来讲，有助于明确资源实体，识别描述资源的属性，强调对其内容的揭示。实体、名称、实体描述相区分。内容类型、媒介类型、载体类型更细致地描述了一般资料标识。

实体层级结构使模型更加简洁具有层次逻辑性，依附于实体的属性、关系也具有层级性。这便于描述、揭示资源实体的潜在、隐含联系。RDA的这些细化有利于资源知识组织对知识的细分，从而对知识因子间关系的揭示更加充分、深入，帮助用户得到更加具体和有效的检索结果。根据用户粗细知识粒度的需求，提供优质、个性化的知识服务。

另一方面，RDA融合关联数据，更好地适应语义网的发展要求。随着元素数量大量增多，以及对数据的重视，RDA规定了4种元素记录方法，称为四路径（4-fold path），即非结构化描述、结构化描述、标识符和统一资源标识符（URI）。非结构化描述没有可供机器拆分的内部结构，不易搜索，如描述转录、自由文本附注、名称或题名。结构化描述具有某种形式的结构，易于搜索，如描述检索点。标识符是由编码、数字或其他字符串组成的，独立于自然语言和社会命名习俗。标识符是本地的，全域范围内不唯一，如ISBN。统一资源标识符（URI）全域范围内唯一，用于关联数据实施。前三个路径描述名称，第4个路径统一资源标识符（URI）描述实体。与用户任务的关系来讲，名称的作用在于"查找""探索"而不在于"识别"。因此，名称的形式可以多种多样，首选哪个名称已经不重要了。

关联数据是语义网的简化实现，以统一资源标识符（URI）进行标识，以资源描述框架（RDF）三元组进行描述。通过RDF三元组与内部数据集和外部数据集建立关联，更加强调数据间的联系。同时，关联数据机器可处理，具有初步判断、推理的能力。

此外，RDA数据RDF化过程中需要对取值词表和RDF词表进行约束和规范，提高本体的语义描述能力。从语义网角度看，RDF三元组彼此连接形成了语义关联网，有助于高效检索。

2007年，都柏林核心元数据组织（DCMI）成立了DCMI/RDA小组，经过多年的开发研究，完成了RDA涉及的所有实体、元素和概念的关联数据注册发布工作。实际上建立了一个关于RDA的本体。

关联数据的语义结构使知识组织系统的功能也具有语义性。它给用户带来了以下好处：①基于资源实体提供更准确的查找；②基于概念间的语义联系提供知识链接；③通过知识导航，支持扩展检索，提供知识扩展查询。

最后，RDA将同一实体的不同名称形式、同一名称的不同实体、同一责任者的不同著作、同一著作的不同版本数据以及与之相关的数据加以类聚，形成某一"专题"，呈现给用户更加全面、细致的信息，有助于用户快速便捷的获取资源进行知识再加工。

图书馆书目数据利用关联数据技术，通过数据发布平台对外发布，提供开放、一致、标准化的元数据服务。上海图书馆发布了基于BIBFRAME的上海图书馆关联书目数据本体词表，以此带来借鉴与启发。主要包括检索和浏览两个功能：①用户可以在上海图书馆关联书目数据发布平台上进行检索，如题名、作者、出版时间、出版者等，还可以下载RDF、XML等格式的书目记录；②网站提供了类视图和列表视图两种视图模式供用户浏览，且可以下载RDF格式的数据。类视图通过父类、子类的层级关系展示类和属性；列表视图则按照名称首字母顺序排列展示类和属性。

4　基于RDA编目规则的图书馆资源知识组织的未来

4.1　关注用户需求

RDA秉承国际编目原则的最高原则，即用户的便利。其基础IFLA-LRM以用户任务作为构建模型的出发点和立足点，优先满足终端用户的需求。RDA著录内容标准统一，格式灵活，易于实现对图书馆资料查找、识别、选择、获取和探索的用户任务。图书馆应充分分析用户行为，了解他们的需求，并为其提供个性化的服务。以用户需求为原则进行元数据标引是图书馆资源知识组织利用RDA编目规则的必然选择。

4.2 迈步走向数据化

网络环境下，用户获取信息的方式更加便捷多样。实体图书馆不再是获取信息的主要来源。计算机、网络技术的发展，使得全球联网的计算机网络成为寻找、获取信息的主要方式。用户阅读时思维更具有跳跃性和延伸性。往往通过一篇论文链接到另外的主题，或是通过引文链接到另外的参考文献，或是需要概念解释的链接。图书馆针对这种改变需要做出回应。图书馆资源需要从数字化走向数据化，机器可处理和推理。书目数据从数据库中解放出来，利用关联数据技术发布成为高度超链接的数据集，与万维网上的信息资源实现交互。用户可以将图书馆数据调用至虚拟个人工作空间。RDA编目规则、图书馆资源的知识组织、关联数据为数据化做好准备。

互联网时代，数字化、信息化是图书馆的发展趋势。随着馆藏数字资源的增长，传统纸质资源与数字资源会长期并存。基于IFLA-LRM的RDA编目规则更加适应数字环境以及语义网的时代要求。图书馆资源的知识组织方法应充分利用RDA编目规则的理念与原则。建立能够独立存储和传播的数据资源，明确资源间的相互联系，构建图书馆资源的多维度立体网状空间，为图书馆用户提供优质、高效、个性化的知识服务。

参考文献：

[1]KATHY G. Instantiating LRM in RDA[EB/OL]. [2018-02-09]. http://www.rda-rsc.org/sites/all/files/Instantiating%20LRM%20in%20RDA%20Glennan.pdf.

[2]GORDON D. Appellations, Authorities, and Access Plus[EB/OL]. [2017-06-24]. http://www.rda-rsc.org/sites/all/files/Appellations%20Authorities%20CCDA%20Annual%202017.pdf.

[3]苏新宁,等.面向知识服务的知识组织理论与方法[M].北京:科学出版社,2014.

[4]刘炜,胡小菁,钱国富,等.RDA与关联数据[J].中国图书馆学报,2012(1):34-42.

[5]编目精灵Ⅲ[EB/OL].[2012-12-18].http://catwizard.net/posts/20121118104153.html.

[6]张曼,黄龙.大数据环境下图书馆知识组织与知识服务研究[J].新世纪图书馆,2017(2):20-23.

新时代图书馆在线考试与题库建设

韩佳芮　胡　砚（国家图书馆）

随着科技的不断进步与发展，利用计算机与网络教学已成为当今社会的一大趋势。而其中一个重要的发展方向，就是在线考试系统的发展及应用。与传统的考试方式相比而言，在线考试系统具有智能化、多样化、灵活性等特点，同时有效减少了传统纸质考试的工作量大、成本较高、步骤复杂等缺点。为更好地建设在线考试系统，首要工作就是题库的建设。一个科学合理的题库，不仅可以通过自动组卷功能抽取符合条件的试题，从而提高出卷效率，而且可以合理分布知识点和难度，更有利于提高考试效果，也对培训知识的学习与进步起着促进作用[1]。

因此，全国图书馆联合编目中心（以下简称联编中心）于2017年起，对在线考试平台进行搭建，并于2018年启动了题库建设工作。

1 联编中心在线考试平台系统

1.1 联编中心简介

联编中心成立于1997年10月。依托国家图书馆的数据、馆藏和高素质的编目队伍，联编中心在20余年间发展成员馆2000余家，分中心33家，服务范围已覆盖全国，并本着"资源共享、优势互补、互利互惠"的原则，将图书馆丰富的书目数据资源和人力资源整合起来，实现了书目数据资源的共建共享。

1.2 上传资格培训和考试

联编中心不仅在数据共建与共享方面有所发展，在人才建设与服务方面也较为突出。为更好地将各成员馆人力资源整合起来，联编中心定期组织上传资格培训。从2005年至今约60余次，培训人数累计多达4000余人。2011年起还通过各馆推荐、集中培训和考核的方式，正式聘请全国主要上传馆的资深编目员担任中心的质量监控员。

截至目前，中心聘请的质量监控员共计37名，覆盖了全国27个省、市级图书馆。质量监控员在统一平台上远程参与中心数据库的日常维护，中心总审校和质量监控员之间可以开展实时的远程指导和双向反馈。这一模式既为各骨干成员馆培养了编目队伍，又提升了联编中心的数据质量，真正实现了书目数据共建共享与人力资源的共建共享。

1.3 联编中心的在线考试平台系统

针对联编中心的上传资格培训与考试，中心每年在通过考试后统一颁发书目数据上传资格证书。为进一步保证书目数据质量，只有具备了此证书的编目员，才具备向联编中心上传书目数据的资格。

自2016年起，联编中心对上传资格培训的认证工作进行了调整，其中之一便是调整上传资格证书。将原本无时效限制的上传资格证书调整为有效期5年，有效期满后，用户只有通过重新认证，才能相应延长证书时效。因此，为了提高证书到期审核工作效率，中心于2017年搭建了全国联合编目中心在线考试平台系统（以下简称考试平台），并于2018年着手为该平台配备动态考试题库，题库内容由中心总审校、质量监控员和分中心联合维护[2]，见图1。

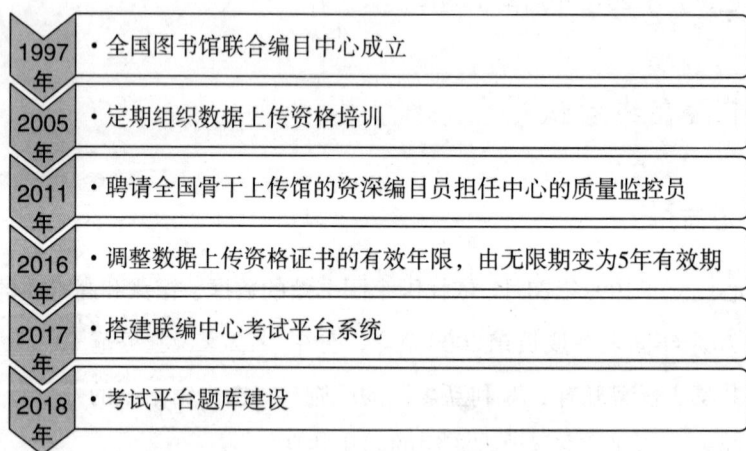

年份	内容
1997年	·全国图书馆联合编目中心成立
2005年	·定期组织数据上传资格培训
2011年	·聘请全国骨干上传馆的资深编目员担任中心的质量监控员
2016年	·调整数据上传资格证书的有效年限，由无限期变为5年有效期
2017年	·搭建联编中心考试平台系统
2018年	·考试平台题库建设

图 1　联编中心考试平台系统建设

2　在线考试平台系统建设的意义

纵观全国，目前已实行在线考试的图书馆和联合编目机构屈指可数，联编中心作为全国联机联合编目的领先者，正在用创新的思路对图书馆培训与考试形式进行探索与研究，促进联合编目事业新发展，加强书目数据资源的建设，强化编目培训工作，努力完善服务，从而进一步推动图书馆、跨系统甚至跨行业的发展。

目前，联编中心在线考试平台主要针对上传资格培训与考试。与其他培训与考试不同，它更加强调编目知识的针对性、专业性与实用性[3]。因此，加强对联编中心的在线考试平台系统的建设，对未来联合编目的发展、编目知识与培训的创新和探索未来图书馆行业的发展趋势等都具有举足轻重的作用。

2.1 有利于培训与考试的规范化

传统的培训与考试方式为教师授课，并由授课教师自行命题，在考试后进行统一批改。每年都由相同几位教师出题，人为因素与主观因素较强，可能会造成试题的重复率提高，无法客观测试学生的真实水平的情况等问题。出题教师在教学过程中，也会无意涉及试卷内容，从而影响考试成绩的真实性。此外，教师也无法统计学生考试的结果和对知识的掌握情况，从而不能对未来培训进行信息反馈与总结。

在线考试平台系统使培训与考试流程更加规范化。在题库建设完善之后，针对每道题给出相应的答案、难易程度以及评分系统，在考试前，根据每场考试需求的知识点、题型及难易程度，电脑自动进行配置并组卷。在规定时间开放试题系统，用户登录账号进行在线答题，答题结束后系统针对客观题进行自动阅卷给出分数，主观题由教师进行人工评分。给出总成绩后，可针对用户答题结果进行试卷分析，进行一系列的成绩管理，而针对考试进行的成绩分析与管理，又会对下一阶段的考试培训重点与出题重点有所帮助。因此，考试平台系统形成了这样一个规范化的良性循环，见图2。

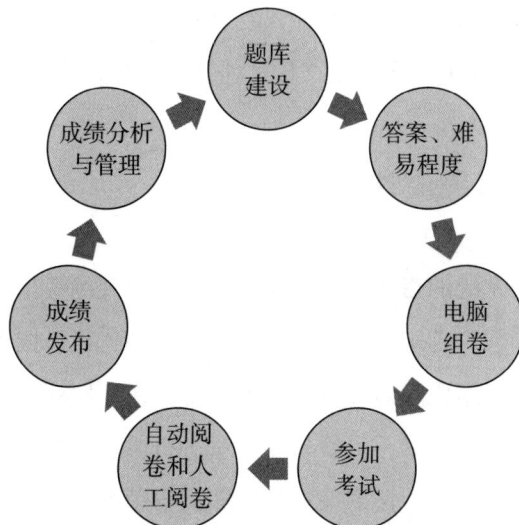

图2 在线考试平台系统流程

2.2　有利于题库建设的多样化

相较于传统方式的考试，在线考试使试题更加多样化。除了传统的客观题，例如填空、单项选择、多项选择、判断题等，还有简答、编目实操等主观题。今后待考试平台系统发展日趋成熟，可以增加联机实操题等类型。这对考生编目实操能力的提升和考核是传统考试望尘莫及的。除了题型设置的多样化，还可以将每道题的难易程度加以区分。在线考试可以使不同类型的题目和难易程度得到最大限度的发挥，增加考试真实性，最大限度反应考生真实水平。一方面满足了培训的目标，另一方面也促进了图书馆行业整体编目水平的提升。

2.3　有利于考试管理的智能化

在线考试的一大特点就是智能化。依靠网络与信息技术，考生进行在线答题，在一定的时间范围内，不受地域限制，大大节省了往来的时间和精力。试卷分发、监考巡场、试卷装订、成绩登记等传统考试中需要教师做的事情，也都交由计算机解决，一方面节省了教师们的时间和精力，另一方面既降低了考试的成本。除此之外，客观题由机器判卷，也极大节省了人力和时间，教师可以将更多精力放在题库建设、试卷分析与讲解等方面[4]。

智能化的另一体现就是计算机随机组卷。在设置好一定的题型和难易程度之后，计算机随机组卷，这样一来可以保证每位考生拿到的试卷都不一样，确保了公平公正的同时，也可以真实地反映考生的真实水平，既有利于下一个阶段的试卷分析与成绩管理，也有利于教师掌握考生的真实情况，及时对今后的教学任务与侧重点进行调整。

3　在线考试平台系统的题库建设

随着在线考试平台系统的搭建，题库在提供相对客观的考试题目、促进编目教学改革、提高教学质量中起到越来越重要的作用。题库的建设已成为在线考试平台系统建设的根本所在。为了保障题库的正常建设和日常运作，题库建设工作由联编中心负责，其中包括制订题库建设方案、由质量监控员进行出题，试题上交到联编中心进行审核，审核合格之后方可入库。接下来还要定期进行题库更新、开展相应在线资格考试相关工作等，同时中心还负责考试平台和题库系统的建设以及维护工作，见图3。

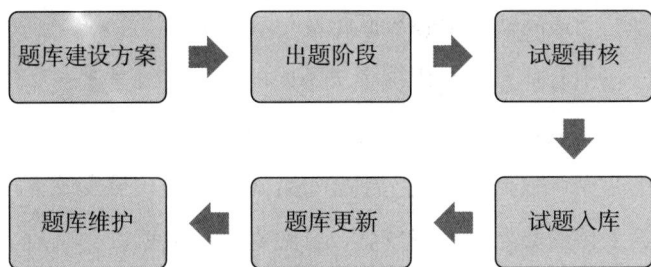

图 3　题库建设流程

3.1　题库建设的重要性

3.1.1　题库建设有利于考试平台的发展

题库建设首先对题目的要求，就是有一定的数量。由于联编中心对于题目知识点进行了分类以及细化，只有保证了试题数量，才能确保题目覆盖了所有的知识点，见图4。并且在接下来的计算机组卷与考试中，为了确保考试公平与公正，要在相同难易程度与知识点的情况下，避免试题出现重复。因此，一定数量的题目是确保考试顺利进行的必备条件。

3.1　　0--标识块

3.1.1 001 记录标识号

3.1.2 005 记录处理时间标识

3.1.3 010 国际标准书号（ISBN）

3.1.4 011 国际标准连续出版物号（ISSN）

3.1.5 091 统一书刊号

3.2　　1--编码信息块

3.2.1 100 通用处理数据

3.2.2 101 文献语种

3.2.3 102 出版国别

3.2.4 105 编码数据字段：专著

3.2.5 106 编码数据字段：文字资料—形态特征

图 4　联编中心题库建设部分知识点

题库建设也对试题的质量有着很高的要求。联编中心作为国内几大图书馆联盟之一，上传资格培训也代表着业界的顶尖培训水准。在培训课程安排与上传资格考试中，都体现了中心教师的专业性、高标准与高素质。因此，高质量的试题也是中心高水准的体现。除此之外，高质量的试题也更有利于考生编目知识的学习与提高。

3.1.2 题库建设有利于提高联编中心数据质量

题库建设由联编中心负责，与传统考试不同的是，在线考试题库建设的出题人员不再仅限于中心内部的教师，而是扩大到整个质量监控员队伍。在日常工作中，质量监控员主要负责中心上传数据的审校。中心每月对质量监控员发放审校作业，质量监控员在对各成员馆上传的数据进行审校后，针对有问题数据进行修改，并加以记录反馈给中心。中心总审校也会对反馈的数据进行校对与再次反馈。

由联编中心的质量监控员组成的强大的题库建设队伍，不仅可以在出题过程中增强对编目知识的理解，提高自身的编目素养，而且可以加深对中心的了解、统一编目规则、提高数据审校质量，进而提高中心数据质量。

3.1.3 题库建设有利于考生增加编目知识与实践经验

对于考生来说，参加上传资格培训与考试的目的不仅仅在于拿到证书，而是在培训与考试的过程中，学习编目知识与实操技能，为将来给联编中心上传数据做准备。同时，还可能有机会成为质量监控员，共同维护中心数据，为中心数据质量的提升贡献力量。因此，中心题库建设的知识点范围较为广，题型也较为丰富。不仅涉及编目知识，还有其他联编服务和系统操作等相关问题。不仅有客观题，还有编目实操题。考生可以在培训中学习，在考试对学习成果加以验证。

3.1.4 题库建设有利于提高培训的教学质量

题库建设是由30余位质量监控员共同完成，在线考试和计算机自动组卷，都大大降低了培训教师的出题压力，教师可以将更多的精力放在培训教学任务中。同时，考教分离的模式，也更真实地反映出考生的考试结果和教师的培训效果。定期更新的题库，可让教师对考试结果进行分析后，适当调整试题内容、形式以及难易程度，提高培训的教学质量。题库建设对于考生、出题者和培训教师而言，都是一个促进发展，不断进步的平台。同时，也促使了这几方共同成长与受益。

3.2 对题库建设的展望

3.2.1 题库建设应根据时代发展而不断更新

随着科学技术的发展，图书馆编目知识也必然会面临发展与变化，对考试题库更新的要求也越来越高。若题库更新较慢，则考核内容无法适应新时代对编目人员的要求，也就无法衡量考生的能力与水平，那么考核也就无法达到预期效果。题库建设的团队工作人员不仅要熟练掌握编目的理论知识与实践，还要对联编中心的服务和系统操作等内容有一定的基础，并及时跟进最新的发展动态，以更新题库[5]。因此，在题库未来的发展中，联编中心要定期对题库进行更新，以满足当前上传资格培训对于编目知识的要求。

3.2.2　扩大出题人员范围，定期培训

为了定期更新题库以适应新时代的发展，出题人员的范围可以在质量监控员的基础上适当扩大，在经由联编中心认证并取得一定资质之后，方可加入题库建设的团队。出题人员范围的扩大，可以为题库建设团队提供新鲜的血液。来自不同地区不同图书馆的编目人员，具有不同的背景以及专业知识，可以增强题库的多样化发展。为了进一步提高题库质量，中心还要对出题人员团队进行定期培训，从而统一出题标准、提高出题人员水平，进一步提高题库建设水平。

3.2.3　适当扩充试题范围，进一步细化知识点

在考试平台进入应用阶段并逐步发展之后，试题题型与知识点的范畴可适当扩大，确保全面性，以满足更多层次、更多职业背景的考生需求。同时也为考试平台系统进一步的探索与发展打下基础。除此之外，细化知识点也是题库建设的发展趋势。知识点的详细划分，可以让考生展示真正的编目水平，也更有利于考试之后明确不足，适当查缺补漏。

3.2.4　严格把控题库质量

题库建设离不开强大的出题团队，更离不开题目的审校人员。尽管质量监控员团队水平较高，但也难免出现试题参差不齐的情况，在试题收录之后进行审校与修改，并将符合规格的试题整理入库，是一项工程量巨大与烦琐的工作。目前，联编中心的工作人员担负着如此重任。但随着将来考试平台与题库建设的进一步发展，对试题的数量和质量要求的逐步提升，必然对题目审校的团队提出更高的要求。中心今后也可适当扩大题目审校人员范围，可以适当依靠质量监控员团队、国家图书馆乃至全国图书馆界的专家等。严格把控题库质量，进一步打造高品质培训与在线考试。

3.2.5　加强与外界的合作

联编中心的在线考试平台系统与题库建设，在未来的稳步发展中，将对国家图书馆、全国各大图书馆乃至其他行业，都产生极大的影响。这种创新形式的培训与考试，将改变图书馆行业的培训现状。如何进一步提高培训质量、增强考试效果，进一步提高编目水平与数据质量，都是联编中心在接下来的工作中需要去探索与发现的问题。因此，在未来在线考试平台与题库建设的发展过程中，联编中心要加强与国家图书馆

内部和各大图书馆的交流与合作，进一步扩大影响力，力争提高图书馆行业的整体编目水平与数据质量，为图书馆事业的新发展贡献力量。

参考文献：

[1]康宁.卫生系统机关事业单位技术工人考试题库建设和对策[J].中国卫生标准管理,2019,10(5):10-13.

[2]胡砚,韩佳芮,高阳.互联网+时代的编目培训变革[J].公共图书馆,2019(2):23-26.

[3]刘欣.对高职在线英语考试模式的思考[J].天津职业院校联合学报,2019,21(4):34-37.

[4]钱海兵,田维毅.题库建设在高校青年教师培养中的作用浅析[J].卫生职业教育,2018,36(24):37-38.

[5]董园.在线考试系统中的题库建设相关技术的研究[J].电子世界,2013(17):112-115.

地方特色文献资源组织与建设现状及应对之策
——以江苏地区图书馆为例

郝嘉树　崔云红　徐闻卓（国家图书馆）

1　引言

地方特色文献是用文献资源的形式记录当地自然环境、社会环境、政治经济等方面的实践活动及民俗、艺术、名人事迹等。开展地方特色文献资源组织与建设意义重大，它为政策、科学、经济发展提供文献支持，也为编史修志、弘扬地方文化、爱乡教育提供翔实资料。

为了解我国地方特色文献资源组织与建设的情况及存在的问题，特意选取我国东部发达地区最具代表性的江苏开展调研。本文结合收回的26份江苏各级公共图书馆调查问卷，以及对金陵图书馆、江宁区图书馆的实地访谈，梳理和总结江苏地区图书馆在地方特色文献及其电子资源的组织与建设情况，并指出地方特色文献资源建设存在的问题并提出相关建议。

2　江苏地区图书馆地方特色文献资源组织与建设情况

2.1　整体情况

各馆都开展了地方特色文献收藏，但其馆藏量远低于普通图书与报刊。江苏被调查图书馆都有开展地方特色文献收藏工作，其馆藏量平均占比只有0.86%，而图书和期刊分别为92.73%和4.47%。这一情况表明图书馆意识到地方特色文献收藏和保存意义，而馆藏结构反映了地方特色文献使用和需求范围小，当前情况下其收藏价值更大于读者需求。

江苏地区图书馆在开展地方特色文献专藏的过程中，收藏或开发的形式主要以纸质文献和数据库为主，电子版次之，几乎不开发缩微制品。收藏的类型主要是图书，报刊和古籍次之，另外有少量的音视频。其中，纸质文献和数据库平分秋色，体现了江苏重视对地方特色文献资源的二次开发和利用。

2.2 编目与采访业务情况

地方特色文献编目工作更具专业性。在被调查图书馆中，有72%的图书馆使用本馆员工开展编目工作，并设置校对岗位进行校对工作，只有28%的图书馆交给外包公司完成，由本馆员工校对或抽校。地方特色文献编目工作由本馆员工来完成的比例高于普通图书，可见它存在特殊性和专业性的特点，需要由专业的、有经验的馆内人员完成。

地方特色文献编目业务主要以自编形式为主，套录现象较之普通图书锐减。大多数图书馆利用书目数据，编制了地方特色文献资源馆藏目录，供图书馆开展资源揭示及服务。另外，各馆都使用了自动化管理系统，包含了文献资源的登记、编目、标引、管理和服务等全流程。

采集工作存在障碍和困难。江苏地区图书馆地方特色文献资源采集主要依靠购买和捐赠，有小部分馆接受交存和交换。在开展地方特色文献资源采集的过程中，一是本来经费就紧张，再加上图书采购招标制度的限制使有些类型的地方特色文献资源采买困难，二是缺乏宣传力度导致捐赠范围有限，再加上绝大部分图书馆不在交存制度包含的范围内，导致地方特色文献资源的采集工作存在障碍和困难，收藏范围和数量都有限。

2.3 资源组织与服务情况

对地方特色文献资源开展多种方式的组织。江苏地区图书馆大部分资源以分类方式进行组织并编制地方特色文献目录供读者查阅，有些以人名、专题设立专架。有实力的图书馆自建了地方特色文献浏览和检索系统，组织方式有知识图谱导航、分类浏览、主题浏览和关键词检索等。

江苏被调查图书馆的地方特色文献大部分有一到两个复本。它们在编目后，第一复本作为保存本闭架管理，不对外提供阅览。第二复本进入专门设置的地方阅览室供读者使用，一般不提供外借服务，但可以复制、拍摄等。有些馆规定如果是政府部门外借，在开具正式函件和借条后由主管馆长和主任同意后可借出。

2.4 人员情况

地方特色文献配置的采编人员数量少。人员配置情况我们以江苏被调查图书馆相关数据平均值来分析。江苏地区图书馆平均工作人员数量为24.8人、采编工作人员2.7人、地方特色文献资源采编工作人员1.5人。从这些数据可以看出，图书馆配置的采编工作人员数量少，地方特色文献人员更胜。采编工作专业性强、工作量大，而配置的人员数量却有限，此现象体现了图书馆对该工作的认识和重视程度不够。但不可否认的是，地方特色文献采编工作人员少与地方特色文献资源数量少有一定的关系。

地方特色文献采编人员较其他岗位经验较多、素质较高。岗位设置中，江苏地区图书馆地方特色文献资源岗位兼任少，主要是采编一体，人员年龄主要集中在31—40岁，学历大部分为本科学历，专业背景主要是图情和计算机专业。以上情况可以看出，由于地方特色文献资源组织与建设工作的特殊性和专业性，配置的人员主要是有专业背景、有一定工作经验且素质较高。目前存在的一个现实情况是，绝大部分图书馆对员工极少组织有关特色文献的专题培训，主要原因是没有专业能力强的师资。

2.5 资金情况

地方特色文献资源投入经费占比最低。被调查的图书馆中，大部分文献资源采购经费比较少，其与总经费占比的平均值只有16.0%。在采购的文献资源类型中，图书是主体，占比79.0%；数字资源次之，占比15.6%，而地方特色文献资源投入经费占比最低，只有1.8%。

地方特色文献建设经费在保持稳定的基础上逐年增加投入。对于配置地方特色文献资源建设经费的趋势，江苏地区图书馆近几年在保持稳定的基础上逐年增加投入。近些年，大部分图书馆对于传统和数字地方特色资源，更愿意把钱投在后者的建设上，这也符合当下读者需求和图书馆馆藏建设的趋势（电子资源的使用逐年增加，纸质资源逐年递减）。

3 江苏地区图书馆地方特色电子资源组织与建设情况

3.1 资源组织情况

开展地方特色电子资源组织的主要形式是构建基于地方特色数据库的浏览和检索

系统。江苏地区图书馆地方特色数据库系统提供了分类浏览、图形导航和关键词检索等多种组织与检索途径，并且大部分馆提供全文检索，但有些馆没有开发方便读者检索使用的功能。数据库内容主要包含了史志记录、地方古籍、地方文艺作品、家谱、地方行业发展数据等；资源类型包括文献资料、音视频和图片库等。数据库建设方式采用自建而非购买的方式建设地方特色文献库的馆比较多。

3.2　资源组织与建设考量因素

江苏被调查的地方特色文献自建数据库系统，开发和利用情况不尽相同。大部分馆的数据库系统局域网和互联网都能访问，并提供了导航和检索功能方便读者使用，访问量也大；有些馆只能馆内访问，使用时需逐一浏览、不能导航和检索，点击量也不高。

各馆自建地方特色数据库系统一般都有数据库的内容和技术标准。在内容的采选中，首要考虑的因素为内容分类、产生地域和记录人物，其次是产生年代和版权保护。从中可见，地方特色数据库对内容的遴选限定在了本地的人、事、物，年代无限定，而版权保护各馆自行考量、不尽相同。在技术的采选方面，首要考虑的是安全性，其次是共享和便捷性，再次为兼容性。从中可见，安全是图书馆考虑的首要因素，然后是方便使用，各馆都希望拥有自己的特色资源，想要获取别人的资源而不情愿共享自己的资源。

3.3　资金与人员情况

在文献资源采购资金有限的情况下，江苏地区图书馆主要将经费用在传统文献的购买上，数字资源的采购经费普遍占比较低，地方特色电子资源更甚。如果资金充足，各图书馆更倾向于购买地方特色文献数据库。令人欣慰的是，在近3年的经费购置中，有近一半的图书馆逐渐加大对数字资源的投入，其中有少数基层图书馆能得到地方特色电子资源的资金支持。

在开发地方特色数据库的过程中，在资金有限的情况下图书馆会发动工作人员开展地方特色电子资源组织与建设的工作。如金陵图书馆抽调各部门人员，开展纸质资源的数字化、内容揭示、分类和标引工作。如果资金充足，一些基础工作，如数字化会外包，但核心的资源组织工作，如分类、揭示和标引会交由图书馆人员完成。

4 地方特色文献资源组织与建设问题

4.1 粗放的文献组织形式和粗浅的揭示颗粒度

地方特色文献带有专业性、研究性和行业性，主要是为满足一定范围内读者的专业或特殊需要。相应的粗放的文献组织形式和粗浅的主题揭示颗粒度不利于发现资源线索和增加了检索的难度，对于使用读者来说更需要的是组织成体系、同类聚合、细颗粒度的揭示。而现实的情况是地方特色文献阅览室和专架大都以载体类型、不同行业粗分，查找和使用困难，使宝贵的资源得不到有效使用。另外，有些馆开发了专题、特色地方文献数据库，但使用频率差别大，除选题不好外，缺乏有效的组织和友好性检索也是重要的原因，如缺少全文检索、分类检索途径、分类导航、直观的图形主题展示等。以上情况无法满足读者对地方特色文献资源的研究和专业需要。

4.2 建设工作困难重重

地方特色文献资源的建设主要依靠上级单位财政拨款或是团体和个人的捐赠，但在采集过程中困难重重。第一，地方特色文献资源采购经费少，它在图书馆各类型资源采购经费中占比最低，只有1.8%，限制了地方特色文献的采买；第二，由于图书馆宣传力度、广度和持续性不够，地方特色文献捐赠没有广为人知，捐赠单位和人数有限；第三，地方特色文献采集需要系统性和连续性，但图书馆往往没有固定的人员负责，易造成动力不足和推诿，并使地方文献的建设缺乏一致性，出现"东一榔头西一棒槌"和断点的情况，影响资源建设的系统性和连续性。

4.3 工作难度及强度导致工作人员难以胜任

从事地方特色文献开发的人员，第一要具备图书馆专业知识，懂得如何组织文献资源、开展编目工作、会主题和分类标引；第二要具备相当的历史知识，特别要熟悉本地的自然情况和人文历史，要有判断地方文献历史价值、现实价值和鉴定真伪的能力。但实际情况是地方特色文献工作人员编目及标引水平参差不齐，特别是专业的研究人员较少[1]，这些情况又因极少能参加相关专业性培训而无法改善。另外，各图书馆地方特色文献工作通常是管理、采编、服务合而为一，工作量大，而图书馆普遍缺乏对地方特色文献的专业考核与奖励机制。基于以上现状，图书馆难以全面、有序、深入、持续地开展这项工作，这也直接影响了地方特色文献资源组织和建设的数量和质量。

4.4 经费紧张限制了地方特色文献发展

图书馆作为公益性质的事业单位主要依赖财政拨款，通过其他方式获取经费的渠道有限，所以受政策影响大，政策好就有支撑、有经费，政策差就难开展工作。本文分析调查问卷后发现，地方特色文献拨付的经费比例低。经济较发达的江苏地区县级以上图书馆采购文献资源经费占比总经费只有16.4%，而采购的各资源类型中，地方特色文献资源经费占比最低，平均占比只有2.2%。可见地方政府重视不够和地方财政无力支付是影响财政拨款的主要原因。

4.5 重复建设数据库系统

基于数字化地方特色文献的数据库系统可以挖掘埋藏在纸本文献中的价值，在更广阔的范围提高利用率[2]。江苏地区图书馆提供地方特色数据库服务的比例高达67%，体现了对该项工作的重视。但存在的问题是在地方馆人力、物力和财力有限的现状下，开展重复性建设。各图书馆在开展地方特色文献库建设中，数据库系统的建设都需要构建平台、开发系统、建设数据库、设计管理功能和使用功能等，这些都属于基础硬件及软件的搭建工作，各馆都在重复构建，互相之间也缺乏互融互通。在实地调研及调查问卷中，有些图书馆希望上级图书馆能给予帮助，包括能共建资源、平台，开展专业培训和提供经费支持。

5 地方特色文献资源组织与建设建议

5.1 开发细颗粒度的地方特色资源元数据，据需要动态构建专题特色资源

我们在走访中发现，地方文献阅览室的借阅量低，读者有特定需求才会来，但从自建特色资源库点击量及地方文献阅览室阅览量对比即可看出，数据库系统因检索快捷和使用方便更受欢迎。为提高馆藏地方特色文献的使用率并方便读者使用，图书馆可全面数字化本馆纸质地方特色文献，也可遴选他处有价值、有特色的地方文献资源，共同构建基础元数据，并要详细揭示出各种主题和概念、标引分类和归属、标注各概念间关系等。以此为基础，可根据读者特殊需要快速挖掘地方文献阅览室中文献

资源有价值的内容，并进行自动分类和聚类，实现动态构建专题、主题数据库，并以导航浏览和检索系统形式为读者使用提供方便，也提高了文献的使用效率。

5.2 多渠道加大对地方特色文献资源建设力度

面对地方特色文献建设工作的种种问题和困难，可以尝试从以下方面着手改善。一是在省级、地级层面发布地方特色文献资源建设规范，保障和促进地方特色文献资源建设顺开展，例如要求各馆做好规划与准备，确定收藏和征集重点，使得资源的采购真正突出特色；各馆根据上级发布的规范，制定本馆地方特色文献收藏标准、工作条例及实施细则，包括收藏范围、收藏重点、收藏方式、征集要求、如何入藏、如何开展服务等。二是开展多种方式的宣传征集活动，例如定期巡回展览、制作宣传片，并利用各种渠道播放[3]；通过公众号、QQ群、电子邮件等多种手段加强与征集单位的联系和沟通；主动加强与本地区相关机构的联系，建立起长期的合作关系，最终形成一个地方文献征集网络。三是除需要挑选有责任感、有能力、有专业知识的人持续担任此职外，在地方特色文献工作人员不足的情况下，可以聘请对地方特色文献感兴趣的社会热心人士参与进来，通过相关专业培训授予聘用证书。除此之外，还可以调动基层图书馆的积极性，特别是与老百姓直接接触的农家书屋、社区图书馆管理员的积极性，制定一套征集工作的奖励制度，从下而上全面开展地方特色文献征集工作。

5.3 加强政府重视和加大财政支持是开展地方特色文献资源组织与建设的有力保障

我们在南京的实地调研中发现，江宁区图书馆的地方特色文献数据库系统的组织与建设在南京各区图书馆中首屈一指，政府的重视和财力的支持是重要原因。江宁区图书馆于1986年新建馆舍时，其规模就在当时全国区县级图书馆名列前茅。该馆于2015年又积极申报、创建国家公共文化服务体系示范区，可见有重视文化的传统、基础和传承。而江宁区自古为富地，新中国成立以来经济为江苏各区县之前列。充分的财政支持，使江宁区图书馆资源组织与建设工作开展顺畅。在采购和自建数字资源过程中，有些馆限于纸质文献收藏，有些馆让本馆员工兼职地方特色文献数据库建设，效率低、不专业、耗时长导致进展缓慢。而江宁区图书馆并未考虑与市图书馆联合购买以降低采购成本，自建特色数据库也主要请专业公司来完成，并多从读者角度而不是自身短板、限制来考虑和决策各项工作。可见，政府重视和财政支持是开展地方特色文献资源建设的有力保障，这就需要图书馆与政府加强联系，宣传地方特色文献资源的重要意义，引起政府的重视，并提供帮助。

5.4 加强地方特色文献人才队伍建设，促进可持续发展

人才是地方特色文献组织和建设的核心和动力，因此图书馆需要加强人才队伍的建设才能推动业务的精进和图书的可持续发展，例如培养相关管理及工作人员的文献素养，创造和增加地方特色文献专业培训以提高工作人员的专业性。除此之外，建立激励机制提高工作人员的积极性，例如根据工作表现和工作量核发工资，以业务能力动态选拔人才、建立本馆人才梯队，并根据工作积极性及完成质量作为评选职称的重要指标之一，以此保障地方特色文献资源组织与建设的良性和可持续发展。

5.5 数据库系统技术实现不是难点，制定特色主题、挖掘内容资源是关键

相较于数据容量和构建技术，组织与建设哪些内容的特色库、怎样吸引读者使用、提高系统的易用性是首先要考虑和解决的问题。针对图书馆人力、财力、物力有限而重复建设地方特色数据库系统的问题，全市或全省可以开展统筹规划，打造共建共享的特色文献资源展示与管理平台，对于重复和基础性工作一次开发多次利用，把平台的搭建、数据库的建设、系统的开发和功能的管理共享发布，从而解决技术难题和重复建设。这样，各馆在开展地方特色电子资源开发的过程中，工作的难点和重点就可以放在内容的遴选上，而不是数据库系统的构建方法和容量。因此图书馆在开发电子资源时，要从专指性、全面性、权威性和特色性甄选内容，必要时可邀请专家和学者，界定开发资源的内容和方向，合理布局，兼收并蓄。另外，要对内容进行深度揭示和关联，提高易用性，方便读者使用。

参考文献：

[1]吴静.地方文献资源建设的现状分析与对策研究——以南京市江宁区为例[J].河南图书馆学刊，2016，36（1）:76-78.

[2]张世娟.论公共图书馆的地方文献资源建设规划——以太原图书馆为例[J].图书情报导刊，2016，1（4）:83-85.

[3]董沛文.加强山西地方文献建设的若干思考[J].沧桑，2010（4）:29-30

关于基层图书馆地方特色文献资源建设的思考
——以天津地区基层图书馆为例

胡　砚（国家图书馆）

地方文献是记载本地区历史、政治、经济和文化教育等方面内容的一切出版物，包括图书、杂志、报纸、图片、手稿等各种载体形式的文献。其具有"存史、资政、励志"的重要价值，一直以来都是公共图书馆藏书体系中重要而特殊的信息资源[1]。第六次全国县级以上公共图书馆评估标准，对地方文献的入藏种类，入藏形式等都有较为详细的要求，包括对地方文献数据库建设的内容和规模也给出了相应的考察标准[2]。天津市作为中国北方最大的开放城市和工商业城市，地处华北平原北部，东临渤海、北依燕山，对内腹地辽阔，辐射华北、东北、西北13个省（自治区、直辖市），对外面向东北亚，优越的地理位置为当地文化发展提供了肥沃的土壤。截至2017年底，天津市拥有文化馆982座、公共图书馆24座、博物馆15座。方言、饮食、曲艺、民俗为这座城市贴上了诸多标签，也为图书馆提供了更多有价值的资料和更广阔的发展前景。

1　图书馆地方特色文献资源建设基本情况

天津图书馆是中国创建较早、历史悠久的省级公共图书馆之一，因此天津图书馆在古籍善本、方志等资料的保存整理方面具有先天的优势，仅列入全国善本总目的善本馆藏就有2500余部，地方志资料可追溯至明代，对近现代史资料和天津地方史料的保存也相对完整，并借助现代技术手段将其数字化，形成缩微文献资源以供读者远程检索查询。

在天津图书馆的带动和指导下，该地区几乎所有基层图书馆都积极发展特色文献馆藏建设或有特色文献收藏意愿，各个馆根据自己的地理位置、历史沿革以及发展规划分别收录了滨海新区及周边区域人物、历史沿革、经济、政治、人文民俗等15大类的图片、视频、文稿等材料文献；北辰农民画、天穆清真寺；书稿、信件、编辑的书籍、书画、篆刻作品及各个时期的照片等。从目前馆藏情况看，文献类型以纸质图书及期刊报纸为主，兼有少量音视频文献。部分馆建有相关数据库，特色较为鲜明，分类多样化。受财政拨款制约，大多数基层图书馆地方特色文献资源经费少于1万元，但文献采购资源经费以及数字资源经费相对充足，因此各馆更倾向于购买数据库，用于电子地方文献的建设。目前，几乎所有区县级图书馆都建有地方特色文献资源数据库，并设立了地方特色文献资源阅览室，除电子资源外，采用购买、捐赠、缴送等多种方式相结合，最大限度地收集具有地方特色的正式和非正式出版物，以拓展馆藏地方文献的数量和质量。同时绝大部分图书馆设立了地方特色文献的采编岗，负责编制目录、设立专架。但受文献稀缺性制约，大多数基层图书馆不提供特色文献的外借服务，只允许读者现场查阅。

2 图书馆地方特色文献资源建设手段

天津市作为直辖市，无论在地理条件还是经济条件上，都有其他地区无可比拟的优势。以河西区图书馆为例，该馆通过积极主动联系河西区党政机关、企事业单位、群团组织等发送征集申请，征集到区委研究室等组织编印的内部资料。以《天津日报·新河西》作为地方文献，收集历年报纸入藏。有针对性地采购天津市、河西区的地方出版物，并做好书目加工和入藏管理工作。此外，河西区图书馆充分考虑读者对于地方文献的需求，已连续多年举办"津门书香——寻找天津记忆"活动，向到馆读者广泛征集具有河西区地方特点并有一定学术、史料价值的文献资料及反映区内人物生平的传记等文献资料。

河西区图书馆设有专门的地方文献阅览室，整个阅览室由藏书、阅览、展览、研讨四个区域组成，向读者提供阅览服务，为河西区陈塘科技商务委员会课题研究提供地方文献资源信息服务。除此之外，河西区图书馆还在馆内综合阅览室设置了专门的图书展架，对于部分有特殊价值的地方文献进行展览并可随时阅览。河西区图书馆时常举办具有地方特色的名家讲座、作者见面会、作品赏析会等活动，积极举办多种形式的文献展览活动。2017年举办以"闲步天津看往来"为主题的系列地方文献展览，为读者提供了近百册主题文献，使读者对于河西区的历史文化风貌及馆内的地方文献资源有了更为充分的认识。

与河西区相比，西青区图书馆则根据本区经济发展状况和农村读者需要，从1992

年开始把蔬菜栽培、林果培育、水产养殖、民俗旅游等方面的书刊资料列入重点收藏范围，逐步增加这些文献在馆藏中的比重，形成图书馆藏书中的特色资源。而后西青区图书馆依托区域内非物质文化遗产设立了杨柳青杂志、灯箱画等多个特色专题，收藏范围包括文学作品、图片、视频等形式。

静海县图书馆制定了《地方文献征集工作条例》，从征集原则、采购计划、范围、方式及分编入藏等方面进行了规定并通过媒体、网站进行宣传。凡是涉及本地区的图书、期刊、报纸、图片、内部出版物、会议资料、谱录、手稿、乐谱、拓片、字画、纪念册、电子出版物等均在征集范围。通过对这些珍贵的地方文献资料进行分编加工整理，建立地方文献书目数据库的方式加以保存并供读者查阅。另外，还建立了独具特色的"张孟良文学馆""王敬模著作专柜"等。同时该馆积极开拓文献征集渠道，以区地方志办、静海著名作家、作家协会、静海文联等有关人员为重点，每年定期或不定期与之联系，及时了解本地区地方文献的创作动态，掌握地方文献的出版和发行情况，获取第一手文献信息及文献资料，以便有针对性地搜集入藏。同时以此为中心辐射周边地区和个人编撰者，并搜集整理当地民间作家个人简介，建立静海名人名称规范库。除此之外，静海县图书馆利用多种手段大力推广宣传图书捐赠，对于捐赠者除捐赠证书外，还在静海图书馆网站"捐赠扬名"栏目中予以表扬。另外，静海图书馆网站还开设了"地方数据库"专栏，有专人负责定期编辑"地方文献目录"，随时将本馆的地方文献信息提供给读者，供读者网上检索查询。

除传统公共图书馆外，天津地区还依托非遗物质文化展览馆设立非遗图书馆，该馆内收藏约四五千册非遗主题馆藏，涉及图书、中文资料等形式，但限于文献稀缺性和特殊性，该图书馆通常只在周末开放，且馆内图书只供读者到馆查阅，不提供外借等服务。

3 图书馆地方特色文献资源建设的困境

天津地区的图书馆在地方特色文献建设方面都是十分积极的。从成果上看，有的已经初步形成专题数据库，有的形成学术团队发表研究论文，还有的在积极整理地方志。但在入藏文献的过程中，也不可避免的有一些需要改进提高之处。

3.1 长期发展规划不足

本区域内的图书馆几乎都或多或少地收集了本地区的特色文献，但由于没有统一明确的采选原则，甚至个别馆将采购特色文献的工作外包，在没有清晰指导原则的情况下，采购工作的外包势必导致采购盲目性大，出现无序发展的情况。

3.2 馆藏特色资源文献数字化程度不够

天津地区地方文献种类繁多，因而各图书馆普遍存在重收藏轻加工的问题，即收集力度很大，收集数量可观，但没有形成系统，更没有及时将地方文献加以汇总整理。特色文献形式多样，数字化的难度较普通图书大，因此传统地方特色文献难以发挥用途，已有馆藏特色文献难以数字化。缓慢的数字化进程影响了读者的感官体验，降低了使用频率，而较低的使用频率更使得决策者放缓了馆藏特色资源文献数字化的脚步。

4 图书馆地方特色文献资源建设的反思

天津地区特色文献建设已具备雏形，也积累了大量的工作经验。对这些工作经验的总结反思，既可以梳理出天津地区图书馆的工作轨迹，又可以为其他地区图书馆的地方特色文献资源建设工作提供指导。

4.1 加强政策引导

公共图书馆评估等政策引导，促使各级政府重视当地文化事业建设，同时也促进各级各类图书馆加强自身建设，建立适合本馆的中长期发展规划。建立明确规范的采选原则，实现资金效率最大化。同时鼓励地方政府制定有关地方文献呈缴办法等地方法规，扩大宣传力度，采用呈缴、捐赠、购买多种途径相结合的方式，加强地方文献征集工作。

4.2 加强人员培训

引进更多学术研究人才，把地方文献的研究和开发工作推向深入。同时加大对本馆在职在编人员的培训力度，避免人浮于事的现象。

4.3 开展数据共建共享

与区党政机关、企事业单位、群团组织合作，实现地方文献的纸质资源和电子资源共建共享。与文化馆、博物馆等部门合作，共同开发更多的特色数据库。

4.4 注重可持续发展

天津地区相对于其他图书馆购置资金相对充足，这使得该区域图书馆的地方文献工作颇有成效，因此该区域图书馆目前的短板在于持续发展，即通过系统化规范化的方式，确定地方文献建设的发展方向，加大对特色数据库的投入，实现地方文献工作的可持续发展。

4.5 强化文献的深加工

除加大传统地方特色文献的入藏外，还应对已有地方特色文献数字化，通过采购以及自建的方式加强特色文献数据库的建设，提高地方特色文献的使用率。在扩大本地特色文献馆藏量的同时，加快本地特色文献数字化的进程。

十八大以来，文化自信的理念日渐深入人心，地方文献作为地方文化的载体，在传承地方文明，提升文化自信方面具有无可替代的作用[3]。《公共图书馆法》中更明确地指出："应当根据办馆宗旨和服务对象的需求，广泛收集文献信息；政府设立的公共图书馆还应当系统收集地方文献信息，保存和传承地方文化。"因此做好地方文献的收集整理工作，保护好地方传统文化，是每个图书馆不可推卸的责任，更是每个图书馆人的历史使命。

参考文献：

[1]谢洁华.公共图书馆地方文献工作的实践探索——以广州市越秀区图书馆为例[J].图书馆学刊，2015（7）:50-52.

[2]王国强,聂金梅.基层图书馆地方文献阅读推广工作探讨——以潍坊市图书馆为例[J].河北科技图苑,2019（2）:70-74.

[3]张延军.县级图书馆地方文献征集工作刍议[J].黑河学刊,2019（2）:171-172.

基于语义网的数字图书馆信息资源组织

李雪梅（国家图书馆）　张人仁（奥克兰理工大学）

随着信息技术的发展，需要存储和传播的信息量越来越大，信息的种类和形式越来越丰富，传统意义上的图书馆机制显然已经不能满足这些需要。伴随着计算机技术、自动化技术和网络技术的高速发展，特别是互联网技术的飞速发展，人们便提出了数字图书馆的设想。经过多年的研究与开发，数字图书馆理论与技术都有了大幅的进步与发展，人们对数字图书馆的认识也进一步深化。数字图书馆已成为目前图书馆界研究的一个重要领域，也可以说数字图书馆是传统图书馆服务的一次革命。

数字图书馆是采用现代高科技信息技术的、超大规模、分布的、可以跨库检索的数字信息资源系统，是下一代互联网网上信息资源的管理模式，可以从根本上改变目前网上信息不集中、使用不便利的状况。可以说数字图书馆是运行在互联网上超大规模的、便于使用的、没有时空限制的知识中心。它具有有序的资源组织、分布式的资源建设、跨库的无缝连接等特征。本文对信息组织的基本概念加以阐述，简要介绍了语义网技术，论述了在语义网背景下，数字图书馆信息资源组织的发展变化。

1　信息组织

信息组织即信息的有序化与优质化，也就是利用一定的科学规则和方法，通过对信息外在特征和内容特征的表征和排序，实现无序信息流向有序信息流的转换，从而使信息集合达到科学组合实现有效流通，促进用户对信息的有效获取和利用[1]。信息组织是检索信息、利用信息的前提，是图书馆学研究的核心。

1.1　传统图书馆的信息组织

传统图书馆的信息组织方式主要是分类法和主题法，是几代哲学家、科学家、图书情报学家集体智慧和经验的结晶。分类法是指依据一定的分类体系，根据文献的内容属性和其他特征，对文献分门别类地、系统地组织与揭示的方法。主题法一般指直接以表示文献主题的词语做标识，提供字顺检索途径，并主要采用参照系统揭示词间关系的标引和检索文献的方法[2]。分类法是语法信息组织和语义信息组织的综合，从学科角度集约信息，便于族性检索；主题法建立在自然语言基础之上，是另一种形式的语义信息与语法信息组织的综合，是从事物角度集约信息，便于特性检索[3]。这两类方法在传统文献组织阶段发挥了巨大作用。直到现在，我国图书馆领域在非数字化文献的信息组织方面仍在采用这两种方法。由于这两种方法诞生于纸质文献时期，实体世界的地理原则限制了知识的位置，无法充分挖掘信息的价值，反而会隐藏许多重要的信息。所以随着时代和技术的发展，这两种信息组织方法也必然会发生改变。

1.2　数字图书馆的信息组织

数字图书馆信息组织是对无序的各种信息资源，采用科学有效的方法选择、加工、整理，使之成为有序化、可以自由存取的信息资源系统，更好地为人们所用，成为真正意义上的信息资源。其特点是以用户为中心，采用自动化手段对信息资源进行加工，从而提供对信息内容的检索服务，而其基础是海量的多媒体数字信息[4]。

网络时代面对浩如烟海、错综复杂数据资源，形式和载体形态不断发展，用户的信息需求也是千变万化、千姿百态。传统的信息组织方式要做到符合不同用户的特殊需求和思维模式及时将其所需的信息反馈是非常困难的。比如传统借书流程，用户将需要的书籍名称告诉图书管理员，图书管理员再根据书籍登记册查找，这是非常费时费力的一件事，效率低下，所需的专业性也很强。1995年3月，由OCLC与国家超级计算应用中心（NCSA）的图书馆界、电脑网络界专家共同提出DC元数据方案，DC元数据来自于图书馆文献标引和电子文件管理的结合，对信息资源进行描述和解释，促进信息资源的检索、管理和利用。通常元数据方案的总体结构可以分为三个层次：内容结构、句法结构、语义结构[3]；这种特征让元数据为分布的、多种信息资源组成的信息系统提供了整合的工具和纽带。此后，图书馆学领域和计算机领域分别在各自方向上进行网络信息资源组织的探索。图书馆学主要以网络信息资源为研究对象，侧重于传统的文献信息分类组织思想与主题词表对网络信息资源组织的科学性、完备性和适应性等问题的研究[5]，因而信息组织方法也从早期的分类法、主题法、分类主题一体化，发展到搜索引擎、主题树、元数据等方法。

2 语义网

语义网的概念是由万维网联盟的蒂姆·伯纳斯-李（Tim Berners-Lee）在1998年提出的。语义网的核心是：通过给万维网上的文档（如HTML文档、XML文档）添加能够被计算机所理解的语义"元数据"，从而使整个互联网成为一个通用的信息交换媒介。

2.1 语义网的发展

1998年，语义网设想的提出，为信息组织方法向关联性、细粒度的知识组织方法发展提供了一个契机。完整的语义网络模型从下至上包括Unicode与URI层、XML Schema层、RDF Schema层、Ontology Vocabulary层、Logic层、Proof层、Trust层这7层结构[6]。由于语义网络模型过于复杂，其应用基本局限于学术研究领域的试验性开发。2006年，蒂姆·伯纳斯-李抛开语义网络模型中的复杂成分，在URI和RDF技术基础上，再次提出"关联数据"的概念。关联数据是以URI作为数据标识，以资源描述框架RDF的三元组结构作为数据模型，并基于HTTP发布到互联网上的数据应用形式[7]。由于关联数据是将相关数据链接起来，是语义链接，而不是将相关文件、网页链接起来，所以关联数据可看作是语义网的简化实现，旨在构建计算机可理解的语义数据网络，而非只有人才能读懂的文档网络[8]。语义网与关联数据带来了信息组织对象的新变化，数据的庞大以及数据间网状的语义关系，让信息组织工作者开始利用新的技术手段和方法，对知识、信息进行更科学的组织[9]。

2.2 语义网在数字图书馆的应用

语义网在数字图书馆的应用，是将语义数据和处理合并到数字图书馆中涉及将元数据附加到此类库中的对象，并为用户提供对语义支持的搜索引擎的访问。元数据通常用资源描述框架（Resource Description Framework, RDF）语法表示，并由主题、谓词和对象组成的语法三元组表示的关系组成。

3 数字图书馆信息资源组织

"数字图书馆"一词于1994年由美国国家科学基金会、美国国防部高级研究计划局、美国宇航局数字图书馆计划首次推广。数字图书馆以数字化技术、数字技术、多媒体技术、版权保护技术、存储技术、保存技术、检索技术、访问技术、网络技术、组织管理技术、人机交互技术、互操作技术等先进和全面的多学科综合交叉技术为依托，使信息资源具有可选择性，同时能存储各种形式的海量信息资源，对于存储的资源形式也更加多元化，并且面对用户可以按需提供信息资源。用户可以通过网络方便地访问它，以获得这些信息，并且其信息存储和用户访问不受地域限制[10]。

3.1 数字图书馆的信息组织

传统数字图书馆可以分为两种：一种是通过关系数据库系统（如Oracle、SQL Server）实现，其内置功能强大，便于创建、存储和搜索大量元数据，从而提高搜索能力，而其代价之一则是需要授权及安装关系数据库管理系统，如果图书馆系统本地化在每个用户机器上，那么这种复制则是一个障碍；第二种则只是用操作系统提供的存储服务来实现，这意味着要创建新的代码库，以实现存储算法、索引、垃圾收集、更新处理以及此类系统实现所需的无数其他存储组件，因此会造成多文件系统更容易出现损坏和同步，以及访问速度缓慢等问题。

在大多数情况下，传统数字图书馆是通过目录结构或全文索引进行搜索，以允许搜索对象的内容。但是这种搜索方式只能搜索到包含或不包含某些关键词的结果，而无法搜索到关键词相关的内容，因此需要将语义添加到库中。语义信息，表示为附加到每个对象并由一个或多个本体提供搜索语义上下文的元数据，可用于解决此类查询。这种技术所代表的额外灵活性和搜索能力使语义数字图书馆对普通用户来说比传统数字图书馆更有价值，也是传统数字图书馆的转型方向。

3.2 语义网技术在数字图书馆信息资源组织中的应用

语义网应用的主要优势体现在其搜索、浏览和推荐服务。语义数字图书馆的关键目标是提供从现有数字图书馆中脱颖而出的解决方案的信息发现。用户应该能够在浏览、过滤或查找相似的信息对象时利用有关资源的互联信息。

语义数字图书馆应该提供各种推荐服务。查询优化引擎应该根据匹配用户配置文件的解决方案来定制结果；引擎应该利用结果之间复杂的语义关系。搜索引擎应该允许开发关于不同媒体类型、复杂对象、流媒体和时空资源的信息。对于具有复杂注释的资源，支持基于内容的搜索和相似度搜索算法非常重要。在内容提供者网络异构、竞争激烈的情况下，语义数字图书馆应实现查询交易算法，以支持用户的搜索。

增加资源的服务。语义数字图书馆最显著的特征之一是在资源上传过程中增加了附加注释，以增强原始信息。预计语义数字库可以同时提供自动注释和基于用户的注释。后者应该利用社交网络的力量，即社区注释、标签和排名。注释服务应该足够灵活，以适应各种用户组和正在扩充的内容。基于用户的标注是使用户积极参与知识共享的关键技术。语义数字图书馆服务应确保提供注释的用户能从更好的推荐和搜索结果中获益。

除了上述这些功能之外，语义数字图书馆还具有发布及通知服务、保安及政策保证服务、服务提供互操作性，以及保护服务等作用。

3.3 数字图书馆面临的挑战

就传统数字图书馆而言，其面临的挑战可以分为：多媒体搜索，即针对文本、图像、声音和复合对象的搜索；语义增强搜索，以提高从免费文本和图像内容的检索，并更好地利用用户分配的标签；多语言搜索，即跨多种语言搜索；语法和语义互操作性，即跨越多个系统搜索；通过推理和判断寻找所需内容，而不仅仅是某个文件。而在结合了语义技术后，数字图书馆仍然会面临许多挑战，比如：①整合基于不同元数据来源的信息，如书目描述、用户简介、书签、受控词汇表；这可以通过高质量的语义来实现，即高度和有意义的连接信息。②在元数据或通信级别，或两者兼备的情况下，提供与其他系统（不仅是数字图书馆）的互操作性；使用RDF作为数字库和其他服务之间的公分母，可以同时支持元数据和通信互操作性。③通过语义、社区交互和用户配置文件、推理和推荐引擎，提供更健壮、用户友好、适应性更强的搜索和浏览界面。

互联网上的信息资源是海量的。未来的数字图书馆将不会仅仅局限在实体馆藏资源的数字化。因此，如何对网络空间内杂乱无序的信息资源进行合理有序地组织是数字图书馆发展所必须面对的问题。而语义网技术可以引导人们进行语义层次上的信息分类、信息标引、信息索引、信息整合，从而实现信息空间的有序化。

参考文献：

[1]叶继元.信息组织[M].北京:电子工业出版,2010.

[2]司莉.信息组织原理与方法[M].武汉:武汉大学出版社,2011.

[3]周宁,吴佳鑫.信息组织[M].武汉:武汉大学出版社,2010.

[4]数字图书馆信息资源的组织[EB/OL].[2019-09-29].http://www.cqvip.com/qk/90009a/200101/4911 250.html.

[5]索传军.网络信息资源组织研究的新视角[J].图书情报工作,2013(4):5-12.

[6]李洁,丁颖.语义网关键技术概述[J].计算机工程与设计,2007(4):1831-1833,1836.

[7]刘炜,夏翠娟,张春景.大数据与关联数据:正在到来的数据技术革命[J].现代图书情报技术,2013(4):2-9.

[8]谢铭.关联数据和知识表示的自动语义标注技术[D].武汉:武汉大学,2012.

[9]张娟,陈人语.关于语义网背景下信息组织方法变化的思考[J].图书馆界,2017(6):15-18.

[10]FOX E A. The Digital Libraries Initiative: Update and Discussion[J/OL].[2018-04-03]. http://www.asis.org/Bulletin/Oct-99/fox.html.

浅析图书馆图书编目业务外包书目数据质量的现状

李　颖（国家图书馆）

随着信息技术的不断发展，人们对新事物的探索不断加深，图书的种类和数量也越来越多，而作为具有藏书功能的图书馆，其核心工作中的图书编目工作也有了长足的发展，从卡片编目到机器编目，从自加工到编目业务外包，这一系列的变化，都体现了图书编目事业发展的迅速，同时，也揭示了图书编目工作顺应时代潮流的发展变化。

1　图书编目业务外包是一种顺应时代发展的选择

在信息技术不断发展、图书数量不断增多的背景下，读者对信息获取时效性的要求也随之提升，而这些都促使图书编目业务外包成为一种必然的选择。图书馆图书编目工作是图书馆核心业务之一，这项工作的完成情况，直接关系到图书内容揭示的效果，从而影响到读者检索图书的使用效果。换言之，图书编目质量好的图书，可以让读者迅速找到，不仅方便了读者，也能提高图书的借阅率和使用率。但是，面对日益增多的图书数量，原有的编目员数量已经不能满足编目工作的需求，因此，为了更好地完成编目工作，各个图书馆开始选择了一种新的形式——图书编目业务外包。所谓图书编目业务外包，即图书馆与书商（一个或多个）签订合同，由书商来承担采编部门一部分或全部的图书编目工作[1]。这种形式，不仅解决了图书数量和编目人员数量比例不平衡的问题，而且在很大程度上提高了编目工作的效率，加快了图书运转的流程，从而在一定程度上满足了读者对于图书时效性的要求。

2　图书编目业务外包的主要优势

图书编目业务外包的主要优势在于：加快了图书的编目速度；解决了图书馆编目

员不足的情况；减少了图书的积压；缩短了图书运转流程的时间。这些优势使图书能够尽快进入下一个环节，早日上架，服务读者。

图书编目业务外包的优势显而易见，它是优化现阶段图书馆编目工作流程的"利器"，也是提高图书馆编目工作效率的"助推器"，但是在实际的操作中，还是可以看出一些问题的存在。而这其中以图书书目数据质量问题最为突出，这些问题在某种程度上也影响了图书编目工作整体的运转。因此，如何对图书编目业务外包书目数据质量进行控制是个值得思索的问题。

3 图书编目业务外包书目数据质量存在的问题

3.1 书商编目人员流动大，培养成本增加，无法保证图书书目数据质量始终如一

由于书商本身的企业性质，在其追求利益最大化的同时，容易忽视其编目人员的待遇、劳动强度、人员与图书数量的比例等问题，从而造成其编目人员的频繁流动。而这种流动，不仅对企业是一种损失，对图书馆也是一种损失。因为以目前的培养模式来说，除了书商自行培养编目人员以外，更多的还是要借助图书馆的编目人员来培训，以保证编目规则的一致性，从而满足不同类型图书馆对图书编目格式的要求。而书商人员的流动，无疑增加了这种培训的成本，也无形中延长了新人的"磨合期"，直接造成图书书目数据错误率的上升，使数据质量无法保持在一个相对稳定的水准上，从而增加了相关校对人员的校对难度，拖延了图书编目工作运转的时间。

3.2 为了完成合同里的数量要求，书商容易出现赶量现象，造成图书书目数据质量的下降

由于书商与图书馆签订的合同里一般都有数量的要求，为了避免违约被罚的情况出现，在特定的时间里，尤其是接近年底的时候，容易出现赶量现象。这种现象一旦出现，就意味着图书书目数据质量无法得到保证。毕竟每个人的精力有限，想要在相同的时间里，赶出更多的书，那么就只有降低图书书目数据的质量了。虽然合同里一般也会有对错误率的要求，但是在这个时候，往往都会被书商所忽略。

3.3 书商编目人员为了多赚钱，容易出现图书书目数据质量忽上忽下的情况

由于大多数书商都是以计件的形式给付工资，其编目人员有的为了多做些书，就

会忽略质量要求，"凑合"数据，比如有的图书自带提要，不核对就存盘；不核对分类号；不核对尺寸等。这些看起来似乎都是小问题，但是积少成多，当数量积累到一定程度的时候，图书书目数据质量就会出现忽上忽下、时好时坏的情况。虽然有的图书馆也会设有校验岗，但是由于人手、效率等原因，通常也都是采取抽校的方式，并不能彻底地杜绝此类情况的发生。此外，由于每一道都有相应的工作量，一旦书商返工次数过多，就有可能出现后续流程图书供应不上的情况，影响整体流程的运转。

4 如何提高图书编目业务外包书目数据质量

4.1 图书馆应加强对图书编目业务外包的监管

虽然说图书馆与书商签订编目业务外包合同之后，应该由书商负责其所承担图书的一切工作，但是由于后续还要图书馆编目人员进行后续加工，因此对书商的前期工作进行监管也是保证整体流程顺利运转的一种方式。比如要求书商按照合同里规定的承包量，进行最低的人员配置，以保证外包图书的书目数据质量的稳定。同时，在其人员配置里，应至少配置一名有编目经验的人员，以起到稳定书商编目人员队伍的作用，尽可能避免出现由人员流动造成的图书书目数据质量波动。

4.2 加强培训管理，优化培训方式

现在图书馆对于外包书商编目人员的培训，一般采取的是"代培训"的方式，即由馆里的编目人员对其外包书商的编目人员进行统一培训。但是这种培训方式通常时间较短，更适合有经验的编目人员，可以在最短的时间里达到统一编目格式的要求；而对于书商队伍里的新人来说，这种方式就显得过于快速，缺少了自我消化的时间和过程，在短时间内也就无法保证图书书目数据的质量。因此，在保留传统培训方式的同时，可以优化培训模式，如选取外包书商里书目数据质量较好的人员在其内部培训新人，形成"老带新"。经过培训的新人只有在通过馆里编目人员的考核才可以进入正常流程，达不到要求的，可要求其继续自行培训直到合格为止。这样一来，一方面可以增加外包编目人员的经验积累，避免新手"赶鸭子上架"的情况出现；另一方面，也可以减轻馆里编目人员的压力。只有在外包书商内部形成良好的培训模式，才能有效解决人员流动带来的图书书目数据质量下降的问题，从而形成一种彼此独立、

有效互动、良性循环的工作模式。

4.3 书商应自行设置校验人员

对于图书编目业务外包书目数据质量的校验可以分为两步，第一步由书商自我校验，第二步由馆里的编目人员进行抽检。书商自我校验的好处是：一方面可以让书商的编目人员对自己的图书书目数据质量有更加清晰地认知，从而进行有效的自我改进；另一方面，可以减轻馆里编目人员的工作压力，从而提升整体的工作效率。对于签约了多个书商的图书馆，还可以进行"交叉抽验"，彼此监督，共同进步。而馆里的编目人员只要进行二遍抽校，把握错误率范围即可。

4.4 对图书编目规则中的部分内容规定选取源并严格执行

虽然经过培训，双方大体上对编目规则和格式进行了统一，但是在实践工作中，由于一些书商的编目人员存在投机取巧、能过就过的心理，好多内容会出现无从核对或者明显错误。比如330字段，该字段是用于记录图书内容提要的字段[2]。其目的在于揭示图书主要内容，让读者可以清楚地知道检索的图书讲了些什么，并以此做出选择。作为一个如此"通俗易懂"的字段，编目人员一般都会比较重视。基于此，有的图书馆会规定其选取源的范围和字数要求，但是有的书商的编目人员为了追求速度，看见数据有自带提要或者网上有现成的，就会直接复制存盘，从而造成提要内容找不到出处或者字数过多、过少的问题，进而影响了图书内容的信息揭示。同时，也给后续的校对人员带来不小的校对困难。因此，规定选取源，并且严格执行是个十分重要的问题，也是提高图书编目业务外包书目数据质量的有效方式之一。

4.5 适当放宽错误率，严控错误率范围

为了提高书商重视图书书目数据质量的积极性，可以适当放宽错误率，但是要严格控制错误率范围。对于书商返工多次的图书，要控制数量，如果数量过多，应该拒绝继续为其提供原编书，从而达到稳定图书书目数据质量的目的。

4.6 奖惩分明，按质付款

图书馆可与书商约定按错误率实行阶梯付费制，假设按照错误率分为三档，并分别给付图书编目业务外包费用的百分之百、百分之七十、百分之五十，以此形成激励

机制，促使书商重视图书书目数据质量。

　　综上所述，图书编目业务外包是现阶段图书编目工作的有效形式之一，图书编目业务外包书目数据的质量直接影响着后续流程的工作效率。为了充分实现图书编目业务外包的作用，必须严抓图书编目业务外包书目的数据质量，以保证图书编目工作整体的工作效率和流程运转。外包是形式，质量是核心，高效是目的，只有在不断探索和改进中，图书编目工作才能走得越来越远。

参考文献：

[1]乔燕萍.图书馆编目业务外包书目数据审校探究[J].沧州师范学院学报,2015,31(4):102-104.

[2]全国图书馆联合编目中心,国家图书馆图书采选编目部.中文图书机读目录格式使用手册[M].北京:华艺出版社,2000.

避免初学者容易犯的错误
——西文编目质量评价标准刍议

罗　晨（国家图书馆）

1　引言

国际组织与外国政府出版物是国家图书馆的特藏，由一个专门的科组——国际组织与外国政府出版物组负责其收藏管理及阅览服务。该组收藏的出版物包括以下国际组织：联合国系统、欧洲联盟（EU）、经济合作与发展组织（OECD）和亚洲开发银行（ADB）等；外国政府出版物主要是美国政府出版物（GPUS）和加拿大政府出版物（GPC）。还收藏有一种非政府出版物——美国兰德公司出版物。其使用的语言文字以英文为主，兼有少量法文、西班牙文和中文。国际组织与外国政府出版物的编目工作也主要是西文编目工作。

国际组织与外国政府出版物的分类采用的不是《中国图书馆分类法》，而是首先按出版机构分类，类号也就是该机构的英语缩写。如联合国总部出版物的为 UN（United Nations），世界银行出版物为 WB（World Bank），美国政府出版物为 GPUS（Government Publications of the United States）。下面再按该机构的文献分类方法细分。具体的索取号见之后的书目记录样例。

该组从 1999 年秋天开始计算机编目。20 年来该组具体采用的 MARC 格式在实践中不断完善、改进，质量评价标准从"完全原样照录"到基本遵循编目规则，并向专业的西文编目组看齐，规范控制从无到有，编目质量不断提高。2018 年初又与全馆外文编目部门一起改用 RDA 编目，编目规则已与国际编目界接轨。

但毋庸置言，在开始计算机西文编目之初，我们曾走过很大的弯路。由于该组的编目基础比较薄弱；最主要的是：当时片面强调编目总审校由组长兼任，而丝毫不考虑其之前是否从事过编目工作。由于管理者掌握的西文编目质量评价标准的偏差，导致了最初几年的西文编目质量总体较低。

西文编目面临着两个问题：①评价一条西文书目数据质量高低的标准是什么？②评价一个西文编目员业务水平高低的标准又是什么？一条质量上乘的书目记录，首先必须是符合西文编目规则（AACR2R、《西文文献著录条例》或RDA）（包括著录和标目的建立）的；其次，必须是符合MARC21/B书目数据格式的；再次，检索点的选取严格依照编目规则，既不缺少，也不增加；最后，其所有的标目（不包括非控的）均采用规范形式。作为过来人，知道西文编目初学者容易有一些错误的认识。下面就从以上四方面谈谈自己的感触。

2 著录部分：标准著录，抑或客观著录

2.1 初学者容易把客观著录理解为"见什么录什么"

著录是对表示文献内容、外表形式和物质形态的特征进行分析、选择和记录的过程。一个初学者，如果你只对他进行MARC格式的培训，而不对他进行编目规则和规范控制的培训，他往往是凭着本能和直觉去评价西文编目的质量。他会想当然地认为，西文编目就是把文献上的信息都原样录入书目记录。再加上近年来在国内编目界流行的"客观著录"的提法，很容易对西文编目质量评价标准产生误导。"客观著录"干扰了西文编目应遵循有关编目规则这一最基本的观念。一些初学者认为，"客观著录"就是原样照录，即在文献上见到什么就录入什么。而且误认为原样照录是唯一的著录形式[1]。初学者的想当然之一就是把客观著录当作西文编目质量评价的重要和唯一的标准。然而书目数据是经过筛选的书目信息。因此严格意义上的客观是不存在[1]。著录工作依据的文献信息完全是客观的，但书目数据是对这些信息按照编目规则进行反映。

俗话说，"外行看热闹，内行看门道"，即外行只看见表面的东西，而内行的人看见背后的隐含的规则。一个外行校对时只能看表面上的东西。即主要看两点：①有没有打错的单词和标点，有没有与文献上信息不一样的。②文献上的信息是否全部录入到书目数据中。一条书目记录如果录入得错误百出，肯定是不合格的。那么按以上两项要求，一条书目记录中没有一个打错的单词，信息源上的信息也没有一项被遗漏，它是不是就是一条高质量的书目记录呢？答案是否定的。因为它忽视了编目信息源的概念，忽视了对文献上的信息的识别和选择。选择包括两层意思：①选择哪些信息应该著录，哪些应该排除；②对被选中的信息选择具体著录在哪个项目（或字段）。AACR2R、ISBD统一版和RDA这些编目的纲领性文件，都规定了标准著录的著录项

目。AACR2R是8个，ISBD统一版和RDA则增加到9个。这9个著录项目（RDA中叫著录单元）是：0内容形式和媒介类型项；1题名与责任者说明项；2版本项；3资料或资料类型特殊项；4出版、制作、发行等项；5载体形态项；6丛编和多部分单行资源项；7附注项；8资源标识号与获得方式项[2]。无论是ISBD、AACR2R、《西文文献著录条例》还是RDA，其中从未出现过"客观著录"的提法，提的都是标准著录。

2.2 题名的识别

题名是文献最显著的特征，也是读者最常用的一种检索途径，而题名检索是以正确地选取题名，完整、准确地著录题名为前提条件的。国际组织与外国政府出版物由于其多语种、出版不正规等特点，再加上题名和责任者信息均较复杂。如果题名信息多语种和多层次叠加在一起，题名的选取和著录的难度可想而知。

如国际组织出版物常在题名上方（即题上项）印有机构名称，且非常醒目，个别书目数据就选取机构名称作为正题名，而将真正的题名根本不予著录。除与机构名称混淆外，还存在着正题名与封面图片（图表）标题相混淆，与丛书名、变异题名相混淆的现象。而副题名则容易与分卷题名、附注项，甚至是机构宗旨相混淆。对没有题名页和封面的文献，则容易将第一部分的题名作为正题名。

2.3 责任者的识别

2.3.1 正确地断句或理解意群

除题名外，责任者的著录也是非常重要的。因为它直接关系到个人名称和团体名称的检索点能否正确地选取和建立。

例1：索取号为CIS/SRI: 87/S0700-1的书目记录，见表1。

表1　索取号为CIS/SRI: 87/S0700-1的书目记录的正误对比

误	正
245 00$a [题名] /$c prepared by Research and Statistics Office of Planning, Review and Analysis Division of Management Services.	245 00$a [题名] /$c prepared by Research and Statistics, Office of Planning, Review and Analysis, Division of Management Services.
710 1#$a Arkansas$b Research and Statistics Office of Planning.$b Review and Analysis Division of Management Services.	710 1#$a Arkansas.$a Department of Human Services. $b Division of Management Services.$b Research and Statistics.
错误的分割：Research and Statistics Office of Planning—Review and Analysis Division of Management Services.	正确的分割为：Research and Statistics—Office of Planning, Review and Analysis—Division of Management Services.

责任者识别错误，责任者标目的建立就一定会跟着错。

2.3.2 ［疑似人名］+and/& associates是个人名称还是团体名称

在责任者的著录中，最难识别和最容易出错的是［疑似人名］+ and/& associates这种结构。如Peter Harrold and associates, Alan Gelb and associates, F. B. Scriven & associates等。

例2：索取号为WB/88.182的书目记录（正）。

100 1#$aGelb, Alan H.

245 10$aOil windfalls: $b blessing or curse?/$c Alan Gelb and associates.（Alan Gelb 与同事）

这里Alan Gelb是个人名称。"and"是连词，"associates"作"同事们"解。著录责任说明时associates应小写。

但是应该注意到：英文中的一些机构名称尤其是公司名称中含有and/&Associates，即and Associates是团体名称的一部分。责任说明的著录中Associates首字母应大写。

例3：索取号为Unesco/74.73（F）的书目记录，见表2。

表2　索取号为Unesco/74.73（F）的书目记录的正误对比

误	正
245 03$a La conception et la fabrication du mobilier scolaire: $b évaluation critique/$c par F.B. Scriven & associates. 700 1#$a Scriven, F. B.	245 03$a La conception et la fabrication du mobilier scolaire: $b bévaluation critique/$c par F.B. Scriven & Associates. 710 2#$a F.B. Scriven & Associates.

F.B. Scriven & Associates是一团体名称，在这里Associates是"联合公司或合作人"的意思。由于其不符合中国公司的命名习惯，常被误为个人名称。对同一机构，有的书目记录著录部分是正确的，也建立了相应的团体名称检索点，但是把F. B. Scriven 按个人名称标目的规定倒置过来，成为Scriven, F. B & Associates。

例4：索取号为Unesco/75.3的书目记录，见表3。

表3　索取号为Unesco/75.3的书目记录的正误对比

误	正
110 00$a Scriven (F. B.)& Associates. 245 00$a School furniture development: $b an evaluation /$c by F. B. Scriven & Associates. 710 2#$a United Nations Educational, Scientific and Cultural Organization.	245 00$a ［不变］/$c by F. B. Scriven & Associates. 710 2#$a F.B. Scriven & Associates. 710 2#$a Unesco.

综上所述，[疑似人名]+ and/& associates有时是个人名称，有时则是团体名称，这要根据具体情况和上下文判断。编目员除了认真审读文献，还可以参考套录源数据，或查找LC名称规范文档辅助确定。而与之类似的名称不含"and/&"的责任者，如，Raphael Katzen Associates等均为团体名称。

2.4 初学者容易犯的错误：将不认识的信息和无法判断著录项目的信息著录于一般附注字段

要求文献上的全部信息都要录入书目数据，而碰到难以识别的单词、词组和句子或不理解其真正含义的信息时，总审校同意并鼓励编目员将其作为附注著录"模糊处理"。于是，成了"500字段是个筐，各种问题往里装"，不论是正副题名、变异题名、责任说明（个人名称和团体名称）、从编项，一股脑都著录在500字段。

例5：有检索意义的副题名著录于500，如索取号为GPC/E3-1995/no.27的书目记录，见表4。

表4 索取号为GPC/E3-1995/no.27的书目记录的正误对比

误	正
245 00$a Commerce =$b Commerce. 500 ##$a "Agreement between the Government of Canada and the Government of the Republic of Latvia on Trade and Commerce." 710 2#$a Minister of Public Works and Government Services Canada. 710 2#$a Government of Canada. 注：并列题名为法语	245 00$a Commerce: $b Agreement between the Government of Canada and the Government of the Republic of Latvia on Trade and Commerce = Commerce:… 246 30$a Agreement between the Government of Canada and the Government of the Republic of Latvia on Trade and Commerce 710 1#$a Canada.$b Public Works and Government Services Canada.

正题名只有一个单词Commerce，且是非常常见的一个单词，可以说基本没有检索意义。而真正有检索意义的副题名却被作为附注。

美国兰德公司出版物的题名页或封面上，在正题名左下方经常会出现Rand Health, Rand Europe, Rand Education, Labor and Population（分别为兰德健康研究所、欧洲研究所、教育研究所、劳工与人口研究所，均为兰德公司下属机构）这样字样。由于不理解其含义，觉得也不像丛编题名，以为它是个口号或主题，很多都将其著录在500字段。

例6：团体名称著录于500（RAND出版物），见表5。

表5　团体名称著录于500字段的正误对比

误	正
500 ##$a "Rand education"	710 2#$a Rand Education (Institute)

例7：索取号为ICAO/71.4/pt.1/2010的书目记录，见表6。

表6　索取号为ICAO/71.4/pt.1/2010的书目记录的正误对比

误	正
245 00$a Operation of aircraft. $n Part III,$p International operations-helicopters. 500 ##$a "Annex 6 to the Convention on International Civil Aviation"	490 1#$a Annex 6 to the Convention on International Civil Aviation 830 #0$a Annex … to the Convention on International Civil Aviation ;$ v 6.

ICAO出版物中这套丛书很特别——丛编编号与题名融为一体，是笔者见过的最难识别的丛编。

题名、责任者和丛编题名都是非常重要的检索入口词。文献的这些重要特征的错误著录会严重影响读者检索。以上例子充分说明了，只有客观著录或"尊重文献上原来的信息"（原样照录）是不行的。

西文编目员必须理解这一点：西文编目要标准著录而不要原样照录。我们必须树立这样的观念：编目员不同于打字员、录入员，不能"见什么录什么"，而是要审读文献信息、按照编目规则适当处理信息。

3　计算机编目：编目语言，还是普通（自然）语言

MARC是用于描述、存储、交换、控制和检索机读书目数据的标准，其数据结构严密，著录格式遵循国际标准，能够精确完整地记录文献资源。目前，MARC21包括5种格式分别为：MARC21书目数据格式、规范数据格式、馆藏数据格式、分类数据格式、社区信息格式[3]。MARC机读目录就是为了能让计算机能够读懂，是人机对话的形式。编目规则是内容标准，MARC则是格式标准。

初学者的第二个想当然是：编目用的语言应该跟我们平时用的语言一样。

令我记忆犹新的是，本人上机后编的第一批图书送审，就与总审校发生了冲突。校对看到一条书目记录中，710字段我键入的是710 1#$a United States.$b Army.，就认为我做错了，命令我改成United States Army.（710 2#$a United States Army.）。这就是

用普通语言去要求编目语言了。人们平常说英语时提到美国陆军自然是说："United States Army"，而不会中间再加个"."。但是使用编目语言——MARC，就是要通过一定的字段和子字段、指示符、标识符表达一定的意思。MARC格式是编目员和计算机都能识别的书目信息，但是它不是一般读者能识别的。用平时的自然语言去揣度编目语言，这是初学者的第二个误区。

机读目录的头标LDR、008定长数据元素——一般信息等，完全是为便于计算机读取和检索而设置的。也是初学者较容易忽视的。因为这些字段一般都会做成固定的编目模板，有时就忘了根据所编文献修改。

2003年以前原始编目的书目记录，在美国出版物书目数据中，008/28（政府出版物代码）均著录"f（代表联邦或国家级政府出版物）"。而政府出版物根据其级别共有10个代码。如州一级的政府出版物代码为o。

245字段有冠词但第2指示符（代表不排档字符数）却为"0"；246字段未省略冠词。这类错误在只懂英语的编目员对法文、西班牙文等小文种文献编目时最容易发生。法语中的冠词有l', le, la, les, un, une；西班牙语的冠词有el, los, la, las, un, uno, una, unas[4]。需要特别提醒初学者的是：①de不是法语、德语、西班牙语的冠词。②法语冠词"l'"的不排挡字符数应是2（不是1或3）[5]。

例8：索取号为Unesco/90.12的书目记录，见表7。

表7　索取号为Unesco/90.12的书目记录的正误对比

误	正
245 00$a L'Art Bouddhique	245 02$a L'Art Bouddhique

由于在上机编目之初，该组遇到的团体名称几乎都是直叙式的，因此710（或110）字段的第一指示符均为2。经过一段时间，再遇到政府机构标目时，总审校就只知道第一指示符为2（直叙式名称时使用），不知道"行政管辖区域"应用"1"；要求对团体名称原样照录（自然语言），要求将源数据中第一指示符用"1"的改为"2"。如前面"美国陆军"的例子。而笔者虽然知道团体名称标目的第一指示符，直叙式名称用2，行政管辖区域用1，但实际也不懂机读目录格式和规范控制。笔者错误地认为国名后面不让加"."，那我就直接连着写下去，让它变为一个直叙式名称，顺理成章地就可以用第一指示符"2"了。而正确的是：MARC格式和政府团体名称标目的规范形式都是唯一的：即应该标目710 1#$aUnited States.$b［政府机构名称］。不是用这两

种格式种哪都可以。还有初学者容易犯的错误：把机构会议混同于专题会议，做标目时启用111字段，正确的应该是启用110字段。

编目语言不同于普通语言。质量高的西文编目记录应该严格遵循MARC21/B，而不能想当然，更不能随心所欲。西文编目学什么？第二项要学的编目技术就是MARC21书目数据格式和规范数据格式。

4 检索点的选取和建立——严格遵循编目规则

AACR2R、《西文文献著录条例》和RDA都有专门的章节阐述"检索点的选取"规则。分别对个人、团体（包括会议）和题名（或统一题名）作为主要款目标目（检索点）做出了详细的规定。

4.1 初学者最容易遗漏会议名称检索点

在手工编目时期，该组采用的是最简级编目。只建立了个人名称、丛编题名等标目，没有做团体名称和会议名称标目。在开始上机编目的一两年，我们同样没有建立会议名称检索点。而同时个人名称和团体名称检索点建立得相对要好得多。这是因为个人责任者和团体责任者一般不会出现在题名中，而会议名称、届次、时间、地点一般都会完整地出现在题名中。初学者包括笔者在内，认为题名中已经著录了就可以了，不必再把会议名称抽出来。其实，这是混淆了著录和编目二者的概念。编目分为著录和标目两部分。只客观描述而未建立检索点，只能说是著录，而不是编目。《西文文献著录条例》规定：对报道有关会议或特设临时组织的集体活动的资料，如会议录、论文汇编等，如果专题会议名称出现在所编文献上，则以专题会议名称作为主要款目标目[6]。后来幸亏部联合质量检查组的西文编目专家纠正了这一重大失误。下面是缺少会议标目的例子。

例9：索取号为UN/IIF86.44的书目记录。

题名为：245 00$a Proceedings of the Regional Seminar on the Application of Remote Sensing Techniques to Coastal Zone Management and Environmental Monitoring, Dhaka, Bangladesh，18-26 November 1986/$c jointly organized by the Bangladesh Space Research and Remote Sensing Organization and the UNDP/ESCAP Regional Remote Sensing Programme（RAS/81/034）

标目部分，见表8。

表8　索取号为UN/IIF86.44的书目记录的正误对比

误	正
710 2#$a United Nations.$b Economic and Social Commission for Asia and the Pacific.$b Regional Remote Sensing Programme. 710 2#$a Bangladesh Space Research and Remote Sensing Organization. （只建立了2个团体名称检索点）	111 2#$a Regional Seminar on the Application of Remote Sensing Techniques to Coastal Zone Management and Environmental Monitoring$d (1986: $c Dhaka, Bangladesh) 710 2#$a UNDP/ESCAP Regional Remote Sensing Programme. 710 2#$a Bangladesh Space Research and Remote Sensing Organization.

会议名称是比较好识别的。注意以下两点即可：第一点，会议分为专题会议和机构会议。机构会议名称标目应启用110字段而非111字。

例10：索取号为ILO/92.18的书目记录，见表9。

题名245 00$a Standing Technical Committee for Health and Medical Services, first session, Geneva，23 September-1 October 1992: $b note on the proceedings.

表9　索取号为UN/IIF86.44的书目记录的正误对比

误	正
710 2#$a International Labour Organisation.	110 2#$a International Labour Organisation.$b Standing Technical Committee for Health and Medical Services.$b Session$n (1st: $d 1992: $c Geneva)

第二点是：只懂英文的编目员，要特别注意对法语、西班牙语文献中会议名称的识别。如西班牙语中的Taller一词，是研讨会意思。相当于英语中Workshop。

4.2　官员代表公职身份时应做团体名称标目

例11：索取号为GPUS/GS4.113/997的书目记录——隐含的著者（官员兼有公职和个人双重身份的标目）

美国政府出版物中有一套*Public papers of the presidents of the United States*，每个总统在任期内发表的公开言论都会收录其中。信息源上并没有责任说明。但大家知道其责任者是总统本人。这一套几十条的书目记录中，只做了总统的个人名称标目，未做团体名称检索点的不在少数。例11的著录部分：

245 00$a Public papers of the presidents of the United States: $b William J. Clinton，1997

246 30$a William J. Clinton

260 ##$a Washington: $b Office of the Federal Register, National Archives and Records Administration, $c 1998-99.

标目部分，见表10。

表10　索取号为GPUS/GS4.113/997的书目记录的正误对比

误	正
700 1#$a Clinton, Bill. 710 1#$a United States.$b Office of the Federal Register.$b National Archives and Records Administration.	110 1#$a United States.$b President (1993-2001: Clinton) 700 1#$a Clinton, Bill,$d 1946-

这时应以其公职身份——美国总统做团体名称主要款目，而个人名称应做附加款目。政府官员在其职务范围内活动所产生的作品，官员视为（团体）创作者。包括国家元首、政府首脑和国际团体负责人的官方通信（如致立法机构的信件）、文告和行政命令等[7]。官员代表公职身份时被视作团体，这一点和中国的习惯非常不同。

国际组织的首席负责人一般称为Direct General（总干事）。常见的国际组织领导人的团体名称标目举例如下：

110 2#$a United Nations.$b Secretary-General（联合国秘书长）

110 2#$a World Food Programme.$b Executive Director（世界粮食计划署执行干事）

110 2#$a European Ombudsman（欧洲监察专员）

初学者还有一种错误的认识，书目数据中已经有610字段，还用再做710字段吗？610字段是团体主题字段，即使有了它，仍应建立团体名称标目。必要的检索点不可缺少，鹤胫虽长，断之则悲。

4.3　商业出版社不应作为检索点

当时的总审校认为：既然每个机构文献的索取号（排架号）都是该机构的名称缩写，为了让读者通过该机构的团体名称能够一次检索到该机构的全部文献，那我们就在每条书目记录中添加该机构团体名称检索点。如要求在GPUS书目记录中必须做一个"United States…"。这本来出发点是好的，这些国际组织或政府机构不同于一般的商业出版者，对文献的内容确实负有一定的责任。问题是，当这些文献中未出现相应的团体名称时，组里就要求做一个United States Office of Government Publications（其为出版发行者）的附加款目。而该机构只是单纯的出版者。

有的初学者分不清国际组织或政府机构作为出版者与商业出版者的区别，就增加了出版社检索点。笔者用University Press作为著者，在GJZZ子库中（除去缩微平片书目）检索，共命中32条。其中有7条勉强可以算对，其余25条都是将单纯的商业出版社作为团体名称附加款目。这些标目包括：Oxford University、Cambridge University、Harvard University、Johns Hopkins University、Columbia University 的 Press（出版社）。相应的文献资源出自 WB、WTO、WHO、ADB、UNICEF、UN 等6个机构，均为其委托大学出版社出版。这还未包括大学出版社以外的商业出版社作为附加款目的。如对缩微平片编目时，均要求将其出版者ProQuest公司作为检索点：710 2#$a ProQuest（Firm）。现已改正。商业出版者作为检索点的一个弊病是：在OPAC上以这些出版社作为著者检索，均会命中。而出版社显然不是责任者。

前面提到的诸版本编目规则中从未将单纯的商业出版者（社）作为团体名称检索点。检索点并非多多益善，凫胫虽短，续之则忧。

4.4　不要重复标目

例12：误，索取号为FAO/2002.18/2012的书目记录。

710 2#$a Food and Agriculture Organization of the United Nations.

710 2#$a World Food Programme.

World Food Programme 为 Food and Agriculture Organization of the United Nations 的下属机构。"Food and Agriculture Organization of the United Nations. World Food Programme"的规范形式是 World Food Programme。而在本例中，被省略掉的一级又被单独做了一个标目。

5　标目部分：规范标目，抑或"原样照录＋采用完全形式"

5.1　标目应原样照录吗

例13（原样照录）：

710 1#$a People's Republic of China.$b Ministry of Commerce，规范形式为110 1#$a China.$b Shang ye bu.

例14（原样照录）：

710 1#$a United States.$b Congress.$b House of Representatives.$b Committee on

Homeland Security.，规范形式为710 1#$a United States.$b Congress.$b <u>House</u>.$b Committee Homeland Security.。

由于当时编目领导者的主观原因，在套录编目中源数据的优势和作用并未发挥出来。根据美国国会图书馆或OCLC书目数据套录得来的外文数据本应质量较高，但由于本组没有美国国会图书馆的名称规范文档，组内编目业务基础相对较差，最重要的是当时的组领导完全是外行，因此不仅未开展规范控制，而且要求将套录下来的MARC数据中的所有的标目（一般为规范形式）均改为客观形式（即信息源上的形式）（实际上是不规范的、错误的）。如源数据中个人名称标目原来都是Stucker, <u>J. P.</u>（规范形式），记录022001901244因信息源所见为James P. Stucker，故改为Stucker, <u>James P.</u>，记录022000926901因文献上写的是James Perry Stucker，则又改为Stucker, <u>James Perry.</u>。须知：所见即所得只适用于著录部分，而不适用于标目部分。

5.2 每个检索点都应采用完全形式吗

受"客观著录"的影响，再加上分不清著录与编目，外行总审校想当然地认为团体名称检索点均应采用完全形式。如遇到UNESCO的纯法语出版物，组里要求我们同时做英语全称和法语全称两个检索点。

例15：

710 2#$a United NationsEducational, Scientific, and Cultural Organization.

710 2#$a Organisation des Nations Unies pour l'éducation, la science et la culture.

而根据规范控制的要求，每个名称都应按照美国国会图书馆的名称规范文档中的规范形式。United Nations Educational, Scientific, and Cultural Organization的规范形式为Unesco，是缩写形式。同样地，国际儿童基金会的团体名称规范形式为UNICEF。并且规范形式是唯一的。

审校的出发点无疑是好的，是为了让读者用该机构的两种语言名称都能查到其出版物。可是结果呢？笔者在GJZZ子库中用Unesco和United Nations Educational, Scientific, and Cultural Organization，以及法语形式Organisation des Nations Unies pour l'éducation, la science et la culture分别作为著者检索，分别命中4872条、4512条和3692条。虽然我们做了2个710，但没有一个是规范的。（一个团体名称的）标目形式不用多，只要一个规范的就够了。如果这些书目记录中Unesco的标目均采用规范形式，这3次检索的结果应该完全相同。可见一个良好的愿望，并不一定产生良好的结果。

5.3 当添加机构名称检索字段的要求与规范标目有矛盾时怎么办

前面已经提到，组里要求无条件添加机构名称检索字段。凡是美国政府出版物，不管是由政府直属机构还是独立机构、半官方机构出版，团体名称标目都要求冠以"United States."。如 The Smithsonian Institution（史密森学会），其团体名称标目的规范形式为：Smithsonian Institution，均被要求改为 "United States. Smithsonian Institution."；对兰德公司出版物编目，团体名称标目要求必须写上 "Rand Corporation."。

添加团体名称检索字段并不错，但当它与标目的规范形式相矛盾时，无疑应采用规范的标目。编目员必须理解：标目既然是规范的，它就不一定是客观的，换句话说：它就不一定是和文献上一模一样的，有所差异才是正常的。

Aleph500计算机集成系统运行后，懂业务的部领导发现了这些错误。继任的总审校做了大量的修改工作。"过能改，归于无；倘掩饰，增一辜"。知错能改，错误都得到了改正也就没有了错误；反之，不愿改正进而开脱、掩饰，则是错上加错。实事求是地正视和纠正错误，总结其中的经验教训，才能逐步提高全组的西文编目质量，使其达到国家级书目应有的质量水平，才能使其经得起历史的检验。

笔者认为，在西文编目质量管理方面，亡羊补牢固然胜过亡而不补，但更重要的是未雨绸缪，防患于未然。在开始计算机编目之初，就应明确正确的质量评价标准，特别是总审校应有准入制度，至少应该有两年以上的西文编目工作经历。这样才能避免外行领导内行，保证书目数据的质量，做到事半功倍。

参考文献：

[1]林明."客观著录"小议[J].大学图书馆学报,1998,16（5）:59,68.

[2]IFLA.国际标准书目著录[M].顾犇,译.2011统一版.北京:国家图书馆出版社,2012.

[3]国家图书馆该课题组.MARC21书目数据格式使用手册[M].北京:北京图书馆出版社,2005.

[4][6]中国图书馆学会《西文文献著录条例》修订组.西文文献著录条例[M].修订扩大版.北京:科学技术文献出版社,2003.

[5]高红,吴晓静,罗翀.西文编目实用手册[M].北京:北京图书馆出版社,2004.

[7]国家图书馆编目工作委员会.国家图书馆外文文献资源RDA本地政策声明暨书目记录操作细则[M].北京:国家图书馆出版社,2017.

浅谈 CNMARC 与 RDA

庞海燕　吴玉荣（哈尔滨工业大学图书馆）

随着计算机技术、网络技术的发展，信息资源类型更加多样化，信息资源交流与共享更加趋向于国际化，国际编目领域也需要一种新的规则来适应当前的形势，于是RDA（资源描述与检索）应运而生。RDA一经诞生，就迅速成为当前国际编目界研究的热点，同时也为我国中文编目工作的开展带来了挑战和机遇。

1　RDA 概述

RDA的全称是Resource Description and Access，是取代《英美编目条例》第2版（AACR2）的新的编目标准。RDA所依托的理论框架是FRBR和FRAD的概念模型，即书目数据功能需求和规范数据功能需求，目的是帮助用户更容易地查找他们所需要的信息。RDA提供了更灵活的数字资源内容描述框架，新兴的数据库技术使得机构能在数据抓取和存储检索中提高效率。同时适用范围更加广泛，不仅适用于图书馆，而且适用于博物馆、档案馆等机构，不仅适用于传统的资源，也适用于网络等多种形式的资源[1-2]。2010年RDA正式出版，美国国会图书馆于2013年1—3月正式启用RDA规则进行编目。

2　RDA 结构和内容

RDA由导言、十个部分和附录三大部分组成，其中10个部分是RDA的核心，每个部分又分为若干章，共37章，每个部分的章节分别按照从一般规则到具体规则的顺序排列，一般规则提出了本部分其他章节的基本原则和目标，列出了本部分的核心要素，提出规范检索点和变异检索点的用法。这十个部分可以分为描述和检索两大部分，描述部分包括第一至第四部分，检索部分包括第五至第十部分，具体如表1所示。可见他们是按照FRBR、FRAD模型定义的实体、属性和关系来组织的，只是顺序上略有不同[3-4]。

表1　RDA的结构

	内　容	章　节
	导　言	介绍RDA的目的和范围、主要特点、RDA的结构等
描述部分	第一部分　记录载体表现与单件的属性	第1章　一般规则
		第2章　载体表现与单件识别
		第3章　载体描述
		第4章　获取与检索信息
	第二部分　记录作品与内容表达的属性	第5章　一般规则
		第6章　识别作品与内容表达
		第7章　描述作品和内容中表达智力和艺术的属性
	第三部分　记录个人、家族与团体的属性	第8章　一般规则
		第9章　识别个人
		第10章　识别家族
		第11章　识别团体
	第四部分　记录概念、实物、事件、地点的属性	第12章　一般规则
		第13章　识别概念
		第14章　识别实物
		第15章　识别事件
		第16章　识别地点
检索部分	第五部分　记录基本关系	第17章　记录基本关系的一般规则
	第六部分　记录与资源相关的个人、家族和团体的关系	第18章　一般规则
		第19章　与作品相关的个人、家族和团体
		第20章　与内容表达相关的个人、家族和团体
		第21章　与载体表现相关的个人、家族和团体
		第22章　与单件相关的个人、家族和团体
	第七部分　记录主题关系	第23章　一般规则
	第八部分　记录作品、内容表达、载体表现与单件之间的关系	第24章　一般规则
		第25章　相关作品
		第26章　相关内容表达
		第27章　相关载体表现
		第28章　相关单件

续表

内　　容	章　　节
第九部分　记录个人、家族与团体之间的关系	第29章　一般规则
	第30章　相关个人
	第31章　相关家族
	第32章　相关团体
第十部分　记录概念、实物、事件、地点之间的关系	第33章　一般规则
	第34章　相关概念
	第35章　相关实物
	第36章　相关事件
	第37章　相关地点
RDA的附录和术语表	共有12个附录，说明大写、缩写等

3　CNMARC字段与RDA对应关系

在CNMARC中关于RDA的描述部分基本上都能找到对应的字段，而在关系部分还有许多不足，如缺少关于主题关系和概念、实物、事件、地点关系的描述[5]。CNMARC相应的字段如表2所示。

表2　CNMARC与RDA10个部分对应字段

RDA	CNMARC字段	说明
记录载体表现与单件的属性	010 011 016 106 100 200 205 210 215 510 512 513 514 515 516 517 518 532	题名、责任说明、版本、出版发行信息、尺寸、价格
记录作品与内容表达的属性	100 101 102 105 110 300 320 328 333 500	作品语言、日期、读者对象、书目、获取时间
记录个人、家族与团体的属性	600 701 702 601 711 712 602 721 722 730	个人、家族、团体名称标目
记录概念、实物、事件、地点的属性	606 607	主题标引
记录基本关系		
记录与资源相关的个人、家族和团体的关系	200$f $g 210$c 7×× 801	记录作品的主要创作者、编者、译者、插图者、出版者等
记录主题关系		

RDA	CNMARC字段	说明
记录作品、内容表达、载体表现与单件之间的关系	225 304 305 306 307 311 320 324 327 410 411 421 422 423 430 431 432 433 434 435 436 437 440 441 442 443 444 445 446 447 448 451 452 453 454 455 456 461 462 463 464 470 481 482 488 856	记录补编、续编、注释、修订版、缩微本、装订等
记录个人、家族与团体之间的关系	314 600 601 602 7××	个人笔名、艺名、网名、封号、学科、职业、性别等
记录概念、实物、事件、地点之间的关系		

3.1 记录载体表现与单件的属性

RDA在本项主要著录题名、责任者、版本、价格等信息，在CNMARC中对应的字段有010、011、016、100、200、205、210、215。010国际标准书号字段、011国际标准连续出版物号、016国际标准录音号，这三个字段的子字段都用 \$a、\$b、\$d，\$a 分别代表ISBN、ISSN、ISRC，\$b限定信息，\$d代表获得方式/定价；100一般数据处理字段可以记录出版日期类型，说明作品的复制、重印年、可能的最早出版年、起始出版年等；200题名与责任说明字段，子字段用\$a（正题名）、\$b（一般资料标识）、\$d（并列正题名）、\$e（其他题名信息）、\$f（第一责任说明）、\$g（其余责任说明）；205版本说明字段，子字段有\$a版本说明、\$b附加版本说明；210出版发行项，子字段有\$a（出版、发行地）、\$b（出版、发行者地址）、\$c（出版、发行者名称）、\$d（出版、发行日期）；215载体形态项，子字段有\$a（特定资料表示和文献数量）、\$c（其他形态细节）、\$d（尺寸）。另外510、512、513、514、515、516、517、518、532分别说明并列正题名、封面题名、附加题名页题名、卷端题名、逐页题名、书脊题名、其他题名、现行标准拼写形式题名和展开题名。CNMARC在RDA这一项中描述的最为详尽。

3.2 记录作品与内容表达的属性

RDA本项中记录作品的语言、读者对象、书目、获得时间等信息。CNMARC中101文献语种字段，可以反映正文语种、中间语种、原著语种、提要或文摘语种等；102出版/制作国别字段，反映出版者的国别；100和333可以反应读者对象；105和

110字段可以反映内容特征；320文献内书目/索引字段、328学位论文附注、500统一题名字段用于识别某一种著作在编目时选定一个最普遍为人所知的题名，具有把同一著作集中起来，不同著作区分开来的作用。

3.3 记录个人、家族与团体的属性

个人信息涉及的CNMARC字段有600、701、702个人名称字段，子字段包括款目要素（入口词）、名称的其余部分、名称附加成分、世次（罗马数字）、年代（包括朝代）、外国人姓名原文、形式复分、论题复分、地理复分、年代复分、系统代码、规范记录号、款目要素汉语拼音；团体的有601、711、712字段，子字段包括款目要素（入口词）、次级部分、名称附加或限定信息、会议届次、会议地点、会议日期、名称的其余部分、形式复分、论题复分、地理复分、年代复分、系统代码、规范记录号、款目要素汉语拼音、次级部分的汉语拼音；家族的有602、721、722字段，子字段包括款目要素（入口词）、年代、形式复分、论题复分、地理复分、年代复分、系统代码、规范记录号、款目要素汉语拼音。另外还有730字段，表示非规范名称知识责任。

3.4 记录概念、实物、事件、地点的属性

目前CNMARC在这一项的记录比较薄弱，只有与概念和地理属性相对应的字段606和607，606为论题名称主题，607为地理名称主题。

3.5 记录与资源相关的个人、家族和团体的关系

在本项中记录作品的主要创作者、编者、译者、插图者、出版者等。CNMARC中用200字段的 $f、$g 两个子字段表示主要责任者和其他责任者，用210字段的 $c 子字段表示出版者，801表示记录来源，也可以说明单件的拥有者。

3.6 记录作品、内容表达、载体表现与单件之间的关系

RDA本项记录补编、续编、注释、修订版、缩微本、装订等，CNMARC中设置了4××连接字段，用于连接与在编文献有关的其他实体的记录。关于丛编、补编的字段有410、411、421、422、423，先前款目的字段有430、431、432、433、434、435、436、437；后继款目的字段有440、441、442、443、444、445、446、447、448；其

他版本的字段有451、452、453、454、455、456；表示的层次字段有461、462、463、464；表示其他关系的字段有470、481、482、488。另外200、205、225、304、305、306、307、311、320、324、327字段也可以表示作品、内容表达、载体表现和单件之间的关系。856字段用于电子资源定位与检索。

3.7 记录个人、家族与团体之间的关系

个人、家族与团体之间的关系包括个人的笔名、艺名、网名、封号、学科、职业、性别等，在CNMARC中314、600、601、602和7××字段有相关项的著录，如7××字段有关于名称的其余部分、名称附加成分、世次（罗马数字）、年代（包括朝代）、外国人姓名原文的子字段。

4 我国编目工作的思考

4.1 统筹规划，总体布局

为了使我国的编目规则适应资源国际化、资源共享的需要，我国需要建立一个如JSC（英美编目条例修订联合指导委员会）那样的常设机构，以便从战略上制定相应的政策，编制统一的编目规则，加强管理，促进编目工作的交流与合作，力争与RDA融合[6]。

4.2 修订现有编目规则

CNMARC虽然大部分都能与RDA的结构相对应，但仍然存在着薄弱的地方，如关于作品和内容表达属性、记录概念、实物、事件、地点的属性、记录主题关系等方面都需要增订。另外，虽然CNMARC在描述部分多数都能找到与RDA对应的字段，但是为了适应RDA编目规则，某些字段的含义还需要进一步明确。通过对编目规则的创新和修订使编目能够从注重文献的物理形式到注重著作的创作内容，深入到文献中所蕴含的知识，将知识形成一个相互联系的网络，便于用户查找、识别、获取所需信息及相关信息。

4.3 培训编目人员

编目工作人员是编目规则的实践者，编目人员素质的高低关系着编目工作质量的

好坏。RDA对于我国编目界是一个新的标准，需要编目人员逐渐认识、学习以及应用，这就需要对编目人员进行培训，使他们接受RDA的理念、学习RDA的相关知识，提高编目人员的素质。关于RDA的培训也引起了国内图书馆界的重视，2012年7月9至11日，国家图书馆主办、中国图书馆协办了"资源描述与检索（RDA）理论与实践"培训班暨"RDA在中国的实践和挑战"研讨会，有来自全国各地编目领域的专家学者及图书馆专业馆员200余人参加培训。

RDA的发布为编目界带来了新的变革，为我国编目工作带来了新的挑战，应该时刻关注RDA的发展、研究其规则、借鉴其理念，不断修订我国的编目规则，力争达到书目记录的共享，以适应新的编目环境的需要。

参考文献：

[1]李蓓.RDA能走多远？——《资源描述和检索》简述[J].图书馆建设,2011（1）:66-70.

[2]RDA——资源描述和检索:21世纪的编目标准[EB/OL].[2019-09-24].http://www.360doc.com/content/08/0828/22/56988_1586342.shtml.

[3]Joint Steering Committee for Development of RDA. RDA: Resource Description and Access. Prospectus [EB/OL]. [2010-06-20]. http://www.rda-jsc.org/rdaprospectus.html.

[4]高红.RDA标准及理念对我国文献编目工作的启示[J].国家图书馆学刊,2008,17（1）:65-69.

[5]张明东,喻乒乒,潘筠.CALIS联机合作编目手册例解[M].北京:北京大学出版社,2004.

[6]王绍平.RDA与中文编目规则[J].国家图书馆学刊,2011（2）:9-15.

DC元数据在数字图书馆中的实践探索
——以国图公开课为例

秦　静（国家图书馆）

近年来，随着网络资源和数字资源的迅猛发展，MARC编目格式显示出了与网络环境技术不适应的尴尬。曾有专家提出MARC必须死去，还有专家提出让"MARC安乐死"等。其实真正对读者有意义的不是谁的消亡，是谁更能满足读者检索的需要。MARC字段多，编码烦琐，但能突出描述内容，相比较起来更准确。本文以公开课为例，阐述了公开课从最初使用MARC格式著录元数据，到2018年6月开始使用DC（Dublin Core，都柏林核心元素）格式著录元数据，一年多来的实践证明，DC著录公开课，是对元数据编目自建资源最好的定位。

1　元数据与DC元数据

元数据（Metadata），是用于提供某种资源的有关信息的结构化数据（Structured Data）。简单地说，是关于数据的数据。Metadata这个词本身是随着Internet的发展而产生的，经过近几年的研究和试验，元数据现在已经发展成为用作进行网上数字资源著录和标引的格式。由于数字图书馆收藏的内容不同，既有专著、论文和会议录等普通电子文本，也有图像、声音、软件、网页，甚至拓片、时装、建筑和家具等各类特藏，不同的收藏对数据格式的要求不同，因此现在用于网络数字资源的元数据格式也有多种，尚没有可以为各方接受的发展成熟的统一格式[1]。

1995年3月，DC元数据为了寻求一种非图书馆人员可轻易掌握和使用的信息资源著录格式，以提高网络资源的开发利用率，联机计算机图书馆中心（Online Computer Library Center, OCLC）和美国国家超计算机应用中心（National Center for Supercompnting Applications, NCSA）联合在俄亥俄州的都柏林召开了一次会议，最终产生了一个精简的元数据集——都柏林核心元素集（Dublin Core Element Set, DC）。

DC所描述的对象是网络资源，由标题、作者、主题、出版者、描述、其他参与者、日期、类型、格式、标识、关系、资料来源、语言、内容范围、版权15个元素组成[2]。

2 DC 与 MARC

2.1 相同点

目前，在数字图书馆中，元数据主要有DC与MARC两种格式。它们的相似之处在于：目的相同，即都是对信息资源特征和属性进行描述，是对信息资源结构化的描述。通过对信息资源特征的描述和揭示，帮助读者在茫茫书海中尽快地找到所需文献，以及帮助用户对网络信息实现快捷、有效和准确地查找。但由于产生的信息环境、描述对象等的不同，分属不同的概念模型，所以它们又有很多差异，各有特点[3]。

2.2 不同点

2.2.1 MARC元数据编目元素及特点

MARC编目格式在我国图书馆编目中常依据《中国文献编目规则》《CALIS联机合作编目手册》等。在国内，网络资源利用MARC机读编目格式手册进行著录的图书馆不是很多，大多数图书馆也是参考国家图书馆文献资源的编目规则。既然DC与MARC在著录内容上有许多相同或相似的地方，国家图书馆公开课对于著录格式的选择也在不断进行尝试。因此，使用MARC或者DC编目，还是要根据资源本身属性和检索需求。MARC格式分为四部分：头标区、目次区、数据区、记录分隔符[4]。

表1 MARC格式

头标区	目次区	数据区		记录分隔符
		著录信息及附注字段	检索点字段	
计算机识别和阅读		题名与责任者说明 版本说明 资料特殊细节 出版发行 载体形式 丛编 附注 ……	题名 知识 主题词 分类号	一个记录结束的符号

MARC格式记录的字段有的是必备的和不可重复。如"题名与责任者说明"为必备和不可重复的字段，"版本说明"为可重复字段。MARC字段的排列顺序也非常严格，按0××字段、1××字段和2××字段……的顺序排列。在使用MARC的同时还要遵循各国图书馆制定的代码表、主题词表和分类法等相关文件的规定[5]。MARC在著录时尽可能保持对书目描述、权威控制和主题分析等不同主体对于同一资源描述的一致性，像100字段表述编码就和210字段内容匹配，105字段和215字段描述内容一致。由于MARC字段结构复杂，规则不统一，语义模糊，版本不同，致使加工一条元数据，还需要专业的编目员，如果用MARC做公开课元数据的编目，成本大，难以普及，耽误公开课流通环节，服务不到位。而DC元数据的著录方法则灵活得多，各个元素都可自由选择，既可以重复，也可以以任何顺序显示。DC的各元素还具有延伸性，通过修饰词，包括目前继续在制定的一些规范核心集，都可改善描述信息的准确性。

2.2.2　DC元数据著录元素及特点

表2　DC的基本著录项内容描述类

DC的基本著录项内容描述类	外部属性描述类	资源责任描述类
题名（title） 关系（relation） 来源（source） 描述（description） 主题（subject） 语种（language） 范围（coverage）	日期（date） 类型（type） 款式（format） 标识（identifier）	资源创建者（creator） 其他责任人（contributors） 出版者（publisher） 版权（copyright）

DC所描述的对象是网络资源。DC最早由美国OCLC公司发起研究，是针对网络信息资源对该元素集进行描述的，并足够简单以至任何使用人员无须专门培训即可创建自己文件的元数据。DC通常由15个基本元素组成，分三个大类：内容描述、知识产权和外形描述。DC修饰词是对15个元素的语义进行限定和修饰的词。它的制订遵循了兼容原则，即修饰词的语义包含于未修饰词中，在范围上对未修饰词的语义进行限定和延伸[6]。

DC的特点包括：

（1）简易性：只有15个元素，而且通俗易懂，且每个元素都具有普通可以理解的语义，适合各种非编目知识背景的人员使用。

（2）通用性：不针对某个特定的学科或领域，支持对任何内容的资源进行描述，增加了跨学科的语义互操作性的可能。

（3）可重复性：其所有元素都是可重复的，解决了多著者与多出版者等重复元素的著录问题。

（4）可扩展性：它允许资料以地区性规范出现，并保持元数据的一些特性，以便日后有扩充的余地。

（5）可修饰性：对于需要详细著录的资料，引进了DC修饰词。

（6）国际性：DC目前已得到了国际上的广泛承认[7]。

DC既能描述结构复杂的传统文献信息，又能描述灵活多变的网络、数字资源信息，还能够满足各种行业信息交换的需要，显示出良好的可扩展性，而MARC格式遵循严格的标准，所有字段都是固定的，不能随意改变，灵活性差，扩展性不强。近年来，为了适应网络信息资源的编目，MARC虽然也进行了一定的改良，增加了一些专门用于描述网络资源的字段，但它毕竟是针对传统的印刷型文献而编制的，所以无法对网络信息资源编目。DC简单易学、灵活且具有扩展性，现在已经受到越来越多图书馆人士的响应，成为图书馆数字信息资源组织与建设的使用者。DC有针对网络资源、数字资源编目的优势，因此，2018年国家图书馆公开课选择使用DC做元数据编目。DC相对MARC格式来说，创建相对简单容易，它的任何一个元素都是独立的，不依赖于具体的编码方法，它还可以将所包含的传统的字段通过映射转换为MARC格式，因而对于不熟悉编目规则和MARC字段的人，使用DC编目就相对简单了。

2.3 DC到MARC的映射关系

2.3.1 DC与MARC的相互转换

MARC格式是一种专属的详细描述的元数据格式，而DC是最小的元数据元素集，二者同属元数据格式范畴，因此，它们二者之间存在一定的差异，但又具有一定的内在联系。DC中很多有用的信息都能相应地在MARC中找到描述的方式，这样就可以通过映射的方法将DC的15个元素分别与MARC中相应的字段或子字段进行匹配，虽然这种匹配并不准确，一个DC元素可能对应几个MARC字段，而且某些元素所对应的具体字段观点也并不一致，但它们在主要内容上还是基本一致的[8]。

2.3.2 DC被称为MARC的网络版

DC在应用时，研究人员既在一定程度上参考了MARC格式，又在DC的单元内容上借鉴了MARC数据单元的内容，故DC被称为MARC的网络版[9]。DC元数据中的15个元素的任一数据元素不依赖具体的编码方法，有就可以著录，没有就可以不要，每个元素都是独立存在的。它可以将其所包含的传统字段通过映射转换为MARC格式，也可以使大量已存在的MARC数据转换为DC的元素集，从而实现网络存取[10]。

2.3.3 DC转换能力强

DC的元素与MARC的字段和子字段在语义上有良好的对应关系，绝大多数的DC元素、子元素及其属性都能在MARC中找到与之相对应或部分对应的字段。在二者转换过程中，语义信息的损失较小，转换也简单方便。DC与MARC元数据之间的转换很容易实现，为图书馆实现数据交换提供了条件和保障。

因此，从DC和MARC之间映射的关系来说，多数DC元素在MARC中都可以找到对应，但有些元素却在MARC中找不到对应的字段，所以在映射时就存在一对多的关系。其中那些无法被映射的元素就将丢失。所以，二者的转换并不完全对等，会有一些数据内容的损失。如101字段表示语种性质，就无法体现指示符和子字段字幕语种和文字语种。6××字段，主题子元素也无法区分出个人名称、团体名称、会议名称或地理名称主题元素等。

3 制作DC和MARC编目数据的比较分析——以国图公开课为例

DC研究的是网络资源环境下数据描述和数据管理的问题，几乎所有的资源都能用DC来描述。我们根据公开课的研究使用情况，对公开课使用DC与MARC做了具体比较。如图1和图2所示。

3.1 著录内容

MARC在格式的选取上，会采用独立的元数据标识系统，适用于更加独立的硬件系统，必须依据规范的编目手册。而相对公开课来说，用于描述格式的内容相对简单，只要适合DC元数据著录需求，15个主要元素就能囊括公开课描述的信息，可称作简单DC，日后还有扩充的余地。

000	04656ngm0 2200469 450
001	2015MOOC0602
100 ..	▼a20150326d2009 kemy0chiy50 ea
101 0.	▼achi
102 ..	▼aCN▼b420000
135 ..	▼avrcna---mundp
200 1.	▼a武汉的码头与码头文化▼9wu han de ma tou yu ma tou
210 ..	▼e武汉▼g武汉图书馆▼h2009
215 ..	▼a4节(19, 21, 21, 21min)
225 1.	▼a走进名城
281 ..	▼a话语
281 ..	▼a图像▼b动态
282 ..	▼a电子
307 ..	▼a格式: MPG, FLV
314 ..	▼a涂文学, 男, 江汉大学副校长, 教授, 历史学博士。兼任社会文化研究院副院长等。长期从事城市史、区域史和城市《光明日报》、《求是》及《新华文摘》等刊物上发表论文文化史百题》获1989年中国图书奖,《武汉百年》获中国E会科学优秀成果一等奖。主持和参与国家、省部级科研项目人传记辞典》和《二十世纪世界杰出人物辞典》。
327 11	▼a武汉的码头与码头文化(一)
327 11	▼a武汉的码头与码头文化(二)
327 11	▼a武汉的码头与码头文化(三)
488 .0	▼t"湖北新政"与近代武汉的崛起[文本(期刊):电子]·spx?dbcode=CJFD&dbname=CJFD2010&filename=JHDX201(SZz1aVzNVdmtFb0pCZ1U1Smg2b3JKdj1FanJpTTQxUkR4WnFnsW4IQMovwHtwkF4VYPoHbKxJw!!&v=MTY4MjdUNmo1NE8zeHNEg5SE1ybz1FWTRRS0RI0DR2UjQ=
606 0.	▼a码头▼x码头文化▼y武汉
615 ..	▼a科学技术、文化教育体育
690 ..	▼aK29▼v5
701 .0	▼a涂文学▼3001900▼4主讲
801 .0	▼aCN▼bNLC
856 4.	▼uhttp://open.nlc.cn/live/344288
856 4.	▼uhttp://open.nlc.cn/live/344289
856 4.	▼uhttp://open.nlc.cn/live/344290
856 4.	▼uhttp://open.nlc.cn/live/344291

图 1 MARC 元数据编目涉及公开课的著录字段

```
xmlns:nlc="http://www.nlc.cn/terms/"
xmlns:isbd="http://iflastandards.info/ns/isbd/elements/">
<record>
<dc:identifier xsi:type="MOOC_id">
    20190000MOOC0074
</dc:identifier>
<dc:identifier xsi:type=" DLC_record_id">
    0001939223
</dc:identifier>
<dc:identifier xsi:type="URL">
    http://open.nlc.cn/onlineedu/course/play.htm?id=12666
</dc:identifier>
<dc:title>
    贝叶经
</dc:title>
<nlc:collection>
    典藏鉴赏
</nlc:collection>
<nlc:classification xsi:type="CLC">
    B942.2
</nlc:classification>
<dc:subject xsi:type="CCT">
    佛教 小乘 经籍 中国
</dc:subject>
<nlc:keyword>
    贝叶经; 大藏经
</nlc:keyword>
<nlc:disciplineClassification>
    史学
</nlc:disciplineClassification>
<dcterms:abstract>
    国家图书馆藏贝叶经既有经、律、论各部命名的梵文大藏经经典, 也有许多不成套的单部经典, 共二十余英, 具有非常重要的研究价值。
</dcterms:abstract>
<dcterms:tableOfContents>
    贝叶经
</dcterms:tableOfContents>
<dc:format>
    发布级: MP4
</dc:format>
<dcterms:duration>
    4min
</dcterms:duration>
<dcterms:extent>
    发布级: 存储量 为749MB
</dcterms:extent>
<nlc:technique>
    发布级: 分辨率: 1920×1080; 视频编码格式: AVC; 视频码率: 8000Kbps; 音频编码格式: AAC; 音频码率: 320Kbps; 音频采样率: 48.0KHz
</nlc:technique>
<dcterms:created xsi:type="W3CDTF">
```

图 2 DC 元数据编目涉及公开课的著录字段

3.2 著录结构

MARC格式通过字段、指示符、子字段以及编码来描述不同类型的非书资料，采用3位阿拉伯数字作为标识，子字段由一位英文字母或阿拉伯数字构成，著录时代码要通过格式手册查询。而DC则以单词或词组的形式作为标识，语义明确直观，具有自我解释的功能。MARC十分烦琐，给编目员带来诸多困惑。而DC格式不论什么类型的文献资料，都可以在Description（描述）中进行描述，简单直观，不是专业的编目员，只要知道这15个元素，就可以编目元数据[11]。

3.3 信息源（著录对象）选取

就公开课而言，强调从信息源的角度充分解释文献内容，因而不需要做各种辅助。公开课使用MARC格式则要做多条辅助款目，对资源著录格式严格，一般没有经过专业培训的编目员或图书情报专业人员，即非专业人员，无法参与编目。相反，利用DC著录就轻松多了，只要DC元数据著录的基本元素清晰明了，语义明确，对设计意图和创建者提供准确信息，无须经过专业培训的人员或程序员就能进行资源描述。

3.4 主题标引

标引工作是编目工作的重要内容。标引的详简程度取决于主题词和非控主题字段的关键词标引。为满足用户多途径、多类号组配的需要，文献内容标引的完整程度，具体表现为主题标引数量的多少。对于MARC格式来说，分类号往往起到排架作用。公开课一般都是从专题的角度查找数据，因而设置关键词和自由词，DC对标引深度（标引词数量）不做限制，除主题词外，还可用关键词和自由词进行标引。对读者来说，只要给清楚主题词和关键词就好。实际上，在机读目录格式中，分类标引也是一个重要检索点，对专业读者的学科系统研究存在重要的作用。而DC中给的学科分类，只适应网络资源、数字资源进行大类归纳，注重广度而未必考虑到它的深度，这也是网络资源使用DC格式做编目数据最好的选择。

```
<nlc:classification xsi:type="CLC">
  B942.2
</nlc:classification>
<dc:subject xsi:type="CCT">
  佛教 小乘 经藏 中国
</dc:subject>
<nlc:keyword>
  贝叶经;大藏经
</nlc:keyword>
<nlc:disciplineClassification>
  史学
</nlc:disciplineClassification>
```

606 0.	▼a码头▼x码头文化▼y武汉
615 ..	▼a科学技术、文化教育体育
690 ..	▼aK29▼v5

图 3　DC 标引格式和 MARC 标引格式

3.5 数据检索功能

MARC目前的数据检索要求前方一致或全文匹配，通过几个有限的检索点，包括题名、责任者、主题词进行信息源检索，而DC则全方位支持中文全文检索系统，甚至是目次的全文检索。它包括的重要检索点是（title, creator, subject）、辅助检索点或关联检索点（publisher, contributor, identifier, source, relation, language, coverage, rights）以及一些说明信息等，都可以作为检索途径，从而提高了网络文献资源的查全率和查准率[12]。

3.6 信息发布

MARC记录里新增加了856字段，用于记录被著录的数字资源存取地址和存取方式。不同的出版商之间的数据如果严格按照某种协议描述数据和传递数据，也能实现这种开放式的静态链接。最后DC增还加了发布地址和发布时间。

```
856 4.    ▼uhttp://open.nlc.cn/live/344288
856 4.    ▼uhttp://open.nlc.cn/live/344289
856 4.    ▼uhttp://open.nlc.cn/live/344290
856 4.    ▼uhttp://open.nlc.cn/live/344291
```

```
<dc:identifier xsi:type="URL">
http://open.nlc.cn/onlineedu/course/play.htm?id=12666
</dc:identifier>
```

图 4　MARC 格式和 DC 格式中的数字资源存取地址

综上内容，从公开课使用MARC与DC的比较分析可以看出：

第一，MARC结构严谨，是系统最完善、类目最复杂和标准最严密的元数据格式，但它并不适合对一般网络资源的描述。因为网络资源的描述格式并不需要很复杂，在著录过程中，只需将信息对象中的重要信息抽出并加以组织，赋予语意，并建立关系。

第二，MARC在增补了856字段后，虽然能够适应公开资源的描述，但像公开课这种网络资源更新速度比较快，需要耗费专业编目员大量的时间和精力。图4中，856字段在书目记录中信息是固定的，从小节特征来看，不同视频小节内容可能对应的是不同网址，因此，各小节的网址是以重复856字段来控制系统的馆藏记录。

第三，目前图书馆自建资源已使用DC格式编目，MARC和DC之间的映射关系，可通过程序实现各种元数据之间的自动转换，格式上适用于各类网络软件和浏览器。因此公开课利用DC格式制作完成后，用DCXML描述元数据编目格式，以提高元数据的规范化和互操作性。

第四，DC元数据具有适应范围广，著录简单且门槛不高，解释和使用范围广，标引深度大，查询、检索效率高等特点，在公共图书馆的数字资源建设中，更适合自建资源文献中的网络资源。DC是为公开课而生的一种描述网络电子文献的著录方法，并且DC在某些方面已经超越了MARC，简便、灵活、易于理解和网上直接发布。DC不仅成为图书馆网络资源和数字资源等在内的自建资源的主要编目格式，还成为继MARC之后不再受限于著录格式和内容、标识符、著录用文字以及标点符号[13]，却能把描述信息等细节著录得更清晰的重要使用工具。

4 DC元数据在数字图书馆中的探索

4.1 DC元数据在数字图书馆中的应用

4.1.1 DC用于数字资源的组织

DC元数据具有传统目录的"著录"功能，其作用在于为数字资源的管理维护者和使用者提供便捷的服务。DC元数据在数字资源组织方面的主要功能有：描述、定位、搜寻、评估、选择。

4.1.2 DC实现元数据间转换

DC的任一元素都是独立描述的，甚至不依赖于具体的编码著录方法，这样可以将DC映射转换为其他数据结构，可以作为中介实现各种元数据之间的转换。

4.1.3 DC作为用户使用数字图书馆的导航

DC元数据基本属性（题名、作者、年代、格式、制作者等）在数字图书馆的网站上公布出来，用户无须浏览信息对象本身就能对其有基本的了解和认识，方便用户便捷地了解馆藏，并制定出更加科学的检索策略[14]。

4.1.4 DC用于数字图书馆用户管理

在数字图书馆的导航系统与检索系统中增加分类浏览界面，通过展示分类法的树形结构，增加分类检索入口的语义性，引导用户在学科等级体系中扩检和缩检，最终查询到所需的信息。还可以通过可视化技术，利用分类法构筑二维或三维信息空间，对信息资源进行可视化的组织与显示，科学数据的可视化由来已久，而信息可视化技术则在近年来借助虚拟现实技术有了较大的发展[15]。

4.2 DC元数据在数字图书馆应用中存在的问题

目前，国内外图书馆界在DC元数据模式的研究应用中已经取得了较大成绩。但随着研究应用的不断深入，各馆在构建本馆数字化进程中均遇到了新的难题。

4.2.1　元数据实施的架构问题

由于应用系统本身对不同数据格式，尤其是MARC复杂元数据格式的支持不足，在元数据装载入系统时，因不同元数据定义的非对称性，所有元数据转化为DC元数据过程中容易造成语义概念上的不恰当，造成信息丢失[16]。

4.2.2　元数据标准化的问题

在实际应用中，多数国内图书馆使用了一些国际上应用较为广泛且成熟的元数据体系，但是其仍存在标准化的问题。如DC的扩展，国际上的使用标准与我国的实际要求区别很大，所以在本地化的应用上[17]，会促进各类元数据在各个领域的使用与推广。目前我国数字图书馆标准和规范有：《网络资源元数据规范（WH/T 50—2012）》《电子连续性资源元数据规范（WH/T 64—2014）》《音频资源元数据规范（WH/T 62—2014）》；《电子图书元数据规范（WH/T 62—2014）》等，还有《国家图书馆网络资源元数据规范和著录规则》《国家图书馆视频资源元数据规范和著录规则》《国家图书馆期刊论文元数据规范和著录规则》等。

4.3　我国数字图书馆建设中DC元数据规范和建议

4.3.1　加大数字馆藏名称规范标准的研究

DC元数据在中国数字图书馆应用已经有十年，经过本地化实践，制定出一系列符合DC元数据标准的国家标准、行业标准以及图书馆标准，及时将DC元数据及相关国际数字图书馆标准规范成果引入我国数字图书馆标准规范建设和实践中，实现我国数字图书馆标准规范国际化和全球化。DC可以为用户服务，并被用户接受，不仅解决数字图书馆建设中网络资源查找问题，还能方便数字资源信息存储和抽取。目前，国家图书馆应开发数字图书馆名称规范数据库，为数字图书馆建设提供参考依据。

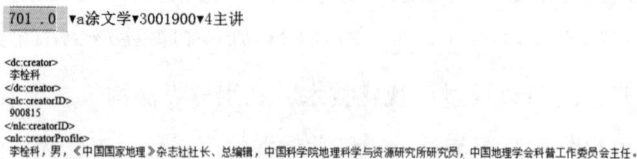

```
701 .0    ▼a涂文学▼3001900▼4主讲

<dc:creator>
李栓科
</dc:creator>
<nlc:creatorID>
900815
</nlc:creatorID>
<nlc:creatorProfile>
李栓科，男，《中国国家地理》杂志社社长、总编辑，中国科学院地理科学与资源研究所研究员，中国地理学会科普工作委员会主任。
```

图 5　MARC 格式和 DC 格式的责任者

图5一个是MARC格式的责任者，一个是DC格式的责任者。虽然责任者可以通过公开课本地ID号在表格中查找和保存，目前公开课每年以150场数量增加，确实不会影响主讲人在表格中的信息查找，但今后如果新浪微博等资源被进行元数据加工，这样人名会以上亿计算，名称规范问题靠表格归纳势必只是短期目标，能否研发像实

体资源名称规范库一样，可以建设著录人名的确切信息和研究方向的名称规范库，或通过参照字段把网络资源名称规范信息加入到Aleph系统中，将是图书馆专业人员共同探索的方向。

4.3.2　推广DC元数据，培养人才

DC元数据在我国不少图书馆已得到利用，同时培养和锻炼了一批DC元数据的研究专家。但元数据研究相对于数字图书馆的发展需求还有很大的空间，目前还存在许多不完善的地方。国家图书馆已制定一系列规范的DC格式元数据标准，但是作为DC元数据主要应用领域的图书馆行业，真正熟悉和了解DC元数据的专业人员却非常有限，这种现状势必影响中国数字图书馆事业的发展前景，各图书馆机构一定要加强DC元数据的宣传推广力度，培养更多的DC元数据标准研究专家和从业者，使DC元数据在数字图书馆建设中得到应用[18]。

国图公开课选择DC编目元数据，弥补了MARC过于复杂的特点，DC元数据以其元素简单丰富和可选择性，成为更适合描述图书馆网络资源、电子资源的重要使用工具。DC未来将成为适应中文环境的元数据格式，为资源共享和数字图书馆的发展开辟更为广阔的空间。

参考文献：

[1]肖珑.元数据格式在数字图书馆中的应用[J].大学图书馆学报,1999(4):18-20.

[2][7][14][17]郭兆红,王欢,吕精巧.DC元数据在数字图书馆中的应用分析[J].农业图书情报学刊,2009:103-105.

[3]陈军.我国元数据研究状况分析[J].江西图书馆学刊,2008(1):122.

[4-6][8][10][13]盛剑锋.电子期刊MARC与DC编目数据比较[J].图书馆论坛,2008,28(2):104-107.

[9]葛岩.元数据DC与MARC的关系及在数字图书馆中的应用[J].农业图书情报学刊,2010,22(4):100-102.

[11-12]魏文晖.DC元数据在特种文献著录中的应用[J].图书馆论坛,2004,24(2):126-128.

[15-16]殷福兴.DC元数据及其在数字图书馆建设中的实践[J].宿州教育学院学报,2017,20(1):104-105.

[18]刘琳琳.图书馆应用DC元数据中存在的问题[J].图书馆学研究,2009(5):40-41.

中文书目数据著录用标点符号例析

——书目数据共建共享实践

邱　轶（沈阳市图书馆）

为了更好地发挥联合编目共建共享作用，进一步促进书目数据格式标准化，笔者针对中文书目数据著录用标点符号的细节问题进行了探讨。在文献编目实践工作中，为了在款目上识别不同的著录项目，进行不同语言的书目交流，《国际标准书目著录》（ISBD）规定了国际通用的标识符号系统。在CNMARC中，编目人员进行著录时不用录入这些规定标识符，在计算机显示格式中，系统会将各子字段的标识符自行转换为ISBD规定的标识符。笔者在此探讨的是在ISBD中规定的标识符之外，著录用标点符号的使用问题。

标点符号是文献编目的有机组成部分，也是编目员最容易忽视的部分。著录用标点符号应该遵循相应语言文字的书写规则，如著录中文，用中文标点符号；著录西文，用西文标点符号。但在实际中文书目数据著录工作中，著录用标点符号的细节问题并没有引起编目员的足够重视，经常出现标点符号使用错误的情况，进而产生著录的不一致性，导致联合编目系统中重复书目数据的产生。下面笔者针对著录用标点符号细节问题，按照中文书目数据著录各功能块依次加以例析。

1　091统一书刊号

例：

第一种著录方式：

091 ##\$a 15033·6697H\$dCNY2.65

第二种著录方式：

091 ##\$a 15033.6697H\$dCNY2.65

解析：统一书刊号是在使用ISBN、ISSN前，我国出版部门为书刊分配的统一号码。国家标准规定统一书刊号中的圆点一律使用中圆点 "·"[1]，上例第一种著录方式是正确的。

2 010国际标准书号（ISBN）

$d获得方式和/或定价的著录

例1：

第一种著录方式：

010 ##$a978-7-5414-8170-3$dCNY99.00(全10册)

200 1#$a经典绘本·彼得兔的故事$i小兔子本杰明$b专著$f（英）比阿特丽克斯·波特著绘$g廖志军编译

第二种著录方式：

010 ##$a978-7-5414-8170-3$dCNY99.00（全10册）

200 1#$a经典绘本·彼得兔的故事$i小兔子本杰明$b专著$f（英）比阿特丽克斯·波特著绘$g廖志军编译

解析：多卷书分卷著录，只有整套价格而无单册价格时，应客观著录，并将总册数著录于括号之内。因括号是对前面的语句加以注释说明，本例括号前为阿拉伯数字，括号应该采用半角形式。上例第一种著录方式正确。

例2：

第一种著录方式：

010 ##$a978-7-5430-3453-2$dCNY46.00, CNY280.00（全6卷）

200 1#$a绿原文集$h第三卷$i怀人·自述$b专著$f绿原著

第二种著录方式：

010 ##$a978-7-5430-3453-2$dCNY46.00，CNY280.00（全6卷）

200 1#$a绿原文集$h第三卷$i怀人·自述$b专著$f绿原著

解析：多卷书分卷著录，既有单册价格又有整套价格时，可先著录单册价格，后著录整套价格，价格之间用逗号分隔。大部分语言中，逗号用来分隔并列的词汇，中文采用全角形式，而外文采用半角形式。此例逗号用来分隔价格，逗号采用半角形式。上例第一种著录方式正确。

3　200题名与责任说明

3.1　正题名

例：

第一种著录方式：

200 1#$a社会主义核心价值观普及读本（高中版）简装$b专著$f孙守刚主编

第二种著录方式：

200 1#$a社会主义核心价值观普及读本(高中版)简装$b专著$f孙守刚主编

解析：200字段题名所采用的括号分别使用了全角形式和半角形式。题名的著录差异导致同一种图书在全国联编中心书目数据库中存在两条书目记录。笔者认为采用第一种著录方式比较好。著录中文，采用中文标点符号比较正确。

3.2　分卷册次

例1：

第一种著录方式：

200 1#$a中国水力发电年鉴$h2012(第十七卷)$b专著$f中国水力发电年鉴编辑部编纂

第二种著录方式：

200 1#$a中国水力发电年鉴$h2012（第十七卷）$b专著$f中国水力发电年鉴编辑部编纂

解析：上例200字段分卷册次所采用的括号分别使用了半角、全角形式。著录用标点符号的细节问题不统一，导致产生了题名著录的差异。笔者认为采用第一种著录形式比较好。括号的使用还要依据其前面紧邻的文字语种情况。此例括号之前文字为阿拉伯数字，括号采用半角为好。

例2：

第一种著录方式：

200 1#$a产业组织评论$h第10卷　第4辑（总第28辑）2016年12月$b专著$f于左主编

第二种著录方式：

200 1#$a产业组织评论$h第10卷　第4辑（总第28辑）2016年12月$b专著$f于

左主编

解析：笔者认为，上例200字段分卷册次采用第一种著录方式比较好。此例括号之前文字为中文，括号采用全角为好。

3.3 并列题名

例：

第一种著录方式：并列英文题名中所采用冒号为"半角+空格"形式。

200 1#$a徽学研究经典文献选译$b专著$dHuizhou studies:a collection of papers translated$f方传余编译$zeng

第二种著录方式：并列英文题名中所采用冒号为半角形式。

200 1#$a徽学研究经典文献选译$b专著$dHuizhou studies:a collection of papers translated$f方传余编译$zeng

第三种著录方式：并列英文题名中所采用冒号为全角形式。

200 1#$a徽学研究经典文献选译$b专著$dHuizhou studies：a collection of papers translated$f方传余编译$zeng

解析：上例200字段并列英文题名中所采用的冒号在实际著录工作中存在差异。有的编目员依据"英文著录采用英文标点符号"，冒号使用半角形式；有的编目员冒号则采用全角形式著录；国家图书馆采用第一种著录方式，即："半角+空格"形式。推荐第一种著录方式，不赞成第三种著录方式。

3.4 责任者

例1：同一责任方式的责任者

200 1#$a人脸识别原理与实战$b专著$e以MATLAB为工具$f王文峰，李大湘，王栋主编

解析：上例200字段$f责任者之间的逗号采用全角形式。在实际著录工作中，经常有编目员将其错误地著录成"半角+空格"形式。这种形式与全角形式的逗号表面上看比较相似，不易被发现，在实际编目及审校工作中要仔细辨别并加以改正。

例2：责任者国别

第一种著录方式：

200 1#$a超级PR$b专著$e如何为组织和个人赢得超人气$f(美)霍华德·布莱格曼，

（美）迈克尔·莱文著 $g 李昂译

第二种著录方式：

200 1#$a超级 PR$b 专著 $e 如何为组织和个人赢得超人气 $f（美）霍华德·布莱格曼，（美）迈克尔·莱文著 $g 李昂译

解析：上例第一种著录方式200字段责任者国别所采用的括号为半角形式，这是比较规范的、通用的著录形式。但在实际著录工作中，部分编目员则将括号采用了全角形式，即采用第二种著录方式，导致了著录的不一致性。

例3：外国责任者原名

第一种著录方式：

200 1#$a美国智库与政策建议 $b 专著 $f(美)詹姆斯·G.麦甘(James G. McGann)著 $g 肖宏宇，李楠译

第二种著录方式：

200 1#$a美国智库与政策建议 $b 专著 $f（美）詹姆斯·G.麦甘（James G.McGann）著 $g 肖宏宇，李楠译

解析：上例200字段 $f 责任者依据题名页客观著录。第一种著录方式，责任者原名缩写 "G." 下圆点采用 "半角+空格" 形式，与国家图书馆著录方式相一致。第二种著录方式责任者原名缩写 "G." 下圆点则采用半角形式，不推荐这种形式。

4 215载体形态项

4.1 $a 页数或卷册数子字段

例1：

200 1#$a乐理习题集 $b 专著 $f 张婧主编

215 ##$a144,83页 $d30cm

解析：上例215字段 "$a页数或卷册次" 子字段所采用逗号为半角形式，因为它分隔的是阿拉伯数字。在实际著录工作中存在被错误地著录为全角形式的情况。

例2：

200 1#$a商子汇校汇注 $b 专著 $f 周立昇[等]编著

215 ##$a2册(847页) $d22cm

解析：上例215字段"$a页数或卷册次"子字段所采用圆括号为半角形式，这是习惯使用的、标准的著录形式。在实际著录工作中存在被错误地著录为全角形式的情况。

例3：

200 1#$a小青龙$f浙江省文物考古研究所，桐庐博物馆编著

215 ##$a184页，[104]页彩版 $d29cm

解析："图版"著录于215字段$a子字段的末尾，没有标注出页码的图版，要数出页数，并置于方括号内。所采用的逗号为全角形式。

例4：

第一种著录方式：

200 1#$a系统与控制理论中的线性代数$h下册$b专著$f黄琳编著

215 ##$a13,382–779页 $d24cm

第二种著录方式：

200 1#$a系统与控制理论中的线性代数$h下册$b专著$f黄琳编著

215 ##$a13,382~779页 $d24cm

解析：依据《中国文献编目规则（第二版）》[2]，连字符采用"–"，不使用"~"。上例第一种著录方式正确。

4.2 $c图表子字段

例：

200 1#$a大学生创新基础$b专著$f曹文军，王锋，潘海云编著

215 ##$a198页 $c图，照片 $d26cm

解析：上例215字段"$c图表子字段"所采用逗号为全角形式，因为它分隔的是中文文字。在实际著录工作中存在被错误地著录为半角形式的情况。

5 304题名与责任说明附注

例1：

第一种著录方式：

200 1#$a黄岩历代名人$b专著$f池太宁［等］主编

304 ##$a主编还有：陈理尧、於仙海、赵康龄

第二种著录方式：

200 1#$a黄岩历代名人$b专著$f池太宁［等］主编

304 ##$a主编还有：陈理尧，於仙海，赵康龄

解析：依据中文标点符号的使用规则，304字段各位责任者之间应该采用顿号分隔，不能使用逗号。因此上例第二种著录方式是错误的。

例2：

第一种著录方式：

200 1#$a东京梦华录$b专著$f（宋）孟元老著$c都城纪胜$f（宋）灌圃耐得翁著$c西湖老人繁胜录$f（宋）西湖老人著

304 ##$a合订著作还有：梦粱录/（宋）吴自牧著·武林旧事/（宋）四水潜夫撰

第二种著录方式：

200 1#$a东京梦华录$b专著$f（宋）孟元老著$c都城纪胜$f（宋）灌圃耐得翁著$c西湖老人繁胜录$f（宋）西湖老人著

304 ##$a合订著作还有：梦粱录/（宋）吴自牧著；武林旧事/（宋）四水潜夫撰

解析：由两个或两个以上著作组成的无总题名的图书，按规定信息源所题顺序依次著录。若题名超过三个，只著录前三个，未予著录的其他题名和责任说明在304字段附注说明。依据国家标准，合订图书分属不同责任者时，应该采用"合订书名/责任者·合订书名/责任者"的形式著录，附注项同理。因此，上例第二种著录方式是不正确的。

6 330提要或文摘附注

例1：

第一种著录方式：

330 ##$a本书收录了鲁迅的《野草》《二心集》《华盖集续编的续编》《故事新编（选编）》四部文集。

第二种著录方式：

330 ##$a本书收录了鲁迅的《野草》、《二心集》、《华盖集续编的续编》、《故事新编（选编）》四部文集。

解析：参照公文写作格式规定[3]，上例330字段内容提要有多个书名号并列时不

能使用顿号分隔，第二种著录方式是不正确的。

例2：

第一种著录方式：

330 ##$a本书为散文集，分为："吟唱高原""那时的爱情""一个人的远行""寻找"四辑。

第二种著录方式：

330 ##$a本书为散文集，分为："吟唱高原"、"那时的爱情"、"一个人的远行"、"寻找"四辑。

解析：参照公文写作格式规定[4]，上例330字段内容提要有多个引号并列时不能使用顿号分隔，第二种著录方式是不正确的。

7 605题名主题

第一种著录方式：

200 1#$a易学揭秘 $e 释论易原卦符的性质、形态和产生 $f孙国增著

605 ##$a《周易》$x研究

第二种著录方式：

200 1#$a易学揭秘 $e 释论易原卦符的性质、形态和产生 $f孙国增著

605 ##$a周易 $x研究

解析：605字段题名主题取自《〈中国分类主题词表〉（第二版）及其电子版手册》，需加书名号"《》"。第二种著录方式不正确。

8 606普通主题

例：

第一种著录方式：

606 0#$a幽默(美学)$x口才学 $j通俗读物

第二种著录方式：

606 0#$a幽默（美学）$x口才学 $j通俗读物

解析：上例606字段主题词依据《〈中国分类主题词表〉（第二版）及其电子版

手册》，所用括号应该采用半角形式，这是标准的著录形式。因此第二种著录方式不正确。

9 690 中国图书馆分类法（CLC）

例1：

606 0#$a漫画$x作品集$y美国$z现代

690 ##$aJ238.2(712)$v5

解析：上例690字段中图法分类号"J238.2（712）"中的括号为国家、地区区分号。括号前为阿拉伯数字，括号应该采用半角形式。

例2：

200 1#$a飞鸟集$b专著$e英汉对照$f(印)泰戈尔著$g郑振铎译

690 0# $aH319.4:I351.25$v5

解析：上例690字段中图法分类号"H319.4：I351.25"中的冒号为组配符号，置于相组配的类号之间，采用半角形式。

10 701 个人名称——主要责任者

例：

第一种著录方式：

701 0#$c(日)$a青崎有吾$f(1991-)$4著

702 0#$a李讴琳$c(女，$f1976-)$4译

第二种著录方式：

701 0#$c（日）$a青崎有吾$f(1991-)$4著

702 0#$a李讴琳$c(女，$f1976~)$4译

解析：上例701字段责任者国别所采用括号应为半角形式，这是标准的著录形式；702字段责任者名称规范，逗号应该采用全角形式，因为它分隔的是中文文字；依据《中国文献编目规则（第二版）》[5]，连字符采用"-"，不使用"~"。因此，第二种著录方式不正确。

11 711团体名称——主要责任者

例：

第一种著录方式：

200 1#$a小说月报原创版2017年精品集$b专著$f小说月报原创版编辑部编

711 02$a小说月报原创版编辑部$4编

第二种著录方式：

200 1#$a小说月报原创版2017年精品集$b专著$f《小说月报·原创版》编辑部编

711 02$a《小说月报·原创版》编辑部$4编

解析：上例711字段团体责任者使用规范名称，书名号及中圆点均不采用。因此，第二种著录方式不正确。

参考文献：

[1]全国图书馆联合编目中心,国家图书馆中文采编部.中文书目数据制作[M].北京:国家图书馆出版社,2013:63.

[2]国家图书馆《中国文献编目规则》修订组.中国文献编目规则[M].2版.北京:北京图书馆出版社,2005:43.

[3-5]公文写作中最常见的10种标点错误[EB/OL].[2018-04-04].http://news.sina.com.cn/o/2018-03-07/doc-ifxqxekt8871808.shtml.

法治环境下图书馆特藏资源联合目录建设

——以国家图书馆民国时期文献联合目录[①]为例

邵颖超（国家图书馆）

1 引言

联合目录是一种通过馆际协作的方式，揭示若干文献收藏单位的全部或部分馆藏的大型检索工具。起初以书本的形式编制，但具有一定的局限性和滞后性。随着计算机科学技术和信息处理技术的发展，联合目录系统产生了，并作为一种兼具灵活性和实效性的文献信息共享平台，为社会公众提供便捷服务[1]。《中华人民共和国公共图书馆法》（以下简称《公共图书馆法》）的出台为公共图书馆建设联合目录提供了法律支持。

特藏资源体现着一个图书馆的人文底蕴和资源价值，是图书馆避免同质化的资源基础。但特藏并不意味着其他单位没有收藏，而是这些资源不属于公众传播资源，所以社会大众一般接触不到。为了保护特藏资源并加强信息服务，打破图书馆信息孤岛现象，实现资源共建共享，就需要整合特藏资源，建设联合目录。

民国时期文献作为一种特藏资源，自20世纪60年代就受到文献存藏单位的重视。据统计，目前共出版联合目录17种[2]，其中《民国时期图书总目》仅哲学卷问世，其余各卷仍在陆续推出中。联合目录系统仅有国家图书馆民国时期文献联合目录正式上线提供服务，另有上海师范大学图书馆民国时期文献目录数据平台在筹划建设中。

民国时期文献联合目录是国家图书馆"革命文献与民国时期文献保护计划"的成果之一，于2012年开始规划建设，2013年正式投入使用，初期主要提供民国图书（不包含线装书）的检索服务。其建设过程主要分为数据采集和系统构建两部分。

---

① 访问地址：http://pcpt.nlc.cn。

2 数据采集

"开展联合编目"①是《公共图书馆法》提倡的馆际合作行为之一，也是实现文献信息共建共享，促进文献信息有效利用的途径之一。民国时期文献联合编目现有30家成员馆参与，通过全国图书馆联合编目系统（以下简称"联编系统"）完成。联编系统采用集中式管理模式，由成员馆共同建设和维护。民国联合目录依托联编系统建立，平台数据来源于联编系统中的编目数据。

2.1 统一标准

元数据是联合目录资源采集的功能特征、总体性能等的一个基本反映。不同联合目录采用不同的元数据采集方法，并应用不同的元数据标准。自建元数据标准可以根据联合目录的发展规划和资源特点更好地组织和揭示数字资源[3]。

民国联合目录通过自建元数据标准统一并规范成员馆上传的书目数据，《民国图书联合目录数据暂行标准》（以下简称《暂行标准》）是民国时期图书的元数据著录标准。该标准结合了民国图书自身特点及用户检索需求，保证了成员馆编目数据的准确性和规范性。

2.1.1 规范出版时间著录方式

例1：200 1#$a新社会$f谢东平著

　　　210 ##$a[出版地不详]$c人民出版社$d1948

例2：200 1#$a中国近三百年学术史$f梁启超著

　　　210 ##$a重庆$c中华书局$d民国三十二年八月[1943.8]

民国时期大部分出版物采取民国纪年法，即以公元1912年中华民国成立为起始的纪年方法。为方便用户查找，《暂行标准》要求：用公元纪年表示的出版年一律用阿拉伯数字著录，如例1；用非公元纪年表示的出版年，依原样照录，在其后注明相应的公元纪年，并置于方括号内，如例2，换算公式为公元年＝民国年＋1911。若用户想通过"出版年"检索书目信息，输入公元纪年即可。

民国时期出版情况复杂，有些书版本众多，甚至有同一出版社一年内多次再版的情况，因此民国图书的出版时间应按照出版信息详细著录。若出版时间具体到月，则应著录到月。

---

① 《公共图书馆法》第三章第三十条。

2.1.2　规范责任者名称

例3：200 1#$a中世教育史$f（美）格莱夫斯著

701 #0$c（美）$a格雷夫斯$c（Graves, Frank Pierrepont $f1869-1956）$4著

例4：200 1#$a近代教育史$f（美）格累甫兹（F.P.Graves）著

701 #0$c（美）$a格雷夫斯$c（Graves, Frank Pierrepont $f1869-1956）$4著

民国时期对外国人名的翻译还没有统一规范，导致同一人名往往有多个中文译名[4]。例3、4中两书著者相同，译名却不同。编目时按《暂行标准》要求，200字段依照题名页或代题名页客观著录，7××字段使用国家图书馆名称规范数据库①中的规范名称著录。用户通过任何形式的名称检索都能检索到相关的书目信息。

例5：200 1#$a石炭王$f（美）辛克莱著$g砍人译

702 #0$a郭沫若$9guo mo ruo$f（1892-1978）$4译

例6：200 1#$a新时代$f（苏）屠格涅甫著$g郭鼎堂译

702 #0$a郭沫若$9guo mo ruo$f（1892-1978）$4译

民国时期很多文人和学者使用笔名发表作品，有的甚至拥有多个笔名，如郭沫若有30多个笔名。例5、6中两书均为郭沫若先生译，但使用笔名不同。若不统一责任者名称，用户在不清楚其笔名的情况下，无法通过"著者"集中所有的相关书目。

民国时期文献的名称规范较为复杂，目前只有部分数据有名称规范数据。建议加强民国时期文献名称规范控制，完善名称规范数据库，提高民国联合目录的查准率和查全率。

2.2　突出特色

"继承革命文化"②是《公共图书馆法》赋予公共图书馆的重要责任。准确、全面地揭示革命历史文献是对公共图书馆的基本要求。革命历史文献是民国联合目录的重要采集对象，目前已上传2万余条书目数据。为充分发挥革命历史文献的社会教育功能，计划在民国联合目录中建设革命历史文献专题数据库，向公众进行革命传统、爱国主义、集体主义和社会主义教育。

由于革命历史文献有许多特殊性，编目时应将这些特殊性进行详细说明，才能使检索人员更直观地了解革命历史文献。

---

① 规范库中的数据参考重要人名词典及权威网站编制。从2006年10月起，国家图书馆免费向用户提供Z39.50协议专用端口，为全国图书馆联合编目中心成员馆提供名称规范数据的免费下载[5]。非成员馆可通过国家图书馆OPAC检索著者信息，查询相关名称规范记录。

② 《公共图书馆法》第一章第三条。

2.2.1 描述革命历史文献

例7：200 1#$a中国共产党第六次全国大会决议案$f中共六次大会编

300 ##$a伪装书名：新出绘图国色天香

此书是中国共产党的地下出版物，将其封面题名伪装是为了掩盖真实内容，以便宣传发行。这种书被称为"伪装书"，在中国的革命战争中发挥了不可估量的作用。300字段的附注信息，明确了此书的特征，使他与其他版本相区分，便于用户检索。

例8：200 1#$a论青年修养$f洛甫等著$g边区行政干部学校编

300 ##$a本书残缺、杂乱不全，仅有《论青年修养》《论待人接物》《关于工作作风的问题》三篇

701 #0$a张闻天$9zhang wen tian$f（1900-1976）$4著

因为战乱等原因，很多革命历史文献残缺不全。对残缺情况进行说明，有助于用户了解书品，从而选择更完整、更适合的版本。《论青年修养》在民国联合目录中共有20多个版本，用户可以通过浏览书目信息挑选品相更优的版本。

例9：200 1#$a农村调查$f毛泽东著

300 ##$a书前有毛主席在1937年和1941年写的两篇序言，书后有校读后跋

本书是毛泽东于1927年起到1934年离开中央苏区为止，在农村收集的材料，于1941年付印发表[6]。其书前序和书后跋具有非常高的史料价值。对此类信息进行说明，能更全面地揭示革命文献，突出文献亮点，便于用户发现和研究。

2.2.2 突出革命历史文献

例10：200 1#$a时时刻刻为老百姓兴利除弊$f高岗著

399 ##$a民国时期文献$b革命历史文献

除了在革命历史文献之间做详细区分，还应将革命历史文献与其他民国时期文献区分开来。《暂行标准》要求将革命历史文献在399字段做标识，以便在联编系统中快速查找和区分，为将来建设专题数据库做好充分准备。

2.3 提交数据

原则上成员馆提交数据应采用联机上载的方式，即成员馆将本馆数据与联编系统中已有数据进行比对，无重复记录的，提交书目数据；有重复记录但馆藏信息不同的，提交馆藏记录。但因某些原因（如编目格式不同）制约，也允许采用批量上传的方式。不论是联机上载还是批量上传，都需要由全国图书馆联合编目中心进行数据质

量监控。质检合格后，从联编系统导出，批量灌装至民国时期文献联合目录系统。

截至2019年6月，民国联合目录共有书目数据约30万条、馆藏数据约70万条，其中2万余条包含目次与全文。

3 系统构建

在公共图书馆建设、管理和服务中运用现代信息技术和传播技术[①]是《公共图书馆法》提出的要求，也是提高公共图书馆服务效能的必要手段。平台技术是图书馆联合目录常用的现代信息技术，也是民国时期文献联合目录系统构建的支撑技术。基于用户的需求是民国联合目录系统构建的根本标准。

3.1 用户操作简单

简化用户操作是民国时期文献联合目录规划设计的核心理念，B/S架构（浏览器和服务器架构）"瘦"客户机，"胖"服务器的特点满足了此项要求。

B/S架构大幅度简化了用户端。用户使用民国联合目录，不需要再安装其他程序，只需要一个浏览器即可进行所有操作。因为软件都安装在服务器端，所以系统的维护和升级通过后台操作即可实现，用户维护与升级系统的成本基本为零。此外，B/S架构的分布性特点使得用户可以随时随地进行查询、浏览等业务，为用户使用民国时期文献联合目录提供了便利。

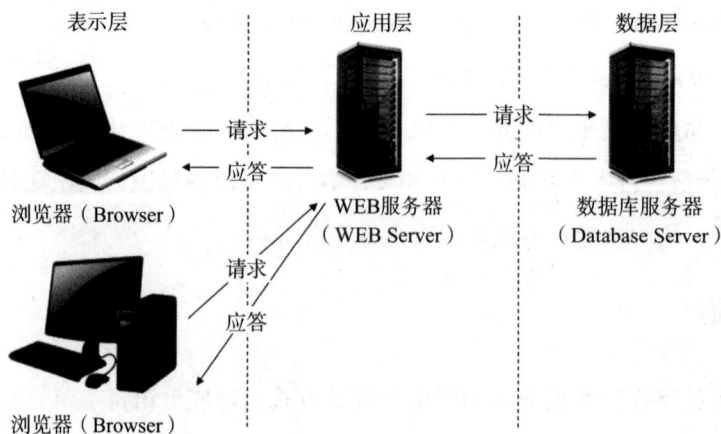

图1　B/S架构图

---

① 《公共图书馆法》第一章第八条。

3.2 检索功能全面

平台的检索功能直接影响着数字资源的发现与获取。民国时期文献联合目录以一站式检索为主要检索模式，用户只需输入检索词即可检索，简单易行，但查准率较低。为此，平台又提供了二次检索、基于中图分类法的检索和支持布尔逻辑（AND、OR）的高级检索。检索结果有列表模式和图文结合，用户可以按照题名、著者、年代、馆藏地和馆藏量对检索结果进行升序和降序的排序。为了最大限度地实现资源共享，民国时期文献联合目录还提供2万余种民国时期图书目次和全文的在线阅读服务，用户通过"目次"项即可检索全文数据。

民国时期文献联合目录的在线阅读功能通过FlexPaper实现。FlexPaper是一个开源轻量级的在浏览器上显示各种文档的组件，与SWFTools中一个小程序PDF2SWF一起使用，使得在没有PDF软件环境的支持下，在Flex中显示PDF成为可能。民国时期文献联合目录全文数据的原始格式为PDF，可直接通过SWFTools转成SWF格式上传数据库。FlexPaper在浏览器上以播放SWF文件的方式为用户呈现全文。此过程用户不需要安装特定软件或浏览器，使用简单方便[7]。

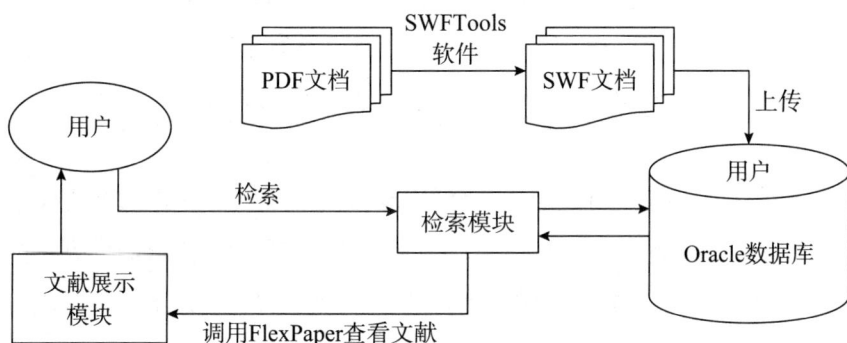

图2 在线阅读流程框架图

3.3 平台可拓展性高

民国时期文献联合目录在B/S架构的基础上采用J2EE（Java2平台企业版）技术，并使用四层的分布式应用模型。每一层由不同的组件构成，分布在不同的机器上。用户层组件浏览器运行在用户端机器上，信息系统层组件数据库运行在数据库服务器上，Web层组件和业务逻辑层组件运行在J2EE服务器上。其中，Web层处理客户请求，主要由JSP和JavaBeans实现；业务逻辑层封装业务逻辑，通过JDBC访问数据库。用户输入检索信息发出了用户请求，Web层通过JavaBeans处理用户请求并传递至业务逻辑层，业务逻辑层通过EJB将其转化为业务逻辑过程可理解的方式，向数据库发出数据请求；数据库将数据发送至业务逻辑层，业务逻辑层通过EJB将返回的数据解释成用户所需信息，发送至Web层，Web层通过JavaBeans处理数据由JSP进行展现[8]。

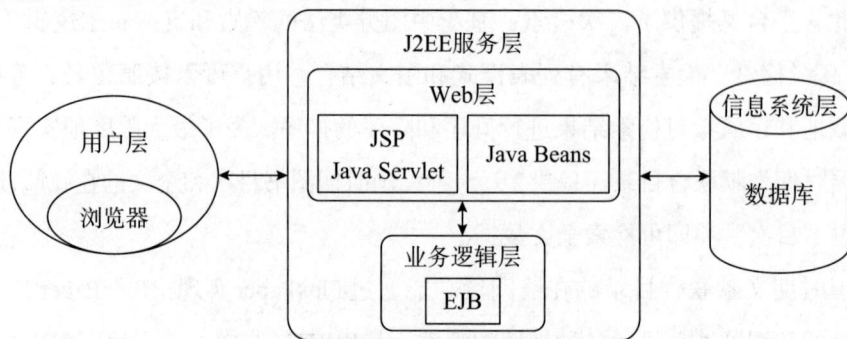

图3　民国联合目录系统结构图

这种系统结构可拓展性高。因为J2EE技术中的JDBC是由一组用Java语言编写的类和接口组成，当数据库结构变动的时候，只需要对JDBC进行相应修改即可。

目前，民国时期文献联合目录只提供民国时期平装书的检索服务，资源类型单一，不能满足用户对资源多样性的需求。预计未来会增加民国时期连续出版物、民国时期线装书等的检索服务。届时，系统开发者通过增加和修改J2EE组件，即可实现民国联合目录内容的扩充和界面的美化，满足用户的使用需求。

民国联合目录作为一种特藏资源联合目录，其数据具有数量多、格式规范、突出文献特色的优点，其系统具有操作简单、功能全面、满足用户需求的优势，符合公共图书馆法对"继承革命文化""开展联合编目""运用现代信息技术和传播技术"的规定和要求，是法治环境下图书馆特藏资源联合目录的典范。

《公共图书馆法》的出台以法律的力量引导公共图书馆特藏资源联合目录的建设方向。结合文献特点、基于用户需求是建设标准统一、共建共享的特藏资源联合目录的必要条件。在现代信息技术和传播技术飞速发展的时代，公共图书馆不应继续"闭门造车"，而是应该加强馆际合作，更好地履行职能，从而推进书香社会建设，服务经济社会发展，满足人民日益增长的美好生活需要[9]。

参考文献：

[1]黄雪梅.联合目录的模式与天津高校联合目录系统的建立[J].图书情报工作,2015(12):48-52.

[2]蔡迎春,段晓林.民国文献目录编制沿革及其趋势[J].图书馆论坛,2017(8):119-124.

[3]张福俊,高雪,周秀霞.国内外数字资源发现平台比较研究——以Trove、DPLA、Europeana、WDL和文津搜索为例[J].国家图书馆学刊,2018(1):86-96.

[4]唐宏伟.回顾与展望:新媒体时代下信息组织方法的创新与发展——第五届全国文献编目工作研讨会论文集[C].北京:国家图书馆出版社,2017.

[5]顾犇.中国国家图书馆中文名称规范工作的思考[J].国家图书馆学刊,2007(3):39-44.

[6]黄霞.21世纪的信息资源编目:第一届全国文献编目工作研讨会论文集[C].北京:北京图书馆出版社,2006.

[7]韩博文,蔡晨,王玲,等.基于FlexPaper的文献共享系统设计与实现——以广西民族大学图书馆为例[J].情报探索,2014(4):76-79,87.

[8]蒋继娅,刘彤,王树威.基于MVC与类工厂技术的可扩展J2EE框架设计[J].计算机与信息技术,2008(11):61-64.

[9]李国新.《中华人民共和国公共图书馆法》的历史贡献[J].中国图书馆学报,2017(232):4-15.

新时代环境下我国联合目录建设的思考

孙保珍（国家图书馆）

2018年1月1日起施行的《中华人民共和国公共图书馆法》（以下简称《公共图书馆法》）是我国第一部图书馆领域的专门法，是为了"促进公共图书馆事业发展，发挥公共图书馆功能，保障公民基本文化权益，提高公民科学文化素质和社会文明程度，传承人类文明，坚定文化自信"而制定。《公共图书馆法》第二十二条规定："国家设立国家图书馆，主要承担国家文献信息战略保存、国家书目和联合目录编制、为国家立法和决策服务、组织全国古籍保护、开展图书馆发展研究和国际交流、为其他图书馆提供业务指导和技术支持等职能。国家图书馆同时具有本法规定的公共图书馆的功能。"第二十七条规定："公共图书馆应当按照国家公布的标准、规范对馆藏文献信息进行整理，建立馆藏文献信息目录，并依法通过其网站或者其他方式向社会公开。"

其中，明确"联合目录编制"为国家图书馆的核心职能之一，公共图书馆应建立馆藏文献信息目录并依法向社会公开，这预示着我国联合目录的建设将进入全新的历史阶段。在新时代的法制环境下，我国联合目录的建设需要不断利用新的技术方式、借助互联网的便利条件，积极开拓创新，构建多类型、多载体、多语种、可视化、科学的现代化的联合目录体系。

1 我国联合目录建设的现状

1.1 联合目录的概念

《图书馆学辞典》对于"联合目录"的解释为"联合目录系包括几个或更多的图书馆藏书的目录，可以包括各馆的全部藏书或一个门类或一个专题的书刊。"[1]这是对联合目录字面概念的解释，未体现联合目录的形成过程及目的和作用。毛坤先生指出，"联合目录是将若干个图书馆所藏的书刊，合并编排而成的一种统一目录，以便于读者参考和图书馆彼此互相利用"[2]。此概念相对比较全面地揭示了联合目录的本质，"若干个图书馆"即为联合，"合并编排"即将各馆所藏书刊进行合并汇总、综合编制。同时，该定义还直接揭示了联合目录的主要作用，即"便于读者参考和图书馆彼此互相利用"。

1.2　联合目录建设的历史

世界上第一次出版的联合目录是1859年意大利米兰地方的期刊联合目录，比我国最早的联合目录早了70年[3]。我国联合目录事业发展史主要可分为三个阶段。第一阶段，20世纪20年代末期至30年代，为我国联合目录事业的发轫期。最具代表性的是1929年出版的《北平各图书馆所藏中文期刊联合目录》，这是我国真正现代意义上的第一个联合目录。其后，1930年出版的《北平各图书馆所藏丛书联合目录》，是我国第一部图书联合目录[4]。后续又出版了几种联合目录，如1936年出版的《北平图书馆所藏中国算学联合目录》等。在这一阶段，针对联合目录的研究比较少，主要以介绍西方的联合目录情况为主。第二阶段，1956至1966年，是我国联合目录事业发展的第一个高潮期[5]。1956年7月召开的全国图书馆工作会议确定了图书馆工作的两项基本任务：一是为科学研究服务；二是为普及文化教育服务[6]。其中为科学研究服务的重要举措之一就是编制专题目录、联合目录。1957年9月国务院批准的《全国图书协调方案》规定，在国家科学技术委员领导下成立图书小组，图书小组的首要工作之一便是编制联合目录。同年11月，全国联合目录编辑组成立[7]。这一时期，除了实践性成果之外，研究成果也获得跨越式发展，代表性的有钱亚新先生的《联合目录》和毛坤先生的《试论联合目录》。第三阶段，20世纪80年代至今，这一阶段是我国联合目录事业的高速发展期。1980年全国联合目录工作协调委员会成立，制订了《建立全国联合目录报道体系的初步方案》[8]，此后涌现了数量众多的专题性联合目录及地方性联合目录，如《北京地方文献联合目录》《兰州各图书馆馆藏西北文献联合目录》等。20世纪末，随着我国联合编目事业的发展，众多联合编目机构成立，极大地促进了我国联合目录的建设工作。在这一阶段，我国联合目录的发展呈现出计算机化的特点，由卡片和书本式联合目录发展为集中式联合目录数据库、虚拟联合目录等。

2 联合目录的作用

"联合目录的主要目的，在于著录各馆所藏的某类图书的情况，知其有无，以便借阅，并作为供给馆际借书互通有无的一种工具。联合目录可以将一个地区、一个国家甚至国际的图书馆的书藏形成一个总的书藏，以便一般读者与科学工作者有借阅有关图书的机会，尤其对远离大城市在农村、工矿、学校、机关的读者更有重大的作用"[9]。合作为现代图书馆学研究和实践的重要组成部分，联合目录的重要作用越来越得以突显，联合目录的建设工作显得更为重要。

2.1 便于用户获知文献分布信息，扩大用户查询、利用文献的范围

联合目录汇集了多个文献收藏机构的馆藏信息，揭示了同一种文献在各收藏机构的存藏分布情况，拓展了读者、科研工作者等用户浏览、检索、查询信息资源的范围，即由检索一家机构，到一站式检索多家机构，可以便利地获知所需文献的分布状况，扩大用户获取文献的范围，方便用户利用和参考，启发人们阅读和利用文献的兴趣。

2.2 促进全国图书馆事业的合作化

联合目录可以揭示报道各图书馆的馆藏信息，促进各图书馆之间开展相关业务合作，如馆际互借、文献传递等，有效提升文献的利用率。同时联合目录使各馆的馆藏信息实现共知，各馆可据此协调资源采购，进而提升资源建设经费的利用效率，促进馆藏资源建设。此外，各馆还可依据联合目录揭示的各馆文献的存藏状况，进行馆藏资源的处置、销毁等。

2.3 促进对珍贵文献的保存、保护工作

联合目录汇集的各收藏机构的文献存藏状况，可以有效地揭示出孤本文献、罕见版本文献的信息，如一种文献无机构或只有一家机构有收藏，则说明其可能为较为稀有的珍贵文献，从而引起文献保护部门及人员的重视，进而促进对孤本、罕见等珍贵文献的保存、保护工作。

2.4 促进全国文献目录编制的统一化、标准化，提高目录工作质量

在联合目录的编制与建设中，核心重点工作在于汇总，即将参与单位的目录数据

汇集、去重，同时记载存藏单位的信息。这就要求各参与单位在编制各自馆藏目录时遵循统一的原则和标准，包括文献著录的统一和分类标引的统一等，进而有效地促进全国各文献收藏机构目录编制的质量。

3 我国联合目录建设存在的问题

3.1 联合目录的范围有待进一步扩大

目前我国的联合目录，从覆盖范畴上来说，多为区域性、专题性或行业范围内的联合目录，国家图书馆联合编目中心的联合目录数据库和CALIS中心的联合目录数据库虽然覆盖的范围均为全国性的，但前者以公共图书馆为主，后者以高校图书馆为主，均未能全部包含国内所有图书馆等文献收藏机构。从资源类型上来说，联合目录尚局限在对传统的印刷型资源的整合与揭示，未能将当前大量的数字资源、网络资源、多媒体资源等新型资源纳入其中。

3.2 展示的资源内容和方式有待进一步丰富

联合目录对文献资源内容的揭示限于MARC数据的著录信息，展示方式多为将MARC各相关字段的内容进行排列显示，对于文献的封面、目次信息、全文内容等均未进行揭示。此外，对于不同载体形式的同一种文献也未集中进行关联化展示，未实现印刷型资源与电子资源的统一检索。

3.3 联合目录的服务模式有待进一步创新

当前我国联合目录主要有书本式目录和集中式联合目录数据库，为用户提供服务的模式主要限于传统的书本式查询和以传统PC桌面为终端的在线查询。在当前移动通信技术迅猛发展与手机终端应用广泛普及的环境下，服务的便捷性与实时性已成为图书馆和用户追求的共同目标[10]，联合目录必须不断创新服务模式，才能满足用户对信息资源检索便捷性和实时性的需求。

3.4 对联合目录价值的开发有待进一步增加

我国图书馆联合目录的建设已有多年的历史，当前业界对于联合目录建设的重视不够。相较而言，业界普遍重视联合编目，即侧重于书目记录的共建共享，联合目录仅作为联合编目的一种成果，未能对联合目录进行深度挖掘，未能充分发挥联合目录的重要价值。

4　未来我国联合目录建设发展的举措

4.1　构建综合管理模式的、全国范围的分级分布式的联合目录体系

联合目录的管理模式分为两种，即集中式联合目录与虚拟联合目录。前者是通过构建统一的数据库，实现对馆藏书目数据的统一管理。数据存储具有统一的格式，用户检索效率高，但无法反映馆藏信息的流通情况，对于馆藏规模也有一定的限制。后者指通过对馆藏书目进行虚拟整合，设计统一的在线检索界面，方便用户检索时随时查询不同图书馆的馆藏信息。这种方式只需成员馆各自构建数据库，无须进行集中管理，仅在用户检索时集中调配数据。弊端在于用户检索请求响应效率低，各馆信息格式难以统一，检索结果的整合与排序难度大，无法满足用户快速识别、定位与获取的需求，需要引入更加高效的数据处理技术，才能保障应用效果[11]。在数字时代建设联合目录，可以利用信息技术的优势，将集中式联合目录与虚拟联合目录相结合，对单个成员馆的馆藏书目进行集中存储，同时对于已构建的地方联合目录的数据库，存储在特定语义仓储中，实现统一调配与管理。

数字时代对联合目录的建设提出了新的要求，信息技术的发展也给联合目录的建设提供了便利条件，为建设真正意义上的全国范围统一标准、统一协调的联合目录提供了可能。各图书馆、各相关行业和机构应该打破藩篱，齐心协力，共同建设信息时代下全国范围的层级式的信息资源联合目录体系，即在全国联合目录的大体系下，整合共建区域性联合目录，进而形成全国性联合目录—区域性联合目录—各图书馆目录的分级分布式联合目录体系。

4.2　拓展信息资源范围与类型，优化信息资源结构，实现信息资源的立体化展示

数字时代，图书馆文献信息资源呈现日益丰富的多元化形式，除印刷型资源之外，还有电子资源、网络资源、多媒体资源等。数字化馆藏目录应是多种文献信息资源的汇集。将这些新型资源纳入联合目录进行展示是数字时代下联合目录建设的必然。

构建适应多种媒体、多种资源类型的联合目录系统，既可管理印刷型资源又可管理数字化资源，形成传统的实体信息资源与现代虚拟信息资源有效融合、互为补充的资源结构体系。在原有信息资源揭示的基础上，再与其他数据库对接，例如目次信息、摘要信息、全文内容等，为用户提供远程资源在线访问的阅览服务，实现信息资源的一站式检索，促进多层次知识内容集成，使联合目录具备"看到即得资源"的功能，使用户能够获得全面的、立体化的感受。

4.3 创新服务模式，拓展服务范畴

手机服务是图书馆网络生存的最新形式，也是未来图书馆信息服务的主要和基本形式[12]。在信息时代下，需要充分利用计算机网络、数据库技术和移动通信技术，在手机终端上实现联合目录，满足用户对信息资源便携性查询的需求。手机联合目录在部分地区和图书馆已经实现，但未能广泛地推广应用，且系统功能还有着较大的局限，需要进一步完善。

利用新的信息技术，深度挖掘联合目录的价值，拓展服务范畴，为用户提供馆藏分析与资源评估服务。开发设计联合目录的统计分析页面，利用联合目录的书目数据和馆藏数据，从不同维度进行汇总、统计和分析，为不同用户提供不同的、个性化的服务。如出版管理部门可以了解全国文献分布状况；图书馆既可以获得对本馆资源的评估与分析，据此优化资源结构，也可与其他单位进行横向比较，如馆藏重复率、唯一率等，以此作为资源的分布式收藏与共享的依据；出版社可以了解本社及其他出版社出版的图书在各个图书馆的收藏情况，以更好地做好策划选题工作；书商可以了解各出版社的出版特色及各图书馆的收藏特色，以便有针对性地做好馆配工作和扩大业务范围等[13]。

在当前法治化、数字化的环境下，我国联合目录的建设应该充分利用信息技术的优势，从用户需求出发，整合图书馆的所有信息资源，为用户提供信息资源的浏览、发现、导航与获取服务。

参考文献：

[1][9]卢震京.图书馆学辞典[M].北京:商务印书馆,1958.

[2]毛坤.试论联合目录[J].图书馆学通讯,1957(6):1-6.

[3]钱亚新.图书馆学目录学资料汇编[M].北京:书目文献出版社,1984.

[4-5]谢欢.钱亚新联合目录思想研究——兼与毛坤联合目录思想比较[J].图书馆建设,2017(10):36-40.

[6]新华社.图书馆要为科学研究服务[N].光明日报,1956-07-15(1).

[7]全国联合目录编辑组.我国联合目录事业的发展[J].图书馆,1964(3):27.

[8]师青.创建为公众服务的图书馆数字化目录体系[J].图书情报,2017(1):10-13.

[10][12]黎邦群.手机联合目录[J].图书馆杂志,2015(1):36-42.

[11]周晨.基于关联数据的数字图书馆联合目录知识库构建研究[J].新世纪图书馆,2018(7):61-64.

[13]孙保珍.数字时代我国联合编目工作面临的挑战与对策[C]//中国图书馆学会学术研究委员会信息组织专业委员会.编目:核心能力与挑战——第四届全国文献编目工作研讨会论文集.北京:国家图书馆出版社,2015:40-45.

图书馆信息组织与资源发现

孙凤玲（国家图书馆）

提供更好的资源发现服务一直是图书馆的核心任务。从图书馆目录的发展演变来看，传统的图书馆是以馆藏为中心，为基本上是被动的图书馆用户提供咨询与信息服务，这些用户关注的是传统的图书馆资源，不期待立即直接得到所有所需要的资源；而现代的图书馆是以用户为中心，为基本上是主动的、具有信息素养的用户广泛提供物理与数字资源的服务和利用，这些用户对各类可以发现的信息感兴趣，期望尽可能立即直接得到所需要的资源。随着今天环境的改变和节奏的加快，网络服务使得人们只要点击图标就什么都能获得，传统的书目工作似乎存在着某些危机，图书馆目录只有成为网络的一部分，才能在互联网世界发挥应有的价值。而联机公共检索目录系统（Online Public Access Catalog, OPAC），是通过联机书目检索实现图书馆书目信息资源的共享，实现在因特网上对馆藏文献目录的检索。所以，如何提高OPAC的服务能力是提高图书馆资源发现能力的关键所在。

影响OPAC的因素有以下两方面：第一方面来自图书馆内部，即图书馆的信息组织工作（也称编目工作）。OPAC提供对馆藏信息资源的远程检索，而信息组织工作正是揭示馆藏资源的基础，信息组织工作的质量好坏直接影响着OPAC的查询结果。第二方面来自外部，即因特网搜索引擎的发展对OPAC的冲击。当今各种网络搜索引擎正在改变着用户查询信息的模式和习惯，并同数字图书馆展开竞争。图书馆必须要重新审视未来的发展，借鉴搜索引擎的先进理念和成功经验，进一步完善OPAC的功能。

1 信息组织工作对OPAC的影响

图书馆OPAC与搜索引擎相比，虽然在某些方面不具有优势，但图书馆OPAC仍有很大的发展空间。搜索引擎只是局限在网络信息上，而图书馆OPAC则是以巨大的传统印本馆藏为基础，这一点是搜索引擎无法比拟的。所以不断加强图书馆的信息组织工作以更深地揭示馆藏仍是未来的重要工作，也是提高OPAC服务的重要基础。

1.1　信息组织规则的制定遵循了OPAC的用户原则

信息组织工作的最终成果要给目录用户享用，信息组织工作者，包括信息组织规则的制定者，就无权忽视用户的利益，而便利性正是体现用户利益的一个重要方面。目录用户的便利性的具体含义是指，在对著录以及检索点名称的受控形式做出抉择时应该考虑到用户。正如《国际编目原则声明》所述，检索点的形成应遵循为目录用户提供便利的最高原则。只有常用、熟知的名称形式才能便于目录用户确定所需查找的对象，才有利于用户方便地查找、识别与选择书目资源及其相关的文献资源。在选取规范标目的优先顺序上，国际编目原则更强调目录用户的便利性。根据巴黎原则，如：出版物上有多种不同的名称形式，应取其正式的名称形式；有多种语言的正式名称，应取最适合目录用户需求的语言形式；有为人熟知的惯用名称，且为目录所用的语言，则取该惯用名称。而国际编目原则规定，若载体表现或参考来源上存在的不同名称形式中能确知惯用的名称，则优先选用该名称，而不是正式名称；若不能确定众所周知或惯用的名称，则选用正式的名称。由此可见，国际编目原则优先选用为目录用户熟知或惯用的名称，这无疑是以便利目录用户为出发点的。

1.2　信息组织工作的标引深度影响OPAC的检索结果

为实现用户的查找、识别、选择、获取任务，OPAC系统的设计应遵循三个基本原则。第一，用户原则：在OPAC设计中应该采用用户熟悉的语言，反映用户的特定需求，易读、清楚、可理解和可操作。这和编目规则的最高目标——"用户的便利性"是相吻合的。第二，内容编排原则：记录内容应符合用户信息需求，能够反映图书馆馆藏条目，以有意义的方式显示记录结果，支持信息导航。这就要求不断加强编目工作的深度和广度。第三，标准化原则：应该遵从国家和国际标准以及各项建议。这就要求加快编目工作FRBR化的进程，进一步完善OPAC的显示功能。

信息组织中的标引工作是直接影响OPAC内容编排的重要环节。标引的网罗度是衡量标引质量的重要标准，它主要取决于主题分析水平和主题分析的穷举度。提高标引的网罗度，是指对信息、文献内容进行标引的完备程度，具体表现为标引的主题数量的多少。另外，分类标引的网罗度也不容忽视。目前，一些信息组织者认为，现在的读者对分类检索的需求不高，分类号主要起排架作用，在检索中意义不大，因而忽略了对附加分类的标引。实际上，在机读目录中分类标引也是一个重要的检索点，其对专业读者的学科系统性研究有重要的作用。一条好的编目数据应该注重标引的深度和广度，才能满足读者的各种检索需求。

1.3 信息组织的FRBR化进程促进OPAC的发展

传统书目记录都是针对载体表现进行的，而用户检索的关注点是作品及其内容表达，在这种情况下，同一个作品可能有多条记录，如小说、录音带和唱片等，而传统的编目规则又不能系统揭示这些记录之间的关系，因此很难满足用户对检索全面性的要求。所谓FRBR化，也是指利用实体的属性和关系特征，从现有的基于载体表现的书目记录中查找和提取FRBR实体的过程。编目工作FRBR化转向以作品为基础来创建书目记录，编目工作将以资源内容为基础，从注重资源物理形式到注重作品的创作内容，编目对象上升为以资源主题为核心的内容表达甚至作品层次，若要尝试将FR家族概念模型深层次地、系统性地应用于规范控制实践，不仅有赖于对编目规则的重新修订，还有赖于图书馆的系统能否提供各种实体关系的连接与显示功能，实现书目控制领域的各种实体信息以结构化方式显示在书目或规范记录中，注重与实现用户任务的需求相结合。因此目录更重要的是如何揭示书目之间的关系，如何为用户提供一种易于查找、浏览的聚合检索方式，这样用户就可以在图书馆的检索系统中可以像使用搜索引擎一样快捷找到所需资源，甚至是原本没想到却对自己有帮助的资源。

更重要的是，FRBR化有利于OPAC向Web-OPAC发展。从编目效率上看，在相对开放的网络环境下，使OPAC向Web-OPAC转化，对纷繁复杂的信息进行迅速揭示和有效组织变得更加困难，由此提高编目效率就成了实现转化的关键。从查询方式上看，图书馆中的OPAC系统和Web上的搜索引擎是两种查询方式，这对于只进行一次搜索的用户来说不太方便，而基于FRBR的这种方式刚好为这种革新提供了便利。用户可以按照关键词进行检索，结果则可以按照FRBR中的作品内容和相关度进行排序，并附加提供馆藏地址信息。这样便使相关记录以作品为核心聚合在一起，执行一次检索就可以获取所有相关资源，提高了检全率和检索效率。在此我们引用"编目精灵"的一个真实例子来看一下就一目了然了："以Max Weber的作品为例，如果用传统的OPAC检索比如LC与OhioLINK分别查'Weber, Max'，结果分别是188条和429条记录。真令人望而生畏！为了比较，后来我用RedLightGreen就是FRBR模型的一个非常有效的应用实例。RedLightGreen检索界面如Google般简洁，输入'Weber, Max'，出现的结果（右栏）当然不是我所要的，应该是有关韦伯研究的作品。选左栏Authores中最前面的'Weber, Max 1864 1920'，得到20部韦伯的作品。现在这只要在这20部中选择就可以了，问题简单不少。想一下如果是读者，想知道韦伯究竟有多少作品，如果查本馆OPAC，或许结果数量不多，但得到的结果并不可靠；而如果查普通的大型联合目录OPAC，他试过第一次后，还会有耐心用第二次吗？"

1.4 信息组织工作者意识的提高有助于提升OPAC的服务水平

除了以上几点，提高信息组织人员的意识也是关键所在：

首先，工作人员应积极地与读者沟通、交流。可采取的方式有：定期抽出时间，到流通一线去蹲点，面对面地听取读者的意见；利用现代化信息技术，开通在线咨询服务；定期或不定期地举办讲座等活动，提供与读者交流的平台。这样，既给读者提供了即时服务，又可以捕捉、确定下一步的服务方向。

其次，信息组织者应帮助用户理解OPAC。要想让读者详细了解目录内容，熟练地使用目录的检索系统，也必须保持与读者的适时互动。图书馆用户更看重的是使用OPAC的快速和便捷，他们并不总有时间或兴趣去研究现有的信息工具，而宁愿采用最省力的原则，即使是有经验的老用户也对自己搜索图书馆目录时的行为缺乏足够的理解。这对于我们重新认识现行系统有着重要的意义。所以，我们必须加强用户的指导，但重点不在于告诉他们该按哪一个按钮，而是帮助用户理解图书馆目录的结构和目的，让用户更加理解什么是、什么不是图书馆目录。

2 因特网搜索引擎对OPAC的影响

OPAC生命周期从20世纪70年代开始，80年代末发展，90年代中期成熟，当前正在开始新的循环。OPAC的功能在长期的发展过程中虽然得到了一定的完善，但是，随着越来越多资源的数字化，网上获得高质量信息的数量也在增加，且无限量供应，因而，用户利用图书馆的整体趋势在减弱，他们认为网络搜索引擎能提供比图书馆更丰富、更高质量的信息，并具有更快的速度。用户不仅希望一步到位地、无缝地、个性化地获取所需信息，还希望增值、评价、创造、与他人互动和分享信息。从这些变化中，我们可以判断出这样一种信息：我们当前的馆藏目录和检索系统已经不能满足读者的个性化需求，吸引力日益降低。因此，OPAC未来发展必须学习其他信息查询工具，更加关注用户的信息需求，丰富和完善图书馆目录，形成更为开放的管理模式。

2.1 因特网已经成为数字图书馆的竞争强手

根据美国OCLC关于大学生信息搜索习惯白皮书报告，90%以上接受调查的大学生常常利用家庭电脑从校外直接进入因特网，其中每四个学生中就有三个认为他们在因特网上搜索与学校相关的信息是成功的。他们声称在信息资源搜索中，首选的是搜索引擎。因特网搜索引擎之所以如此吸引学生，与其搜索系统的功能和用户认同的搜索方式不无关系。比如：搜索的智能化，其搜索形式基于自然语言，可用自然语言和用户交互，采取诸如语义网络等智能技术，通过句法分析、统计理论等有效地理解用户的请求。有的搜索引擎还可在知识层面上辅助查询，通过主题词典、上下位词典、相关同级词典，形成一个知识体系或概念网，给予用户智能上的提示。又如：搜索的简单化，有些搜索引擎提供了分类导引式的网络资源指南，有的可让用户将搜索范围限制在其索引或数据库的某个子集中，以产生最直接相关的搜索结果，使搜索工具的界面更加傻瓜化。再如：自然语言与人工语言搜索的并用，用户既不需要烦琐的检索式，也不需要什么专业术语，就能获取搜索结果，为用户提供了更多的选择。因特网搜索引擎所独具的灵活、方便、易掌握的优势，也给现有的图书馆OPAC系统带来了冲击。随着新一代熟悉因特网的学生进入校园，在他们看来，曾是20世纪80、90年代图书馆研究热点的OPAC已显得陈旧过时。更令人担忧的是，对于什么是图书馆目录及其内在结构和工作原理，他们表现出模糊的概念，甚至毫无兴趣。

2.2 因特网搜索引擎的成功经验值得OPAC借鉴

2.2.1 了解用户需求

在当今搜索市场激烈的竞争中，谁越了解用户的搜索要求，并能提供更深入的搜索服务，谁就越有可能留住用户，所以要更深地分析用户的行为和需求。从以往研究中收集到的用户建议不难发现，多数用户期望图书馆OPAC能发挥因特网搜索引擎的作用。事实上OPAC也经历了不同的阶段，从第一代的先组式系统到第二代的关键词或后组式系统，采纳了布尔、截断、限定等检索技术，且能够按受控关键词做后组式检索，而第三代系统正向采用自然语言的智能型检索系统发展。尽管如此，分析用户的愿望，对于了解他们更为看重图书馆目录的哪些服务项目仍会有所帮助。调查显示，只要有针对性地为用户提供改进搜索的方法，并辅以生动有趣的界面，就会引导和改善用户的搜索行为，有效推进用户搜索的成功率。

2.2.2 体贴实用的人性化功能

以现在中文搜索引擎霸主——百度为例，百度的设计理念能深刻理解中文的语言特点，也能准确地揣摩用户的搜索习惯，比如：他们开发的中文搜索自动纠错功能，这项功能的智能化优点在于可以在用户误输入错别字时，自动提供正确关键词提示，方便用户的下一步搜索，提高了用户搜索结果的准确率。百度开发的这些个性化的细节服务最让人惊叹的不是相关技术有多么先进高妙，而是百度对中文搜索用户搜索习惯的细致入微的了解，以及对用户在搜索过程中有可能遇到的问题的周到设想。

2.2.3 朴素简洁的页面设计

Google的设计一向以简洁著称，在Google简洁清新的背后，是极端实用的商业技术因素在起作用，因为"人们只想上来很快地搜索一下，然后迅速离开"。美国的WebTop统计公司经过调查发现，人们如果在12秒钟之间找不到自己所需的内容，就会失去耐性，这一结论也证明了Google简洁、便利、实用原则的正确性。因此，今后对OPAC检索系统的整体要求是完整性和易用性，换句话说，也就是简单易学、功能完整。而界面设计时应从功能布局、颜色搭配、用户心理等方面分析，综合慎重地设计页面，注重界面的庄重感和可信度，适当增加小型图片代替文字说明，从视觉上帮助用户利用OPAC。

2.2.4 提供个性化服务功能

OPAC发展越来越面向用户，检索方法和界面设计等方面的发展都开始以用户需求为导向。OPAC可以参照搜索引擎，通过个性资料及检索习惯的信息提取，分析用户习惯检索行为，并对其加以指导和监控，实现自动优化用户检索效果等人性化和智能化的检索服务。应设计个性化OPAC系统，开展个性化服务，在用户查询时系统提供较符合用户兴趣和需求的信息。OPAC系统的成功将使OPAC目录向更加快捷、更符合人类思维的方向发展。

编目部门要在有限的人力、物力条件下，使编目工作得到认可，只有另辟蹊径，做些能够展示成效的工作。通过对书目数据的改造从而呈现用户满意的OPAC显示、检索方式，是一种切实可行的思路。为了实现OPAC更多的功能，有的图书馆对MARC数据做了个性化设置以优化OPAC功能，具体表现为将书目数据通过OPAC链接至外部网络，如豆瓣网、百度图书、Worldcat、Google图书等。具体措施主要集中为增加610字段、优化索取号等，还有的是在标准MARC数据上外挂流行读书网站标签等。

2.3 借鉴 Web 2.0 的理念设计 OPAC 系统

无论你承认与否，图书馆 2.0 已经不是纸上谈兵了，它已经悄悄地成为现实的应用实践。越来越多的图书馆建立了博客，以此作为和读者沟通的新渠道。越来越多的图书馆发行 RSS feeds 向读者传递新书等信息。这些新的服务正在逐步改变着图书馆的服务模式。Web 2.0 代表了互联网时代的变革，不仅是技术的创新，更是思想上的变革。用户由被动变为主动，从接受者变为创造者。在 Web 2.0 环境下，一个关键经验是：用户数量会增加价值。而提高用户的体验则是增加用户数量的一个重要方法。Web 2.0 所倡导的是一种开放、参与、分享、创造的精神，而从其本质上来讲，其实就是一种人性的解放。但是，将 Web 2.0 的若干技术拿来直接应用只能是图书馆 2.0 发展的初级阶段，因为这些应用还只是在图书馆业务的外围徘徊，没有深入到图书馆业务的核心。然而，新技术不会只是在门外徘徊，图书馆 2.0 技术必然会深入到图书馆业务的核心领域，OPAC 就是 Web 2.0 技术深入图书馆核心领域的切入点之一。

传统的 OPAC 一开始仅包括书目信息、订购信息、馆藏与流通记录等。用户并不熟悉或并不喜欢这种查询方式。近几年来，随着 Web2.0 和 lib2.0 的出现，在"开源"技术的支持下，在"开放存取"运动的推动下，用户广泛地参与到了信息组织的创造工作中来。大众参与编目是 Web 2.0 环境下新的信息组织法，这种方法与传统的编目相比，具有更大的灵活性、自由性、方便性。大众参与编目的核心思想是将外部信息与图书馆目录进行连接，鼓励图书馆系统连接到合适的用户追加数据，如 Amazon. com, Librarything, Wikipedia。

以 Librarything 为例，这个网站可以整合近 60 万用户的编目数据和社会化网络来创造一个拥有 3500 万书籍、以用户为中心的目录系统。此网站的用户可以通过 Z39.50 协议自动从书商和图书馆获取编目信息，用户输入书目信息并选择信息来源就可为自己的编目做参考。用户除了可以使用 Tag 揭示书目内容外，还可以上传或下载符合美国国会分类法或杜威分类法的书目记录，个人用户变成了编目员。和图书馆的编目员一样，他们做的大部分是套录工作，由网站提供相应工具，只需提供少量信息，就可以从外部获取完整的书目信息，做成用户自己的收藏目录。

大众编目的出现，对图书馆编目工作模式提出了新思路。传统的编目员并非图书馆一线服务人员，缺乏与用户直接交流的平台，就曾有人对用户是否采用编目员提供的某些检索途径提出质疑。如果该种方式得以实现，不仅可以减轻编目人员的工作负荷，而且对于提高书目数据质量也具有重要意义。这种可喜的发展趋势同时也对编目人员提出了更高的要求。编目员要秉承"以人为本，以用户为中心"的理念，了解和学习一些和用户信息搜寻相关的知识，如社会分类法（Folksonomy）、简易信息聚合RSS（Really Simple Syndication）、博客（Blog）、维基（Wiki）、语义网、机构知识库等知识。

2.4 了解用户，探索新一代资源发现系统

了解了用户搜索习惯，最主要的就是要在资源发现系统上做出探索，使新一代资源发现系统能更好地适应读者的需求。传统图书馆中，从图书编目、借阅到保存是一个封闭的循环，而未来的编目体系是要以用户为本位，就是要改变这种封闭的形态，将纸质型资源和数字型资源融合在一起。相应的，新一代图书馆资源发现系统也做出了很多的探索：相比传统的OPAC，近几年出现的资源发现系统具有从一个界面进行跨库检索、不用再去选择各类数据库、节省用户分别检索各资料库的时间以及可避免漏检重要研究资料等优点，可以使图书馆同时检索本馆的纸本书刊和全部或部分电子书刊。比如，国家图书馆就同时在使用传统的OPAC和文津搜索两种系统；清华大学图书馆通过primo系统还可以检索国内外学位论文、音视频、随书光盘、会议、标准、专利等资源，是可检索的资源类型最多的，基本上可以认为其初步具有一站式检索的特征。另外，像常用的亚马逊、淘宝等电子商务网站上有"浏览该产品的用户还浏览了……"等推荐信息，新一代图书馆目录系统也应当提供类似功能以促进读者阅读。就传统OPAC而言，使用MELINET系统的东北大学图书馆实现了类似亚马逊等商业网站的相关资源推荐功能，在具体查看书目信息页面的右侧列出了"借阅过本书刊的读者还借阅……的书刊""收藏过本书刊的读者还收藏的……书刊""查看过本书刊的读者还查看……的书刊"这样的推荐信息。其他OPAC系统也在试图通过多种方式提供类似的资源推荐服务。总之，我国OPAC距离新一代图书馆目录系统的要求还有很长的路要走，图书馆、图书馆软件生产商等相关机构团体需要密切合作与不断努力，着重解决一站式检索、拼写检查、相关度排序、相关资源推荐、用户参与RSS等问题。

尽管网络搜索引擎是图书馆的竞争对手，但其实从二者的服务宗旨来看，搜索引擎所做的工作和图书馆的目的是一样的，都是为了服务于读者。搜索引擎更应把图书馆作为合作伙伴，在搜索引擎与元数据等方面合作。而对图书馆来说，一方面要不断

提升为用户提供服务的范畴和质量，尽快适应用户的需求；另一方面，我们也应学习搜索引擎的成功经验，与搜索引擎建立"竞争合作"关系，使图书馆在未来社会中确立自己的生存空间和发展舞台。

参考文献：

[1]CARPENTER M, Svenonius E. Foundations of cataloging: a sourcebook[M]. Littleton: LibrariesUnlimited, 1985:179-181.

[2]Final draft based on responses through Dec. 2004 showing further recommended changes from Buenos Aire[EB/OL]. [2019-09-30]. http://www.loc.gov/loe/ifla/imeicc/source/Statement-draft-sep05-clean.pdf.

[3]AALBERG T, ŽUMER M. The value of MARC data or Challenges Frbrisation[J]. Journal of Documenta-tion, 2013, 69（6）.

[4]编目精灵. FRBR影响之OPAC应用[EB/OL]. [2019-09-30]. https://catwizard.net/posts/20050510210210.html.

[5]OCLC Online Computer Library Center. Inc. OCLC White paper on the Information Habits of ColleStudents: How Academic Librarians Can Influen Students[EB/OL]. [2019-09-30]. http: www5.oclc.org/downloads/community/informatiohabits.pdf.

[6]ERIC N. I Don't Think I Click: APro2 tocol Analysis Study of Use of a Library Online Cataloging the Internet Age[J]. College& Research Libraries, 2004（6）.

[7]周武华. 自然语言在网络信息资源贮存和检索中的运用[J]. 情报杂志, 2005（1）:117-119.

实体馆藏体系建设的回顾与展望

索　晶（国家图书馆）

2009年，全国图书馆联合编目中心（以下简称"联合编目中心"）开始推进下一代联合编目系统的建设工作。在系统建设中，除了完善现有业务发展中的各项需求外，还把馆藏体系建设作为中心发展的一个突破口写入了系统需求中。从国际上其他联合编目中心的发展来看，联合编目工作发展到一定程度，向实体馆藏体系方向发展有一定必然性。中心搭建一个覆盖全国图书馆的实体馆藏体系，尝试着手解决全国读者图书馆资源一站式访问的平台，实现全国图书馆文献资源的共建共享，是符合联合编目工作的核心理念的。

随着新联合编目系统的上线，目前联合编目中心的用户已经超过3300家，其中县级以上公共图书馆超过1800家，达到了我国县级以上公共图书馆的2/3，全国省级分中心32家，覆盖了我国内地所有省、自治区、直辖市。

1　系统中馆藏功能的设计

在系统建设初期，为了满足馆藏揭示的需求，联合编目系统做了大量针对性的设计，明确了中心在馆藏工作中的定位以及揭示方法，这些设计保障了实体馆藏揭示工作的正常开展。

1.1　馆藏揭示原则

近十几年来，随着我国经济实力的增长，我国公共图书馆发展速度十分迅猛，仅县级以上公共图书馆的数量已经超过3300家，同时，各地区为图书馆提供的采访经费也日渐充足，每年的馆藏量达到数千万，更不要说国内乡镇图书馆和农家书屋的存在，这使得馆藏的揭示工作量非常巨大。同时，图书馆的馆藏概念中包含了单册信息，而单册状态随着实体文献的加工流程和读者的使用发生敏感的改变，这种改变在每个图书馆每天中都可能发生上千次。这种变化的程度是无法在一个平台上及时体现的，针对这些情况，联合编目中心设计了与一般图书馆不同的"馆藏"概念（见图1）。剥离了图书馆馆藏中包括子库信息、单册信息等大量的馆藏信息标准，只保留了与成员馆馆藏的直接关联字段，通过机构代码、系统号的方式与成员馆系统中的书目数据建立关联关系，后期在不便获取成员馆书目系统号时，又引入了ISBN号、ISSN号等字段。整体思路是通过使用成员馆书目数据中的"主键"值，确定地访问到成员馆系统中指定的书目信息，并通过成员馆系统的书目关联让读者查看到相应文献资源的馆藏信息（见图2）。

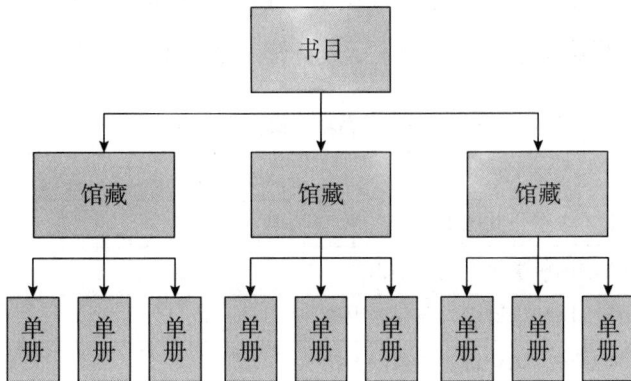

图1　一般图书馆的馆藏概念

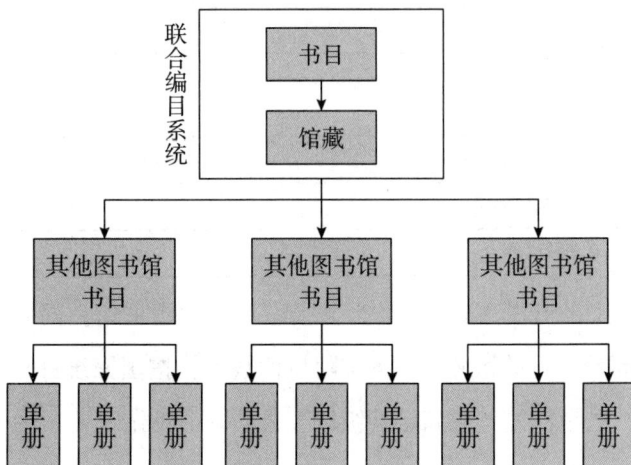

图2　联合编目系统的馆藏与其他图书馆系统间的关系

在联合编目系统的馆藏字段中，尽量避免增加过多字段定义，聚焦主要业务工作。为了解决连续出版物的连续性问题，设计了卷期字段；为预期揭示各馆文献提供服务的方式，设计了馆际互借方式字段。这种简洁性的设计思路在实体馆藏的后期建设中避免了业务模式的不可控，为揭示海量实体馆藏提供了保障。

1.2 馆藏的分类汇总，及系统的机构代码设计

实体馆藏平台定位的揭示目标首先是全国公共图书馆，再精确一些是全国县级以上公共图书馆。这主要考虑了我国公共图书馆体系建设的特点，同时兼顾各种不同类型的公益性图书馆以及其他服务机构。

该方案在设计过程中，参考了RFID在图书馆统一行业UID编码方案，设计了10位字符的机构代码，结构为馆类型（1位）+行政区划（6位）+机构缩写（3位），馆类型代码为1位大写英文字母，用于表示成员馆的基本类型（见表1）。

表1　联合编目中心机构代码分类

机构类别	说　　明
A	01 大中型公共图书馆
B	02 中国科学院所属图书馆
C	03 中国社会科学院所属图书馆
D	04 高校、教育机构所属图书馆

……

K	11 市、县、镇、区内各类小型社区图书馆

……

N	14 少年儿童图书馆
O	15 图书馆馆配商
P	16 出版社

A类为县级以上公共图书馆，K类为县级以下公共图书馆，同时为了满足一些机构的特殊需求，高校、行政区划设置6位阿拉伯数字，按国家统计局发布的最新行政区划代码表设置，也是优先考虑满足县级以上公共图书馆馆藏揭示的要求。

2　海量馆藏的征集

2010年10月，新联合编目系统上线的前夕，联合编目中心定下了先搭建全国省

级、副省级馆馆藏信息的框架，在此框架下，开展实体馆藏业务的服务，再逐步完善实体馆藏的数据内容。基于该策略，联合编目中心首次向分中心和成员馆征集馆藏数据，得到了全国各省馆和主要地级馆的大力支持，共有60余家图书馆向中心提供了各自的数据。在2010到2014年间，共通过各馆批提交获得数据约4500余万条。

通过批提交的方式，联合编目中心快速获得了第一批全国各馆的馆藏数据，并通过这批数据搭建起了实体馆藏体系最开始的结构，这批数据被灌装到了联合编目系统中。

2012—2013年异构上载接口的开发阶段：新系统上线后，Z39.50协议的默认规范不支持书目数据上载。如果通过Z39.50实现书目数据上载，必须要使用Z39.50的扩展功能对上载行为进行自定义。因此联合编目中心开始着手设计开发自己的数据上传接口，主要目的是接受各馆上传的书目数据。但同时也考虑到馆藏征集的需求，因此联合编目中心的异构上载接口，从一开始就支持成员馆同时上传书目和馆藏两种数据（见图3）。

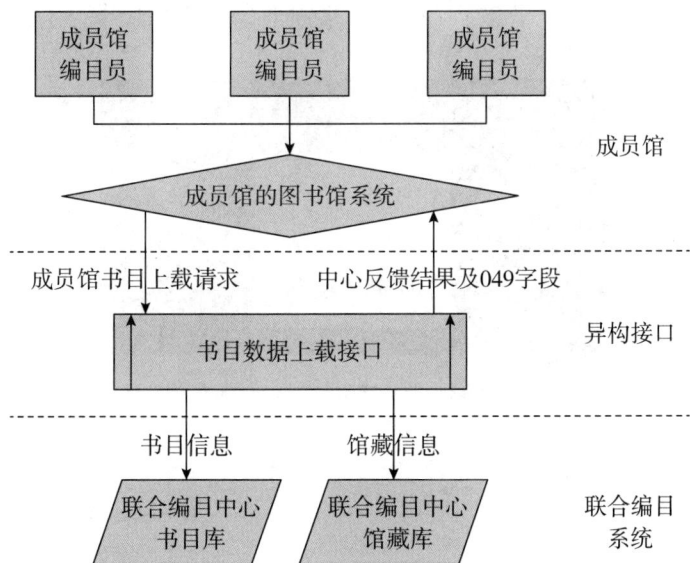

图3　书目和馆藏异构接口系统结构

异构上载接口的完善，为联合编目中心和成员馆间搭建了数据同步的方案，可以让联合编目中心实时获取成员馆的馆藏数据，为用户提供服务，理论上是最理想的馆藏数据获取方法。但是在实际操作过程中，由于宣传不充分，软件商对馆藏接口的需求支持远不如书目需求积极，实际国内仅有两家主流软件商实现了馆藏数据的实时上传，而且该功能需要单独配置，如果不是联合编目中心的书目上传馆则几乎没有图书馆使用这个接口，因此异构上载接口的方案仅在少数几个馆馆藏获取上得到了应用。

异构馆藏上载接口方案理论上是最理想的馆藏获取方案，它为建设全国性分布式图书馆系统提供了可能，但这个方案成形的时间比较早，不同系统间还缺乏这种数据交互的环境，导致没有达到理想的效果。同时也要看到当时的联合编目系统的底层系统主要是未经特殊设计过的关系型数据库，也缺乏对这种几亿量级数据的支撑。因此实体馆藏的建设工作才刚刚开始。

2.1 馆藏采集平台的建设（2014—2015年）

2014年，经过3年多的馆藏数据联络和收集工作，联合编目中心已经和国内近百家骨干公共图书馆达成了馆藏数据的揭示工作。通过常规的方式，联合编目中心平台揭示了收集到的馆藏数据达到3000万条。但同时继续通过人工联络方式采集馆藏的效率问题已经开始凸显，而且馆藏数据揭示的实效性问题也被提上了日程。常规的业务方式无法满足馆藏平台的继续发展，新的馆藏获取方式被提上了日程。联合编目中心利用通用型网络采集工具，搭建了一个馆藏采集平台（见图4、图5）。

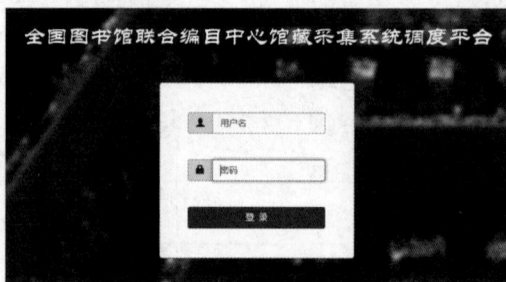

图4 全国图书馆联合编目中心馆藏采集平台

图书馆	馆代码	目标列表起始页数	搜索列表起始页数	列表总页数	已采集页数	书的URL数	藏书数	Aleph数	比例（Aleph/书的URL数）
山西省图书馆	A140000SXP	2	2148	4517	4517	1668229	4881782	1668068	99.99%
陕西省图书馆	A610000SXL	0	7	16333	16333	126010	561510	102279	81.17%
大连图书馆	A210200DLL	0	7	60209	2323	46218	75824	38544	83.4%
天津图书馆	A120000TJL	1	2148	7335	7335	21008	57879	21002	99.97%
吉林省图书馆	A220000JLP	2	2192	97537	97537	683348	3696537	683348	100%
南通市图书馆	A320600NTS	1	2131	2465	2439	285708	395075	285698	100%
安徽省图书馆	A340000AHL	2	11	6391	6391	1376110	767856	1366632	99.31%
江西省图书馆	A360000JXL	2	2148	89156	89148	737249	12917	737245	100%
深圳图书馆	A440300SZL	1	2138	3696	3696	327535	561906	236439	72.19%
广西壮族自治区图书馆	A450000GXL	2	2148	14686	4944	849118	6360027	849111	99.9%

图5 全国图书馆联合编目中心馆藏采集平台进度界面

因为是机器采集，为满足馆藏收割的方法，为该平台设计了遍历采集、检索采集、接口采集等几种采集的方案，以便从不同角度完善馆藏数据。

馆藏采集平台的上线，标志着联编馆藏获取工作正式步入正轨。目前联合编目中心每年通过馆藏平台收割馆藏在1500—2000万条之间，虽然和全国公共图书馆馆藏总量还有不小的差距，但业务模式已经可以通过添加服务和常规的业务拓展持续得到改进。

2.2 馆藏管理与服务平台的建设（2016—2017年）

这个平台主要解决实体馆藏工作中的馆藏数据查重与用户服务需求。馆藏查重功能的难点在于要面对详简程度不同的书目数据，完成每年上千万的书目数据查重匹配工作，在没有该平台前，从各馆收割来的书目数据，约有一半左右可以完成匹配灌装，剩下一半由于缺乏灵活的查重方案，只能判定为新数据，无法为用户提供馆藏查询。新的馆藏平台采用接口的方式提出了一套灵活可控的查重接口，使程度开发和查重算法相分离，在具备一定的脚本编写功能后，后期随时可以通过修改脚本的方式改进查重算法。

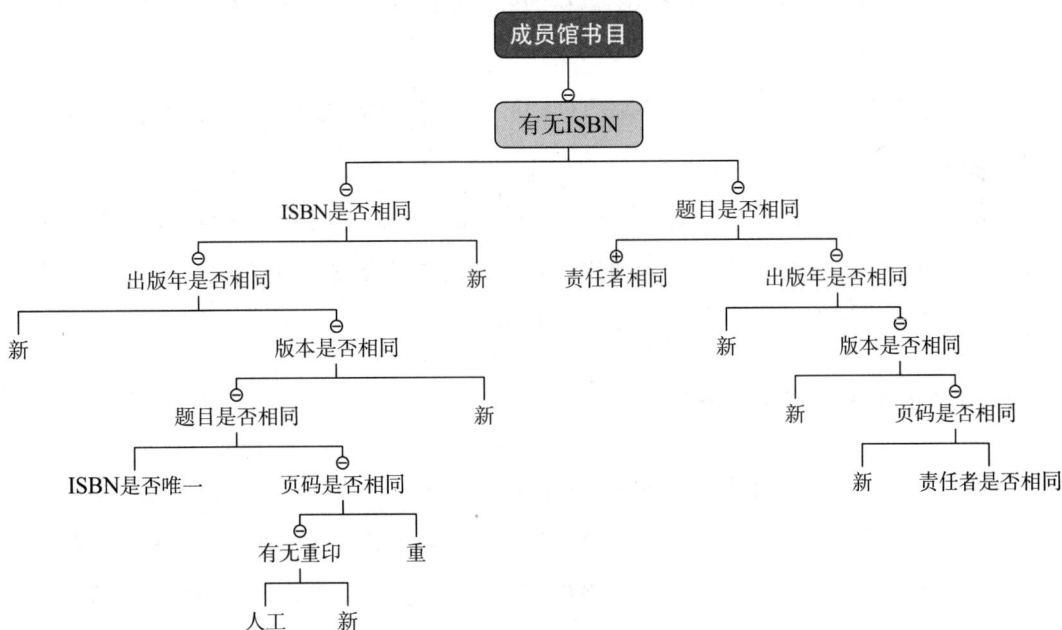

图6　馆藏平台的查重算法 [①]

---

① 该查重算法来自联合编目中心袁春艳的工作成果。

目前该算法的缺点是效率比较低，当多路并行查重时，该算法还有进一步优化的空间。

此外，为了馆藏数据运营中的服务推广问题，也为了更充分地覆盖馆藏数据用户服务的需求，馆藏平台中引入了B2B2C的商务模式。

通过权限管理和接口功能设计，为馆藏平台规划了4个应用场景：

场景1：用户有一定需求展示一个独立学科或一个独立地区等类似范围内的书目数据，同时用户没有足够的技术搭建展示平台。希望馆藏平台为之建设一个完整的系统平台，展示一部分可供用户在平台上检索的书目，查看馆藏以及一系列其他的馆藏服务。

实例：大学某人文领域教授，拟建设一个本学科的全书目平台，供本学科专家学者研究使用。文献内容不确定，需要人工筛选，筛选后每年定期更新数据，但人文学者无法方便地搭建平台。

场景2：图书馆内部有自己的书目数据，但没有馆藏数据，而且也没有相应的馆藏展示的后续维护能力。需要使用联合编目中心的馆藏信息。

实例：文津搜索平台、国家图书馆移动服务平台，关于实体资源部分是由联合编目中心提供的数据。

场景3：商业机构如果使用馆藏信息，可以通过ISBN或ISSN等检索点，直接获取馆藏信息。

场景4：特色联合目录应用：馆藏平台对一定范围的书目数据进行自定义，只展示一定范围内书目数据的馆藏，为快递搭建地方联合目录或一些专业性联合目录提供了系统条件。

2.3 实体馆藏体系的下一步规划

截至目前，馆藏业务中的获取和服务问题都给出了具体的实施办法。整体馆藏建设工作已经进入常规业务流程，后续馆藏获取范围和馆藏服务工作的拓展有待于在未来长期的业务工作中，进一步推动馆藏覆盖范围的完善、馆藏内容的拓展、馆藏信息更新及时性等工作。下一步实体馆藏工作将着手探索馆藏分析的可行性。引入商业智能平台（Business Intelligence, BI），通过现代数据仓库技术，ETL工具打散现有的书目和馆藏数据，同时利用可视化工具为研究型用户提供所见即所得的图表式馆藏大数据分析平台，为图书馆提供馆藏质量对比、评估等深层次馆藏数据挖掘服务。

联合编目中心的实体馆藏建设工作已经快十年了，在这十年中，实体馆藏建设工作在各级领导的支持和指导下，从一个难度非常高的项目，逐渐拆分成若干个小型项目，并通过灵活可配置的服务在国家图书馆得到了一定的应用，未来希望可以把实体馆藏服务推广到商业平台中，利用联合编目工作中的机遇，让更多图书馆参与到实体馆藏建设工作中来，推动实体馆藏体系化建设得到实质性的发展。

区块链智能合约在图书社区的应用展望

王文泽（国家图书馆）

2016年12月,《国务院关于印发"十三五"国家信息化规划的通知》中首次提及区块链,并将其与量子通信、人工智能、虚拟现实、大数据认知分析、无人驾驶交通工具等技术一起作为重点前沿技术,明确提出需加强区块链等新技术的创新、试验和应用。相关行业、国家和国际标准也在加速制定,解决区块链的关键技术标准问题,促进区块链产业生态化发展。国家互联网信息办公室2019年1月10日发布《区块链信息服务管理规定》,进一步规范区块链技术在互联网信息行业的发展。近年来,区块链作为新兴技术手段,受到政府和社会的广泛关注。在图书社区的发展中,利用区块链智能合约的多层级架构,消除目前图书社区工作的弊端,解决当下存在的问题,是技术驱动图书业务转型发展的重要手段。

1 区块链智能合约技术

1.1 区块链技术

狭义来讲,区块链是一种按照时间顺序将数据区块以顺序相连的方式组合成的一种链式数据结构,并以密码学方式保证的不可篡改和不可伪造的分布式账本。广义来讲,区块链技术是利用块链式数据结构来验证与存储数据,利用分布式节点共识算法来生成和更新数据,利用密码学的方式保证数据传输和访问的安全,利用由自动化脚本代码组成的智能合约来编程和操作数据的一种全新的分布式基础架构与计算方式[1]。

1.2 智能合约

智能合约是一种旨在以信息化方式传播、验证或执行合同的计算机协议。它允许在没有第三方的情况下进行可信交易,这些交易可追踪且不可逆转。从智能合约的发展进展看，它在1995年就被法律学家提出，而区块链在2008年才被中本聪发明（比特币创始人）。直到2014年，"区块链2.0"成为一个关于去中心化区块链数据库的术语。对这个第二代可编程区块链，经济学家们认为它的成就是"它是一种编程语言，可以允许用户写出更精密和智能的协议，因此，当利润达到一定程度的时候，就能够从完成的货运订单或者共享证书的分红中获得收益"。这就是区块链与智能合约的技术融合。

1.3 区块链智能合约技术的特点

1.3.1 去中心化

与传统数据库的服务器—终端模式不同，由于使用分布式核算和存储，区块链体系不存在中心化的硬件或管理机构，任意节点的权利和义务都是均等的，系统中的数据块由整个系统中具有维护功能的节点来共同维护。

1.3.2 开放性

整个区块链系统是开放的，除了每个参与者的私有信息被加密外，区块链的数据对所有人公开，任何人都可以通过公开的接口查询区块链数据和开发相关应用，因此整个系统信息高度透明。

1.3.3 自治性

区块链采用基于协商一致的规范和协议，从智能合约角度讲，其合约类型分为ERC20（多应用于合约执行的技术标准）、ERC921（多应用于投票内容的技术标准）、ERC1400（多应用于金融产品数字化的技术标准）等。但无论采用哪一种智能合约技术标准，开发者都可以自己设定合约规则，使得整个系统中的所有节点能够在开源代码规则下信任的环境自由安全地交换数据，这里所有的动作必须符合既定规则，任何人为干预都不起作用。

1.3.4 信息不可篡改

一旦信息经过验证并添加至区块链，就会被永久地存储起来，基于区块链的共识机制和算力优先原则，任何新增区块和区块修改，都以算力占比最高的确认为主，也就是说，除非能够同时控制住系统中超过51%的节点（业内称为"51攻击"），否则单个节点上对数据库的修改是无效的，因此区块链的数据稳定性和可靠性极高。

1.3.5 匿名性

由于节点之间的交换遵循固定的算法，其数据交互是无须信任的，数据一旦经过三个状态：发起—确认中—已确认，便最终形成不可更改的数据，作为数据互换的两个用户，在身份未知的情况下完成该笔交易，且不需要第三方担保和确认，这就是智能合约的执行。

1.4 区块链智能合约技术当前的应用

1.4.1 艺术品行业

艺术家们可使用区块链技术来声明所有权，发行可编号、限量版的作品，可以针对任何类型艺术品的数字形式。它甚至还包括一个交易市场，艺术家们可以通过他们的网站进行买卖，而无须任何中介服务。

1.4.2 法律公正行业

相对于传统的律师证明函和公正信，区块链可以让任何需要被认证的证书和文件上链并加盖时间戳，无须任何第三方的公正和认证，极大地降低费用和时间成本。

1.4.3 金融行业

目前很多国家计划将区块链技术应用于金融行业的征信、交易安全和信息安全。金融的数据安全、信息的隐私以及网络的安全正适合分布式区域块技术、区块链在金融方面可以形成点对点的数字价值转移，从而提升传输和交易的安全性[2]。

1.4.4 供应链行业

该行业往往涉及诸多实体，包括物流、资金流、信息流等，这些实体之间存在大量复杂的协作和沟通。传统模式下，不同实体各自保存各自的供应链信息，严重缺乏透明度，造成了较高的时间成本和金钱成本。通过区块链各方可以获得一个透明可靠的统一信息平台，可以实时查看状态，区块链不可篡改、分布式存储等技术为溯源行业的信任缺失提供了解决方案，从算法层面为商品的信息流、物流和资金流提供透明机制。

2 当前我国图书社区存在的问题

2.1 图书馆密度低、发展慢

2.1.1 公共图书馆难以满足国民需求

在我国经济高速发展的态势下，图书馆等文化设施的建设正在加快步伐，但仍显不足。除去不对外开放的高校图书馆和专业图书馆，我国平均44万人拥有一座公共图书馆，远低于国际上的每5万人有一座图书馆的标准，且大部分图书馆极少宣传，坐等读者上门。

2.1.2 数字图书发展缓慢，难以与企业读书软件竞争

近年来，我国虽大力发展图书馆事业，但藏书增量仍显不足，难以满足民众对于日常读书的需求。以最具代表性的国家图书馆为例，国家图书馆由于承担国家文化遗产的保管职能，极少剔除和注销资料，因此藏书量增长迅速。1979年，国家图书馆馆藏图书量为1000万册（件），2008年为2697万册（件），2018年这一数量增长为3901万册（件）。改革开放40年以来，馆藏图书的大量补充，一定程度上满足了社会大众日益增长的图书文化需求[3]。但从经费数据来看，2008年国家图书馆购书经费为14491万元，2018年为14000万元，而图书平均定价已然翻倍，购买力下降明显，购入图书的馆藏收录范围缩减，加之相关的配套设施、读者体验、数据管理等方面发展滞后，普通民众更愿意选择企业平台。天猫的数据显示，2018年天猫上售出的图书超过10亿册，相当于全中国零售纸质图书的三分之一，这一数据超过国家图书馆网站和手机门户点击量的总和。

2.2 图书法律发展晚、同步慢

2.2.1 图书法律发展滞后，难以引导创新

当前我国"成熟一个，制定一个"的滞后立法观已难以适应瞬息万变的社会高速发展需求，《中华人民共和国公共图书馆法》于1994年被列入立法计划，2018年1月1日才正式生效，该法案将服务体系建设和提高服务水平作为重点解决的问题。对比邻国俄罗斯，《俄联邦图书馆事业法》从制定到实施只用了三年时间，同时为应对数字时代著作权领域出现的新情况，俄罗斯于2014年对《民法典IV: 知识产权》进行了修订，形成包括《俄联邦文献呈缴法》《独联体国家图书馆示范法典》等配套法案在内的法律体系[4]。

2.2.2 图书馆相关制度真空，法律体系不健全

俄罗斯图书馆建设经验表明，一部图书馆法不能解决图书馆所有立法问题，需要知识产权法、信息安全法、文献呈缴法、版权法等在内的法律体系形成合力，才有足够的基础应对创新性图书馆事业发展。而我国图书管理相关法案，既没有指定读者的义务，亦无相应罚则；另一方面，中国数字图书馆成立于2000年4月18日，然而珍贵

文献数字化的确权，数字文献侵权及其追责体系尚未建立；另外，各级别行政区公共图书馆的馆藏范围和人员配备、硬件标准均无明确要求，偏远落后地区民众的图书文化需求无法保障。

2.3 官方图书服务还未进入大多数人的生活

2.3.1 数字图书馆应用尚未走进群众生活

目前，电子阅读已经成为人们主要的阅读习惯，国家图书馆也开发并上架了相应的阅读APP，但无论通过苹果应用商店还是安卓手机应用商城搜索"读书"，都很难在比较靠前的位置搜寻到"国家图书馆"应用；而且相对于微信阅读、掌阅、QQ阅读等主流阅读软件，国家图书馆APP无论下载量还是评价分数，都相距甚远。

2.3.2 公共图书馆尚未完全发挥社会服务功能

从欧美发达国家图书社区的发展经验看，公共图书馆社会服务功能已经从传统的信息和资源服务深入到居民生活。例如，在英国，图书馆更像是一个社区信息集散中心，为公众提供文化服务的重要部门，为民众提供特色的社会服务，如电话号码查询、居民名册记录、大事件记录和旅游信息服务、政府发布的工作文件和政策法规文件查询服务、专利资料保存服务、地图服务等；美国公共图书馆社区服务能够充分利用现有的信息技术，做好社区信息服务推广，履行一个服务部门的义务，并和政府部门保持合作关系[5]。而在我国，只有高度发达的城市才有一定藏书规模的图书馆，一些偏远县域图书馆甚至正常运营都有困难，读书氛围难以渗透到社区。

3 区块链智能合约在图书社区中的应用

区块链系统由数据层、网络层、共识层、激励层、合约层和应用层组成。其中，数据层封装了底层数据区块以及相关的数据加密和时间戳等基础数据和基本算法；网络层则包括分布式组网机制、数据传播机制和数据验证机制等；共识层主要封装网络节点的各类共识算法；激励层将经济因素集成到区块链技术体系中来，主要包括经济激励的发行机制和分配机制等；合约层主要封装各类脚本、算法和智能合约，是区块链可编程特性的基础；应用层则封装了区块链的各种应用场景和案例。该模型中，基于时间戳的链式区块结构、分布式节点的共识机制、基于共识算力的经济激励和灵活可编程的智能合约是区块链技术最具代表性的创新点[6]。智能合约是在区块链技术的基础上融入执行理念，因此智能图书合约可为目前图书社区发展转型提供一个良好的发展前景（如图1所示），合理整合包括技术资源、数据资源、服务资源、硬件资源、经济资源等在内的图书资源，可以统一全国的图书社区发展步调，提升基层人民群众的读书氛围。

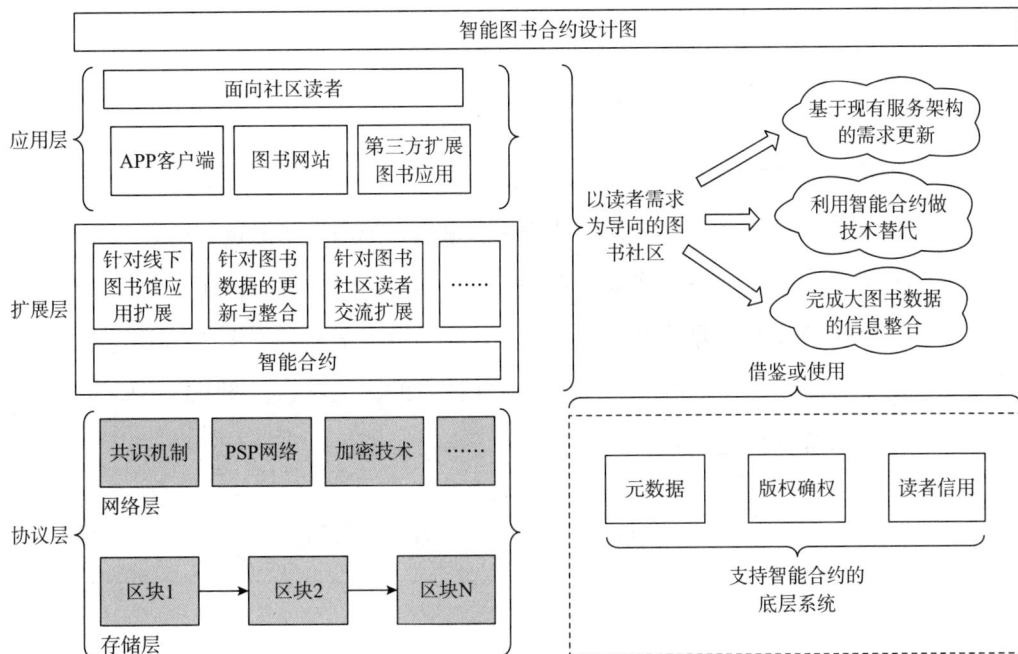

图 1　智能图书馆合约设计图

3.1　图书数据

3.1.1　图书数据的公开与应用

区块链是一个去中心化的分布式记账技术，随着每条图书数据的上链，形成全国图书馆的大数据借阅体系[7]。智能合约终端应用更新后，图书馆、文献、数字资源等情况一览无余，无论读者处于边陲小镇还是偏僻山村，都可以丰富自己的读书选择，并降低社区图书馆运营压力，甚至可以异地还书，同时，各馆书籍交换借阅量、到馆阅览等数据可以被区块链节点轻易获取，甚至连公共图书馆的建设发展情况、图书法律的试行文件等都可形成政务公开上链，让国家政府和社会民主实时了解基层图书社区的发展现状。

3.1.2　图书社区的数据支撑

元数据是数据库的根基，联机计算机图书馆中心（OCLC）是传统的中心化终端检索系统，虽然实现了各馆数据互通，但并未实现图书数据的高度集成，且面临巨大的系统运维压力，需要高度的灾备支持[8]。区块链不同，从元数据性质层面来讲，区块链的识别码正是溯源性的唯一值，每个新建区块都包含上个区块的识别码，这样可以将一条数据不断溯源，当链上数据作为元数据的主要参考，将会提供更精准和多元化的数据检索功能。对于图书社区来讲，线上数据的稳定，意味着读者只要能够连接区块，就可以随时随地获取到所需的图书资源，特别适合于我国地大人多，发展不均的国情。

3.2　应用层面的信息共享

3.2.1　图书借阅体系中的应用开发

　　传统图书借阅流程复杂，读者的借阅需求也难以规划，区块链智能合约可以将任何借阅信息链上公开，最终形成点对点的借还关系。如图2所示，在分散型图书借还服务中，图书馆只作为资源的提供方，读者之间的借还书服务无须通过图书馆，只需读者双方通过图书馆认证即可实行借还书。而读者的认证信息，图书馆可以有权限调用，将全国读者统一管理。

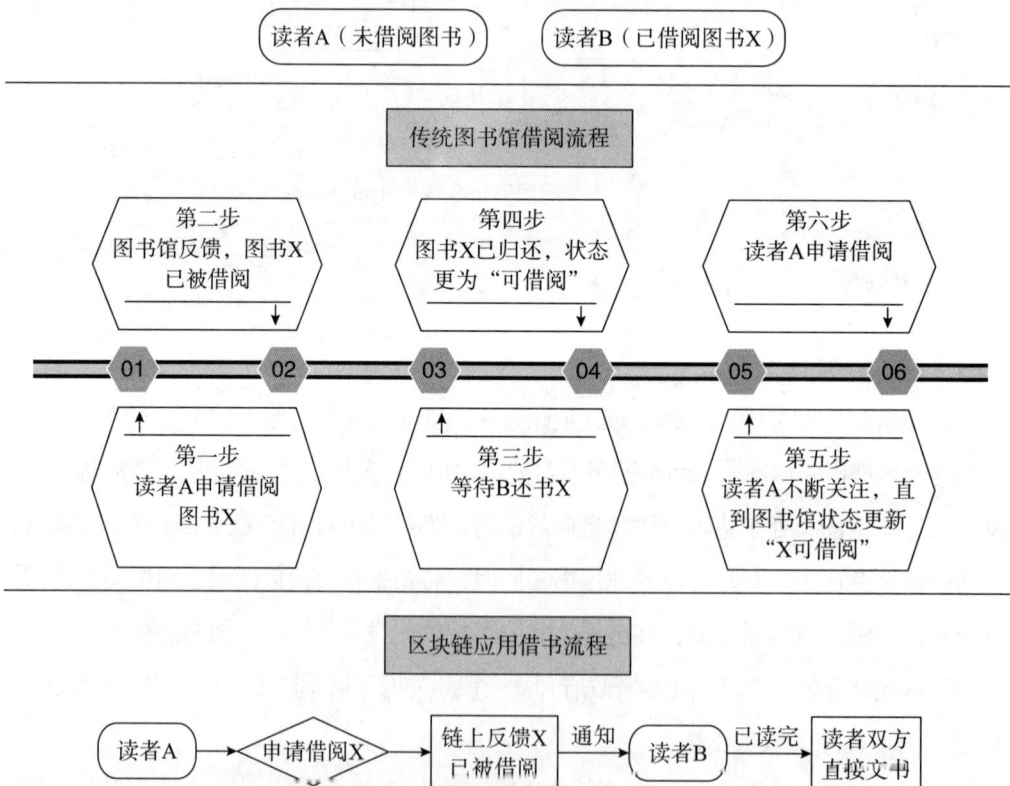

图 2　传统图书馆借阅流程与区块链应用借书流程

3.2.2 图书社区的信息匹配

近年来，我国对于公民信息数据的整合力度很大，从基础信息、征信数据、交通定位等各方面都有详细记录。如果建立一个图书社区的智能合约，设定一个既定的规则，获取上述各领域的征信数据，划定用户可阅览图书的范围，如法院被执行人，无法借阅珍贵文献电子影像（假设被执行人发生侵害版权行为概率大于普通民众），可有效降低侵权风险；同时建立读书黑名单库与危险行为判定规则，对于发生借书纠纷、恶意破坏书籍、版权侵害等恶意行为的读者，纳入读书黑名单中。

3.2.3 低成本的社区运作和图书资源共享

我国图书馆体系尚未形成社区运作，社区工作也未与图书馆共享资源，造成目前社区找不到书，图书馆数量又少的窘境。而区块链可以形成由读者自发组成的线上图书社区（如图3所示），不仅成本极低，还可根据贡献和消耗形成积分循环，并结合线下图书馆的运营情况，将线上线下数据整合上链，永久保存，为图书馆社区的长期规划发展做好数据基础。

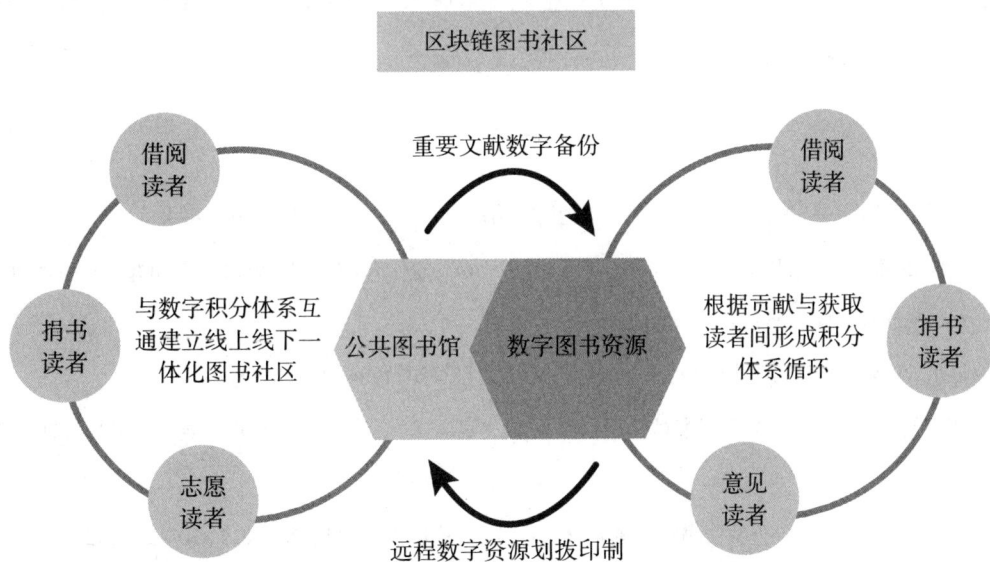

图3 区块链图书社区

3.3 其他层面的应用

3.3.1 用权和确权

目前我国图书馆承担的社会服务职能包括将馆藏图书免费借阅读者，该过程版权属于无偿输出，没有得到盈利。图书馆可尝试承担起部分数字版权销售工作，利用区块链智能合约技术完成"确权"操作，并进行作品的鉴权和证明，实时记录版权销售交易，也为版权纠纷提供技术性保障，保护知识产权。

通过区块链智能合约平台来存储交易记录，版权方能够对版权内容进行加密，通过智能合约执行版权的交易流程，这个过程在条件触发时自动完成，无须中间商介入，可以解决版权内容访问、分发和获利环节的问题，将"用权"环节透明化的同时也能帮助作者获取最大收入。

3.3.2 图书服务绩效考评的依据

当前我国图书社区服务水平在不断提升，但与图书馆发达国家相比仍有不小差距，除基础建设和硬件水平外，服务意识水平也需要通过权威可信的平台进行评分和考核[9]。区块链去中心化的特质很适合承担这一效能。首先以官方统一公开统计口径为依据，链上建立各图书馆数据基础，包括建馆规模、藏书数量、员工人数、地理位置等维度；其次设立链上读者满意调查模块和图书馆发展进度规划模块，让社会公众投票选择图书馆未来发展应满足的社会需求，作为图书法律制定的民意参考；最后设定形成图书馆考核规则，制定独立完整的绩效体系，使用智能合约技术自动执行，减少考评环节的内耗和矛盾。

参考文献：

[1]袁勇,王飞跃.区块链技术发展现状与展望[J].自动化学报,2016,42（4）:481-494.

[2]工业和信息化部信息中心.2018年中国区块链产业白皮书[R/OL].[2019-05-18].http://www.miitxx
zx.org.cn/n602427/c593023/content.html.

[3]许琬.国家图书馆的历史、现状与前景[J].图书情报知识,1984（1）:58-68.

[4]靳国艳.俄罗斯国家数字图书馆建设与发展的政策法规研究[J].辽宁工业大学学报,2019,21（1）:
1-5.

[5]李珠.欧美发达国家公共图书馆管理及其启示[J].河南图书馆学刊,2015,35（10）:2-4,12.

[6]王秀香,李丹.国外国家图书馆战略规划解读[J].图书馆,2012（5）:84-87.

[7]陈小平.基于区块链理念的图书馆移动用户行为大数据挖掘研究[J].图书馆工作与研究,2018
（12）:63-68.

[8]黄敏聪.区块链技术及其对图书馆发展的变革性影响[J].图书馆情报工作,2018,62（13）:11-18.

[9]张收棉,李丹,程鹏,等.世界级国家图书馆关键成功因素分析[J].图书馆建设,2011（8）:10-14.

网络环境下图书馆编目工作刍议

王杨慰（佛山市图书馆）

党的十九大报告提出了中国发展新的历史方位——中国特色社会主义进入了新时代。我国社会主要矛盾已经转化为人民日益增长的美好生活需要和不平衡不充分的发展之间的矛盾。经济的发展带动精神文明建设的深入，新时代群众文化诉求更为多元，图书馆的文化服务价值日益凸显，而编目工作是图书馆文献信息资源整理、开发、利用的前提和基础。随着网络技术的进步和5G时代的到来，网络环境下图书馆编目的发展趋势将长期成为图书馆理论界研究的热点。因此，有必要持续做好图书编目工作的创新研究。

1 图书馆编目工作概述

1.1 编目工作是图书馆的核心业务之一

编目工作是图书馆一切文献工作的基础，编目质量的优劣关系到书目数据系统的规范与统一，影响到用户检索的便捷性和馆藏文献的利用，也是图书馆开展各项业务活动的基础和保证[1]。

作为图书馆的基础性业务部门，采编部门也是图书馆的核心部门，在2010年召开的第二届全国文献编目工作研讨会上，国家图书馆中文采编部主任顾犇曾表示：图书馆可以没有其他业务，但不能没有采访和编目[2]，表现出采编工作对于图书馆的极端重要性。

1.2 我国的图书馆编目方式和编目规则发展历程概况

图书馆的编目工作经历了手工编目、机读目录、联机编目的发展历程，从最开始的书本式、卡片式的编目到计算机时代的机读目录，再到网络环境下不同地区、不用类型的图书馆突破时间和空间限制，使用同一标准进行共同编目，并建立目录数据库，中国高等教育文献保障中心CALIS的数据库就是其中的代表。

编目规则的发展，经过了AACA1、AACA2和RDA的发展历程，我国在引入国外较成熟的编目规则体系过程中，也在不断探索适合自己的编目规则。

RDA即"资源描述与检索"（Resource Description and Access），它是继AACR2以后最新的国际编目规则。2009年，RDA编制完成。2010年底，美国国会图书馆宣布正式实施新的编目规则。2012年，中国国家图书馆也引入了RDA编目规则用于西文编目，2014年，RDA的中文译本正式在我国出版发行，这意味着RDA跨越了语言的障碍，对我国编目界产生持续深远的影响。到目前为止，RDA编目规则只在我国实施了短短几年，却已经取得了不错的效果，可见RDA在数字化时代的编目工作可以发挥巨大的作用[3]。

2 网络环境下图书馆编目工作形态已发生变革

2.1 网络技术的兴起

互联网，又称国际网络，属于传媒领域。指的是网络与网络之间所串连成的庞大网络，这些网络以一组通用的协议相连，形成逻辑上的单一巨大国际网络。互联网始于1969年美国的阿帕网，这种将计算机网络互相连接在一起的方法可称作"网络互联"，在这基础上发展出覆盖全世界的全球性互联网络称互联网，即是互相连接一起的网络结构。

2019年2月28日，中国互联网络信息中心（CNNIC）在京发布第四十三次《中国互联网络发展状况统计报告》，报告显示，截至2018年12月，我国网民规模为8.29亿，全年新增网民5653万，互联网普及率达接近60%[4]。

截至目前，全国图书馆联合编目中心依托于国家图书馆及各成员馆，采用中心—分中心—成员馆的组织机构，实现联合编目中心的科学管理与持续发展。经过近十年的工作实践，联合编目中心书目数据的使用单位已超过3400余家，成员馆的队伍在不断发展壮大，现已发展到2800余家。

2.2 网络环境下图书馆编目工作形态的变革，是机遇也是挑战

2.2.1 信息揭示深化

互联网技术的兴起，让图书馆编目工作不再仅限于一家图书馆闭门造车，单打独斗，联机编目逐渐兴起。编目的环境、工作对象、编目手段、著录的标准化和规范化

程度都发生显著变化。

传统图书馆的资源揭示工作主要是利用ISBD、CNMARC、分类法等通用规则对资源进行整序、聚类，使资源可以为读者有效获取；编目工作注重ISBN、题名、著者、出版社等基本项的描述，而网络条件下的编目工作注重对信息资源深层次的开发、揭示和处理[5]。

2.2.2 网络条件下的联机合作编目的建立，使编目工作者从体力劳动中解放出来

网络信息技术的发展，加上联机编目的实施，使图书到馆后的加工任务大幅减少，只需按照本馆的个性化需求，进行适用性加工便可很快投入使用。统一的著录格式标准和规范化标引，可以避免大量的重复劳动。联机编目模式是当前备受推崇的编目模式，带动了编目效率的提升，也强化了不同图书馆编目资源的共享，有助于建构更为完善的图书馆编目体系，实现编目服务的更大范围覆盖，这是图书馆文献资源共建共享的技术基础，很好地克服了集中编目文献覆盖率低，时效性差的缺陷。

2.2.3 编目对象多样化

在网络环境下，信息资源不再是单纯的纸质书刊形式，已呈现出数字化、多样化、无限性、跨时空等特点。传统的编目对象一般是比较简单的，主要是以印刷型的文献为主，不仅文献的类型简单，而且文献的特征、数量、格式都是明确的。而随着网络技术在图书馆的广泛应用，传统文献的垄断地位不断被打破，新的记录载体和记录知识，信息技术手段不断涌现，音像制品、缩微文献等电子文献已成为图书馆的编目对象范围[6]。

2.2.4 编目著录的标准化、规范化

在网络环境下，要想实现联机联合编目，首先是要有高质量、高标准的书目数据。迄今为止，我国陆续颁布了一系列国家编目标准、著录条例和使用手册，如《普通图书著录规则》《中文普通图书统一著录条例》《文献著录总则》《中国机读目录使用手册》《中国文献编目规则》等，为图书馆的文献著录与标引工作提供了各种标准，并推动了标准化、规范化编目工作的开展。

3 网络环境下图书馆开展编目工作的应对策略

3.1 从图书馆编目从业者角度看：适应潮流，拥抱变化才是正道

3.1.1 需要图书馆编目工作者具有与时俱进、开拓创新的思想

网络条件下，编目工作同样大有可为，加之云计算和大数据在图书馆编目中的广

泛应用前景，从业者应加强学习，摒弃业务外包后的不作为、少作为思想，推动编目工作不断向纵深发展，实现从信息揭示到信息资源的深度整合和控制。

3.1.2 加强编目标准化、规范化建设

编目工作规范化，标准化是数据库发展的保障，要想书籍编目信息在信息时代下不会被不断更新的技术淹没，就需要使它做到规范化、标准化，适应技术的改进和社会的发展[7]。

3.1.3 不断提升自身业务技能

除了基本的业务能力，从业者还需要具有一定的外语能力、计算机能力、阅读推广能力。从业人员应积极参加学术科研活动，提高科研水平，加强继续教育，提高综合素质。进一步完善知识结构，提高创造力和专业技术水平。此外，图书馆的功能不仅是"拥有藏书"，如何提高采购图书利用率、加快流通是目的，编目人员可以在阅读推广方面下功夫，可以研制移动图书馆APP，经营好微博、微信公众号等，多开设新书通报栏目，让读者及时了解馆藏信息。在网络环境中重新自我定位，跟上网络时代发展步伐。

编目人员必须树立信息意识，勤于思考，主动学习，快速接受和掌握新知识、新技能，不断提高自身的业务素养，以适应时代的发展。

3.1.4 坚持创新的思想理念

在各种学科知识互相渗透、融合的今天，编目人员应有广博的知识面，才能快速、有效地对各类信息进行分析、组织、整序。编目人员所掌握的这部分知识要不断增长、及时更新，要不断积累和吸收新学科、新知识、新方法等丰富的文献信息资源，这些信息数量庞大、内容冗杂，需要编目人员根据专业技能进行组织、整序、加工、筛选，成为读者需要的信息资源[8]。

3.2 从图书馆主管部门角度看

3.2.1 组织架构及时更新、组织再造，适应新形势的发展要求

加强培训、继续教育加强馆员的业务培训，积极引入新的编目理念和网络技术，充分利用培训、网络学习、继续教育等手段，提升馆员的业务素养，拓宽知识面。警惕图书馆编目工作被逐渐边缘化，提高对编目工作的重视程度，紧跟时代发展。更需要重视编目人员责任意识的深化，使他们认识到编目工作对图书馆发展的重要性，提高工作的主动性，善于发现问题并积极解决问题。

3.2.2 加强对编目外包工作的监管

编目外包越来越普遍，但外包单位提供的编目数据质量参差不齐，主管部门应发挥监管职责，督促服务商改进编目质量，提高编目效率。强化编目的标准化、规范化理念，数据的标准、规范正是其价值所在。

3.2.3 加强网络资源的建设与管理

网络信息具有数量大、便捷获取、成本低廉、更新迅速、形式多样的特点，但网络上迅速增长且杂乱的海量信息，使不少读者难以及时查找到自己所需的资源。图书馆的编目工作可以尝试对网络信息资源进行有效整合、编目，形成与馆藏文献信息同样有序的条目，为广大读者所用。

3.3 从读者利用图书馆角度看

读者应充分利用网络资源，如官方网站、微信公众号、微博等，关注图书馆发布的书目信息，使自己能更快地获得想要的信息，减少因信息不对称导致利用图书馆遇到的障碍。通过图书馆各种类型的阅读推广活动，了解图书馆编目信息的更新和升级情况；通过新书通报、图书推介、读者荐购等方式，充分利用网络优势，参与到图书馆的编目工作进步和升级中。

总之，网络环境下图书馆的编目工作正发生着深刻的变化，图书馆管理进入信息化时代，图书馆的书籍编目对图书馆的发展至关重要，图书编目工作从业人员应努力开辟新天地，为读者提供更方便、实用的资源获取途径。

参考文献：

[1]王燕.信息技术环境下提升高职院校图书馆编目质量的对策——以内蒙古建筑职业技术学院图书馆为例[J].电脑知识与技术,2018,14(2):105-106.

[2]吴蔚群.高校图书馆编目工作及前景展望[J].图书馆学刊,2012,34(5):47-49.

[3]杨旭闽.RDA对我国高校图书馆编目工作的启示[J].管理观察,2018,38(10):134-135.

[4]中共中央网络安全和信息化委员会办公室.CNNIC发布第43次《中国互联网络发展状况统计报告》[EB/OL].[2019-02-28].http://www.cac.gov.cn/2019-02/28/c_1124175686.htm.

[5][8]刘玉.高校图书馆编目业务外包工作分析[J].传播力研究,2018,2(10):256.

[6]谢亚燕.网络环境下图书馆联机编目工作的研究[J].内蒙古科技与经济,2008(6):115-120.

[7]张洪铭.回顾与展望——新媒体时代下图书馆书籍编目工作的创新与展望[J].内蒙古科技与经济,2018(9):139-140,142.

青海省公共图书馆编目工作转型初探

王昱茹（青海省图书馆）

公共图书馆担负着为科学研究服务和为社会大众服务的双重职能。图书馆收藏的图书资料是人类长期积累的一种智力资源，图书馆对这些资源的加工、处理是对这种智力资源的开发。同时图书馆将这些图书资料提供利用，是开发图书馆用户的脑力资源。而现代图书馆的丰富、系统、全面的图书信息资料，就成为图书馆从事科学情报传递工作的物质条件。当今社会是高度信息化的社会，是"信息爆炸的时代"。随着计算机网络的延伸，我国绝大多数的公共图书馆的信息化建设突飞猛进，取得了相当大的进展。帮助图书馆用户从海量的图书馆信息中筛选出更精准且更有价值的信息，对传统数据进行智能化改造，是图书馆传统编目员所面临的巨大挑战。

1 青海省图书馆加入全国联合编目中心后现状

全国图书馆联合编目中心（以下简称"全国联编中心"）成立于1997年10月。以国家图书馆为中心，实现书目数据资源共享共建，降低成员馆及用户的编目成本，提高编目工作质量，避免书目数据资源的重复建设，实现书目数据资源的共建共享。青海省图书馆分中心于2017年7月正式加入全国图书馆联合编目青海分中心（以下简称"青海分中心"），在青海省内独家享有全国联编中心提供的全部书目数据的浏览下载权。青海分中心的成立有效促进青海省联合编目工作，在全省范围内组织和管理图书馆联合编目工作，提高编目工作质量，避免书目数据资源的重复建设，实现书目数据资源共建共享。目前青海省分中心需要的书目数据类型主要有：中文普通图书（包括少儿文献、港台文献、地方志文献）、中文期刊、电子文献、试听文献、英文文献。我省成员馆共6家分别为黄南藏族自治州图书馆、海西蒙古族藏族自治州图书馆、海南藏族自治州图书馆、海北藏族自治州图书馆、玉树藏族自治州图书馆、格尔木市图书馆，初步形成了小规模覆盖部分地区的文献书目数据库，为将来实现我省的图书馆馆际互借和联网检索打下了基础。

2 青海省公共图书馆的文献编目现状

2.1 青海省图书馆采编中心文献编目工作

2011年之前，省馆一直使用Ilas Ⅱ系统，此系统因为开发不够人性化，造成分编图书时需要分编人员记住每一个字段的含义才可以输入相应信息，所以分编人员必须学过专业知识才能完成工作，否则在短时间内无法投入工作。Ilas Ⅱ在流通子系统的书目检索中，只能选择一个检索条件，不能提供高级检索。存在的漏洞也比较多，后期也无专人维护。对图书馆的管理造成了困扰。省馆采编中心卡片目录的使用一直延续到了2017年7月，而卡片目录排序复杂，检索受局限，储存不安全等，已无法适应读者对文献资源的充分利用。

现今省馆使用的是文华图书集群管理系统，支持Z39.50检索与下载。2017年，省馆与全国联编中心签订网上书目数据服务协议书，可以免费使用深圳市图书馆馆藏书目数据和全国联编中心标准数据，是省图书馆编目工作的福音，对提高编目质量、统一编目标准、缓解编目压力起到了积极的促进作用。而机读目录则具有检索入口多，一次输入多次使用、数据共享、联机编目、联机检索等优点，更能满足读者对文献的需求，也更适应于现代化图书馆工作的需要。目前，省馆的新书套路率为90%。

数据套路步骤：①打开文华管理系统界面选择采编中心功能块（提前设置好编目参数）；②通过题名进行检索，对本地书目库进行查重，看是否有重复图书书目数据。如果有，将所选图书书名页右上角写上索书号，将其剔出，之后单独将整批重复的书增加条码号，选择馆藏地点并保存；如果本书目库没有，即通过Z39.50检索，点击选中相应书目，下载（要逐一对照图书与书目数据是否相吻合），复制到本地书目库。其中值得一提的是，并不是所有的图书都有与之对应的书目数据，编目员套录时一定要逐一对照，看是否缺少字段，价格、页码是否一致，责任者、分类号等是否正确，如果不与该图书信息源一致，编目员都必须修改。

新建数据工作：对无法利用外来数据套录的图书，省馆对这些图书进行自建数据，步骤为：①打开文华管理系统界面选择采编中心功能块（提前设置好编目参数）；②点击新建，在编目界面将图书内容按照CNMARC格式逐段输入；③保存增加。在自建书目时，省馆按照《中文图书机读目录格式使用手册》实施。省馆新建书目编目人员水平提高，可以使用详细机读目录格式编目。

2.1.1 下载全国联编中心书目数据时发现的问题

由于加入全国联编中心的成员馆较多，各馆对细节的不同理解，造成了编目结果的差异，所以上传的书目数据会存在质量问题。

（1）责任者著录不统一

例1：

在《中国自然与文化遗产旅游》这套书中，题名页中只有编著者，而版权页中却有主编和编著者。下载的数据为：

200 1#$a 中国世界自然与文化遗产 $h 第一辑 $i 宫殿、坛庙、陵墓、长城 $f 柳正恒

200 1#$a 中国世界自然与文化遗产 $h 第四辑 $i 山岳、古代工程 $f 林可主编 $g 柳正恒

根据《中国文献编目规则》的规定，在题名页中有明确的责任者和责任方式，应该以题名页中的信息源为第一信息源。

（2）丛书编著在300字段中

例2：

题名页题目为《行动力法则》，在版权页中"'心理·励志'经典译作系列"是一个丛书的题名。而下载Z39.50数据显示：

200 1#$a 行动力法则 $b 专著 $f 塞缪尔·斯迈尔斯著

300 ##$a "心理·励志"经典译作系列 / 刘荣跃、刘文翔主编

实际著录应该为：

200 1#$a 行动力法则 $b 专著 $f 塞缪尔·斯迈尔斯著

225 2#$a "心理·励志"经典译作系列 $f 刘荣跃、刘文翔主编

（3）字段出现错字

例3：

《政治经济学原理》，作者为孙爱芹，但下载数据为孙爱琴，这是同音字错误。

2.1.2 青海省图书馆采编中心文献编目中发现的问题

（1）200字段著录易出现的问题

图书题名是MARC数据中最重要的检索点，其著录的准确性及完整性对用户检索文献非常重要。但实际中由于图书排版的多样性和题名选取的限定造成了编目人员对

题名著录不一的情况。

例4：

题名页题目为《中国：发明与发现的国度》，一般情况下"："后的题名作副题名处理，但在本例中"："后的内容起到了并列的作用，因此一起作为正题名较为合适。200字段著录如下：

200 1#$a中国：发明与发现的国度

但编目员著成：

200 1#$a中国$e发明与发现的国度

编目员此种著录容易造成用户检索时搜全名会检索不到的情况。

（2）330字段著录易出现的问题

当用户通过OPAC进行检索时，首先是标题，然后浏览提要，快速了解内容信息，使之产生阅读兴趣。所以一本书的内容介绍对流通价值起着至关重要的作用。而《中国文献编目规则》中规定了著录级次，但对提要项没有相关的要求，所以编目员在著录中只注重图书的外部形态揭示，却忽略了内容的描述。例如套路数据中如果下载下来没有330字段，那么编目员是不会增添330字段的，更不用说自编数据了。330字段是直接揭示文献内容特征的重要信息项，是检索的关键字段。

（3）410字段与461字段著录中易出现的问题

410字段是用来实现与含有该实体的丛编的连接，编目文献与它所属的丛编之间是层次关系。461字段用于标识对总集，总集是一组物理上分开的、由一共同题名标识的实体，它包括图书丛编、图书多卷集等。

例5：

编目员著录：

200 1#$a现代优化计算方法$b专著$9xian dai you hua ji suan fang fa$f邢文训编著

225 2#$a清华大学研究生公共课教材$i数学系列

225 0#$a最优化基础模型与方法系列教材

410 0#$a清华大学研究生公共课教材

410 0#$a数学系列

410 0#$a最优化基础模型与方法系列教材

这本书的编目很清楚地显示丛编是有多层次关系的，所以为了更好地反映这种多层次的关系，最高一级的连接应该使用461字段，而下一级字段用462字段来连接。

200 1#$a现代优化计算方法 $b专著 $9xian dai you hua ji suan fang fa$f邢文训编著

225 2#$a清华大学研究生公共课教材 $i数学系列

225 0#$a最优化基础模型与方法系列教材

461 0#$a清华大学研究生公共课教材

462 0#$a数学系列

461 0#$a最优化基础模型与方法系列教材

这样就很清楚地揭示出连接的层级关系了。

（4）701字段个人责任者检索点选取易出现的问题

责任者是对文献内容进行创作、整理、加工等负有直接责任的个人或者团体。由于责任者的情况比较复杂，例如个人有多个称谓、国外汉译姓名不统一等，都会极大影响文献的检索。

例6：

《小妇人》一书题名页题：路易莎·梅·阿尔法特著

著录格式为：

200 1#$a小妇人 $f路易莎·梅·阿尔法特著

《面具之后，或女人的力量》一书题名页题：A.M.巴纳德著

著录格式为：

200 1#$a面具之后，或女人的力量 $fA.M.巴纳德著

路易莎·梅·阿尔法特和A.M.巴纳德其实为同一作者，这种著录必会影响检索率。

2.1.3 青海省图书馆编目正在走向规范化

我省省级图书馆编目人员的专业素质和业务能力较高，能够较为规范、详尽地进行文献著录、标引，规范地使用《中国图书馆分类法（第五版）》和《中国文献编目规则》、《新版中国机读目录格式使用守则》、《青海省图书馆编制中文普通图书机读目录规定与说明》。

2016年省馆采编中心派出四人赴北京国家图书馆学习"中国机读目录格式编目员上岗资质培训"，并考取了"中国机读目录格式编目员上岗证"，提高了省馆编目工作的业务水平。

2.2 县级公共图书馆计算机编目现状

2.2.1 多数县级图书馆编目数据质量参差不齐

大通县图书馆、互助县图书馆已经实现了使用Interlab管理系统进行图书编目及

文献流通。门源县图书馆也使用Interlab管理系统进行编目工作，部分利用书商提供的数据，共和县图书馆是由本馆员工进行文献编目。而各书商提供的数据也不统一，有的是全国联编中心数据，有的是CALIS的数据，也有的是其他编目中心的数据，也有一部分是书商自己做的编目数据，而循化县、祁连县、海晏县、同德县、同仁县、泽库县、河南县、刚察县等县级馆因为经费和人员的短缺仍在使用手工编目图书数据。绝大多数县级图书馆因为人员配置不够，馆领导对编目工作的不重视，导致现在县级馆的书目数据匮乏。

2.2.2 县级公共图书馆基础设施落后，自动化程度低

经费短缺制约着县级公共图书馆的发展。多数县级公共图书馆都得不到地方政府的重视和支持，设备陈旧、老化，得不到及时更新，严重影响了编目工作的效率，给编目工作带来很大的困难。县级馆的文献编目情况不容乐观，虽然各馆都利用共享工程基层服务建设的机会，争取资金加强图书馆硬件补充，但是受到经费的限制，没有能力购买计算机和图书馆管理自动化软件。

3 青海省图书馆地方文献编目工作的现状

3.1 青海省图书馆地方文献资源

青海地区地处中华民族的摇篮——三江的源头，有汉、藏、回、蒙古、撒拉等民族的人民在这里生活，各民族都有着悠久的历史，逐步形成了多元化、多民族性的丰富的高原地域文化特色。从青海省地方文献的收藏情况来看，首屈一指的是青海省图书馆，省馆地方文献中心承担着对青海文献、古籍文献、民国文献等各类文献资料的搜集、整理、阅览、交流、咨询、研究的职责，现收藏青海文献3万余册，其中少数民族文献3000余册、普通图书2万余册、试听资料1454种。

3.2 青海省图书馆地方文献编目工作现状

青海省图书馆地方文献中心在2018年前一直使用传统的卡片式著录，从2018年11月回溯建库才开始使用文华管理系统进行机读目录著录。省馆地方文献中心使用《中国文献编目规则》和《青海省图书馆编制中文普通图书机读目录规定与说明》作为编目规范。由于回溯建库使用计算机编目开始时间不长，省馆对地方文献的分类暂

时还不规范和全面，利用《中国图书馆分类法》等通用分类法作为分类依据对地方文献进行分类，这种方法无法反应文献的地方特色。省馆地方文献中心在著录地方文献资源时，主题词的选择范围过窄、选择不够深入，最重要的问题是无法体现其地方特征。省馆地方文献中心在著录主题词时只著录606字段，而600字段（个人名称主题词）、602字段（家族名称主题词）、607字段（地域主题词）、610字段（非控主题词）都是不著录的，这在地方文献检索中过于狭隘。

3.3 "重藏轻用"思想严重，缺乏科学管理

公共图书馆虽然地方文献资源丰富，但通常不对外开放，也没有行之有效的措施搭建起馆际资源互通共享的桥梁，极易造成资源的浪费。开发地方文献的工作人员除了具有图书情报专业知识外，还要具备相当的历史知识和其他社会科学知识，特别要书系青海的自然及社会人文发展史，所以在这一专业水平的考量上，省馆的专业人才也是比较匮乏的。

4 第六次全国县级以上公共图书馆评估标准下青海省公共图书馆采编工作现状

第六次县级以上公共图书馆评估工作对公共图书馆采编工作的内容和模式提出了新的要求。省内各个公共图书馆的采编人员不具备较高的文献处理能力，由于各种原因图书馆采编人员文化素质和专业水平不高。为此，采编人员需要参加专业技能培训和专业技术再教育，以提高自身的专业水平和文化素质。随着数字资源的不断推陈出新，加上纸质文献的持续出版，编目人员在工作中仍以人工编目为主，影响工作效率。我省基层馆业务建设很多仍停留在20世纪80年代的手工编目状态，新的技术应用没能投入使用。多数基层馆由于经费不到位或者经费到位不及时，存在文献不定期采购情况，就更难谈及馆藏发展和馆藏结构建设研究了。同时由于工作人员少领导不够重视的缘故，大多基层馆的建章立制工作基本停滞，日常的业务统计、业务档案、工作年报和大事记都没有记录，无法谈及工作的传承和图书馆的发展记录了，严重影响了采编工作的统一性。

5 网络大环境下青海省公共图书馆编目工作的初步转型

5.1 加强电子文献的编目工作

在图书数据方面，有专人负责及时地补充和维护，保证数据权威性。还应面向社会提供书目的信息化产品服务。电子出版物不断占据市场份额，所以应实现传统出版物与电子出版物编目数据的统一。编目工作者更要做好电子书的整理、分编和管理方面的工作，通过专业管理软件，按照编目规则对电子书进行分编归类，使用应用平台，实现电子书的借阅。图书馆的编目工作必须实现电子化，通过数字平台将电子化图书资源高效地提供给读者。

5.2 加强地方文献数据库建设

在网络化、信息化、数字化环境下，地方文献的整理开发必须与数据库建设紧密结合。利用计算机多媒体技术将传统图书馆收藏的各种文献信息资源转化为数字化文献。对所有的数据信息进行综合处理、深度加工和重新组合，建设统一的网络化地方文献数据库。

5.3 跳出传统采购模式，省馆增添"你选书，我买单"活动

为增添馆藏，推广全民阅读。2018年11月省馆增添了"你选书，我买单"的免费借书活动。"你选书，我买单"简而言之就是，如果图书馆没有读者需要的图书，读者可凭图书馆的读者证，直接前往指定的实体书店将需要的图书借回家，购书费由图书馆结算，这种模式称为"你选书，我买单"。在书店的外借图书统一粘贴省馆的条形码，将图书的条形码扫入"你选书，我买单"系统内，即可借出。借阅到期后，将图书归还至省馆。编目人员将"你选书，我买单"的图书单独编目，先在本地库里调取该条图书的数据，将该条数据的馆藏列表和采访列表删除，重新在Z39.50中下载该条数据信息，修改完毕后重新分配馆藏。

5.4 高素质的编目人员队伍是图书编目发展的核心

编目人员不仅要了解图书馆的性质、任务、读者群体的需求情况，通过多种渠道拓宽知识面，加强自身建设，全面提高信息素质，不断更新自己的知识结构。熟练掌

握《中国图书馆分类法（第五版）》、《中国文献编目规则》和《新版中国机读目录格式使用守则》，提高分类的准确性和著录的规范性。

采编工作是图书馆收集文献资料的基础工作，也是图书馆的核心环节，是图书馆工作中的重要组成部分之一。采编工作的质量直接关系到图书馆各项职能的发挥。随着计算机网络的发展，实现计算机系统管理和网络服务，机读目录完全代替手工检索。随着国际交流与协作日益频繁，原版外文文献的购进量也会愈渐增多，所以掌握外语也是图书馆采编人员必备的一项技能。文献编目是一种近乎"枯燥"的工作，如果编目人员没有踏实的工作作风，极易产生各种疏漏及错误。所以每位编目员要热爱图书馆事业，忠于职守，精益求精。省馆应着力培养新生力量，通过老带新、参加培训的方式，力争培养一批素质过硬的分编工作人员，同时规范化自编书目数据，争取获得全国联编中心数据上传资格，全面提高编目队伍整体水平，将读者服务工作更上一个新台阶。

参考文献：

[1]王清香.从地方文献建设看青海地域文化的保护和开发[J].青海社会科学,2012(3):139-142.

[2]刘萍.我国公共图书馆文献编目工作改革的实践探索[J].四川戏剧,2016(12):167-170.

[3]高圆圆.新媒体时代编目员面对的挑战[J].河南图书馆学刊,2018,38(1):127-128.

数据智能化改造
——图书馆信息组织转型和发展的必由之路

伍晓俭（广西壮族自治区贵港市图书馆）

组织转型，是信息技术时代下提出的一个新命题。当获取信息的渠道增加、成本降低、阅读方式改变等，图书馆作为曾经获取信息的唯一渠道，如何实现转型。大数据、智能化的背景下，图书馆资源基本实现数字转型，将传统的馆藏资源，如书本、报刊、视频、绘本等资料数字化，形成庞大的数据资源，但是这种数据资源并未得到更有效的利用，对数据的分析不足，数据之间未能实现融合及关联，对数据组织进行转型、重构是大数据智能化时代图书馆发展的必经之路。

1 数据智能化及图书馆信息组织转型概述

1.1 "组织转型"的界定

组织转型这一概念，是近些年来，互联网背景下的一个流行概念。但理论界尚无一个标准的定义。匹兹堡大学教授金（King）将组织转型定义为，通过改变组织中成员的行为，提高组织的效益，实现转型。他将组织转型模式又细分为三类："提高组织运作效率实现组织转型""提高组织战略绩效实现转型——提高或引进核心竞争力""创造组织持续再生实现转型——通过改变组织成员的价值观和思维模式实现组织再生"。

图书馆信息组织转型，从更深的层面上来说，与其他商业组织转型的趋势是一样的，即在信息爆炸时代，通过提高运作效率、核心竞争力以及持续再生能力，实现图书馆组织重组、转型。实践中，一些图书馆通过人员重新分配，具体包括部门调动、馆际合作、专业岗和非专业岗分离实现人事变革。

1.2 图书馆智能化的概念

我国图书馆智能化的概念相对国外起步较晚，依托于物联网技术，云计算等技术实现人与物的互通互联，通过对数据进行深度挖掘，实现海量资源共享。以读者为服务核心，为用户提供智慧化服务。智能和数据分析密不可分，图书馆行业智能化主要面向读者，利用智能系统对读者信息进行收集、分析，为读者提供更加个性化的服务。图书馆智能化无论是对图书馆管理人员还是技术人员都提出了较高的要求。

1.3 智能图书馆的功能

1.3.1 全方位的互通互联

智能图书馆下，数据的收集是全方位的、多渠道的，多种数据之间应当实现互通互联，如通过座位信息管理系统，实现图书馆与人的互联，通过信息的标记实现人与人的互联等。不同地区、不同的行业等都不应该成为彼此联通的障碍。大数据智能背景下，图书馆通过对数据进行分析，实现数据之间的深度互联。

智能图书馆下，图书馆是管理的主体，而客体则是图书馆藏资源及用户，对馆藏资源的管理包括基本的图书借阅、逾期偿还提醒功能等，还包括文献的搜索、打印。对于用户管理，更多的是对用户行为进行分析，为用户提供便捷的、高效的个性化服务。

1.3.2 提供个性化定制服务

图书馆建设与大数据分析实现融合，从数据中究竟能挖掘出什么，成为很多用户所关注的，如智能搜索、信息匹配推送、解决用户的信息迷墙。

智能图书馆完美地贯彻了"以人为本"以用户为中心的理念，从温度、阅读灯光的智能调控，到自动化还书、借书，打破了时间空间的限制，为用户带来全方位的阅读观感。通过对用户信息进行收集，分析用户的阅读喜好、阅读时间等，将碎片化的信息进行整合，为客户进行定制化的资源推送，实现定制化服务。

2 图书馆发展现状及不足

2.1 图书馆的发展现状

传统图书馆主要以提供人工服务为主，在引入自动化系统后，利用RFID实现自动借书、还书，为方便读者在不同时间段都能实现阅读，部分城市图书馆可提供24小时服务。自动化系统看似解放了劳动力，但一些图书馆员却表示"实际投入更多"，一些图书馆在转型过程中将服务整体外包，但是服务质量却难以控制。大数据时代下，图书馆行业或多或少都将大数据技术运用到了图书馆管理行业，具体分为数据收集层面和应用层面。在数据收集层面上，数据来源于读者信息，包括读者的基本身份信息及阅读习惯；在应用层面，则是通过对数据进行分析，形成图书借阅排行榜等。

2.2 图书馆数据智能化方面存在的不足

（1）读者的基本信息收集不足

一般的图书馆系统进行读者登记或者注册，需要读者提供一些基本信息，如姓名、年龄、职业、电话、专业等。但是在读者并未完善所有信息时，仍可以进行注册，这就导致了读者的数量和读者的信息并不完全一致，图书馆无法获得充足的读者基本信息。数据的全面收集是对信息进行挖掘分析的前提。

（2）读者阅读行为信息收集不足

目前图书馆对于读者行为数据的收集主要体现在借阅行为上，但是读者行为信息能够挖掘的有效数据还有很多，如下载图书、文献的时间，在不同分类的书架前停留的时间，在图书馆停留的时间等。当智能化技术完全应用到图书馆，读者的阅读行为会得到更加全面的分析，图书馆可以提供给读者更好的阅读体验。

（3）对阅读数据的标引不足

亚马逊阅读器Kindle将读者在文本上的标记做了收集，借此了解哪种写作风格受到读者欢迎，哪些书为畅销书等。而在图书馆的数据标引中，仅根据书的内容进行分类，并未对书的内容质量进行分类，同时不同的读者对于不同的阅读内容也会有不同的阅读体验；数据化时代，图书馆资源不再局限于书本、期刊等，但是多样化的图书馆资源并未完全整合，对于一个读者而言，能够全方位地收集其标引信息。

（4）对数据的分析不足

大数据技术的运用主要分为两个层面，数据的收集和数据的运用，但是目前图书馆对于数据的分析尚处在浅层的统计分析，例如对借阅书本的总数进行分类、排架，并未对其数据进行深度挖掘。一套较为完善的算法，能为每一位读者提供定制化阅读体验，一个完善的数据智能平台需要良好的硬件设施及相关系统的整合，如物联网技术、数据挖掘技术等。

（5）人才队伍建设滞后

智能化图书馆并不代表可以缺少图书馆员，拥有合格的图书馆员同样必不可少。但是现代化的图书馆员并不仅仅是进行图书整理、图书借阅等工作，智能化图书馆对其提出了更高的要求。图书馆员不仅要具备图书情报专业知识，还需要对计算机操作较为熟练，能够对用户行为的有效数据进行挖掘分析等。但目前，在图书馆建设的进程中，更多的是强调图书馆技术平台的建设、馆舍的建设、信息空间的建设等，对于拥有熟练技能的馆员较为稀缺，对于图书馆员的培训也相对较为滞后。

（6）投资经费不足

经费对于转型中的图书馆来说，是命脉，转型中的图书馆需要足够的资金去支撑技术系统、引进人才等。图书馆强调图书资源数字化、信息化，但数字资源的采购保障是转型的前提。《中国图书馆年鉴》对2013、2014、2015年的购书经费进行了统计并进行对比。我国图书馆采购经费不能提供连续稳定的保障，国家财政投入不足；同样，社会力量对图书馆事业的投入远没有像体育赛事等那样的热情，社会关注度较低。国家财政以及社会赞助都是图书馆资金保障上的原始动力，但是现在两者明显都支持不足。

3　图书馆信息组织转型的发展对策及趋势

3.1　图书馆信息组织转型的发展对策

3.1.1　建立资源共享平台

资源是图书馆运营的核心所在，一个图书馆是否拥有较多种类和数量的馆藏资源也是图书馆经营好坏的一个标准。而在数据智能化的背景下，资源数量不再成为问题，资源的收集、存储问题已经基本得到解决。信息资源共享，除了能实现信息的宽度，更有利于数据的二次利用。互联网时代，信息获得的成本降低，通过实现不同图书馆之间的资源共享，建立馆际合作机制，满足不同读者的不同需求。不同高校之间已经实现了利用高频标签自助借还书，但由于尚未完全实现资源共享，一种品牌的自助机器有其自己高频标签，而不能多种品牌实现通用。

在数据共享的前提下，信息资源获得渠道增多、成本降低，各地图书馆更应当打造自己的特色品牌，深度挖掘当地独有的资源，增加其辨识度。在信息爆炸资源共享的时代，图书馆只有努力提高其资源质量、打造特色品牌，才能提高竞争力，实现转型。

3.1.2 实现互联网思维转型

资源的最大化价值在于图书馆馆藏资源共享、人力资源共享，这是图书馆实现转型的大势所趋。利用完善的技术平台实现资源共享，馆藏资源很重要，但是技术同样很关键。图书馆应大力促进人文资源建设，呼吁知识获取自由，与社会各界加强合作，加强其影响力，多多引入资金支持，发掘自身特色文化，形成周边文化产品。

3.1.3 智能图书馆员队伍建设

馆员队伍建设和图书馆智能化建设应当齐头并进。新修订的《普通高校图书馆规程》对专业馆员的比例做出了要求。图书馆员门槛变高这是图书馆实现数据转型进程中的必经之路——由信息服务型转为知识服务型，对数据进行深度挖掘等技能也需要拥有专业技术的人员才能驾驭。对于智能图书馆员队伍的建设从招聘门槛上，也应当实现变革，可以设有专门从业资格考试，培养专门化人才；各个图书馆的馆员也可以实现"共享"，根据职责不同岗位不同自由调度；为了馆员不断学习新的技术，应当定期举办培训、分享交流会，"活到老，学到老"。

图书馆管理员不再是图书馆的"看门人"，而是知识的缔造者、传递者，是信息资源与用户之间的纽带，是图书馆发展的内在驱动。图书馆员对于图书馆的价值愈发重要且不可替代。

3.1.4 制定配套的法律法规

图书馆建设通过互联网实现资源的开放性获取。图书馆在获得这种开放性提供的便利同时，也存在网络安全、用户隐私泄露等问题。因此，要想保障良好的图书馆网络环境，配套的法律法规必须要跟上。只有这样，读者才能更放心地使用智能图书馆，将自己的信息授权给图书馆，实现用户和图书馆之间的互惠互利。

3.2 图书馆信息组织的发展趋势

近些年来，图书馆利用信息技术已经在逐步实现转型，由最初的门户网站到现在的图书馆开放新平台。图书馆管理者们已经逐渐意识到，人们获取信息的渠道已经发生了巨大的改变，图书馆要使自身资源利用最大化，必须实现平台开放共享。金中仁教授指出，"图书馆实现组织转型，必须成熟地利用信息网络技术，要意识到个别图书馆不再是一个地区或一个机构的图书馆，而是网络的图书馆，世界的图书馆"。

图书馆信息组织的发展趋势是构建超级图书馆数据服务生态圈。数据服务生态圈是指，通过图书馆之间签订友好协议等方式实现资源整合、存储、利用，整合各个领域用户的信息，为用户提供更加智慧化、个性化、定制化服务。

随着云计算、数据挖掘技术的普遍应用，图书馆在大数据应用方面实现转型，未来的图书馆将会变得更加数字化、智能化、人性化、个性化。但是无论图书馆多么"未来化"，平台建设在坚持技术化的同时，读者用户始终是图书馆的服务核心，需要满足用户不断变化的需求。通过对用户数据进行多方位、深度化挖掘、分析，用户体验会更加完善。随着图书馆员招聘门槛的增高、技术平台的升级、互联网思维的渗透，图书馆建设与数据智能化会越来越贴合。因此，图书馆信息组织也应当得到不断创新与发展，为图书馆信息组织的管理培养出一批合格的人才，其数据智能化的服务也由粗放走向精准。本文通过对图书馆现存状态进行分析，提出图书馆信息组织转型的发展对策，希望本文能为智能化图书馆建设的发展和完善献上微薄之力。

参考文献：

[1]包晗.图书馆智能化系统建设[J].电子世界,2019(12):140-141.

[2]陈峰妹.图书馆共享空间智能化管理系统探索[J].厦门科技,2019(3):49-52.

[3]张颖君.人工智能时代图书馆智能化服务模式探讨[J].中国中医药图书情报杂志,2019,43(3):30-32.

[4]陈岳峰,余茵妮.人工智能背景下图书馆智能化管理策略研究——以ZQ图书馆为例[J].中国管理信息化,2019,22(11):156-157.

[5]戈文锦.智能化技术在智慧图书馆建设中的应用和趋势[J].信息记录材料,2019,20(3):81-82.

[6]刘益军,何胜,熊太纯,等.大数据挖掘视角下的图书馆智慧服务——模型、技术和服务[J].现代情报,2017,37(11):81-86.

[7]李浩.云计算、大数据、数字图书馆与智慧图书馆关联研究——用大数据打造智慧图书馆的思考[J].四川图书学报,2014,(6):31-34.

关于未来智能图书馆形态的探索

衣　芳（国家图书馆）

受限于建设传统图书馆所需要的巨大财力、物力、人力投资，我国落后地区图书馆建设滞后，无法满足人民的精神需要，导致农村文化生活单调、贫乏，种种不良风气乘虚而入，直接影响当地的经济发展。而随着计算机科学、信息科学和电子存储技术的飞速发展和落后地区智能手机的普及，图书馆的未来发展趋势也逐渐明晰。未来的智能化图书馆不仅使用电子格式，无须实体存储空间，更要打破各所图书馆之间的阻隔。因此，次世代的智能化图书馆更接近所谓的"资源中心"，不需要大型阅览室、大型图书/期刊存储区，个别机构也不需要独立的图书馆[1]。每个人都可以通过智能图书馆上传和下载音频、文本和视频文件，在专业的审核团队过后即可进入馆藏。本文探讨了图书馆向"资源中心"转型的可能性，以及信息共享转型的后果。

1　落后地区图书馆建设中存在的问题

我国是一个农业大国，农村人口众多，相对城市而言，农村文化建设比较落后，农村的文化生活比较贫乏。农村图书馆半数以上分布在南部沿海地区，中部各地区间农村图书馆的发展差异较大，而西北西南各省区，农村图书馆发展缓慢，大多数地区还是空白，由此可见，农村图书馆不但数量少，而且发展也不均衡[2]。农村图书馆建设滞后，满足不了农民的需要，导致农村文化生活单调、贫乏，种种不良风气乘虚而入。不信科学信迷信，不读文化科技书籍念佛经，不建学校建庙宇等现象，直接影响了当地的经济发展。我国农村图书馆建设过程中仍存在如下问题。

1.1　经费短缺，严重制约农村图书馆的发展进程

经费问题一直是困扰我国公共图书馆事业发展的主要问题，这在我国县、乡镇图书馆事业尤其是农村图书馆事业发展中尤为突出。由于相关部门重视不够，大多数地

区财政拨款相对不足。调查表明，在广大农村地区，大多数图书馆设备年久失修，藏书陈旧。这种状况严重影响了图书馆的社会效益和职能的发挥；另一方面，由于出版物数量激增，价格猛涨，致使许多农村地区图书馆购买力下降，图书的质量和数量都不能满足新时代农民的精神需求。

1.2　农村图书馆体制机制问题

馆藏不足与管理人员缺乏相应的业务知识，使得乡镇图书馆只能勉强应付人们的消遣需要，只能借借还还，无法开展对当地公众的教育与培训、专题服务等工作。在目前体制下，宣传和文化部门、掌管图书馆人权财权的人事和财政部门、图书馆部门之间关系仍需继续探索和不断完善。如果没有严格的规章制度与借阅手续，加之缺乏现代的设施设备和服务手段、服务方式滞后，将会严重制约农村图书馆事业的向前发展。

1.3　相关人才培训滞后，专业业务人员缺乏

由于历史方面的原因，目前我国高等院校培养的图书馆方面的人才依然远远不能满足广大农村地区图书馆建设事业的需要，其他培训机构又缺乏规范性和科学性，人才质量难以保障，因此，目前我国广大农村地区图书馆从业人员良莠不一。这已经严重制约了我国农村图书馆建设的步伐，对社会主义新农村建设的宏伟目标提出了严峻的挑战。

1.4　图书质量尤其是文献价值问题突出

不少农村在组建图书馆时，因费用问题，所藏图书大多是东拼西凑地发动当地群众捐献和恳请有关单位赠送的，图书馆甚至购入一些盗版图书，质量差，漏洞百出。有的图书馆已经失去了传播先进文化的职能。

2　图书馆的历史及未来方向

在教育系统中，信息的三大来源是教师、书籍和图书馆。在古典教育体系中，每个被称为"学校"的学习中心都有教师来教授新概念，根据学习课程指定书籍并提供图书馆。图书馆被认为是学生在任何感兴趣的领域积累信息的地方。根据考古学家的发掘成果，我们已知世界上最早的图书馆在美索不达米亚。而闻名于世的是亚述巴尼

拔图书馆，这是现今已发掘的古文明遗址中，保存最完整、规模最宏大、书籍最齐全的图书馆，在时间上要比埃及著名的亚历山大图书馆早400年。而且由于泥版图书的特殊性，亚述巴尼拔图书馆没有像亚历山大图书馆一样毁于战火，大部分都保存了下来。到了8世纪，伊朗人和阿拉伯人从中国人那里学到了造纸技术，图书馆主要载体变为纸质书籍，并一直维持至今。

但在互联网发明后，互联网逐渐成为教育和研究收集信息的主要来源。作为信息通信技术的产物，互联网的出现为传统教育系统的改进带来了福音。在这种不断变化的教育体系中，教师、图书甚至图书馆等经典信息资源的概念也在发生变化。教师被重新命名为"学习促进者"，图书正转变为音频/视频的格式，图书馆正在变成学习资源中心。电子和通信技术的进步使这些设备小型化，并提高大量数据传输时的通信速度，开辟了许多新的领域。从古至今，知识的载体始终在不断进化，而个性化、智能化和互联化必定是传统图书馆未来的发展方向。

3 传统图书馆面临的问题

3.1 传统图书馆现代化转型的客观条件受到制约

传统图书馆的基础设备陈旧，图书的增添、编码等管理工作十分艰巨，工作效率极其低下。目前多数中小型图书馆纷纷转型改革，但由于资金、技术、人力等资源条件十分有限，图书馆在转换硬件设施方面的能力受到限制，如图书借阅自动识别设备、图书存放编码扫描设备等条件较为落后[3]。同时旧式的图书借阅方式，如图书检索、图书查找等方式陈旧落后，图书新增数量庞大导致管理困难，难以适应经济、科技、文化以及教育的需求。中小型传统图书馆的数字化建设力度不足，图书馆管理人员职业素质跟不上时代的发展步伐等，容易导致图书管理、借阅的效率降低。图书馆管理人员职业观念守旧，对新时代信息技术的掌握水平不高，职业技能十分有限，进行图书馆管理信息资源分享、期刊文献检索等服务工作不到位。

3.2 传统图书馆建设个性化服务力度不足

个性化服务是传统图书馆转型的发展方向之一，同时也是吸引用户积极参与图书馆建设的有效策略之一。随着社会分工的细化，打造个性化图书馆服务使用户直接受益，用户根据自身需要使用个性化服务系统进行文献搜索，或进入相关网站进行资料查阅等个性化图书馆服务建设具有较大的发展潜力。然而传统图书馆的管理方式守旧，运营机制死板固化，服务主动性不强，在一定程度上影响用户使用图书的积极性。此外，某些图书借阅服务工作的侧重点和分类不明确，加大了用户检索图书文献的困难。

基于以上两方面，将传统图书馆转型为智能图书馆的需求日渐迫切。

4 智能化图书馆及其未来

4.1 智能化图书馆

数字信息存储技术与信息通信技术的结合，将使图书馆系统的概念发生革命性的变化，并将其转化为智能化数字图书馆，以满足每个公民的需要。

智能图书馆并不是一所图书馆的数字化，而是所有数字化图书馆合而为一形成的数据库系统。在智能图书馆中，所有的图书馆都是自动化的，传统图书馆将把所有的信息数字化，并为所有公众和教育机构提供电子形式的书籍。另外，地方图书馆应配备电子阅读系统，以便根据读者的需求检索任何信息。这样的智能图书馆将成为无纸化系统。这一概念改变了图书馆作为知识资源中心的地位。用户可以通过电子书、电子报纸、电子杂志、电子期刊获取任何信息。这样的智能图书馆能够以很低的成本维护资源丰富的书籍。我国作为一个发展中国家应该拥有这样的智能图书馆，以满足其公民的信息需求，基于这一模式，所有的教育科研机构都可以成为智能图书馆的一部分，全国各地的学生都有平等的机会获得所需的信息，以减轻城乡教育资源分配不均衡的问题。

4.2 智能图书馆的未来——全球资源中心

全球资源中心可以被看作一个理想化的、完美的图书馆。它应该包含来自世界各地的所有人的所有信息。它应该同时具有理想的商业体系特征和理想的教育体系特征，以保障其长久发展。这是一个面向全世界的综合信息系统，用户可以引用、检索、操作、存储和共享全世界任何一种类型的信息，包括学术、研究、开发、商业和政府系统，用户可以获得和上传任何信息。由于信息是一种无形资源，通过这种智能系统在线共享信息可以减少不同地区、不同国家的人们之间的不平等。政府可以将建设实体图书馆及馆藏的资金用于支付订阅费以维护系统，个人的教育和研究就可以免费。用户的议价能力将会提高，而大型出版商的议价能力将会被打破，通过共享知识支持世界文明的快速发展。教育和研究机构可以通过避免对实体图书馆的开发和维护投资来节省大量的资金。数字信息可以通过复制与任意数量的用户共享，而无须任何额外的开销。

在这样的系统下，每个人都可以轻松获得信息，而无须个人支出。在获取和共享教育和研究方面，不同国家、宗教、种族和性别的人都能通过功能强大的移动设备，获得同等的知识，而这将消除城乡之间的差距。

然而，建设这样的资源中心是非常困难的。由于专利、版权等专有权利，研究信息共享非常困难。而在中国，没有无处不在的高速互联网是一个很大的约束。每个人只有在拥有先进技术的情况下才能获得这种系统带来的福利。而要做到不同国家之间的教育和研究信息共享，除非整个世界发展成为一个一体化的经济联盟，否则这将是极其困难的，尤其是许多发达国家，可能对这样大大有利于发展中国家的事物不感兴趣，甚至产生抵制。不同的人、不同的目的对信息的需求是不同的，由于不同国家之间在共享教育和研究相关信息方面的阻力，技术、社会和企业组织的某些部门的诸多限制，实现这样的理想系统是困难的。而且由于普遍自动化，传统图书馆系统减少了大量的就业机会。又由于文化、传统的不同，人们对这一系统的认识也不尽相同，很可能存在初期得不到接受和认可的情况。

信息通信技术的进步为传统图书馆模式的创新提供了新的机遇。利用先进的技术，我们可以将实体图书馆转化为智能化图书馆，甚至是全球资源中心，为普通民众和全国乃至全世界的科研工作者和学生提供快捷、完整的信息流，不受任何地域影响。设想中的全球资源中心将不只是一项技术上的革新，它使世界上每一个人都能毫无障碍地分享和阅读顶级的信息资源，它将推动整个人类文明的进一步发展。

参考文献：

[1]AITHAL P S. Smart library models for future generations[J]. International Journal of Modern Physics A，2016(6):693-703.

[2]熊洁. 浅谈我国新农村图书馆建设面临的问题与对策[J]. 中文信息，2016(11):45.

[3]徐慷. 浅谈传统图书馆生存现状与未来走向[J]. 科教导刊，2015(9):102.

样本交存管理工作中考核数据的重要性探析

张建存（国家图书馆）

2018年1月1日《中华人民共和国公共图书馆法》的实施对国家图书馆样本交存管理工作提供了强有力的法律支持，一系列配套法规也在研究和制定中，可望形成一套科学有效的样本交存管理法律法规体系，这将有效促进国家图书馆样本交存管理工作的开展，促进馆藏资源建设[1]。随着法律法规体系的完善，对样本交存管理工作的精细化要求也日益提高。其中样本交存管理考核指标具有基础性地位，其准确与否关系到能否准确掌握出版单位样本交存的真实情况，关系到对出版单位催交措施，关系到出版管理单位相应的奖惩措施；只有及时准确的考核指标，才能促进交存工作的精细化开展，才能使相关法律法规有效落地[2]。本文以图书为例，探讨图书出版单位考核指标的组成因素，各因素的误差原因和对策，从而使考核指标更合理准确。

1　图书考核指标的组成

国家图书馆作为国家总书库的采访原则是"中文求全，外文求精。国内出版物求全、国外出版物求精"，图书采访的主要方式有交存、购买等。根据目前在行的交存政策，出版单位应向国家图书馆交存样本一种三份，对于大码洋图书（单册过百元、成套过千元）交存一份；因为很多书不走发行渠道，很难能实现全品种购买，因此交存成为国家总书库"求全"的重要保障。对于图书交存考核指标，首先也是最重要的是及时准确掌握全国某时间段出版的书目数据，而后是准确统计出版单位交存的书目数据，二者的差集就是缺交数据，后者除以前者就是交存率，交存率的统计方法为：

交存率=（某社某出版年交存样本种数/该社该出版年出版的总种数）×100%

图书出版的书目数据来源有：图书在版编目数据（CIP数据）、全国图书馆联合编目数据、书商数据的合集。CIP数据是出版单位向中国版本图书馆CIP数据中心申请核发图书在版编目数据，因为正式出版的普通图书都要申请CIP数据，所以该数据的最大特点是及时、全面，目前是交存管理平台中书目数据的最主要来源。但该数据也有缺点，主要是有些图书申请过CIP之后，后续各种原因取消出版或者延时出版，CIP数据并不能及时掌握，造成一部分数据不准确。全国图书馆联合编目数据，是由全国图书馆联合编目中心的成员馆上传，共建共享的书目数据[3]，如果某条数据存在，说明至少有1个成员馆已有该书馆藏，该数据准确，但对于所有成员馆均缺藏的书不能掌握，存在不够全面的问题。书商数据主要是图书市场上的可售书目，对于不走发行渠道的图书无法掌握，也是准确而不全面。

出版单位的交存数据，出版单位送交样书后，经拆包、记到、分流后登记在国家图书馆样本交存管理平台，形成各个出版单位的交存数据。经与出版数据对比，得出的差集就是图书缺交清单，发于出版单位催交；得出的比值就是该出版单位的交存率。因在行的政策中，普通图书交存一种三份，有些图书交存份数不够三份，为促进样本足量交存，还制定出交全率：

交全率=（某社某出版年交存样本份数/该社该出版年应交的总份数）×100%

2 图书考核指标的误差与对策

合理准确的考核指标能够掌握样书交存工作的真实情况，也是催交的重要依据，同时也是出版管理单位监督管理的重要依据。但是在实践中，数据还存在不准确、不及时、不全面的问题，造成考核指标存在一定误差，从而影响工作的准确性。现从以下几方面分析误差原因，并探索相应对策。

2.1 出版数据的误差及对策

出版数据的误差主要有：CIP数据未删除撤号数据，同一种书的联编数据或书商数据与CIP数据不一致造成数据重复。出版数据最主要来源为CIP数据，如前文所述，未能掌握CIP数据变更、延时出版、取消出版情况，造成掌握的出版数据大于真实的出版数据，交存率的分母偏大，造成交存率偏低。为解决该问题，可以加强与CIP中心的合作，实现数据共建共享，CIP中心能对撤销书号数据能及时掌握，交存管理平台后续优化时也要根据CIP数据及时删除撤号数据；加强与出版单位联系，每年会向出版单位发催交函，将缺交书目清单发于出版单位，此时应让出版单位核对清单，对于那些撤号不出版的数据反馈过来，手工将交存管理平台上数据删除。

对于数据不一致造成数据重复的问题，首先要加强编目质量，各书目数据的制作者按照同一规则制定的数据理论上应该一致，但在实践中书目数据来源众多，编目者水平参差不齐，加上样书记到分流环节对书目数据对比不够严格，不准确数据未删除，造成一些数据重复，为解决此问题，要在样书记到分流环节加强对数据质量的管控，相似数据要进行判断、选择，删除不准确数据，减少数据重复；再者，加强交存管理平台数据的人工管理，对于相似数据做人工判断，在出缺交清单之前删除不准确的重复数据。

2.2 交存数据的误差及对策

出版单位送交样书，经记到分流后形成各个出版单位的交存数据。但在记到分流处理中，往往碰到以下问题，造成数据不准确。首先，出版单位改名过程中，多个名字同时出版，造成同一单位数据分散，比如：中译出版社，曾用名中国对外翻译出版公司，2011转企改制后改为中国对外翻译出版有限公司，后又改为中译出版社有限公司，2018年交存图书中，中译出版社有限公司共4种，中国对外翻译出版公司129种，中国对外翻译出版有限公司41种；再如：中国环境出版集团、中国环境出版社、中国环境科学出版社，也是同一家出版单位，2018年交存图书中国环境出版集团406种、中国环境出版社360种、中国环境科学出版社27种。为解决此问题，除呼吁出版单位统一名称外，交存管理平台技术升级要做到按同一单位不同名称书目数据的关联，以保障同一单位数据的完整性。

再者，不同人员对种套册的概念理解不同，也会造成数据误差。一些套书，套有套书号，里面单册也各有书号，在出版单位交存样书时，对交存数量的理解各有不同，造成数据误差。例如百花文艺出版社的一套丛书共30册，每个单册各有自己的书号，整套也有一个书号，现行政策的是以书号为准，30个单册按各种码洋交存相应份数，严格按规定执行整套也要按整套的码洋交存相应份数。为解决此问题，在制定交存细则时，要更细化，针对这一问题要出台具体标准，建议以保障馆藏保存本和基藏本为准，确保交存图书能满足馆藏需求即可，无须重复。

此外，交存图书与购买图书不一致，造成数据误差。交存图书与购买图书不一致的原因，可能由出版不规范造成。随着快速印刷技术的发展，少印量多印次正成为一种趋势[4]，然而快速少量印刷并不改变图书的版次和印次，但不规范出版可能改变图书内容或码洋，这造成同一版次同一印次，不同渠道到馆图书不一致的情况。呼吁加强出版规范，对于新生的快速印刷技术相应的出版规则也要尽快制定。

2.3 其他影响因素

对于交存率和交全率，除了分子数据和分母数据误差会对准确性造成影响外，其统计周期和统计节点也会对数据有影响。不同受交单位的统计周期不一定相同，造成交存率不同，例如目前国家图书馆交存率的统计周期是以出版年为准，而中国版本图书馆以自然年为统计周期，二者都具有合理性，但统计结果却差别较大，每年底出版单位会质疑相同的交存为何交存率不同，为此可以加强与其他受交单位的沟通，研究出一套规范统一的考核指标统计方式，以便于出版单位对交存情况的掌握。

统计节点对交存率和交全率影响很大，目前在行政策要求出版单位在出版后30日内交存样书，但在实际操作过程中，样书到馆时间差别很大，例如2019年统计出版年为2017年的交存率，已经相对稳定，但出版年为2018年的交存率会随着时间推移明细提升。一方面加强催交工作，督促各出版单位及时送交，另一方面制定细则时合理安排送交时间，并且研究出相对合理的统计节点，使得出版单位既能从容交存，又能保证交存的时效性。

法律法规体系的完善，对做好样本交存管理工作提供了坚实的法律基础。交存管理工作要顺应新的形势，朝着更加精细化的方向发展。交存考核指标是推进精细化管理的基础，只有将考核指标做得更为及时、全面、准确，交存管理工作才能做得更精细，法律法规中的监管措施才能得以实现。今后应加强新技术新形势下，出版规范的管理；受交单位加强与出版管理单位的沟通合作，实现出版数据的共建共享，从而获得全面、准确的出版数据；编目工作者也应该严格按照编目标准，加强编目质量；受交单位之间，也应加强合作，制定出统一规范的考核指标，并针对具体细节问题统一标准；碰到问题，交存和受交单位之间加强沟通，共同促进样本交存工作的开展。

参考文献：

[1] 吴钢. 我国图书馆法制化建设的突破与未来路径——《中华人民共和国公共图书馆法》颁布之际的思考[J]. 图书馆建设,2018(1):30-36.

[2] 孙保珍,王来祥. 国家图书馆期刊缴送统计方法剖析与体系重构[J]. 图书馆理论与实践,2015(12):9-11.

[3] 袁乐乐. OLCC联合编目数据质量控制研究[J]. 图书情报导刊,2019,4(8):24-27.

[4] 庄金玉. 按需出版:数字时代出版业的新趋势[J]. 中国包装,2019,39(7):58-61.

浅析全国图书馆联合编目中心上传资格培训改革

张　茜（国家图书馆）

随着信息技术的发展，人们通过互联网搜寻信息已经成为日常生活中的一部分。数字化技术的出现从横向扩宽了用户信息来源，从纵向延伸了用户发掘信息的深度。全天候、及时、高效是现今用户对搜索和获取信息的最基本要求。用户将这种新的网络搜索习惯也带入了图书馆中，快速的社会节奏下人们不会再像过去纸媒时代那样愿意花大量的精力和时间去找一本书，而是要求以最快的速度找到自己的目标[1]。在检索时用户则要求仅输入少量的关键词就能得到准确率高的结果，甚至希望系统能够通过搜索历史推送出自己感兴趣的书目。为了适应用户的新需求，建设庞大的、有序的、具有海量数据且即时更新的数据库成为图书馆发展的新趋势。但图书编目工作费时费力，大部分图书馆都不具备独自编目的人力与物力。联机编目因其具有"一次编目，各馆共享"的优势无可争议地成为当今图书馆编目业务的主要发展方向。

全国图书馆联合编目中心（以下简称"联编中心"）成立于1997年10月，旨在全国范围内组织和管理图书馆联机联合编目工作，运用现代图书馆的理念和技术手段将各级各类图书馆丰富的书目数据资源和人力资源整合起来，实现书目数据资源共建共享，降低成员馆及用户的编目成本，提高编目工作质量，避免书目数据资源的重复建设，实现书目数据资源的共建共享[2]。联编中心的数据自成立之初便是以国家图书馆为主要来源。国家图书馆一直以来都秉承着"中文求全，西文求精"的宗旨建设本馆的馆藏。然而在各类资源海量级出现的今天，即使是国家图书馆也不可能依靠独自的力量及时完成全部文献编目工作，文献资源的全面整合只有靠图书馆业内之间的合作[3]。为了帮助成员馆培养编目人才，鼓励各馆参与到数据共建共享工作中来，联编中心自2000年起每年组织开展各类培训，至今已有58期。培训主题涵盖：中文图书机读目录格式、电子资源著录规则、西文文献著录条例、中文连续出版物机读目录著录等。通过培训成员馆编目人员提高了编目水平，为保障上传数据的质量奠定了良好的基础[4]。

1 开展上传资格培训的意义

上传资格培训是联编中心为用户提供的深层次数据服务工作，其基本目的是培养出具有书目资源共建共享理念和编目标准化、规范化思想的编目员。

1.1 促进全国图书馆数据建设

联合编目中的每一位成员馆无外乎有两种身份，共建或者共享。图书馆学是各个学科的交叉点，因编目工作既繁杂又琐碎，作为建设馆的编目员必须熟练掌握文献编目规则和格式、分类标引的使用以及计算机操作等各项技能。作为共享馆的编目员，虽然共享降低了原编的数量，减少了重复工作，但是对于编目员的编目水平反而要求更高，因为审校工作更需要耐心和对各项标准规范的认知能力。有鉴于此，仅在日常工作中锻炼编目员的业务技能是不够的，更需要定期参加培训充实图书馆理论知识，提高编目综合素质。

1.2 统一文献编目规范

对于成员馆来说，要想在联合编目工作中真正成为资源共享的受益者，就必须将各馆的编目标准统一。只有建设者和使用者的规则一致时才能实现真正意义上的资源共享。目前国内编目普遍使用的机读格式是《中国机读目录格式》（CNMARC）及《新版中国机读目录格式使用手册》，这套规则是经过图书馆业内专家多年研究编撰的一套成熟的编目规则，全面地介绍了各个字段的意义用途，内容详尽。但是理论性太强，特别是对于基础薄弱的编目员，如果没有经过系统的学习，极易因对编目规则领会程度不同导致对相似的规则产生混淆；或者当编目员著录时遇到需要进行主观判断的字段时，因为理解不同而造成编目结果差异较大。通过上传资格培训可以逐一明确编目细则，强化编目员思想共识，避免出现因为各成员馆实际编目规则不统一，而影响整个联编中心数据库质量的情况。

1.3 提升书商编目业务能力

近年来图书馆采编业务外包工作已经呈现出普遍化的趋势。很多书商的优势在于在图书出版之前就可以从出版社得到在版编目（即CIP）数据，不但为图书馆提供图书采访和加工外包服务，还可以"采编合一，随书配目"[4]。许多馆采用半外包半自编或是全部外包模式。不可否认的是编目外包可以提高图书馆编目工作效率，降低人力物力成本。但由于书商编目标准不统一、编目员水平参差不一、追求利益最大化等因素的影响，书商所提供的书目数据质量很难保证，字段缺失或检索点不规范的情况时有发生。在这一情势下，就必须强制书商参加编目培训，提升书商编目业务水平，确保所提交的数据质量。

1.4 提高编目员在新媒体时代的适应能力

随着网络信息技术在图书馆工作中的广泛应用，传统的编目技术已经悄然革新。编目载体由传统纸质卡片目录改为机读目录，ILAS 系统、图创系统、ALEPH 系统等各种编目软件在各级图书馆中推广使用。然而图书馆的硬件水平提升只是表象的，真正提升编目硬实力的是相关人员能熟练应用这些先进的技术。一些市、县级图书馆虽然配备了相应的编目软件，但编目员却不具有基本操作编目软件的使用能力，这样一来，这些图书馆非但完全没有享受到新技术所带来的便利，新技术的引进反而成为鸡肋甚至是开展图书馆工作的阻碍。因此各级图书馆应结合身情况积极参加培训，不断完善工作人员的相关专业知识能力，提高综合素质。

2 目前的上传资格培训情况

目前联编中心每年举办一次上传资格培训，课程设置包含：中文普通图书机读目录格式及编目规则、中文普通图书标引规则、上传数据的要求及操作规程。培训从基础概念入手，先进行图书馆编目基本理论的讲授，如一些专有名词、概念。然后由浅入深结合实例重点讲解在规则实际应用过程中所需的经验和判断，让学员能够活学活用。学员经过培训后以现场笔试的形式考试，考试合格后方可获得资格证书，但上传资格认证机制在运行的过程中逐渐显现出一些不足。

2.1 编目员固守常规，知识更新不及时

图书馆的业务水平和服务质量很大程度上取决于图书馆员，特别是编目人员的整体素质。数据质量高的馆其编目员往往要经过持续不断的学习才能保证编目水平的连续性、一致性和稳定性。但是图书馆工作的环境和内容容易造成编目员技能结构单一，知识面狭窄，编目思维固化等情况。如果编目员在获得了资格证书后只是机械性地编

目，不接受继续教育，那这类编目员的辨别能力、检索能力、信息加工能力是不会再有任何提升的。培训的过程是反思的过程，在反复学习的过程中梳理逻辑，从旧知识中得到新的体会。即使是老编目员也需要时常自省，才能避免出现著录中因为认识模糊或主观误判造成的错误。

2.2 编目证书在外包行业中存在的问题

外包促进了馆藏量的快速增长，缓解编目人员不足的困境，将编目人员从繁重的编目工作中解脱出来。国内有相当部分的图书馆在外包招标时要求投标书商具备联编中心数据上传资格，但是近几年也发现个别书商截留已离职员工的证书，甚至伪造证书参与图书馆采编工作招标项目。由于书商的工作人员流动性大，旧版的证书对于馆员个人信息所列不详尽，为招标单位核验证书的有效性和真实性增加难度。

3 上传资格培训新变革

鉴于之前的培训机制不完善所导致的种种弊端，自2016年起联编中心上传资格培训做出相应调整。资格证书有效期由原来的无时效限制改为有效期5年。有效期满后，需通过网络在线或现场重新考试进行注册认证，重新注册认证后，相应延长证书时效5年。对于历史上所发资格证书，需原证书持有者在2020年逐步通过网络在线或现场重新测试认证。同时，联编中心网站开通了证书的在线核验功能。此外，线上考试所用题库改为由中心总校、馆外质量监控员和分中心资深编目人员等共同负责维护。

3.1 增设有效期

图书馆文献编目工作面临的现实环境是文献种类多样化，文献数量激增。随着科学技术的发展，各个学科知识之间相互交叉，文献的著录、分类标引、主题标引也是顺应着时代不断改变的。编目人员必须具有及时获取新的知识的能力和积极改进编目方式的态度，以应对新的形势。增加5年有效期从某种程度上来说是对于编目员的督促机制。这就要求编目人员充分调动自主学习积极性，能够根据业务需求及时熟悉新的数据格式和各种信息的组织方法。

上传资格证书是对个人编目水平的认可，其认证对象是持证人个人，而非持证人所属单位。5年一认证可以避免资格证书被所属单位长期占用，确保证书能一直为持证人所有，保护持证人的权益不被损害。

3.2 增设证书编号

2016年之后核发的资格证书具有唯一编号，用人单位在招聘或者图书馆在外包招标时可通过编号在联编中心的网站上查验证书的真伪，以此来确保图书馆行业编目人员的高素质，促进数据建设健康有序发展。从外包公司的角度可以提升具有专业水平优势的外包公司的市场竞争力，保护整个图书馆行业处在一个良性竞争的环境[5]。

3.3 注重题库建设

在线考试所使用题库不再仅是由联编中心的审校老师出题，而是召集了联编中心所有馆外质量监控员和分中心资深编目人员共建题库。题库运行方针通过专家组反复座谈讨论得出，题库内容定期更新，知识面覆盖更广，所出题目融合了理论知识与众多编目员在实际编目中的经验与心得，对于学员提升实操能力更有帮助。

3.4 在线考试节约成本

改革前的上传资格培训考试只能在培训现场进行，但编目员遍布全国各地，由于实地考试的成本过高，受制于图书馆经费限制，一些编目员只能望而却步。改革后证书5年有效期满后，学员可选用在线考试的形式重新认证。持证人员不需要来回奔波，有效节省了时间和经费成本。

4 对未来的展望

上传资格培训的每一次发展都为用户需求所驱动。未来的编目工作将更具复杂性与可扩展性，规范数据的使用与建设、计算机技术的发展、国际化编目标准的推广等都将成为业务工作的重点。培训内容应与实际业务工作相结合，根据图书馆行业的发展趋势调整。

从培训对象来说，现阶段参与培训的主要是书商还有一些省级图书馆员。党的十八大以来我国树立了建设文化强国的目标，在各方面加大投入，特别是狠抓基层文化建设。具体体现在基层馆的经费增加，图书馆编制增加，越来越多的基层馆申请加入联编中心。他们对于学习和提高自身编目能力展现出了极大的热情。因此可以预测到未来培训中基层编目员的比例会逐渐增加。他们最需要的是尽快熟悉文献编目及各个相关学科的基础理论知识，这在安排今后的培训工作时是也必须要考虑的。

培训一方面是为用户提供服务，从另一角度考虑也是刺激用户的潜在需求。乔布斯有句名言：人们压根不知道到底想要什么，直到你将产品放到他们眼前。通过上传资格培训展示联编中心目前所能提供的数据服务，也可以为各单位的编目工作提供新思路、新方法、新技术。

编目是图书馆事业的基石，图书馆的服务水平在很大程度上取决于编目员队伍的整体素质。因此建立长期有效且能适应新环境的培训机制，对我国的文献编目质量和图书馆建设起着至关重要的决定性作用。联编中心应以此为目标，不断探索，努力开创我国联合编目事业新局面。

参考文献：

[1]兰艳花.论国际编目理论体系的衍变及未来编目的特征[J].福建图书馆理论与实践,2015(3):40-43.

[2]全国图书馆联合编目中心简介[EB/OL].[2019-09-24].http://olcc.nlc.cn.

[3]孙保珍.数字时代我国联合编目工作面临的挑战与对策——以全国图书馆联合编目中心为例[C]//中国图书馆学会学术研究委员会信息组织专业委员会.编目:核心能力与挑战——第四届全国文献编目工作研讨会论文集.北京:国家图书馆出版社,2015:45-49.

[4]叶忆文.试论全国图书馆联合编目中心的公益性服务[J].四川图书馆学报,2012(5):5-8.

[5]蔡益群.外包编目员联合培训模式的构建[J].图书馆学刊,2015(5):19-21.

基于SWOT的中文简装报减复本的可行性分析
——以国家图书馆为例

赵　敏（国家图书馆）

近些年，随着移动互联网的发展和智能手机的普及，人们获取资讯的方式已不局限于传统报纸。相比传统报纸的传播速度，移动互联网几近"秒达"，而且传播形式不再是单一的图文，还有音频、视频等多种形式，能让读者多角度、全方位地获知讯息，甚至有直达新闻现场的体验，而传统报纸走下坡路是大势所趋。

国家图书馆（以下简称"国图"）的采访方针是"中文求全"。对报纸来说，由于多方面原因，国图中文报纸的收藏范围仅限于省级以上正式出版的报纸、地市级地区出版的日报和晚报[1]。截止到2019年6月，中文现报入藏1405种，其中挑选了231种作为中文报刊阅览区的散报开架阅览，并配套同样品种数的简装报闭架阅览。本文分析的中文报纸减复本方案正是这类231种简装报。该类报纸作为开架散报阅览的补充，一般两年后便做销毁处理，其存在的必要性，以及是否可用其他来替代，是值得讨论的问题。再则，随着购书经费的减少，文献减复本被提上议事日程，优化采访结构，充分挖掘现有资源价值成为图书馆采编人员的工作要点。

1　SWOT简介

1.1　基本概念

SWOT分析，即基于内外部竞争环境和竞争条件下的态势分析，是指将与研究对象密切相关的各种主要内部优势、劣势和外部的机会和威胁等，通过调查列举出来，并依照矩阵形式排列，然后用系统分析的思想，把各种因素相互匹配起来加以分析，从中得出一系列相应的结论，而结论通常带有一定的决策性[2]。

把SWOT拆解来看，S是英文单词strengths，即优势；W是weaknesses，即劣势；O

是opportunities，即机会；T是threats，即威胁。因此，SWOT分析实际上是对研究对象内外部条件各方面内容进行概括和综合，进而分析其优劣势、面临的机会和威胁的一种方法。SWOT最早于20世纪80年代初由美国旧金山大学的管理学教授韦里克提出，经常被用于企业战略制定、竞争对手分析等场合。现如今SWOT不再局限于管理学领域，因它逻辑清晰、简单易学而被广泛运用于不同领域，作为决策者制定战略的参考。

1.2　分析模型

基于SWOT的分析要素，可以组合成四种不同类型的分析模型：优势—机会（SO）战略、弱点—机会（WO）战略、优势—威胁（ST）战略和弱点—威胁（WT）战略。

优势—机会（SO）战略是一种发展内部优势与利用外部机会的战略；

弱点—机会（WO）战略是利用外部机会来弥补内部弱点，从而改变劣势获取优势的战略；

优势—威胁（ST）战略是指利用自身优势，回避或减轻外部威胁所造成的影响；

弱点—威胁（WT）战略是一种旨在减少内部弱点，回避外部环境威胁的防御性战略。

2　国图中文简装报减复本方案的SWOT分析

国图中文报纸复本的分流去向主要有三大类：保存本、阅览室以及制作简装本。保存本作为基础馆藏，是馆藏文献的基本保障；阅览室有中文报刊阅览室、少儿阅览室和民语阅览室，对应的品种数分别为231种、18种和17种；制作简装本为231种，其数量和品种与中文报刊阅览室提供的散报阅览一致。

所有1405种现报的主要采访渠道有五种方式：邮局、海天、五洲、直订以及交存。其中，订购报纸总数860种，占比61.2%；纯交存报纸545种，占比38.8%。本文的研究对象是231种用于制作简装本的中文报纸。

2.1　优势

纸质报纸主要以大开本的纸张为载体，符合读者的传统阅读习惯。在一张大开本的报纸上往往印刷有不同的信息，方便读者快速浏览，获取需要的信息。另外，其醒目的标题、丰富的图片等排版设计，给读者带来美的享受，大大提高了读者的阅读体验。

基于报纸的出版机制，一份报纸在出版前，总要经历严格的编辑审校，以确保内容翔实。与网络上铺天盖地的信息相比，报纸上的内容更准确，更让读者信服。

2.2 劣势

与网络上的数字化信息相比，纸质报纸上的信息无法检索，没有对内容进行聚合和分类。随着信息技术的发展，读者获取信息的方式越来越方便快捷，而且也习惯了一键式检索的方便，如果还让读者通过翻阅大量典籍来获取资料，那只会失去读者。所以，无论是从获取信息的方便程度，还是读者习惯，纸质报纸处于明显的劣势。

另外，纸质报纸不可避免地存在到报延迟的情况。国图坐落于北京，基于地缘优势，北京地区的报纸到报情况较好，而外地报纸的到报情况存在较大时间差。山东、江苏、浙江等地区一般延迟2—3天，两湖、两广等地区一般延迟4—5天，西藏、新疆等地区可能会延迟一周以上。在当今"一触即达"的信息时代，纸质报纸显然跟不上网络传播的速度。

2.3 机会

在网络技术和电子设备的快速发展下，网民数量不断增长。据中国互联网协会发布的《中国互联网发展报告（2019）》，截至2018年底，我国网民数量达到8.29亿，全年新增网民5663万，互联网普及率达59.6%，较2017年底提升3.8个百分点，手机网民规模达8.17亿，较2017年底增加手机网民6433万[3]。另据泰一数据统计，网络新闻用户规模达到6.63亿，占比为82.7%，仅次于即时通信用户，排名第二[4]。显然，用户获取资讯的方式不再局限于传统纸质文献，纸质报纸的传播方式已远远落后于移动互联网的发展速度，报纸的品种数和发行量萎缩是大势所趋。

与此同时，中国报业在不断谋求改革，"新媒体""融媒体""全媒体"的概念被接连提出。《新京报》根据北京媒体融合发展规划的"1+2+17+N"的传播矩阵，着力建设好"新京报"新闻客户端市级新媒体平台，充分发挥主流媒体示范引领作用；《中国食品报》推出了融媒体服务平台——中国微视角，用短视频的方式拍摄制作传播，服务食品行业发展，业务早已超出传统纸媒范畴；《温州都市报》构建了温都网、温都影视、温都微信、温都微博、掌上温州（客户端）为内容的传播核心平台[5]。目前来看，很多报社不再以出版发行传统报纸为主业，而是顺应时代发展趋势，充分利用互联网技术，实现新媒体矩阵。正如"全媒体"的概念：全媒体不断发展，出现了全程媒体、全息媒体、全员媒体、全效媒体[6]。全媒体让信息无处不在、无所不及、无人不用，导致舆论生态、媒体格局、传播方式发生深刻变化。

技术的进步和报纸行业的变革为图书馆报纸借阅提供了机会。针对231种简装报，结合馆藏数字资源和互联网公开电子报纸情况，统计得到国图已购数据库中有数字资源194种，占比84%，其中数据库仍在更新的有114种。另外，针对无数字资源和数据库停止更新的报纸，目前在互联网上可免费阅览的报纸有59种，总计能够获得及时更新的数字资源的报纸品种达173种，占比75%。如图1所示，图中除左上两种的其他三部分（114种馆藏有，且持续更新；52种馆藏有，已停更，网络公开；7种馆藏无，网络公开。）组成了可获取数字现报的所有品种，占据了图中约3/4的面积，为电子报纸替代纸质报纸提供了可行性。

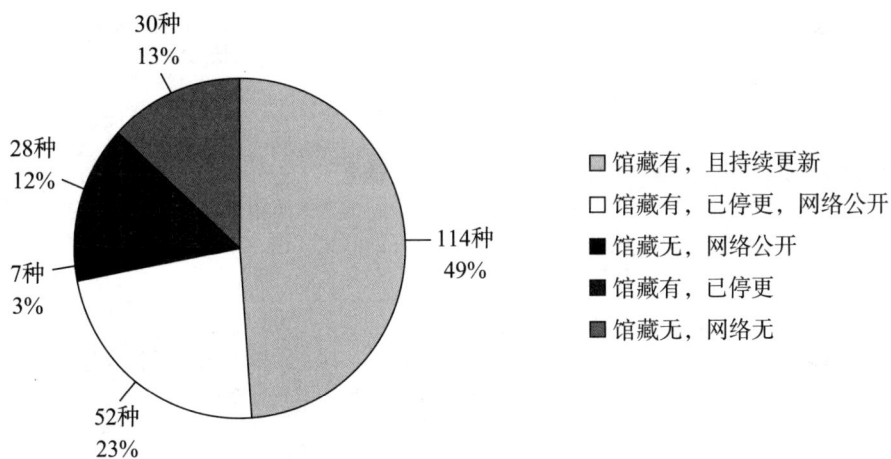

图1　231种简装报的数字资源情况

2.4　威胁

国图的报纸借阅主要分三部分：现报阅览、近两年简装报阅览以及两年之外的精装保存本阅览。所有报纸只能在馆阅览，不能外借。可见，简装报处于现报和保存本之间，在保存本未入库之前，向读者提供服务。目前，国图的报纸阅览区主要以中老年读者居多，取消简装报，会影响他们的部分阅读需求。

2.5　SWOT分析

基于上述要素分析，运用SWOT分析模型理论，得到下表。不可否认，纸质报纸有其独特的优势和特定的读者群体，但是其劣势也是无法回避的。特别在如今互联网的时代，纸质报纸远远跟不上网络信息的传播和更新速度。表1中SO战略是指利用机会，发挥优势，得到：结合纸质报纸，着力建设电子报纸阅读设备，打造全新的阅读空间，带给读者更好的阅读体验。WO战略是指利用机会，克服劣势，得到：充分利用电子报纸资源，克服纸质报纸无法检索、到报延迟等问题，方便读者查找、获取。ST战略是指利用优势，回避威胁，得到：调研读者需求量大的报纸，保留相应的简装报，降低减复本方案实施后的影响。WT战略是指减少劣势，回避威胁，得到：发挥图书馆导读作用，尽可能提高报纸的利用率，但是在不利用互联网和新技术的情况下，纸质报纸的劣势很难改变，难以扩充读者群，读者量会越来越少。

表1　国图中文简装报减复本方案SWOT分析

内部因素 外部环境	优势S （1）符合传统阅读习惯，阅读体验好； （2）信息准确，内容翔实	劣势W （1）无法检索，不利于获取； （2）到报延迟，时效性差
机会O （1）移动互联网的快速发展； （2）报纸行业的变革； （3）电子报纸的普及率较高	SO战略 结合纸质报纸，着力建设电子报纸阅读设备，打造全新的阅读空间，带给读者更好的阅读体验	WO战略 充分利用电子报纸资源，克服纸质报纸无法检索、到报延迟等问题，方便读者查找、获取
威胁T 影响读者的部分需求	ST战略 调研读者需求量大的报纸，保留相应的简装报，降低减复本方案实施后的影响	WT战略 发挥图书馆导读作用，尽可能提高报纸的利用率，但是在不利用互联网和新技术的情况下，纸质报纸的劣势很难改变，难以扩充读者群，读者量会越来越少

3　中文简装报减复本的可行性分析

随着移动互联网和移动终端的普及，中国网民的数量已超过8亿，其获取资讯的方式从传统报纸转移到电子屏幕上，并且各大报业集团正在融合转型，由传统报业向"全媒体"转变，纸质报纸只是作为其传播新闻和价值的方式之一，公众号、今日头条、知乎等各类型的APP都是重要的传播阵地。纸质报纸的没落、新媒体的兴起和读者阅读方式的转变，给图书馆的报纸借阅工作提供转变的契机，另外纸质报纸自身无法检索、时效性差等劣势，读者量萎缩不可避免。再加上国图丰富的电子报纸馆藏资源和网络免费公开的电子报纸,均为电子报纸替代纸质报纸提供可能。中文简装报减复本唯一的威胁是减复本会影响读者的部分需求,这可以经调研后通过逐步减复本的措施减少影响,还可以利用电子资源并发挥图书馆导读作用来弥补。

综上所述,通过分析优势和劣势,结合外部环境的机会和威胁,减少中文简装报复本可行。

4 对策和建议

4.1 充分利用电子报纸,建设多媒体阅读空间

电子报纸的使用不是简单地在阅览室竖几块触摸屏让需要的读者使用,而是发挥其检索、延伸阅读、互动等功能。与以纸质为载体的出版物不同,数字化的文献便于检索和获取。读者在阅读电子报纸时,不仅可以按照报纸传统版面标题浏览式的快速阅读,还可以对感兴趣的内容进行检索,开展扩展式的详读。另外,阅读的内容不再局限于图文,更有丰富的语音和视频,带来全面、立体的资讯。再则,基于程序设计的技术支持,点赞、评论、收藏等互动功能给读者带来新颖的阅读体验。在阅读习惯方面,电子墨水屏已能做到和纸质出版物同样的视觉效果,相信随着技术的进步,会给读者带来更好的阅读体验。

除了技术设备的更新之外,还需要建立舒适的多媒体阅读空间。目前,国图有多媒体阅览室,但是没有针对报纸的多媒体阅读空间。国图可以借此契机,建立电子报纸的多媒体空间,形成特色服务。另外,通过减少中文简装报节省的资金和空间也可以用于该空间的建设。经过核算,国图每年制作简装本的成本约15万,占用库房面积约20平方米,并且这些报纸一般于两年后销毁,不用于馆藏保存,其机会成本不言而喻。

4.2 引进新技术,提高读者体验

目前,国图采编馆员进行纸质报纸编目时,与电子报纸信息的链接,只是用856字段注明网址,读者在查询获得编目信息后,只能在一处很小的信息条中发现,易被忽略,界面不友好。这固然受限于以前传统资源揭示工作和信息技术的落后,但以Alpha Go为代表的人工智能技术的兴起,使得新的检索和呈现方式成为可能。知识图谱是以图的形式表现客观世界中的实体(概念、人、事物)及其之间关系的知识库[7],

已成为语义搜索、智能问答、决策支持等智能服务的基础技术之一。该技术的应用，将有助于纸质报纸和电子报纸的融合服务，同时简化操作，有利于中老年读者使用。

4.3 做好调研，逐步推进

国图奉行"传承文明，服务社会"的核心价值，读者服务一直是每位馆员的重点工作。读者的满意程度不仅影响国图的对外形象，同时读者的高满意度是每位馆员的成就所在。减少中文简装报复本会影响读者服务，这是该方案最大的问题，也是国图资源建设委员会对该方案的争议所在。对此，为了降低减复本对读者需求可能造成的影响，需要前期做好调研工作，对读者需求量大的报纸暂缓减少，并逐步引导到电子报纸的阅读上。

4.4 充分发挥图书馆导读作用

图书馆导读是指图书馆适应时代需求，利用各种手段干预、影响读者的阅读内容、阅读能力、阅读性质的过程，以加强读者的社会教育并使图书馆的馆藏得到充分的利用[8]。国图报纸阅览区是按照地区＋字顺的形式排架，读者只能通过报名索取报纸，很难通过查找特定内容来搜寻报纸，这就需要发挥图书馆导读作用。另外，目前报纸阅览区的读者以中老年为主，他们使用电子设备的能力较弱，更需要图书馆发挥导读作用，使馆藏资源得到充分利用，极大满足读者的需求。

回顾过去，报纸的黄金时代已经过去。在技术迭代日益快速的当今，报纸行业已经发生巨大的变化。著名学者麦克卢汉曾说"媒介即讯息"，几乎每次重大科技突破都会深刻改变媒介形态和舆论生态。国图在履行国家总书库职能和继承传统文献服务的基础上，不妨尝试运用新技术，在报纸行业和读者之间架起一座桥梁，缩小优质内容和读者之间的距离，在读者获得良好体验的同时也提高公众对国图的认可。

参考文献：

[1]杨宝青.图书馆中文报纸管理现状分析与探讨——以国家图书馆为例[J].河南图书馆学刊,2014（5）:70-72.

[2]百度百科.SWOT分析法[EB/OL].[2019-07-30].https://baike.baidu.com/item/SWOT%E5%88%86%E6%9E%90%E6%B3%95/150223?fromtitle=SWOT&fromid=1050&fr=aladdin.

[3]ZNDS资讯.2019中国互联网发展报告发布:网民数量达到8.29亿[EB/OL].[2019-07-11].https://news.znds.com/article/39223.html.

[4]泰一数据.8亿互联网用户!这些人都在用网络做什么?[EB/OL].[2019-07-30].https://baijiahao.baidu.com/s?id=1610274577194499528&wfr=spider&for=pc.

[5]人民网研究院.面对报业停刊现象,可用改革思维来解读[EB/OL].[2019-03-12].http://media.people.com.cn/GB/n1/2019/0109/c14677-30511578.html.

[6]人民网.人民日报:让主流媒体成为"全媒体"[EB/OL].[2019-07-25].http://media.people.com.cn/n1/2019/0130/c40606-30597702.html.

[7]黄恒琪,于娟,廖晓,等.知识图谱研究综述[J].计算机系统应用,2019(6):1-12.

[8]梁钜霄.读图时代的图书馆导读创新[J].图书馆建设,2012(7):51-54.

基于数据挖掘的图书馆个性化信息服务研究

赵　楠（国家图书馆）

进入信息时代后，图书馆所产生的数据已不同于传统的、易于存储、便于分析的结构化数据，具有体量庞大、更新迅速、结构多样、低价值密度等特点，其内在逻辑不易被挖掘，分析难度极大。数据挖掘技术是利用计算机算法在海量数据中检索所需的隐藏信息，进行模型化分析处理，从而获得具有决策参考价值的"新数据"。在互联网环境下，基于数据挖掘技术的图书馆信息服务一方面使读者不受空间和时间所限，使用移动设备便可获取图书馆的各种资源；另一方面通过绘制用户画像、分析用户行为，使用户获得需求契合度更高的服务体验。本文针对基于数据挖掘技术的图书馆个性化信息服务进行论述。

1　数据挖掘技术

图书馆在日常运行维护中可产生海量数据，包括馆藏数据、业务管理数据、服务数据、用户行为数据，其中业务管理数据、服务数据、用户行为数据多为半结构化和非结构化数据。半结构化数据是指不符合关系型数据库或其他数据表的形式关联起来的数据模型结构，是结构化数据的形式之一。半结构化数据须选择在保证信息处理准确度和效率的前提下，运用适当的逻辑层次进行描述，方可有效利用。非结构化数据是指没有固定结构的数据，一般使用二进制数据格式直接整体存储，如图片、声音、视频等。

数据挖掘适用于数据特征与规律并不明显的数据信息，如半结构化、非结构化数据。其依靠计算机算法来寻找隐藏的数据关系，同时可与数据库、人工智能等其他技术相结合进行数据深挖。数据挖掘技术通过分析服务数据和用户行为数据，可描述用户特征、绘制用户画像、预测用户需求。根据研究对象的结构形式，数据挖掘可分为数据挖掘、Web数据挖掘、文本挖掘。在实践过程中，数据挖掘可分为预测性数据分析法和描述性数据分析。预测性数据分析法是通过对数据进行初步分析获得具有指导性结论，以预测未发生的行为，又可分为分类型数据预测和统计回归型预测。描述性数据分析是对所收集数据进行系统描述，为后续数据收集做准备，又可分为关联分析、序列分析、聚类分析[1]。常见的数据挖掘技术包括机器学习、神经网络、数据库、模式识别、粗糙集、模糊数学等[2]。

2 数据挖掘技术在图书馆的应用

目前，国内外图书馆关于数据分析、数据挖掘的应用方向可大致分为系统平台搭建、决策支持、读者服务等三个方面。国外图书馆更多关注数据支持的决策研究及科研服务，而国内图书馆则更多关注科研服务及建立业务数据统计平台[3]。早在2005年，耶鲁大学哈维库欣/约翰海惠特尼医学图书馆就开始根据已有数据分析纸本刊与电子刊的利用率比对结果调整期刊订购政策。我国关于大数据及其发展应用的研究起步较晚，始于2012年，但迅速引起业内关注。

理论方面，马晓亭提出采用多层次系统结构的图书馆大数据资源整合平台框架[4]。应用方面，Chen Ming提出以Hadoop+MapReduce并行架构的应用方案[5]。Hadoop是Apache开发的分布式系统基础架构，可存储海量数据并对其进行高速运算。Hadoop具有可靠、高效、可伸缩等特点。其核心部分包括：HDFS分布式文件系统、MapReduce计算模型、Yarn资源调度。借助Hadoop分布式系统基础架构，通过HDFS和MapReduce为海量数据提供存储和分布式运算以应对海量数据分析[6]。但MapReduce自身具有一定局限性，这种分布式机器学习算法耗时和消耗磁盘IO。因此，继Hadoop+MapReduce架构应用之后，又出现运行速度、易用性、通用性、容错性方面表现更佳的Spark MLlib机器学习。康娜等在其构建的图书馆智慧服务体系中的数据挖掘层便采用Spark MLlib机器学习库，包括关联规则、分类、时间序列等50余种分布式模型训练算法[7]。

运用于图书馆信息服务系统的数据挖掘技术体系具体如下。在数据收集层面，馆外数据可通过开源式网络爬虫系统如Nutch、Heritrix等进行采集，馆内数据可通过开源分布式海量日志收集系统如Flume、Scribe、Chukwa等进行采集。采集上来的数据可分为结构化数据、半结构化数据、非结构化数据。在数据存储层面，结构化数据经由数据转移工具Sqoop处理存储至Hcatalog，半结构化数据和非结构化数据可存储于：①经分布式文件系统 HDFS 处理存储至适用于海量数据存储和高并发查询的 HBase；②适用于数据实时存储、更新与查询的 MongoDB；③支持非持久化具有缓存机制可降低存储压力的 Redis、Berkeley DB 和 Memcached 等。在数据处理层面，Hadoop 的 MapReduce 和 Spark Core 可使用映射规则对海量数据进行分析和操作，Spark SQL 可融合不同格式结构化数据并执行类 SQL 查询，Spark Streaming 可处理大规模流式数据，具有更好的实时性和更高的容错性。在数据挖掘层面，Spark MLlib 具有分类回归、聚类、协同、关联等分布式模型训练算法，同时增加深度学习算法。关联规则算法数据挖掘重要算法之一，分析预测数据间关联强度，可实现图书精准查询和个性化推荐功能，包括 Apriori 算法、FP-tree 算法等。分类算法可将读者用户群体分类，找出各群体的特征、群体间的关联、识别特殊群体等，提供针对性服务，包括贝叶斯分类、决策树分类等。学习算法可对用户和资源进行内容特征挖掘、知识图谱学习，包括深度信念网络 DBNs、卷积神经网络 CNN 等。

目前数据处理、数据挖掘技术已运用到部分图书馆信息管理及服务中。国家图书馆于2016年初步构建基于读者与资源核心业务系统的图书馆大数据平台，运用系列分析方法深入了解国家图书馆主要服务对象和整体资源利用等情况[8]；上海交通大学图书馆于2012年自主开发一站式图书馆业务统计系统平台，对馆藏信息、流通信息、学科服务、科研信息等数据集成管理[9]；复旦大学图书馆建立图书采访辅助决策支持系统，运用数据挖掘及处理技术指导图书馆采购决策[10]；北京师范大学图书馆根据用户在校期间行为习惯，提供展示服务，体现对毕业生的人文关怀[11]；上海图书馆根据用户阅读足迹推送"悦读账单"，用户直观了解全年阅读情况，并制订下年度阅读计划[12]。

3 基于数据挖掘的图书馆个性化信息服务

在获得用户允许的基础上，对用户访问过程中所产生的借阅记录、文献传递、检索下载等服务数据和浏览记录、互动记录等用户行为数据进行分析，确定用户的行为习惯、阅读偏好等隐藏信息，描绘用户特征、绘制用户画像、预测用户需求，从而提高更加贴切、符合用户需求的信息服务。为用户提供定制化的信息推送服务、资源导航服务、自定义信息门户服务。图书馆个性化信息服务模式将传统的被动式服务逐步转变为智慧的主动式服务，有利于提高用户满意度和资源利用率[13]。

图书馆个性化信息服务应具备以下特征：时间个性化、方式个性化、内容个性化、沟通智能化。时间个性化是指分析用户在线时段，让用户在特定时间内更快地获取所需信息，如在通勤时段内向中青年用户手机移动端推送资讯。方式个性化是指结合图书馆用户行为习惯，推荐精准的图书馆服务如为视障人群用户推送音频资讯。内容个性化是指为用户提供更加贴近其个人需求的资讯，如根据青少年用户的学龄，为其推送艺术、文化、学习相关资讯。沟通智能化是为用户提供便捷、高效的沟通渠道，及时收集用户反馈信息[14]。

"个性化服务是吸引用户参与数字图书馆的关键所在，也是图书馆发展的重要趋势"[15]。在信息化时代，图书馆信息服务面临更严峻挑战，服务质量成为决定图书馆提升存在价值的重要标准之一。目前，图书馆个性化信息服务仍面临两个问题：一是图书馆有限的数据处理能力是否能应对高速增长的海量数据；二是图书馆有限的人力及财物资源是否能应对繁杂多样的用户个性化信息服务需求[16]。图书馆应加强数字化建设，结合馆藏资源查阅使用数据分析结果，提供更多用户需求的信息资源；根据用户分析，找准定位，建立特色服务模式；加强图书馆之间的共建共享，关注图书馆之间的资源深度整合。数据收集、挖掘和处理相关的设施设备及人力资源建设的地位日益重，在图书馆信息服务领域，尤其是公共图书馆，将基于数据挖掘分析而扩张，日后为政府、企业提供订单式、集成化服务将成为日常服务内容[17]。

在大数据的时代背景下，用户自主意识逐步提升，传统信息服务模式不再满足用户需求，图书馆终将成为多元化信息服务中心。图书馆可基于数据挖掘及时响应用户需求，探索适合本馆的个性化信息服务模式特色，把握用户需求变化趋势，提供可靠、高效的个性化信息服务。现阶段仍需大量理论研究及实践工作，有待于图书馆多方面努力，进一步挖掘海量的馆藏数据资源更深的隐藏价值。

参考文献：

[1]吕美霞.数据挖掘技术在图书馆管理信息系统中的应用研究[J].中国管理信息化,2015(16):43-47.

[2]刘轶.浅谈大数据背景下数字图书馆的建设与服务[J].图书馆工作与研究,2018,22(15):148-149.

[3]刘斌,李峰,黄婧.大数据环境下图书馆数据管理与分析应用现状研究[J].高校图书馆工作,2019,39(190):59-63.

[4]马晓亭.基于移动大数据决策支持的图书馆移动阅读服务研究[J].图书馆学研究,2015(16):43-47.

[5]Ming C, Siwen M, Yunhao L. Big data: A survey[J]. Mobile Networks and Applications,2014(2):171-209.

[6]柳益君,何胜,熊太纯,等.大数据挖掘视角下的图书馆智慧服务——模型、技术和服务[J].现代情报,2017,37(11):81-86.

[7]康娜,于琦,李琳,等.基于数据挖掘的图书馆智慧服务体系研究[J].图书馆界,2019(2):1-3.

[8]杨帆,张红,薛尧予.基于核心业务系统的图书馆大数据平台构建策略研究[J].图书馆学研究,2017(9):38-42.

[9]孙翌,郑巧英,徐璟.多数据来源的高校图书馆统计系统研究与实践[J].国家图书馆学刊,2014(4):66-71.

[10]汪东伟.图书采访决策支持系统的设计与实现——以复旦大学图书馆采访决策支持系统为例[J].中国索引,2014(2):34-38.

[11]李峰,李书宁,于静.面向院系的高校毕业生图书馆记忆系统[J].现代图书情报技术,2016(5):99-103.

[12]胡馨滢,陶磊.大数据视角下的阅读推广——以上海图书馆为例大数据[J].情报探索,2017(8):110-113.

[13]洪亮,周莉娜,陈珑绮.大数据驱动的图书馆智慧信息服务体系构建研究[J].图书与情报,2018(2):8-15.

[14]倪伟燕.基于数据挖掘技术的数字图书馆信息服务研究[J].浙江工商职业技术学院学报,2018,17(4):86-88.

[15]韩惠琴,刘柏,董其军.知识发现在数字图书馆中的应用[J].大学图书馆学报,2001(1):16-19.

[16]马晓亭.基于情景大数据的图书馆个性化服务推荐系统研究[J].现代情报,2016,36(4):90-94.

[17]彭松林.大数据与公共图书馆服务转型[J].四川图书馆学报,2018(2):1-5.

浅谈信息时代中国图书馆馆藏文献
编目工作的发展方向和趋势

周　平（国家图书馆）

随着科学技术的发展，人类社会进入了信息时代。信息时代与之前人类经历过的时代相比，最重要的特点就是"信息爆炸"，即人们无时无刻不被海量的信息所包围，但是接受信息的数量是有限的。在很多情况下，人们往往会被没用或者用处不大的信息所包围，却与真正对其有用的信息失之交臂。

图书馆作为社会公众获取知识和信息的重要机构，在人类进入信息时代之后也面临着一些新的问题，许多传统的图书馆业务因为时代的发展或者技术手段的进步等原因已经逐渐落后于时代，如果不及时与时俱进地做出相应改变，图书馆就会失去其存在的价值，最终被时代所抛弃。在这些业务中，馆藏文献编目就是其中非常重要的一项。为了适应社会的发展，在信息时代到来之际，这项工作应该从资源揭示向知识组织的方向转化或者进化。

作为一名并不从事编目业务的图书馆员工，笔者一直都对编目工作有着浓厚的兴趣，在业余时间也看过一些关于编目业务发展方向和趋势的文章，对其有了一些粗浅的心得体会，下面笔者从三个方面进行阐述。

1　图书馆传统的馆藏文献编目工作就是对馆藏资源进行整理与揭示

1.1　文献编目工作的概念

文献编目工作是指以一定的目的和使用对象，按照相应的方法及规则为各类型的文献资料编制目录的工作。图书馆的文献编目工作通常是指图书馆为馆藏文献（报刊、书籍、电子出版物等）编制目录的工作，它包括文献著录、规范控制、文献分类、主题标引、目录组织和文献技术加工等。

文献编目工作可分为描述编目、主题编目和目录组织，其主要任务是对其形式特征和内容特征进行描述和揭示。描述编目主要是对受编文献的物质形态进行分析、选择和记录的过程，它包括著录法和标目法。著录法是编目工作的基础，是运用编目规则、遵循客观著录原则对文献形式特征和内容特征进行分析、选择和记录的过程，最终产生通用款目。所谓款目是根据一定的著录法对某一文献的形式特征和内容特征进行记录并提供检索点，以组成检索工具的基础，其作用是揭示文献特征，指引文献检索途径，提供文献的索取号和代号等。标目法就是在文献著录所产生的通用款目的基础上，依据编目规则对书目进行规范控制，即为确保标目在检索款目及书目系统中的唯一性及稳定性而建立、使用和维护规范款目和规范文档的工作过程。规范款目和规范文档包括选择统一标目及编制其参照关系，构成相应的题名、责任者、出版者、出版日期等款目。这里提到的标目是指位于款目之首，供排检的项目，它只针对传统的卡片式目录而言，在电子计算机中的机读目录中，它被检索点这一概念所替代。标目通常位于款目开端，检索点隐含在机读目录中；一条款目只有一个标目，但是一条机读目录则有多个检索点；标目的范围小，检索点的范围广。

1.2 文献编目就是对馆藏文献进行整理与揭示

在对馆藏文献进行编目的过程中，工作人员要根据《国际标准书目著录》（ISBD）、《文献著录》（GB3792）、中国机读目录（CNMARC）、分类法等通用规则对资源进行整序和聚类，使资源可以为读者有效获取。其中ISBD和GB3792是文献著录的基本原则和基本框架，不提供编目的实际操作。自从使用计算机进行编目工作之后，图书馆界又开发了机读目录（MARC），CNMARC就是适用于中国的机读目录，是在MARC的基础上由中国图书馆界合作编制而成的，并于1995年成为国家标准。分类法又叫分类词表，是按照文献内容、形式、体裁和读者用途等，在一定哲学思想的指导下，运用知识分类的原理，采用逻辑方法，将所有学科的文献按照其学科内容分成几大类的方法，每个大类又分几个小类，每一小类下面又有若干子类。每一种文献都可以分到某一个类目之下，每个类目都有对应的类号。

在传统的馆藏文献机读目录中，每一条完整的书目数据都包括以下三个部分：头标区、目次区和数据区。其中头标区是提供书目记录基本参数的固定长区，位于每个书目记录的开始；目次区由若干目次项组成，每个目次项对应数据区的一个数据字段，在目次项的末尾有一个字段分隔符；数据区由若干数据字段组成，每个字段都以一个字段分隔符结束，数据区最后有一个记录标识符，用来标识记录的结束。下面就是两条书目数据的实例，图1是连续出版物（期刊）的编目数据，图2是图书（专著）的编目数据。

记录id	001 __ __	112015030027
题名与责任	200 <u>1</u> <u>a</u>	财新周刊
出版项	210 __ <u>a</u>	北京
载体形态项	215 __ <u>d</u>	27cm
连接—继续	430 <u>1</u> <u>1</u>	001112009014772
	<u>1</u>	2001
	<u>a</u>	新世纪周刊
	<u>1</u>	011
	<u>a</u>	1002-395X

图 1　期刊编目数据实例（部分）

记录id	001 __ __	008615127
题名与责任	200 <u>1</u> <u>a</u>	三体
出版项	210 __ <u>a</u>	重庆
载体形态项	215 __ <u>a</u>	299页
	<u>d</u>	21cm
连接—继续	225 <u>1</u> <u>a</u>	中国科幻基石丛书
	<u>f</u>	姚海军主编

图 2　图书（专著）编目数据实例（部分）

从这两条文献的编目数据可以看到，虽然它们的类型不同，但是其中都有001、200、210和215四个字段，这说明这四个字段是书目数据中不可或缺的必备字段，它们揭示了相关文献的特征。

1.3　传统文献编目和计算机编目的不足

传统文献编目以卡片为主要载体，单位（一张卡片）的信息量非常有限，当传统文献编目进化为计算机编目的时候，卡片式目录也相应地进化为机读目录。与卡片式目录相比，机读目录有以下优点：体积小，密度高，便于收藏，节省空间；检索效果好，效率高；自动排序；修改和维护方便。但是这两种编目方式只能对馆藏文献资源进行简单的揭示，而并不能对其进行深度整合与控制，使之更好地为读者所用。以前述两条编目数据为例，第一条虽然通过430字段可以揭示出另外一种名为《新世纪周刊》的期刊是《财新周刊》的前身，但是使用者并不能从这条数据中了解到《新世纪周刊》的其他信息。同样，使用者通过第二条的225字段虽然可以了解到这本名叫《三体》的书籍属于"中国科幻基石丛书"，但并不能由此知道"中国科幻基石丛书"中还有哪些书籍。另外，传统的文献编目和计算机编目是单方面的，其中并没有与使用者的互动，使用者只能被动地接受编目的结果。因此这就使图书馆的编目业务不能很好地适应信息时代社会的高速发展，所以有必要从理念上对其突破和创新。

2 在信息社会环境下，FRBR模型、RDA以及关联数据等理论思想对编目业务进化与转型产生了深远影响

2.1 FRBR、RDA与馆藏文献编目

2.1.1 FRBR的概念及其提出的背景

书目记录的功能需求（Functional Requirements for Bibliographic Records, FRBR）是国际图联面对新的文献信息资源环境和不断发展的用户需求颁布的一个新的书目模型，同时也是一项关于书目记录功能需求的研究结果。其目的在于制定一个框架，以便对书目记录提供有关信息，以及按照用户的需求，使书目记录可以提供一个明确的大家可以共同理解的内容。其背景是随着社会的发展和编目环境的不断变化，信息资源的数量在不断增长，新的文献类型也不断出现，传统的图书馆编目业务面临巨大的压力，图书馆必须简化编目过程和开展联合编目来缓解这些压力，从而最大限度实现书目控制。而与此同步，读者对图书馆的需求和期望也越来越高，他们要求图书馆尽可能为其提供高效、详尽和精准的服务，以节省其时间和精力。面对这种情况，国际图书馆界开始重新探讨书目记录的功能。国际图联于1990年为此专门召开了研讨会来讨论这个问题，会上提出应对书目记录中各个记录元素的关系及其用户需求，认为应该建立"基本级"或"核心级"的书目记录来实现国内或国际的编目资源共享，会后国际图联编目部成立了小组，希望通过研究来建立FRBR。1997年国际图联正式批准了FRBR模型。

FRBR模型重新定义了书目记录的有关概念，使各个描述对象以作品为核心建立实体—关系模型，这个模型表明书目不再是一个简单罗列文献及其特定版本或复本的清单，而是一个运用实体的"作品→内容版本→载体版本→单件层次"、属性以及关

系层级丰富的信息网络。这个模型构建了多层次描述文献信息资源活动的基础，为知识的组织方式提供了一条新的途径[1]。

FRBR由实体、属性、关系和用户任务共同构成。实体包括三种类型，一是知识及艺术创作的产品，二是知识及艺术创作的责任者，三是知识及艺术作品的主题展现。属性分为固有的（包括外部特征和标记信息）和外来的（为其指定的特性和标记）。关系是指各种实体之间的相互作用、联系及其方式。关系主要是帮助目录的使用者辨别和搜寻结果的实体间的关系，这种关系包括实体之间的关系（翻译、改编和模仿等），整体与部分之间的关系（包括独立部分和非独立部分，独立部分如期刊中的文章，非独立部分如章节等），内容与版本间的关系（缩略本、节选本等）和载体与单件间的关系（合订或者拆开）。用户任务分为四个层面，即查找对象、辨别实体、选择实体和获得实体，这是在FRBR框架的研究中用户查询与使用馆藏书目的方式。在这四个层面中，前三项用于作品、内容版本、载体版本和单件的全部属性，第四项仅用于载体版本和单件[2]。

2.1.2 FRBR的作用

对于编目工作而言，以FRBR为基础的编目与书目信息著录使同一作品的不同载体的信息能够集中在一起，从而降低编目成本，提高编目的效率和质量；对于编目人员而言，它为书目著录提供了一种精准而科学的概念框架，有利于编目人员对文献进行编目；而对于读者来说，采用这种模型编目可以使他们通过一次检索就可以得到其所需的全部资源，大大提高了读者检索的效率，使书目记录的功能得以充分发挥。

更重要的是，FRBR加速了编目规则的修订进程，其中包括对ISBD的修订和对《英美编目条例》（AACR）的修订。

2.1.3 RDA

资源描述与检索（Resource Description Access, RDA）是《英美编目条例》的第三版（即AACR3）。它既适用于英语语言国家，又能应用于其他语言国家，使《英美编目条例》更具有广泛性、一致性、合理性、兼容性与适用性，因此，它也适用于中国图书馆界的编目工作。其编制原则是：在范围、结构与术语方面奉行总则一般化，补充规则专门化，必要术语与FRBR框架模型保持一致，在基于编目规则的描述功能需求方面，区分各种资源，满足用户需求，揭示资源间的关系，确保排序、标志符号、大写规则、缩写词及术语的一致性[3]。

2.2 知识图谱与关联数据

2.2.1 知识图谱的含义

知识图谱曾名语义网，是显示知识发展进程与结构关系的一系列不同的图形，用可视化技术描述知识资源及其载体，挖掘、分析、构建、绘制和显示知识及其之间的相互关系，在图书情报界它也被称为可视化知识域或者知识领域映射地图。它还是一种通过将应用数学、图形学、信息可视化技术、信息科学等学科的理论方法与计量学引文分析、共线分析等方法相结合，并利用可视化的图谱形象地展示学科的核心结构、发展历史、前沿领域以及整体知识架构，最终达到多学科融合目的的现代理论，它可以为学科研究提供切实的有价值的参考。

2.2.2 关联数据的含义

关联数据是知识图谱的主题之一，描述了通过可链接的URI方式来发布、分享和连接Web中各类资源的方法，是一系列利用Web在不同数据源之间创建语义关联的方法。图3就是知识图谱的一个简单实例。

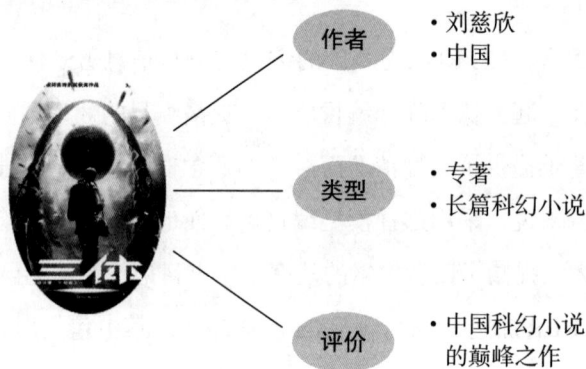

图3　知识图谱简单实例

由此图可以看出，关于《三体》这部书，有三部分内容与之相关，分别是作者（刘慈欣；中国）、类型（专著；长篇科幻小说）和评价（中国科幻小说的巅峰之作）。

3　在信息社会环境下，文献编目应该由对数据的整理与揭示向为用户提供广泛的知识服务进化与转型

3.1 知识服务的定义

所谓知识服务，是指以信息和知识的搜寻、组织、分析与重组为基础，根据用户

的问题和环境，为用户解决问题的过程，并提供能够有效支持知识运用和知识创新的服务，或者说它是一个以用户需求为中心，对知识内容进行提炼并且提供解决方案的过程。

在当前社会"信息爆炸"的环境下，有国内图书馆行业的专家认为知识服务不应局限于向用户提供文献服务，而应该覆盖所有从知识查询、组织、分析到为用户提供所需知识的各种应用。

3.2 知识服务和知识组织

知识服务的前提和基础是知识组织，即对知识进行的诸如整理、加工、揭示与控制等一系列组织化过程和方法，而知识服务则是知识组织的目标与延伸。知识组织的目标是揭示事物的本质并实现有序化，因此，知识服务是与其相辅相成的。在信息时代，传统图书馆需要向数字化图书馆转型，在这个过程中，知识的载体由纸质文献逐渐向数字化和网络化的电子文献方向转变，知识的服务内容也相应地由为用户提供所需的文献服务向为用户提供所需的语义知识的方向转化。在这种背景下，知识组织不仅要立足于对数字化知识的表达，更要强调对用户知识需求的表达。因此，在数字化和网络化的背景下，知识组织与知识服务紧密相关，前者是后者的基础和框架，后者是前者的导向和推动力。

3.3 知识组织工具和技术手段

知识组织工具是文献数据的编制者在进行知识组织时运用的工具，可以分为以下几大类，其中包括基础知识与框架类工具、知识关系的揭示类工具和知识的展现类工具。基础知识与框架类工具主要的功能是为用户提供基础知识释义和查询，即知识内容的推送服务。在此基础上，针对数据的关联，知识关系的揭示类工具提供了语义关系标注的解决方案，同时也支持机器理解与推理，即提供知识推理服务。而在基础知识构建和知识关系建立的过程中，人们需要对数据和文本进行处理，比如汉语分词、语法注释和网络分析等，一些实用工具为这种处理提供了支持，这些工具就是知识的处理与展现类工具。

结合文献编目工作的实际，我们可以认为主题词表、分类法等属于基础知识与框架类工具，语义网络、知识图谱等属于知识关系的揭示类工具，分类工具、聚类工具和引文处理与可视化工具则属于知识的处理与展现类工具。

在知识组织工具的未来发展中，以用户服务为核心的智能化知识组织工具是其主要的发展方向。在基础知识与框架类工具的基础上，知识词表的建设将更加个性化和动态化；通过知识关系的揭示类工具与基础知识与框架类工具的交互使用，可以完成用户知识词表的构建；然后在大规模用户词表的基础上，通过大数据和云计算等分布式技术，利用知识关系的揭示类工具自动获取用户的分类和聚类知识，再以此为基础完成语义网络（即知识图谱）的构建，并通过互操作实现知识共享。在有关的服务中，更加强调用户对文件的标引、用户知识词典与叙词表、分类法互相结合，通过知识关系的建立完成用户知识与专家知识的融合[4]。

随着科学技术的不断进步，大数据、人工智能和网络爬虫等技术越来越频繁地用于知识组织的过程，人们通过使用这些技术手段可以非常方便地进行知识组织的工作。

综上所述，为了适应时代的发展，图书馆的文献编目工作应该从单纯的揭示资源向深入挖掘文献的数据关系转型，这样才会更好地满足人们的需求。

参考文献：

[1]张田吉,白德位.FRBR研究现状及发展趋势[J].河北科技图苑,2011(3):46-48.

[2]刘丹.关联数据与语义网在数字图书馆中的应用[J].文献信息论坛,2015(4):19-23.

[3]王亚林.语义网环境下编目的发展与趋势[J].国家图书馆学刊,2015(6):16-22.

[4]李坤,徐志明.知识服务:现状、发展及未来的憧憬[J].图书馆建设,2009(6):38-40.